사회복지개론

노정자 · 박연옥 · 박주현 · 최광수 · 최영자

창지사

국립중앙도서관 출판예정도서목록(CIP)

사회복지개론 / 지은이: 노정자, 박연옥, 박주현, 최광수, 최영자. -- 서울 : 창지사, 2014
p. ; cm

ISBN 978-89-426-2283-2 93330 : ₩19000

사회 복지[社會福祉]

338-KDC5
361-DDC21 CIP2014024300

머리말

언제부터인가 우리 사회에서도 사회복지는 핵심 담론으로 등장하였다. 특히 사회·경제적 양극화 현상으로 국민의 불안감이 커지고 욕구가 다양해지면서 국민의 복지에 대한 욕구는 갈수록 증대되고 있다. 이에 따라 다양한 사회복지실천 현장과 정책이 만들어졌다. 특별히 예비사회복지사는 누구보다 인간에 대한 이해와 관심이 있어야 한다. 예비사회복지사가 사회복지에 대한 기본 학습과 사회문제에 관해 관심을 두는 것은 매우 중요하다. 예비사회복지사의 사회복지에 대한 전반적인 이해를 돕는 전공서적이 바로 『사회복지개론』이다.

따라서 본서의 집필진들은 예비사회복지사들에게 사회복지에 대한 이해를 돕는 사회복지 기본서의 역할에 초점을 맞추었다. 이를 위해 한국 사회복지교육협의회에서 발간한 〈2012년도 사회복지학 교과목지침서〉를 최대한 반영하였다. 아울러 오랫동안 사회복지 관련 대학에서 사회복지개론을 가르치는 집필진의 경험을 최대한 살려 학생들이 쉽게 이해하도록 구성하였다.

본서는 전체를 4부로 나누어 구성하였는데, 부별 주요 내용은 다음과 같다.

제1부에서는 사회복지와 복지국가에 대한 기본적인 이해를 위해 인간의 삶, 사회복지의 개념과 성격, 동기, 사회복지의 가치와 실천윤리, 구성요소, 역사, 복지국가 등을 살펴보았다. 제2부에서는 사회복지의 방법을 이해하기 위해 사회복지의 실천 대상과 공급자, 사회복지의 미시적 실천 방법과 중범위·거시적 실천 방법 등을 살펴보았다. 제3부에서는 분야별 사회복지로, 사회복지의 정책분야와 사회복지실천분야 13개 영역을 살펴보았다. 제4부에서는 전문직과 사회복지의 미래에 관한 내용으로, 전문직으로서의 사회복지, 사회복지의 전망과 과제를 제시함으로 예비사회복지사가 사회복지실천현장에서 어떻게 역할을 해야 하는지를 숙고하도록 하였다. 아울러 사회복지를 처음 공부하는 학생들이 두려움 없이 학습에 임하도록 각 장 서두에 〈학습 목표〉를 제시하였다.

한편, 공동 집필에서 항상 발생하는 내용 중복이나 용어 통일 등의 문제를 최대한 없애기 위해 노력하였으나, 본서 또한 탈고 시점에서 바라보니 아쉬움이 많이 남는다. 부족한 부분과 한계점 등에 대해서는 독자의 아낌없는 충고를 바란다. 집필진 모두는 독자의 따뜻한 충고와 사회적 욕구 및 현실을 고려하여 계속해서 수정·보안할 것을 약속드린다. 아무튼, 우리 집필진의 소박한 바람은 예비사회복지사들이 이 교과목을 통해서 사회복지의 전반적인 영역에 대해 넓은 시야와 안목을 갖춘 멋진 사회복지사로 성장하는 것이다.

끝으로 이 책의 발간을 위해 적극적으로 지원해 주신 도서출판 창지사 김기섭 대표와 최창숙 이사, 어진용 영업부장에게 감사드린다. 특별히 끝까지 세심한 배려를 해 주신 편집담당 최명인 선생의 노고에 따뜻한 감사의 마음을 전한다. 무엇보다 집필에 지혜를 주신 좋으신 하나님께 영광을 돌린다. 모든 것을 허락하신 하나님의 무한한 은혜에 감사를 드린다.

2014년 8월

공동저자

목 차

P/A/R/T 03 분야별 사회복지

P/A/R/T 04 전문직과 사회복지의 미래

P/A/R/T 01

사회복지와 복지국가

Introduction to Social Welfare

CHAPTER 01

인간의 삶과 사회복지

학습목표

- 인간의 욕구는 사회복지의 핵심 개념임을 이해한다.
- 욕구의 개념과 욕구 이론을 설명할 수 있다.
- 욕구단계에서 더 나아가 개인문제와 사회문제를 이해한다.
- 생애주기별 욕구와 문제를 설명할 수 있다.

인간의 삶 속에 중요한 핵심요소 중 하나는 바로 욕구(needs)이다. 사회복지에서는 이 욕구의 문제를 핵심 요소로 다룬다. 욕구에 대한 기본적인 이해부터 시작해서 욕구에 대한 이론의 이해는 사회복지를 논함에 있어서 필수적인 요소이다. 더욱이 생애주기별 욕구는 한 생명이 성장하는 평생의 과정 속에서 논의해야 할 주제이다. 이 욕구의 문제가 해결되지 않으면 개인의 문제가 발생한다. 더 나아가 결국 사회문제가 초래될 수밖에 없다.

따라서 본 장에서는 인간의 욕구가 사회복지를 배우는 학도들에게 얼마나 중요한 개념인지를 논의한다. 그리고 욕구의 개념과 종류를 살펴보고 욕구 이론에서 가장 핵심적으로 다루는 매슬로우의 욕구 이론을 살펴본다. 또한, 욕구의 문제가 해결되지 않을 때 사회문제가 발생하게 된다는 사실을 확인한다. 마지막으로 생애주기별 욕구와 문제를 살펴봄으로써 전 생애에 걸친 욕구의 중요성과 이에 따른 문제를 확인하는 내용으로 구성하였다.

01 인간 욕구와 사회문제

1) 인간의 욕구와 사회복지

인간의 욕구는 사회복지를 구성하는 핵심 개념 가운데 하나이다. 사회복지(social welfare)의 출발점은 바로 인간의 욕구에서 시작된다. 이런 면에서 사회복지학을 다르게 표현하면 욕구학(needology)이라 표현할 수 있다(Williams, 1978). 인간의 욕구가 충족되지 못할 때 사회문제가 생기고 이것을 해결하기 위해서 결국 사회복지가 등장하기 때문이다. 사회복지가 인간의 욕구에서 출발할 때 시작부터 그 방향성을 바로잡고 갈 수 있게 된다. 따라서 사회복지의 활동목표는 개인의 기본적 욕구 충족에서 인간다운 삶의 질을 높여 주는 경제적, 사회적, 가치적, 문화적인 수준에까지 이른다. 이제 오늘날 사회복지의 방향성은 특수한 욕구를 지닌 사회적 약자만이 아니라 일반국민들의 욕구를 충족시킬 수 있는 새로운 방안을 모색해야 한다는 시대적 요구에 직면하고 있다고 말할 수 있다(박용순, 1999).

사회복지에서 인간의 욕구에 대한 이해가 없다면 사회복지의 방향타를 잃어버리는 것과 같다. 인간의 욕구이해가 없으면 사회복지가 무엇을 해야 하는지를 알 수 없게 된다. 결국, 사회복지는 인간의 욕구를 이해하고 그 욕구를 충족시키기 위한 다양한 사회복지적 접근을 시도하는 것이다. 따라서 클라이언트의 욕구를 파악하지 못한 상태에서 사회복지적 접근을 시도하게 된다면 클라이언트의 욕구 충족은 제대로 이루어지기 어렵게 된다. 클라이언트가 실제적으로 원하는 욕구를 충족시켜 주기보다는 사회복지사가 임의적으로 판단하여 서비스하기 때문이다.

맞춤 서비스가 아니라 임의적 판단 서비스가 이루어지는 결과가 초래될 뿐이다.

그러므로 인간의 '욕구'라는 것은 사회복지에서 매우 중요한 구성요소가 되는 것이다. 욕구를 중심으로 하는 사회복지서비스가 되어야 사회복지의 궁극적인 목표가 이루어지게 된다. 사회복지학을 배우는 학도들에게 있어서 욕구 이해는 매우 핵심적인 내용으로 자리매김할 수밖에 없다.

2) 욕구의 개념과 종류

(1) 욕구(needs)의 개념

일반적으로 욕구라는 단어는 우리나라 사람들에게 친근하게 다가오지 않는다. 마치 멀리해야 할 대상으로 여겨진다. 유교문화의 영향을 받은 우리나라는 욕구를 밖으로 드러내는 것을 바람직하지 않는 것으로 이해하였다. 속으로 감추는 것이 미덕으로 여겨지는 문화적 특성 때문이다. 그러나 이것은 욕구(needs)를 욕망(desire)이란 단어의 의미로 받아들이기 때문이다. 물론 욕망은 버려할 대상이다. 그러나 욕구는 인간에게 있어서 꼭 있어야 할 대상에 대한 것이다.

욕구란 반드시 필요로 하는 부분이 결핍 혹은 부족하였을 때 생기는 상태를 말한다. 즉, 욕구는 "무엇이 결여된 상태 때문에 불편을 겪고 있는 상황"을 의미한다. 그리고 욕구란 "당연히 되어야 할 것(ought to be)과 현상(are) 사이에 존재하는 격차(gap) 또는 차이가 되는 상태"를 말한다. 결국, 욕구란 "개인이 느끼고 있는 무엇인가의 결핍된 상태를 충족시키기 위하여 필요로 하거나 원하는 상태 또는 상황을 말하며, 이는 현재의 상태와 바라는 상태 사이에 존재하는 격차나 조건의 차이"로 정의될 수 있다(정무성 · 정진모, 2001). 사회복지학에서 말하는 욕구란 "인간이 사회생활을 영위함에 있어서 충족시켜야 할 기본적인 욕구를 나타내는 말 … 유기체의 행동을 일으키게 하는 생활체 내부의 원인, 즉 식물이나 물은 동물에게 절대적으로 필요하며 이것이 없을 때 이를 얻으려고 하는 긴장상태가 생긴다"(대구대학교 사회복지연구소, 1985). 욕구의 개념을 좀 더 명확히 하기 위해서 원함(want)이라는 개념과 비교해

보면 이해가 더욱 분명해진다.

(2) 욕구의 종류

❶ 기본 욕구(basic needs)

기본 욕구는 두 가지 요소를 포함하고 있다. 첫째는 어떤 '최소한의 요소'이고, 둘째는 '필수불가결한 요소'를 포함한다(Richards & Thomson, 1985). 인간에게 있어서 반드시 있어야 하며 최소한의 정도가 채워져야 하는 욕구인 것이다. 따라서 우리는 인간 욕구에 대해서 다루면서 가장 근본적인 기본 욕구(basic needs)를 먼저 생각해야 한다.

❷ 사회적 욕구(social needs)

사람의 숫자적인 측면에서 볼 때 개인의 욕구와 사회적 욕구로 나누어서 생각해 볼 수 있다. 각 개인이 갖는 기본적인 욕구는 이제 사회적인 맥락 속에서 다루어진다. 즉, 결핍의 현상이 사회적 차원에서 일어날 때 이것을 사회적 욕구라 말할 수 있다. 시대의 흐름에 따라 점차적으로 기본 욕구를 개인적 차원에서 다루지 않고 사회적 차원으로 다루게 되었다.

❸ 인지적 욕구(perceived needs)

인지적 욕구는 선호(want)와 같다. 즉, 사람들이 그들의 욕구로 생각하는 것, 욕구로 되어야 한다고 느끼는 것이다. 인지적 욕구는 주로 사회조사를 통해 개개인 응답자에게 그들이 필요로 하는 것을 물어보는 방식으로 파악한다. 그러나 이용자에 대한 전문가의 판단과 욕구가 무엇인지에 대한 잠재적 소비자의 인식 사이에는 적절한 균형이 유지되어야 한다. 전문가는 소비자의 실질적인 욕구라고 간주되는 것에 대해 서비스를 제공하게 된다.

인지적 욕구를 이용하는 것에 대한 중요한 단점은 각각의 반응에 따라 기준이 변형되며, 불안정하고 상황에 따라 수시로 변할 수 있다는 것이다.

❹ 표출적 욕구(expressed needs)

표출적 욕구는 무엇인가에 대한 수요에 의해 느껴진 욕구가 행동으로 표출된 것이다. 이 개념에 따르면 전문가가 개인이 서비스를 필요로 하는지의 여부를 판단한 것보다 개인이 실제로 서비스를 얻기 위한 노력을 했는지의 여부에 초점을 둔다. 수요의 통계에 의존하는 전문가들은 실제로 원조를 구하는 사람들의 수를 측정하기 위한 시도를 한다. 이 욕구가 사회복지서비스에서 가장 흔히 사용되는 욕구의 개념이다(예: 기존의 서비스에 참여한 사람 수, 표현의 욕구를 감안하여 프로그램을 개발하면 실패의 가능성이 적다).

❺ 상대적 욕구(relative needs)

상대적 욕구의 정의는 충족되어야 할 욕구의 기준이나 바람직한 수준의 서비스가 있다는 가정에서 출발하지 않는다. 이 욕구는 한 지역사회에 존재하는 서비스의 수준과 유사한 지역사회나 지리적 영역에 존재하는 서비스 수준 간의 차이로 측정된다.

이것은 각기 다른 인구집단에 존재하는 서비스 수준상의 차이를 설명하기 위해 도입된 개념이다. 즉, 어떤 집단이 갖고 있는 서비스의 수준이 다른 비교집단이 이용하는 서비스의 이용 수준보다 못할 경우 그 집단은 동 서비스가 필요하다고 보는 것이다.

3) 매슬로우의 욕구단계 이론

인간의 욕구는 세 가지 특징이 있다. 첫째, 그 욕구 충족이 실패하면 상대적으로 '역기능적'이거나 '혼란 상태'가 유발된다. 예를 들어 사랑이 결핍되면 우울증이 찾아오는 경우를 들 수 있다. 둘째, 실패한 욕구는 다시 충족시켜 '회복'하여 역기능을 '치유'할 수 있다. 셋째, 자유로운 상태에서 하나의 기본적인 욕구의 충족은 다른 욕구의 충족으로 '이동'해 간다(Weiner, 1980).

이러한 인간의 욕구에 대한 이해를 충분히 하기 위해 인간 욕구에 대한 이론을 살펴보아야 한다. 욕구에 대한 이론을 잘 설명한 대표적인 학자로 매슬로우(Maslow, 1908~1970)가 있다. 그는 미국출신의 심리학자로서 인간본성에 대해서 세 가지 가정하에 동기부여 이론을 개발하였다. 첫째, 인간은 결코 만족될 수 없는 욕구를 지니고 있다는 것이다. 둘째, 인간의 행동은 주어진 어느 시점에서 만족하지 못한 욕구를 채우는 것을 목표로 한다는 점이다. 그리고 마지막 셋째, 욕구란 기본욕구에서부터 상위욕구로의 예측 가능한 계층구조로 되어 있다는 것이다(김병윤 외, 2003).

(1) 매슬로우의 생애와 인간관

매슬로우의 욕구 이론은 사회복지사들에게 매우 기본적이면서도 필수적으로 알고 있어야 할 내용이다. 그의 욕구 이론을 살펴보면 너무나 놀라운 면을 발견하게 된다. 그리고 이것은 사회복지현장에서 매우 유용하게 활용하여 사용할 수 있다. 이 욕구 이론을 제시한 매슬로우라는 사람의 생애부터 살펴보자.

매슬로우는 1908년 미국 뉴욕에서 가난한 유태인 집안의 7남매 중 장남으로 태어났다. 그는 어린 시절에 친구가 별로 없어 혼자 도서관에서 지내는 시간이 많았다. 이후 대학교 시절에는 방황을 하였다. 아버지의 권유로 뉴욕시립대학의 법학과에 들어갔다가 나중에 코넬 대학으로 전학하고 또 다시 학교를 위스콘신 대학교로 옮겨 1930년에 학사학위를 받는다. 그 후 위스콘신 대학교 대학원에서 심리학 석사·박사학위 받았다. 그가 인간의 심리에 대하여 매우 깊은 조예가 있었다는 것을 알 수 있다. 이러한 인간에 대한 심리적 이해는 인간 욕구 이론을 내 놓을 수 있게 하였다.

매슬로우가 심리학을 전공하게 된 배경을 보면, 1937년 컬럼비아 대학교의 카네기 특별회원이 되어 손다이크(E. Thorndike) 밑에서 연구원으로 활동하게 된다. 손다이크는 행동주의 이론으로 도구적 조건형성 이론을 제시한 학자이다. 손다이크는 교육 통계학의 창시자로서 교육에 양적 연구방법을 처음으로 적용한 유명한 인물이며 우리나라와 같은 6-3-3-4제의 학제를 주장한 사람이다.

매슬로우가 손다이크의 영향을 받았다는 것은 곧 매슬로우가 행동주의의 영향을 많이 받았다는 것을 의미한다. 그는 스스로 행동주의 이론에 깊은 관심을 가졌었다고 고백하였다. 그래서 매슬로우는 행동주의를 배척하지 않았으나 점차 행동주의의 지나친 일방성에 회의를 느꼈다. 결국, 매슬로우는 인간이 갖고 있는 성장 잠재력과 잠재적 창조성 그리고 인간의 자유의지 등을 인식하고 인본주의 심리학자로 자리매김하게 된다. 그 후 매슬로우는 인간의 본성에 대한 이론의 발전에 전념하게 된다. 그는 인간의 어두운 면보다는 밝은 면에 관심을 가지면서 연구하였다. 이러한 그의 노력으로 욕구 이론을 제시하게 된 것이다. 그의 대표적인 저서로는 『동기와 성격』(1970년) 과 『인간심리학을 향해서』(1962년) 등이 있다.

매슬로우의 인간관에 대하여 살펴보면 다음과 같다. 매슬로우는 인간에 대하여 로저스처럼 낙관적인 견해를 갖고 있었다. 인간의 본성은 본질적으로 선하다는 것이다. 만일 적절한 환경이 갖추어진다면 인간은 자기 성장을 이룰 수 있는 잠재력이 있는 존재이며 선천적으로 자기실현을 이루고자 하는 존재로 보았다. 그뿐만 아니라 창조성이 인간의 잠재적 본성이라 믿었다. 그래서 인간은 자신을 개발하고 인격을 성숙시키면서 기쁨을 느끼는 존재로 보았으며, 사람은 자신의 욕구를 충족시키고자 갈망한다고 주장하였다.

매슬로우의 인간관은 사회복지사로 하여금 인간에 대한 긍정적인 마음을 심어준다. 인간의 욕구 이론의 바탕에는 매슬로우의 이러한 인간관이 자리 잡고 있다는 것을 알 수 있다. 이러한 이해를 통해서 매슬로우의 욕구 이론을 더욱더 분명하게 이해할 수 있게 된다.

(2) 매슬로우의 욕구 5단계

매슬로우 이론의 기본 가정은 다음과 같다. 인간의 욕구에는 기본적인 욕구와 성장욕구가 있다는 것이고, 인간의 욕구는 삶의 원동력이라는 것이다. 인간의 욕구가 동기화된다는 의미이다. 또한, 인간의 성장 잠재력은 선천적으로 부여되고, 그렇게 선천적으로 부여된 잠재력을 개발하면 이상적인 실존경지에 도달할 수 있다고 본다. 욕구뿐만 아니라 창조성도 잠재되어 있기 때문에 특별한 자질이나 능력을 요구하지 않는다.

매슬로우는 인간의 욕구를 5단계로 구분하여 설명하고 있다(Hjelle & Ziegler, 1981). 이것을 도식화하면 [그림 1-1]과 같다.

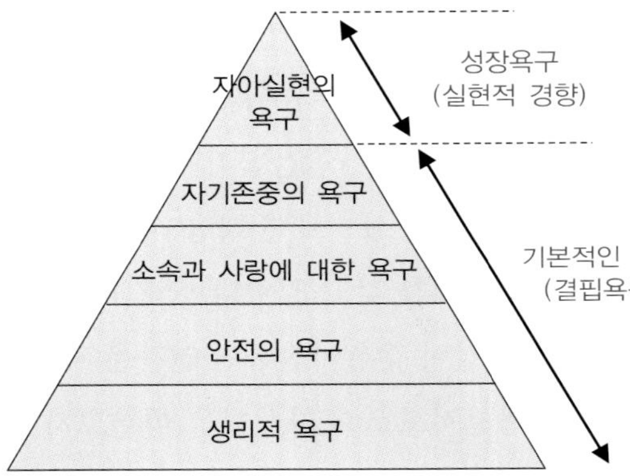

[그림 1-1] 매슬로우의 욕구 위계구조

첫 번째 단계인 생리적 욕구는 음식, 물, 공기, 수면, 배설, 성 등 인간의 가장 기본적인 문제들에 대한 욕구이다. 매슬로우는 모든 동기들이 생리적인 욕구로부터 파생된다는 입장을 취하고 있다. 생리적 욕구는 유기체의 생물학적인 유지에 직접적으로 관련되어 있다. 다음 단계의 욕구들을 충족시키기 위해서는 생리적 욕구가 먼저 충족되어야 하는 것이다.

이런 생리적 욕구들이 계속적으로 만족되지 못한다면, 더 높은 단계의 욕구로 나아가지 못한다. 예를 들어 원시사회의 사람들은 자기실현의 욕구에 많은 관심을 쏟지 못하였는데, 이들은 거의 생리적 욕구와 안전의 욕구들에 대해 골몰하였기 때문이다.

두 번째로 안전의 욕구는 생리적 욕구가 만족된 이후에 개인이 새롭게 관심을 갖게 되는 욕구라 할 수 있다. 생리적 욕구가 충족되면, 재정적으로 안정되고 싶은 욕구의 같이 안전에 관한 욕구가 생긴다. 안전의 욕구에는 안전, 안정, 보호, 질서 및 불안과 공포로부터의 해방 등이 포함되어 있다. 안전의 욕구가 발생하는 이유는, 사람이라면 누구나 자신의 현재와 미래에 대해서 확실성, 안정성, 그리고 예측성을 보장받고 싶어 하기 때문이다. 평화적이고 안정된 사회에 살고 있는 사람들은 대체로 야생동물, 기온의 급변, 범죄, 폭행, 살인, 전제정치 등으로부터 안전을 느끼며 살고 있다.

세 번째 단계의 욕구는 소속과 사랑에 대한 욕구로 가정을 이루거나 친구를 사귀는 등 어떤 단체에 소속되어 애정을 주고받는 욕구이다. 소속과 사랑의 욕구는 생리적 욕구와 안전의 욕구가 충족되었을 때, 개인에게 나타나는 욕구이다. 이러한 사랑에 대한 욕구는 사랑을 받는 것뿐만 아니라 주는 것도 포함한다.

네 번째 단계 욕구는 '자기존중의 욕구'로 소속단체의 구성원으로 명예나 권력을 누리려는 욕구이다. 자기존중의 욕구는 소속과 사랑의 욕구가 충족된 이후에 개인에게 나타나는 욕구이다. 이것이 만족되면 자신감, 자기존중, 힘, 능력 등이 생겨난다. 자신이 이 세상에서 필요한 사람이라는 느낌을 얻게 된다.

다섯 번째 욕구는 자아실현의 욕구로 자신의 재능과 잠재력을 충분히 발휘해서 자기가 이룰 수 있는 모든 것을 성취하려는 최고 수준의 욕구이다. 자아실현의 욕구는 생리적 욕구, 안전의 욕구, 소속과 사랑의 욕구 및 자기존중의 욕구가 충족된 이후에 나타나는 욕구이다. 자신의 잠재력을 발휘해서 최선을 다하는 것은 바로 자아실현의 욕구가 표출된 것이다. 즉, 자기 자신이 성취할 수 있는 모든 것을 성취하려는 욕구라 할 수 있다.

욕구발달단계 이론에서 나타나는 욕구의 특성은 가장 기본적인 욕구가 충족되면 다음 단계의 욕구를 갈망한다는 것이다. 5가지 욕구가 동시에 일어나는 것이 아니라 특정한 어느 순간에 한 가지 욕구만이 강렬하게 나타난다. 또한, 기본적 욕구가 충족되지 않으면 생리적·심리적 역기능이 일어나고 직접적인 혼란 상태가 일어난다. 욕구충족이 회복되면 역기능이나 혼란한 상태는 회복된다. 그리고 기본적 욕구충족이 장기화되면 그 욕구는 감퇴한다.

4) 사회문제

인간의 삶 속에는 다양한 사회문제가 항시 존재한다. 그것은 바로 인간이 완벽하지 않기 때문이다. 따라서 사회복지가 등장하여 인간의 삶 속에 있는 수많은 문제를 해결하고자 시도하는 것이다. 사회문제가 사회복지에서 핵심적인 구성요소로 자리하게 되는 이유가 여기에 있다. 따라서 사회복지사는 문제에 대한 관심을 가져야 한다. 욕구에 대한 관심에서 한 걸음 더 나아가 문제에 대한 관심을 키워야 한다. 문제를 보는 시각이 있어야 그 문제를 해결해 나갈 수 있는 것이다. 어떤 사람에게는 문제로 보이지 않아도 어떤 사람에게는 큰 문제로 다가올 수 있다. 사회복지사는 사회에 대한 문제가 무엇이 있는지 그 안목을 키워야 할 과제가 있는 것이다. 그리고 그 문제가 어디에서 왔는지를 확인할 수 있어야 한다.

(1) 개인문제

문제없는 삶이 있을까? 어쩌면 인간이 문제를 해결하면서 살아 나가는 것이 바로 인생이라고 말할 수 도 있다. 그러면 문제란 무엇인가? 문제(problems)란 '해결욕구를 유발시키는 불만족스러운 상태 또는 조건'이라 할 수 있다(Anderson, 1979). 그래서 사회복지에서의 문제는 일단 욕구와 연관하여 생각하고 있다. 그래서 문제(problems)는 사회복지의 중요한 대상이자 관심사이다.

문제는 개인이 지닌 다양한 욕구의 충족과 대응하면서 발생한다. 문제가 유발될 때 어떤 경우에는 문제 유발 즉시 잠재되거나 소멸되기도 한다. 문제와 욕구는 일대일의 상대적인 대응관계를 지니고 있다. 따라서 사회복지를 통한 욕구의 충족은 문제 해결과 예방이라는 것과 직결된다. 인간의 욕구가 어떠한 이유에서든지 충족되지 못하면 문제가 발생하게 되는데, 그 결과로 인간은 삶 속에서 어려운 상황 속에 놓이게 된다. 그런데 문제라는 것은 인간이 어떤 의식을 갖고 있느냐와 연결되어 있다. 수많은 문제가 있다고 하더라도 불만족스럽게 여기지 않으면 문제는 문제로서 존재하지 않는다. 또한, 불만족스럽다고 느껴도 그것을 해결하고자 하는 시도가 없으면 그것이 문제로 인정되기 전에 잠재되어 버린다(박용순, 1999). 이것이 문제가 지닌 특성이라 할 수 있다.

(2) 사회문제

사회문제(social problems)란 무엇인가? 개인문제와 비교하여 생각하면 쉽다. 개인문제가 확산되어 사회적으로 문제가 되는 것을 의미한다. 문제에 대한 인식이 개인적 차원에서 그치는 것이 아니라 사회적 차원으로 인식된다. 사회문제가 유발되었다면 개인문제가 이미 시작되었다는 것을 의미한다. 즉, 개인문제에서 시작되다가 점차적으로 발전하여 사회문제가 되는 것이다. 사회문제는 그 문제에 대한 영향이 사회 전체에 미칠 수 있다. 따라서 사회문제란 그 사회에 속한 구성원들에게 부정적인 마음을 갖게 하는 조건들을 의미한다.

사회문제를 개념화할 때 네 가지 조건으로 제시할 수 있다(박용순, 2002). 첫째는 구성원들에게 영향을 끼치는 조건이고, 둘째는 그 미치는 영향이 바람직하지 않은 조건이며, 셋째는 이러한 조건들에 대하여 사람들이 어떤 조치가 취해지기를 요구하는가에 대한 것이고, 마지막 넷째는 이러한 현상을 변화시키고자 하는 집단적 사회행동이 유발될 수 있는 조건을 말한다.

그런데 사회문제라는 것은 사회의 어떤 기능이 문제가 생긴 결과라기보다는 그 사회문제에 대하여 어떻게 정의 내리느냐에 따라 결정된다. 즉, 사회문제로 선택되고 규정되는 것이 사회문제의 핵심에 속한다(Blumber, 1971). 사회문제로 인식되는 과정과 그 결과가 사회문제가 되는 것에 큰 영향을 미친다. 특정 조건이 사회문제로 인정되기 위해서는 어느 정도의 공동체적 합의가 요구된다(정무성, 2005). 그러므로 사회문제를 해결하기 위해서는 개인적 차원으로 해결하는 것보다 사회 전체적인 맥락에서 노력하는 것이 더 효과적이다.

02 생애주기별 욕구와 문제

여기서 말하는 생애주기라는 것은 생애의 발달단계를 의미한다. 생애주기별로 욕구는 다양하다. 발달단계에 대한 이해가 그 바탕에 있어야 생애주기별 욕구를 파악할 수 있다. 생애주기별 욕구는 발달단계에 나타나는 발달과업으로 제시될 수 있다. 여기서는 아동기까지만 살펴본다.

1) 영아기(0~2세): 신뢰감 대 불신감

(1) 신체발달

피아제(Jean Piaget)의 이론에 따르면 이 시기는 감각운동기(0~2세)로서 반사와 즉각적 반응이 있다. 즉, 이 시기의 신체적인 발달은 반사이다. 반사란 자연히 타고나는 기능을 말한다. 이 반사기능을 바탕으로 해서 자신의 도식, 인지구조를 만들어 간다. 반사의 형태로 나타나는 것은 흡입과 쥐기이다.

영아기는 성장이 빠르다는 것이 특징이다. 영아기의 신체적 발달은 성과 개인에 따라 차이가 있을 수 있다. 일반적으로 영아기에는 신장은 약 1.5배 그리고 체중은 약 3배 정도로 급격한 신체적 성장이 이루어진다. 특히 다리와 몸통이 급격하게 성장한다. 이와 같은 급격한 신체적 발달로 인하여 이 시기를 '제1성장 급등기'라고도 한다. 영아기의 신체적 발달은 초기에는 매우 빠르게 성장하다가 점차 성장 속도가 둔화된다. 또한, 남자아이가 여자아이에 비하여 키가 더 크고 몸무게가 더 많이 나간다(권중돈 · 김동배, 2005).

영아기의 운동발달은 신체가 성장하고 뼈와 근육이 성장하며 신경계가 성숙된 결과로 얻어지는 것이다. 이와 같은 영아기의 운동발달은 엎드린 상태에서 머리 들어올리기(2개월), 구르기(3개월), 혼자서 앉기(6개월), 붙잡고 서기(7개월), 붙잡고 걷기(9개월), 혼자서 서기(11개월), 혼자서 걷기(12개월), 손잡고 계단 오르내리기(16개월), 그리고 달리기 및 혼자서 계단 오르내리기(24개월)의 순으로 발달한다(Hetheringtcn & Parke, 1993).

시각의 발달은 신생아 시기에 자신의 얼굴로부터 30cm 정도 떨어진 곳에 있는 물체에 초점을 맞출 수 있다. 그리고 그 물체를 좌우로 천천히 움직이면 그에 따라 눈의 초점을 이동시킬 수 있다. 3~4개월쯤에 신생아는 복잡한 형태를 조직화할 수 있으며, 겹쳐 있는 형태들을 구분할 수 있다.

이러한 발달은 시각 절벽(visual cliff)[1] 실험을 통해 확인할 수 있다. 절벽 건너편에서 엄마가 장난감으로 장난하면 깊이에 대한 지각이 있는 아이는 절벽을 건너지 않는다. 한 달이 되지 않은 아이는 지각이 없어 망설임 없이 건너온다. 6개월 이후에 절벽에 대한 시각이 발달하면 아이는 건너오지 못하며 절벽 끝자락에서 망설이다 물러선다. 어머니가 부르면 엄마에게로 기어가다가 시각 절벽 앞에서 기어가는 것을 멈춘다. 바로 시각을 통한 절벽에 대한 지각이 생긴 것이다. 사람은 깊이에 대한 지각이 있지만 이것은 태어나면서부터 갖는 것이 아니다. 태어나면서는 깊이에 대한 지각이 없다가 나중에 생기는데, 이것은 운동과 경험을 통해 습득된다. 일반적으로 5개월이 되면 아이가 기어 다니게 된다. 기고 나서 2달 후 정도가 되면 깊이 지각이 생긴다. 기면서 깊이에 대한 공포를 알게 된 것이다.

청각은 강도, 기간 그리고 반복성에서 서로 다른 소리를 구분할 수 있다. 생후 1~2주경에는 부모의 목소리와 낯선 사람의 목소리를 구분할 수 있게 된다. 2개월경에는 한 사람이 내는 서로 다른 음조의 목소리도 구분할 수 있게 된다.

1) 시각적으로 떨어지는 것 같은 착각을 하게 만든 절벽을 말한다. 절벽과 절벽 사이를 유리로 덮는다. 그러나 시각적으로는 절벽의 모양이다.

(2) 사회성 발달

영아기에 성취해야 할 중요한 과업 중 하나로 애착형성이 있다. 즉, 대상관계와의 애착형성인데, 애착이란 가장 가까운 사람에게 느끼는 강한 감정적 유대관계이다. 주로 엄마가 아이의 애착대상이 되며 아버지나 할머니가 애착대상이 될 수도 있다. 발달심리학에서 애착은 정신분석 관점에서 강조된다. 특히 후기 정신분석에서 중요하게 다룬다. 어릴 때 주된 양육자와의 애착관계가 그 이후의 모든 대인관계에 영향을 미친다고 보는 것이다. 엄마로부터 배척을 받은 경우 성장해서도 이러한 과정을 반복해서 경험하게 된다.

애착을 형성하는 과정은 크게 3단계로 소개된다. 1단계는 모든 대상에게 애착을 보이는 단계이다. 2단계는 어머니와 타인을 구분하면서 점차 타인에게 가지 않는 단계를 말한다. 마지막으로 3단계는 특정대상에 대한 강한 집착을 갖는 단계이다.

애착형성의 영향은 성장하면서 지대한 영향을 미친다. 영아기의 애착유형은 성장하면서 다른 사람들과의 관계에서 대물림된다. 불안정애착을 가진 사람은 자녀와 불안정애착 관계를 형성한다. 애착유형은 정서발달, 사회성발달에도 영향을 준다. 아동기에 리더십을 발휘하게 될 때도 영향을 준다. 그뿐만 아니라 애착유형은 인지발달에도 영향을 주어 학습능력에 영향을 미치게 된다.

영아기에는 생후 1년 사이에 양육자와 친밀한 유대감을 형성해야 한다. 인간은 태어나면서 정서적 관계를 형성해야 하는데, 이 정서적 관계를 통해 애착을 형성하게 된다. 1차 애착대상과 어떤 관계를 형성하는지에 따라서 아동기 시절의 행동이 결정되는 것이다.

접촉연구의 아버지 할로우(H. F. Harlow) 박사는 음식물이 아닌 접촉이 애착형성의 중요 요인이라는 것을 밝혀냈다. 아이 원숭이 실험이 이를 증명해 준다. 아이 원숭이에게 두 개의 모형 어미 원숭이를 만들어 주었다. 하나는 먹이를 제공해 주는 철사로 만든 어미 원숭이와 먹이는 주지 않지만 부드러운 천으로 만들어진 어미 원숭이가 제공되었다. 이때 아이 원숭이는 먹이를 먹기 위해서 철사 원숭이에게 달려가지만 먹기를 마치면 바로 천으로 된 어미 원숭이에게 달려가 그곳에서 지낸다. 즉, 부드러운 접촉을 하는 어미 원숭이를 선택한 것이다. 그리고 무서운 공포 상황에 놓였을 때 아이 원숭이가 누구에게 달려가는지를 실험한 결과, 이 아이 원숭이는 천으로 된 어미 원숭이에게 갔다. 무서울 때 자기를 안정시켜 줄 수 있는 대상을 택한 것이다.

아동기(7~12세) 시절에 안정애착을 형성한 아동은 친구들의 생일 초대 프로그램에서 여러 명에게 초대받는다는 연구 결과도 있다. 반대로 불안정애착아는 초대받지 못한 것으로 드러났다. 영아기의 애착유형이 성장하면서도 큰 영향을 주는 것을 보여 준 것이다.

안정애착아는 다른 사람과 살아갈 때 상대방이 나의 어머니와 같이 좋은 사람이라고 생각하고 관계를 한다. 그리고 타인을 믿을 수 있는 사람, 좋은 관계를 맺을 수 있는 사람으로 여긴다. 다른 사람에게 기댈 수도 있고, 남이 기댈 때는 자신도 잘 받아주는 사람으로서 대인관계를 하게 되는 것이다.

애착은 아동기 시절에 학습에도 영향을 준다. 아동기 시절에 편안하고 안정된 마음으로 공부할 수 있도록 돕는다.

(3) 심리발달

대상에 대한 이해로서 대상영속성의 개념이 있다. 대상영속성이란 눈에 보이지 않지만 존재한다고 생각하는 것을 말한다. 6개월 된 아이에게서 가지고 놀던 딸랑이 장난감을 감추면 없어졌다고 생각하여 운다. 이 시기의 영아는 보이지 않는 사물은 존재하지 않는다고 보는데, 사물이 눈에 보이지 않으면 사라진 것으로 생각하는 것이다. 11개월 정도 된 아이가 대상영속성이 생기면 눈에 보이지 않아도 존재한다는 것을 알게 된다. 대상영속성이 발달하지 않은 6개월 정도의 유아에게 대상영속성을 갖도록 하기 위해서는 까꿍 놀이가 매우 유익하다. 까꿍 놀이로 문 뒤에 엄마가 있다는 것을 알 수 있도록 해 주는 것이다. 이와 같은 놀이로 영아는 보이지 않아도 엄마가 사라지는 것이 아니라는 것을 뇌의 기억 속에 넣어 두게 된다. 이것이 대상영속성이다. 대상영속성이 없는 영아에게 엄마가 사라지는 것은 대단한 위협이 될 수 있다. 대상영속성이 획득되고 엄마가 보이지 않아도 존재한다는 것을 알 수 있을 때까지, 엄마의 표상이 심어지도록 해 주어야 한다. 그렇지 않고 대상영속성이 발달되지 못했을 때 엄마가 보이지 않으면, 영아에게 엄마는 존재하지 않는 것이다. 보이지 않아도 없어진 것이 아니라 존재한다고 인지할 수 있도록 이 시기에 대상영속성이 잘 발달되도록 해야 한다.

2) 유아기(3~6세): 자율성 대 수치심

유아기를 세분화하여 3~4세를 걸음마기, 5~6세를 학령전기로 나눈다. 만 3~4세까지는 생활환경이 가까운 이웃으로 확대된다. 그럼에도 불구하고 이들의 주된 환경은 가정이다. 걸음마기에는 신체 및 운동발달로 움직임이 많아지며 자신의 의사를 적극적으로 표현하게 된다. 이 시기에 자기중심적 사고가 발달하여 부모에게 반항하는 모습을 드러내기도 한다. 만 5~6세의 학령전기는 유치원 등에 입학하여 그의 생활환경이 확대되는 양태를 보인다. 이에 따라 또래집단과의 만남도 이루어져 사회성이 발달하게 된다. 이 시기에는 사물에 대한 호기심이 증가하고 직관적인 사고능력이 발달한다. 걸음마기에서 보여 주었던 반항적인 모습은 반항적 사고로 대치된다(권중돈 · 김동배, 2005).

(1) 3~4세: 걸음마기(Toddlerhood)

걸음마기는 프로이트의 성격발달 이론에 따르면 항문기에 해당한다. 에릭슨의 심리발달 이론에서 자율성 대 수치심의 기간이고, 피아제의 인지발달 이론 중 전조작기의 전개념기에 해당된다.

❶ 신체적 발달과 운동기능의 발달

신체적 발달은 영아기에 비해 걸음마기에서부터 둔화되기 시작한다. 걸음마기

유아의 신체적 특성을 보면, 머리에 집중되어 있던 신체적 성장이 신체 하부로 확산되어 간다. 하지만 아직 머리가 크다. 가슴은 작고 배는 불룩 나와 있으며 다리는 짧다. 걸음마기에는 운동능력이 보다 정교화되어, 뒤로 달릴 수 있고, 손과 팔을 사용해 기어오르고, 혼자서 옷을 입을 수도 있다.

이러한 발달은 신체적 성숙, 동기, 학습 및 연습기회, 성인의 지도방법, 장난감 등에 의해 영향을 받는다. 구체적인 발달의 모습은 3세경에 걸음걸이가 안정된 모습을 보이고 엄지와 검지로 수저를 사용할 수도 있다. 혼자서 옷을 입고 단추를 벗길 수도 있다. 4세경에는 계단, 탁자, 난간 등에서 뛰어내리기도 한다. 이 시기에 왼손잡이 혹은 오른손잡이가 거의 결정된다(권중돈 · 김동배, 2005).

걸음마기 아동의 운동기술을 표로 나타내면 다음과 같다(Berk, 이종숙 외 역, 2008).

〈표 1-1〉 걸음마기 운동기술 발달

대근육 운동기술	소근육 운동기술
• 허둥대는 걸음에서 달리기로 발달한다. • 발을 교대로 사용하여 계단을 오르고 내린다. • 세 발 자전거의 페달을 밟고 조정한다. • 깡충 뛰고 한 발로 뛸 수 있다. • 상체의 일부를 사용하여 공을 잡고 던질 수 있다.	• 손목을 이용하여 숟가락을 사용한다. • 지퍼를 사용한다. • 단추를 끼운다. • 화장실에서 옷을 벗는다. • 가위를 사용한다.

❷ 인지적 발달

• 사고발달

걸음마기의 인지발달은 피아제의 전조작기의 사고단계 중에서 전개념기의 사고 단계에 속한다. 이 시기에는 사물을 상징화할 수 있다. 그런데 이것을 내면화하는 면에서는 성숙한 개념을 발달시키지 못한다.

이 시기의 특징은 상징적 사고, 자기중심적 사고, 물활론적 사고, 그리고 인공론적 사고 등이다. 상징적 사고의 특징은 어떤 것들을 여러 형태의 상징으로 표현한다는 것이고, 가상놀이가 가능한 것이다. 예를 들어 전쟁놀이를 들 수 있다. 자기

중심적 사고의 특징은 타인의 입장을 생각하지 못하고 자기의 입장에서만 생각한다는 것인데, 이것은 이기적인 것과는 다른 의미이다. 물활론적 사고의 특징은 생명이 없는 사물이나 대상에 생명을 부여한다는 것을 말한다. 예를 들면, 인형놀이 등이다. 그리고 인공론적 사고의 특징은 사물이나 현상이 목적에 맞게 만들어진 것으로 보는 것이다(강기정 외, 2009).

• 언어발달

걸음마기 유아의 언어발달은 모방과 학습을 통해 이루어진다. 특히 가정에서 말이나 표정 등의 접촉을 통해 발달시킨다. 음악놀이, 특히 탬버린과 같은 악기를 이용해서도 언어를 발달시킬 수 있다(강기정 외, 2009).

유아의 언어발달에 영향을 미치는 주요한 요인 가운데 하나는 다른 사람과의 상호작용이다. 유아의 언어발달이 촉진되는 것은 다른 사람과의 언어적 상호작용의 기회의 양이다. 기회가 많을수록 언어가 빨리 발달한다는 것이다.

유아에게 있어서 언어적 상호작용을 많이 하는 대상은 엄마이다. 따라서 유아와 어머니와의 상호작용 기회의 정도는 유아의 초기 언어발달에 큰 영향을 준다고 할 수 있다(장수한 외, 2008).

(2) 5~6세: 학령전기(Preschool childhood)

❶ 신체적 발달과 운동기능의 발달

학령전기의 신체적 성장은 이전 단계보다 성장률이 낮다. 그렇지만 만 5세경 유아의 신장은 출생의 약 2배에 달하는 108㎝ 정도가 된다. 그리고 6세경에는 약 5㎝ 정도 더 커지면서 성인의 65%까지 성장한다. 체중은 5세경에는 출생 시의 5배 정도인 18㎏에 이르고 6세경에는 19~20㎏까지 발달한다. 치아는 약 6세 경 한두 개가 다시 나기 시작한다. 학령전기의 놀이는 장난감보다는 자신의 몸을 이용하는 것을 더 선호한다. 즉, 달리기, 줄넘기, 축구, 등산, 자전거, 그리고 수영 등의 운동을 더 좋아한다(권중돈 · 김동배, 2005).

학령전기 유아의 운동기술 발달에 대하여 표로 나타내면 다음과 같다(Berk, 이종숙 외 역, 2008).

〈표 1-2〉 학령전기 아동의 운동기술 발달

대근육 운동기술	소근육 운동기술
• 신체회전이 향상된다. • 공을 잘 던진다. • 한 손으로 공을 잡는다. • 세 발 자전거를 잘 탄다. • 달리는 속도가 향상된다. • 보조바퀴 달린 자전거를 탄다. • 한 발로 균형을 잡는다.	• 스스로 옷을 입고 벗는다. • 스스로 식사한다. • 신발을 혼자 신고 벗는다. • 신발 끈을 묶는다.

❷ 인지발달

피아제에 의하면 학령전기는 전조작적 사고단계에서 직관적 사고단계(Intuitive period)에 속한다. 직관적 사고라는 것은 사물의 특성을 알아차리는 사고능력을 말한다. 이 단계에서 유아가 여러 사물과 사건의 개념을 형성한다. 그러나 분류능력에서는 불완전하고, 전도추리(Transductive reasoning), 중심화 경향(Centration), 불가역성(Irreversibility), 그리고 자기중심성이 특징적으로 드러난다(권중돈 · 김동배, 2005).

❸ 정서발달

이 시기에 유아는 다양한 정서들을 느끼며 적절하게 표현하는 것을 배우게 된다. 또한, 많은 현상에 대해서 호기심을 유발하게 된다. 이때 강하게 제지당하면 내가 뭔가 잘못하고 있다는 생각을 갖게 되어 죄책감을 갖게 된다. 이러한 죄책감은 공포로 발전되는 경우가 많다. 그래서 이 시기의 유아들이 유치원이나 어린이집, 어두움, 그리고 동물 등에 대하여 공포감을 느끼는 경우가 많다(권중돈 · 김동배, 2005).

❹ 사회성 발달

사회성은 자신이 속한 공동체에 적합한 행동양식을 습득하는 과정을 말한다.

사회성을 발달시키는 데 있어서 가장 큰 영향을 주는 것이 바로 가족이다. 따라서 부모의 양육 리더십 스타일이 큰 영향을 주게 된다. 부모의 자녀에 대한 리더십 스타일로는 과잉보호, 과잉허용, 방임, 완벽주의, 권위주의 등이 있다(이성옥·최광수, 2003).

3) 아동기(7~12세): 근면성 대 열등감

아동기는 초등학교에 다니는 시기이므로 학동기라고도 불린다. 이 시기에는 생활의 중심이 가정에서 학교로 옮겨지는 시기이다. 따라서 학습기술과 또래 친구를 사귀는 방법에 대한 발달이 이루어져야 한다.

(1) 신체적 발달과 운동기능의 발달

아동기에는 신체적인 성장과 발달이 비교적 꾸준하면서 천천히 이루어진다. 전체적인 신체의 체계가 안정되는 시기이다. 아동기 말에는 사춘기로서 성장 급등 현상이 일어난다. 초등학교 입학시기에는 남자아이가 여자아이보다 성숙이 보다 빨리 진행되었지만 아동기 말에는 여아의 신체적 성숙이 남자아이들보다 더 빨리 발달한다. 여자아이들이 약 2년 정도 빠른 성장발달을 보인다(권중돈·김동배, 2005).

아동기에 속한 아동의 운동기술 발달을 표로 나타내면 다음과 같다(Berk, 이종숙 외 역, 2008).

〈표 1-3〉 아동기의 운동기술 발달

대근육 운동기술	소근육 운동기술
• 달리는 속도가 초당 5m로 증가한다. • 연속적이고 부드러운 깡충뛰기를 한다. • 던지고 차는 거리와 속도 그리고 정확도가 증가한다. • 두 발 자전거를 탄다. • 온몸을 사용하여 공을 배트로 친다. • 드리블을 연속적이고 편안하게 한다.	• 글씨가 작아진다. • 좀 더 복합적인 그림을 그린다.

(2) 인지발달

피아제는 아동기에 구체적인 조작능력이 발달한다고 보았다. 그래서 아동기를 인지발달단계에서 구체적 조작기로 보았다. 구체적 조작기에 해당되는 아동기에서는 가역적 사고(reversibility)[2)] 능력을 획득할 수 있다.

가역성에는 반환성과 상보성이 있다. 반환성은 반대 방향으로 그대로 하면 처음의 상태로 되돌아간다는 생각이다. 상보성은 두 개의 것을 상호 비교하여 그 관계를 통합할 수 있는 사고능력이다. 이 반환성과 상보성을 논리적으로 조작할 수 있는 능력을 피아제는 가역성적 사고능력이라고 했다.

아동기에 가역적 조작이 가능하여 덧셈과 뺄셈을 배울 수 있다. 그래서 아동기에는 지식의 양이 급격이 늘어나고 인지능력이 매우 발달한다.

아동기는 피아제가 언급한대로 구체적 조작기이므로 눈에 보이는 사물에 국한되어 있다. 이 시기에는 진흙의 모양을 변형시키는 것을 할 줄 안다. 그러나 추상적인 것은 받아들이기 어렵다. 예를 들어 성탄절에 산타클로스가 있다고 한다면 그대로 믿는다. 산타클로스가 어떤 상징적인 존재라고 아무리 설명해 봐야 소용이 없다. 추상적인 것을 알지 못하는 시기이기 때문이다. 추상적인 용어인 '사랑'을 추상적으로 이해하기 힘들다. 이에 따라 아동기에는 사랑이 구체적이어야 한다. 사랑한다고 하면서 구체적으로 보여 주지 않으면 이해하기 힘들기 때문에 사랑을 설명할 때 초콜릿이라도 사 주는 것이 좋다.

(3) 사회성 발달

또래집단은 같은 나이의 아이들로 구성된 집단이다. 아동기에는 또래집단의 영향이 매우 커진다. 또래집단에서 친구들로부터 배우는 기회를 얻고 자아의 개념을 확립해 나가는 긍정적인 측면이 있다. 또래집단은 친구들과 상호작용을 하

2) 가역적 사고(reversibility)란 어떤 변화된 상태에서 그 변화를 본래 상태로 되돌릴 수 있는 능력을 말한다. 구체적 조작기(아동기)에 획득하게 되는 발달과업이다. 블록을 본래의 모양으로 다시 되돌릴 수 있거나 덧셈과 뺄셈을 이해하는 것이 바로 이 가역적 사고 때문이다.

는 방법을 배우는 교육의 장이 된다. 그러나 또래집단에서 나쁜 것을 함께 배우게 될 수 도 있다는 부정적인 측면도 있다(Zastrow, Charles, Kirst-Ashman, & Karen Kay, 김규수 외 역, 2002).

이 시기에 자기중심성에서 벗어나 타인의 입장에서 볼 수 있는 탈중심화 능력이 발달한다. 예를 들어 코끼리가 있다면 자기중심성을 벗어나지 못한 아이들은 자기가 보는 방향에서처럼 타인도 볼 것으로 생각한다. 그런데 이 시기에 점차 인지적 측면에서 자기중심성을 벗어나게 되어,[3] 다른 사람이 보는 코끼리의 모습이 자신이 보는 것과 다를 수 있음을 알 수 있게 된다.

에릭슨은 아동기에는 근면성이 발달과업이라고 했다. 근면성(industry)이란 환경을 스스로의 힘으로 딛고 일어나 도전하여 극복하려고 하는 생각과 태도이다. 근면성이라는 발달과업을 이루어서 학교생활을 즐겁게 할 수 있도록 해야 한다.

또한, 근면성은 학교생활을 통해서 성취되기도 한다. 만일 이 시기에 근면성을 키우지 못하면 열등감을 형성할 수 있다.

(4) 자아개념의 발달

아동기의 자아개념의 발달에는 학교생활이 크게 영향을 미친다. 학교에서의 생활에서 긍정적인 평가를 받게 될 때 긍정적인 자아개념이 발달하고 그 반대에서는 부정적인 자아개념이 형성된다. 자아개념이 인지적 측면이라면 자아존중감은 정서적 측면이라고 할 수 있다. 다시 말하면 자신의 존재를 인지하는 것이 자아개념이고 자기 존재에 대한 느낌이 자아존중감이다(권중돈 · 김동배, 2005).

자아존중감은 에릭슨이 언급한 근면성과 열등감의 발달과 밀접한 연관을 가진다. 학교에서 지지와 격려를 받게 될 때 자아존중감과 근면성이 발달한다. 하지만 반대의 경우에는 열등감과 낮은 자아존중감이 형성된다(권중돈 · 김동배, 2005).

---

3) 자기중심성을 평생 벗어나지 못하는 사람들도 있다. 특히 나이가 들어 자신만이 전문가라고 여기고 자기가 알고 있는 것만이 맞다고 생각하면 자기중심성에서 벗어나지 못한 사람이다. 심리적 측면에서 인간은 자기중심성에서 평생 벗어나지 못한다는 말을 하기도 한다.

CHAPTER 02

사회복지의 개념과 성격

학습목표

- 현대사회의 좋은 점과 나쁜 점을 나열할 수 있다.
- 사회복지의 기능과 제도를 이해한다.
- 사회복지의 개념을 이해하고, 이를 설명할 수 있다.
- 사회복지 관련 개념을 이해하고, 관련 개념과의 관계를 설명할 수 있다.
- 사회복지의 학문적 성격을 설명할 수 있다.

현대사회에는 좋은 점도 많지만, 문제도 많다. 가장 대표적인 문제는 무엇일까? 보는 관점에 따라 다르겠지만. 아마도 탈(脫)인간화가 아닐까? 사회복지는 바로 이 문제를 해결 혹은 최소화하기 위하여 필요하다.

사회복지란 인간의 안녕과 행복을 추구하기 위한 인간의 사회적 노력이다. 이는 'Social welfare'의 번역어로, 'Welfare'는 'Well'과 'fare'의 복합된 명사이며 '평안히 잘 지내는 상태 혹은 만족스런 상태'를 의미한다. 사회복지는 수혜 대상자에게만 국한하는 협의적인 개념과 일반 국민 전체를 대상으로 하는 광의적인 개념으로 구분할 수 있다. 또 욕구 불충족자를 국가가 임시적으로 해소시키는 보완적인 개념과 욕구 불충족자를 국가가 경제적 안정까지 도모하는 제도적인 개념으로 구분할 수 있다. 그러나 현대사회에서는 협의 개념과 광의 개념을 복합적으로 이해하면서 광의 개념을 중심으로 협의 개념을 포함하는 것이 바람직하다. 또한, 보완적인 개념과 제도적인 개념을 복합적으로 이해하면서 제도적인 개념을 중심으로 보완적인 개념을 포함하는 것이 옳을 것이다.

01 사회의 기능과 제도

사회(social)란 다수의 인간이 모여 조직된 공동체로 각자의 행복추구를 위한 필요에 의해서 조직된다. 인간과 인간이 상호 교류하면서 서로가 다양한 기능을 제공하고, 이 기능을 행동유형으로 조직하여 다양한 방법으로 전수하기 위한 사회제도를 형성한다. 이러한 사회제도의 기초가 가족공동체이다. 가족제도는 인류사회의 가장 작은 단위로 모든 생활의 기초이고 시작이다. 가족은 자기를 내어 놓는 사랑과 신뢰에 근거해서 이룩된다. 그러므로 가장 친근한 친교관계를 이루고 있는 사회적 단위이다. 그러나 현대사회의 다양성으로 복잡하게 분화되어 가면서 가족의 필요불충분한 욕구를 충족시키기 위한 사회제도의 필요성이 대두된다.

가족제도의 기본기능은 출산, 보호, 정서적 지원 등과 사회화로 사회생활에 필요한 가치, 규범, 지식을 전수하는 기능이 있다. 그러나 사회생활에는 시장 경제를 통하여 재화나 서비스를 생산하고 분배하며 소비하는 기능의 필요성이 제기된다. 동시에 사회통제 기능의 필요에 따라 중앙정부나 지방자치단체가 사회제도 안에서 자원의 동원과 분배가 되도록 가치 규범에 따른 엄격한 통제를 한다. 그뿐만 아니라 사회통합작업이 필요하다. 이 사회통합의 주체로 가장 적당한 곳이 교회나 사찰 등 종교조직이다. 일반적으로 종교는 영적 개발기능이 있기 때문에 사회규범을 자발적으로 순응하고 강화하도록 한다. 이러한 사회제도권 안에서 상부상조하는 기능을 사회복지기관이 담당한다(김명희 외, 2009).

02 사회복지의 개념

1) 사회복지란 무엇인가

사회복지의 개념 정의에 관해서는 학자들의 견해가 다양하다. 사회복지는 풍요의 이념으로 국민에게 생활을 보장해 줄 수 있을 만큼 물질적으로 영유하게 하는 것을 말한다. 상호관계의 이념으로 원만한 질서유지를 통해 상호 간의 번영과 공존관계가 성립되는 것이며, 개발계획의 이념으로는 정치·경제·사회적 협력을 위한 제도적인 기구를 통해 물질적 풍부와 사회적 평등 접근을 위해 노력하는 것이다.

던햄(Dunham, 1970)은 "사회복지란 인간 노력의 광범위한 분야이고, 인구의 일부 또는 전체의 경제적 조건, 건강과 경제력을 개선하고 유지함으로써 사회적 행복을 증진시키려는 조직적 활동"이라고 하였다. 로마니신(Romanyshyn, 1971)은 "사회복지란 개인과 전체로서의 사회적 복지를 공히 증진시키려는 일에 일차적, 직접적 관심을 갖는 모든 사회적 개입"이라고 하였다.

미국사회복지사협회(National Association of Social Workers: NASW, 1973)는 "사회사업이란 개인, 집단, 지역사회가 그들의 사회적 기능을 향상시키거나 회복하도록 돕고, 그들의 목표를 달성하는 데 필요한 적절한 사회적 조건을 만드는 전문적 활동"이라고 하였다. 바커(Barker, 1979)는 "사회복지란 사회를 유지하는 데 기본적인 사회적, 경제적, 교육적, 건강의 욕구를 사람들에게 충족시키고, 지역사회와 전체 사회의 집단적인 복지 상태를 유지하기 위한 국가적 프로그램, 급여, 서비스 체계"라고 하였다.

프리드랜더와 앱트(Friedlander & Apte, 1980)는 "사회복지란 개인집단의 생활이나 건강이 만족할 만한 수준에 도달할 수 있도록 계획된 사회적 서비스와 제도의 조직적 체계이다. 또한, 사회복지의 목표는 지역사회의 필요에 조화할 수 있도록 모든 개인의 능력발달과 복지 증진을 가능케 하는 개인적·사회적 관계"라고 하였다. 마틴과 잘드(Martin & Zald, 1981)는 "사회복지는 사회와 인간이 기능을 수행할 수 있는 최저수준을 획득할 수 있게 인간을 촉진하는 시도"라고 하였다.

존슨(Johnson, 1983)은 "사회복지란 사회제도나 체계 간의 조직적인 활동으로서 인간의 복지를 유지하거나 개선하는 데 목적을 두고 있으며, 사회사업을 포함한 많은 전문직을 포함하는 개념"이라고 하였다. 자스트로(Zastrow, 2000)는 "사회복지란 사회구성원의 사회적 기능 향상과 각자가 지닌 사회적, 재정적, 건강과 여가 욕구 충족을 위한 사회제도로서 사회문제를 예방하고 완화하거나 문제 해결에 이바지함으로써 개인, 가족, 조직과 지역사회의 복지를 직접 향상하기 위한 노력"이라고 하였다.

장인협(1981)은 "사회복지란 인간의 행복을 증진시키기 위해 정부나 민간이 프로그램, 서비스 혹은 시설을 통해 사회적 장애를 예방하고 경감시키려는 체계적·조직적 노력"이라고 하였다. 김영모 등(1982)은 "사회복지는 인간의 욕구와 사회문제에 대한 서비스로 평등과 보장을 의미하며, 기존 사회구조에의 적응을 목적으로 한다."고 하였다.

이러한 견해는 사회복지의 이념을 정의하였다고 볼 수 있다. 이를 종합하면, 사회복지는 '모든 국민이 최저한도 이상의 삶을 향유하고, 개인과 집단, 지역사회와 전체 사회 차원에서 사회적 욕구 충족과 생활상의 문제를 예방, 경감과 해결할 수 있도록 원조하는 공공과 민간 부문의 조직적인 노력'이라 할 수 있다.

〈표 2-1〉 국내외 주요 학자들의 사회복지 정의

학자(연도)	사회복지란 무엇인가
던햄 (1970)	인구의 일부 또는 전체의 경제적 조건, 건강과 경제력을 개선하고 유지함으로써, 사회적 행복을 증진시키려는 조직적 활동
로마니신 (1971)	개인과 전체로서의 사회적 복지를 공히 증진시키려는 일에 일차적, 직접적 관심을 갖는 모든 사회적 개입
바커 (1979)	사회를 유지하는 데 기본적인 욕구를 사람들에게 충족시키고, 지역사회와 전체 사회의 집단적인 복지 상태를 유지하기 위한 모든 국가적 체계

학자(연도)	사회복지란 무엇인가
프리드랜더와 앱트(1980)	개인집단의 생활이나 건강이 만족할 만한 수준에 도달할 수 있도록 계획된 사회적 서비스와 제도의 조직적 체계
자스트로 (2000)	사회구성원의 사회적 기능 향상과 사회문제를 예방하고 완화하거나 문제 허결에 이바지함으로써 개인, 가족, 조직과 지역사회의 복지를 향상하기 위한 노력
장인협 (1981)	인간의 행복을 증진시키기 위해 정부나 민간이 프로그램, 서비스 혹은 시설을 통해 사회적 장애를 예방하고 경감시키려는 체계적, 조직적 노력
김영모 외 (1982)	인간의 욕구와 사회문제에 대한 서비스로 평등과 보장을 의미하며, 기존 사회구조의 적응을 목적

이제 사회복지의 어원적 의미와 범위적 의미를 살펴보고, 이어서 사회복지 관련 개념과 이들의 관계를 구체적으로 살펴보자.

(1) 어원적 의미

사회복지(social welfare)의 개념은 '사회(social)'라는 단어와 '복지(welfare)'라는 두 단어가 복합된 용어이다. 즉, 사회복지란 '사회적'이란 형용사와 '복지'라는 명사가 합해져서 형성된 복합명사이다. 사회적(social)이란 사회 안에서 개인적 혹은 집단적인 상호관계이며, 삶의 질을 향상시키는 사회적 관계이다. 영어의 'social'은 'society'라는 명사에서 파생되었다. 그러므로 '사회적'으로 번역한 'social' 혹은 '사회'란 "지역사회 혹은 집단 안에서 함께 관계를 맺으며 지낸다."는 의미이다. 'welfare'는 'well'과 'fare'가 합쳐져서 형성된 복합명사로 '평안히 잘 지내는 상태'를 뜻한다. 곧 '안정된 삶을 영위하고, 그렇게 만들어 가는 것'이다

사회복지의 한자 표기는 '社會福祉'로 사회(社會)와 복지(福祉)가 합해져서 형성된 복합명사이다. 복지(福祉)의 '福'을 풀어 보면, 시(示)는 신(神)에게 곡물을 얹어놓은 상이며, 전(田)은 곡물을 수확하는 밭의 상이고, 구(口)는 고(高)의 약자로 곡물의 풍요로 높이 쌓여 있는 상이며 농경사회에서 물질적 풍요를 뜻한다. '祉'를 풀어 보면, 지(止)는 계속 추진하고 싶은 욕망을 절제하는 상으로, 지(祉)는 신(神)에게 마음의 안정을 기원하는 자세를 갖춘 형태이며 물질적 풍요와 심리적인 안정을 뜻한

다. 그러므로 사회복지란 사회 안에서 인간의 만족스러운 생활을 위하여 삶의 질을 향상하고, 사회문제를 해결하기 위한 입법, 프로그램, 서비스 등 모든 제도와 실천이다.

(2) 범위적 의미

로마니신(1971)은 국가의 사회복지에 대한 태도가 소극적인 경우를 소극적(negative) 사회복지, 적극적인 경우를 적극적(positive) 사회복지로 구분한다. 일반적으로 학자들은 소극적 사회복지를 협의(좁은 의미)의 사회복지, 적극적 사회복지를 광의(넓은 의미)의 사회복지라 한다. 이는 범위를 어떻게 할 것인가에 따른 것으로, 사회복지 수혜 대상자를 좁게 규정하는 것을 협의적 개념, 넓게 규정하는 것을 광의적 개념이라 한다.

협의적 개념은 과거에 많이 사용되었던 개념으로, 개인적이고 선별적이며 제한적이다. 건강이나 물질적 유지가 스스로는 어려운 개인 혹은 가족에게 서비스를 제공하는 것이다. 이는 수혜 대상자가 불우계층(the disadvantaged)인 개인이나 가족에게 한정된다. 예컨대 어린이, 노인, 장애인, 실업자 등 사회적 약자에게 구제와 보호 및 갱생을 위하여 국가가 구제 또는 예방 등의 원조활동을 하는 것을 의미한다. 광의적 개념은 사회복지를 넓은 의미로 이해하는 것으로, 국민 모두에게 원활한 사회질서 유지와 복지 향상을 위하여 필요한 사회적 욕구를 충족시키는 제도적 개념이다. 즉, 근로자는 물론 국민 모두를 그 대상으로 한다.

〈표 2-2〉 사회복지의 협의(좁은 의미)와 광의(넓은 의미)의 개념 비교

구분	복지 대상	복지 내용	복지 방법
협의의 개념	특정한 국민 (사회 부적응자, 저소득자)	기본적 의식주와 기타 생활수요의 최저 또는 평균선 유지	구체적인 복지정책, 제도, 사업계획, 봉사활동
광의의 개념	전체 국민	모든 생활 영역의 수준 향상	모든 공공적인 정책과 활동

2) 사회복지 관련 개념

사회복지는 사회변화에 따라 다양한 용어가 사용되어 왔다. 전통적 사회복지 개념은 상호부조, 자선사업, 인보사업, 박애사업 등으로 표현되었다. 현대적 의미의 사회복지 관련 개념으로 사회사업, 사회서비스, 인간서비스, 사회정책, 사회개발, 사회보장, 사회안전망 등이 있다. 사회복지와 직간접적으로 연결되어 있는 이러한 관련 개념과 사회복지와 전혀 다른 개념인 자선사업을 포함하여 다음에서 구체적으로 살펴본다.

(1) 사회사업

사회복지(social welfare)라는 용어를 영국은 사회서비스(social service)로 사용하고, 미국은 사회복지와 사회사업(social work)을 함께 사용한다. 그러면 사회서비스 또는 사회사업이란 용어의 의미상 차이점은 무엇일까? 사회복지는 복지를 추구하기 위한 인간의 사회적 노력으로서 안녕과 공공부조라고 정의한다면, 사회서비스란 기본적 인간 욕구 해결을 위한 서비스라 하겠다.

사회사업이란 협의적 개념으로 사회복지를 달성하기 위한 기술과 수단이다. 사회사업은 역동적 개념으로 인간행동과 관계에 대한 전문적이고 과학적인 지식과 실천기술에 바탕을 둔 전문서비스이다. 곧 바람직한 인간으로서의 사회화를 위한 전반적 과정이다. 근래에는 사회복지와 사회사업을 동의어처럼 사용하지만, 일반적으로 사회복지가 정책이나 제도 등을 통하여 욕구를 충족하는 조직적이고 체계적인 활동이라면, 사회사업은 개인적으로 사회적 행복감과 만족감을 추구하는 전문기술과 서비스라 할 수 있다. 사회사업은 사회복지와 비교할 때 다소 협의의 의미를 지니고 있는데, 사회복지와 사회사업의 속성을 비교해 보면 〈표 2-3〉과 같다.

〈표 2-3〉 사회복지와 사회사업의 개념 비교

구분	사회복지	사회사업
의미	이상이나 이념적 측면을 강조	실천적 측면을 강조
목적	바람직한 사회환경	바람직한 인간
대상	보편적이고 전체적	선별적이고 개별적
방법	거시적 방법: 제도와 정책	미시적 방법: 지식과 기술
특성	사전 예방적, 적극적, 총체적, 원칙적, 정적	사후 치료적, 소극적, 구체적, 유연적, 역동적

(2) 사회서비스와 사회복지서비스

사회서비스(social service)는 인간이 독립적 생활을 유지하고 가족관계를 강화하고 개인과 집단, 가족 혹은 지역사회의 기능을 강화하기 위한 사회복지 전문직과 다른 인간원조전문직의 활동을 의미한다.

사회서비스는 넓게는 인간서비스와 같은 의미로도 사용되며, 사회복지 광의의 개념과 비슷한 개념으로 사용되기도 한다. 또한, 협의의 사회서비스를 의미할 때는 대인적 서비스(personal social service)로 사용되기도 한다. 그러나 사회복지 분야에서는 사회서비스의 개념을 일반적으로 노인, 장애인과 아동 등의 개인이 처한 상황과 욕구를 개별화하여 그 개인의 사회적 기능 수준을 향상하는 데 목적을 둔 상담, 주간보호, 가정방문서비스 등의 비물질적 서비스를 의미하는 대인적 사회서비스에 국한된 의미로 사용하는 경우가 많다.

사회복지서비스(social welfare service)는 사회보험, 공공부조와 함께 광의의 사회복지 중심을 이루는 사회서비스의 일종이다. 즉, 빈민과 노인, 여성과 장애인, 아동 등 사회적 보호가 필요한 사람들의 사회적 기능을 향상하고 자립할 수 있도록 원조하는 서비스 행위를 말한다. 이러한 사회복지서비스는 개인이나 가족, 집단 등의 미충족 욕구나 생활상의 문제에 대해 개별화된 전문서비스를 제공하지만, 사회복지의 고유 영역 내에서 서비스가 이루어진다. 따라서 사회복지서비스는 사회복지와 인간서비스, 사회서비스보다는 좁은 의미를 지닌 개념이다.

(3) 인간서비스

인간서비스(human service)는 주류 사회에 적응하지 못하거나 생활문제를 경험하는 개인이나 집단의 복리 증진을 목적으로 하는 포괄적이고 종합적인 서비스 활동이다. 이러한 인간서비스는 사회복지 물론, 교육, 공중보건, 정신건강, 재활, 교정, 응급구호 등의 다양한 서비스 분야를 포함한다.

인간서비스에서는 삶의 부적응을 가져오는 환경의 개선을 더욱 중시한다. 하지만 개인의 심리적 문제를 무시하지는 않으며, 사후 치료보다는 예방적 차원에서의 문제 해결에 초점을 둔다. 전통적으로 인간서비스 분야에서는 하위분야별로 독자적인 활동을 전개하는 경향이 강했지만, 최근에는 하위분야 간의 경계가 희박해지고 융합되는 경향이 강해지면서 통합서비스를 제공하는 경향이 높아지고 있다.

(4) 사회정책과 사회복지정책

사회정책(social policy)은 국가와 공공기관이 사회구성원의 욕구 충족, 사회문제 해결, 사회적 형평의 실현과 같은 공공선(公共善)의 목적을 달성하기 위하여 채택한 공식적인 미래의 행동계획이라고 할 수 있다.

마셜(Marshall, 1965)은 사회정책의 영역을 사회보장정책, 의료보장정책, 주택보장정책, 사회서비스정책, 지역사회개발정책, 교육보장정책이라는 6가지 영역으로 구분하였다(문수열 외, 2013 재인용). 사회복지정책이 급여와 서비스를 제공함으로써 시민의 복지에 직접적인 영향을 미치는 조치와 관련된 정부의 정책으로 정의하고 있다. 그리고 길버트와 스펙트(Gilbert & Specht, 1986)는 정책 내용의 범위에 따라 가장 넓은 개념이 공공정책이고, 그 다음이 사회정책이며, 가장 좁은 개념이 사회복지정책이라 하였다(문수열 외, 2013 재인용).

(5) 사회개발

사회개발(social development)은 경제개발(economic development)과 대비되는 개념으로, 전체 사회를 정치, 경제, 사회, 문화 등으로 나눌 때 주로 사회와 문화 부문의 개발을 도모하기 위한 활동이다(남세진·조흥식, 1995). 이러한 사회개발은 경제개발로 말미암아 나타나는 사회계급과 계층 문제를 극복하기 위한 하나의 방편으로 등장했다.

(6) 사회보장

사회보장(social security)이란 출산과 양육, 실업과 노령, 장애와 질병, 빈곤, 사망 등과 같이 사회구성원이 직면할 수 있는 사회적 위험으로부터 소득이 일시적으로 중단되거나 상실되어 이전의 수준을 유지하지 못할 때 정상적인 생활 유지를 국가의 책임 아래에 보장하고 시행하는 제도를 뜻한다.

이러한 사회보장은 모든 국민을 대상으로 최저생활을 보장하고, 모든 위험과 사고에 대해 보호를 받도록 해야 하며, 공공기관을 통하여 보호나 보장을 해 주어야 한다. 사회보장은 고용촉진과 고용 수준의 유지, 국민소득의 증대와 균등한 분배, 영양과 주택 개선, 의료시설의 정비, 일반교육과 직업교육 기회의 확대 등을 도모하는 데 목적을 둔다.

사회보장제도의 핵심을 이루는 것이 사회보험과 공공부조이다. 사회보험이란 일정 소득 이상의 계층이 산업재해, 질병, 노령, 장애 혹은 사망 등의 제반 위험이나 사고에 대비하여 일정액의 보험료를 내고, 이러한 위험으로 이전 수준의 생활을 유지하기 어려울 때, 생활을 보장하는 강제적 보험제도이다.

현재 우리나라에서는 국민연금과 특수직연금, 국민건강보험과 노인장기요양보험, 산업재해보상보험, 고용보험 등이 시행되고 있다. 공공부조는 일정 수준 이하의 소득계층에 대해 신청주의 원칙에 입각하여 자산조사를 시행하고 나서, 조세를 재원으로 하여 최저한도 이상의 삶을 영위할 있도록 급여를 제공하는 제도이다. 우리나라의 대표적인 공공부조제도로는 국민기초생활보장제도와 의료급여제도가 있다.

(7) 사회안전망

사회안전망(social safety net)은 노령, 재해, 장애, 실업, 사망이나 출산 등의 다양한 위험으로 말미암아 정상적인 생활이 불가능한 모든 개인에 대해 국가나 사회가 보호해 주는 제도적 장치이다.

사회안전망의 범위는 공식적 사회안전망과 비공식적 사회안전망으로 구분된다. 공식적 사회안전망은 각종 위험에 대한 예방적 대책인 사회보험제도를 1차 안전망, 기초생활보장을 위한 공공부조 프로그램을 2차 안전망, 그리고 각종 구호사업 등과 같은 일시적인 소득보장 프로그램을 3차 안전망으로 분류할 수 있다. 반면에 비공식적 사회안전망은 가족, 이웃, 시민단체, 종교단체, 사회복지기관과 시설을 통해서 이루어지는 다양한 사회복지 활동을 포함한다.

(8) 자선사업

자선사업은 개인적인 금품 시여(詩餘)를 통해 개인이나 집단을 도와주는 비공식적, 비전문적 활동이다. 즉, 친인척 간의 부조, 금품 시여 등이 이에 해당되는데, 사회복지의 비공식적 영역을 구성하는 것으로 공식적인 의미의 사회복지나 사회사업과는 다르다.

자선사업은 공식적인 제도 아래 수행되는 것이 아닌 비공식적인 활동을 의미하며, 자선 수혜자의 권리성은 전혀 없다. 예를 들면, 어느 자선가가 어렵게 사는 이웃 학생에게 현금을 지원했다고 하더라도, 그 옆집에 더 어려운 처지에 있는 학생이 그 자선가에게 자신도 지원해 달라고 할 근거는 전혀 없다.

3) 사회복지와 관련 개념과의 관계

사회복지를 넓은 의미에서 인간의 기본 욕구를 증진시키고 사회적 장애를 예방, 경감시키기 위하여 정부나 민간이 금품이나 서비스를 제공하는 제도와 법, 서비스와 활동 등으로 규정할 때(조흥식 외, 2013), 사회복지와 관련 개념과의 관계는 [그림 2-1]과 같다.

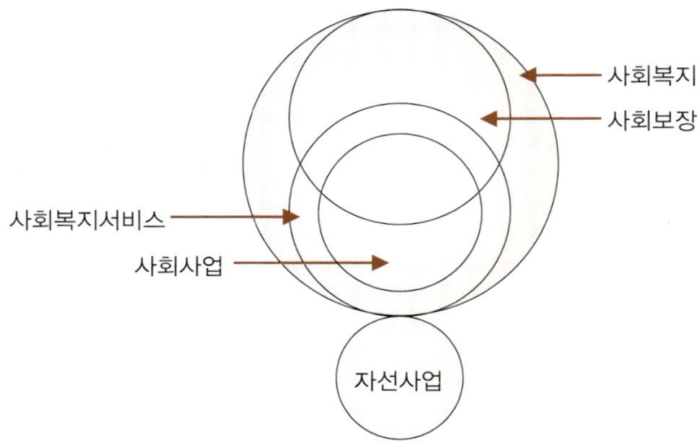

[그림 2-1] 사회복지와 관련 개념과의 관계도

그림에서와 같이 광의(넓은 의미)의 사회복지는 사회보장, 사회복지서비스, 사회사업 등을 모두 포함하는 개념이다. 사회보장을 일반적인 의미에서 사회보험, 공공부조, 사회복지서비스 등으로 이해한다면, 사회복지서비스의 일부는 사회보장 영역에 속하지만 국가가 보장해 주지 않는 영역에서 사적으로 지불하는 교육, 상담 등의 사회복지서비스도 존재한다. 사회사업은 사회복지서비스 중 사회복지사에 의해 행해지는 전문적인 활동을 의미하기 때문에 사회복지서비스의 일부가 된다. 하지만 임상심리전문가, 특수교사 등에 의해 제공되는 사회복지서비스나 자원봉사활동 등과 같은 서비스는 사회사업의 영역에 속하지 않는다. 한편, 자선사업은 사회복지와는 달리 비공식적 영역에서 행해지는 활동이기 때문에 사회복지 영역과 교차되는 영역이 존재하지 않는다.

03 사회복지의 학문적 성격

현대사회에서 사회복지의 중요성이 강조됨에 따라, 사회복지학의 학문적 정체성에 대하여 학자들 간에 많은 논의가 있다. 국가정책은 국민 복지 향상이 목표이기 때문에 사회복지학은 여러 측면의 사회과학적 방법을 동원한다. 또한, 인간의 복지에 영향을 미치는 변수를 연구해야 하기 때문에 다양한 학문적 이론을 도입한다. 이는 사회복지학이 학문적으로 독립할 수 없는 학문임을 반증해 주고 있다.

사회복지학은 다른 학문의 이론과 연구결과를 토대로 복지 향상을 도모하도록 사회현상을 조사·분석하여 사회문제를 해결해야 하는 응용과학이다. 그러나 학문적 정체성을 분명히 해야 하기 때문에 한 인간으로부터 시작하여 환경에 이르기까지 다양하고 폭넓은 사회복지 분야와 사회문제, 관련 기초 지식과 사회과학, 그리고 인접한 학문까지 필요로 한다. 그러므로 사회복지학의 연구자는 철학, 경제학, 교육학, 심리학, 사회학, 인구학, 법학, 통계학, 역사학, 의학 등의 이론과 연구결과를 유기적으로 연결할 수 있는 자질이 필요하다. 그런 면에서 사회복지학은 사회과학이다(김명희 외, 2009).

과학은 물질세계를 대상으로 하는 학문이다. 우주만물에는 질서가 있고, 오묘하게 조화를 이루고 있으며, 자연법칙이 있다. 과학의 기본 이치는 원인이 있으면 결과가 있다는 인과율이다. 과학의 연구란 피조물 가운데 있는 새로운 현상과 법칙을 발견하는 것이다. 과학의 대상은 물질과 에너지이다. 과학이란 현상을 체계적으로 탐구하는 것이다. 이 탐구작업은 인간이 인간을 대상으로 개인적 혹은 집단적으로 해야 하기 때문에 사회학, 경제학, 정치학 등과 연계해야 하는 사회과학적 탐구일 수밖에 없다.

데이비스(Davis, 1950)는 사회과학과 사회복지학과의 관계를 다음과 같이 설명한다. 첫째, 사회과학이 발전시킨 인간에 관한 지식과 인간의 사회적 행동에 관한 지식을 충분히 이용하면, 사회복지실천에 새로운 통찰을 얻을 수 있으며. 둘째, 사회복지의 목적, 기능, 전제, 방법 등에 대한 평가, 검증, 수정이 많으면 많을수록 사회복지는 인류에 더욱 많은 공헌을 할 수 있고, 셋째, 사회복지는 사회과학이 필요로 하는 인간의 생활경험에 관한 풍부한 지식을 가지고 있다(김성이·김상균, 1999 재인용).

이처럼 사회복지학은 인접 사회과학 분야와 밀접한 교류관계를 유지함과 동시에 사회복지학, 그 자체로도 다음과 같은 독특한 특징이 있다(김상균 외, 2009).

- 사회복지학은 틈새 과학적 성격을 띤다. 사회복지학의 정립은 늦게 출발했기 때문에 기성학문 분야와 중복되지 않으면서 동시에 차별성도 유지해야 했다. 이는 기성학문과는 다른 관점과 접근법이 요구되는 상황에서 사회복지학이 등장하여 새로운 도전을 시도했다는 뜻이다. 이러한 새로운 도전에서 사회복지학이 갖는 강점의 하나는 그것이 문제 해결을 최우선으로 하는 응용 혹은 실천과학이라는 사실이다.
- 사회복지학은 사회과학의 가치성과 관련된다. 사회복지학은 인간의 모든 원조행위를 무차별적으로 취급하지 않는다. 더욱이 영리목적의 상업적 행위와는 엄격히 구별된다. 그리하여 탈상품화를 우선적 연구주제로 삼는 것이다. 그뿐만 아니라 피원조자의 존엄성과 자율성, 발전 가능의 잠재력을 강조한다. 이처럼 특정한 가치를 중시하는 이유는 사회복지의 존재 이유를 약자 보호에서 찾기 때문이다.
- 사회복지학은 사회과학이 다학문성(多學文性)을 띠는 것과 관련된다. 남을 돕는 원조행위는 국가, 기업 혹은 자발조직 등이 실행하는 집합적 행위다. 사회복지학은 정치학, 사회학, 심리학 등 인접 사회과학의 다양한 학문적 성과를 적극적으로 활용하여 사회복지학의 이론과 체계를 발전시키고 있다.
- 사회복지학은 인간의 욕구 충족을 위한 실천 활동을 강조하고, 사회문제 해결을 지향한다. 사회복지학은 응용사회과학 혹은 실천사회과학으로서 사회문제 해결을 위한 방법을 창출해 내고, 이를 실제 사회현상에 적용하는 실천지향적인 학문이다.

CHAPTER 03

사회복지의 동기

학습목표

- 동기의 개념을 이해한다.
- 사회복지의 동기인 상부상조, 정치적 배려를 이해한다.
- 사회복지의 동기인 경제적 이득을 이해한다.
- 사회복지의 동기인 이데올로기 명분을 이해한다.
- 사회복지의 동기인 전문직업적 동기, 종교적 의무를 이해한다.

동기(動機)[4]가 무엇인가? 동기란 인간을 비롯한 동물의 내면에서 어떤 목적을 지향하는 행위를 불러일으키고 이를 지시하는 요인을 의미한다. 다르게 말하면, 동기란 어떤 일이나 행동을 일으키게 하거나 마음을 먹게 하는 원인이나 계기를 말한다.

4) 개인은 왜 행동하며, 왜 그런 행동을 선택하는가? 어떤 사람은 왜 다른 사람보다 더 많은 자극을 받는가? 비슷한 재능과 능력을 가진 사람들 가운데 왜 어떤 사람은 실패하고 어떤 사람은 성공하는가? 등을 설명하기 위해 심리학자들은 다양한 이론을 제시했다. 어떤 이론가들은 행동을 일으키는 내부구조의 작용을 밝히려고 애썼고, 다른 사람들은 주위 환경에 있는 외부자극을 탐구했으며, 또 다른 이론가는 기본 동기 자체를 연구해 무엇이 타고난 욕구이고 무엇이 후천적으로 학습된 것인가를 알아내려고 애썼다. 동기가 행동에 특정 목표를 부여하는 것인지, 아니면 단순히 습관 같은 다른 요인들이 결정한 행동에 추진력을 줄 뿐인지를 밝히려고 애쓴 이론가도 있다.

그런데 인간행위는 다양한 동기가 마치 사슬처럼 전후좌우로 상호 연관되어 있다. 그래서 어느 지점에서 동기를 파악하느냐에 따라 그 결과는 달라질 수 있다. 또 특정 지점에서 출발했다 하더라도 얼마나 깊이 상호연관성을 추구해 들어가느냐에 따라 다른 진술이 나올 수 있다. 따라서 사회복지의 동기를 찾는 것은 대단히 어려운 일이다. 사회복지 행동의 동기와 목적에서도 단일형의 경우는 거의 없다. 더욱이 특정의 동기와 목적이 직선적(linear)으로 연결되는 경우가 드물어서 동기 파악의 작업을 더 어렵게 만든다. 예컨대 ㉮라는 동기가 사회복지 활동에 직접 연계되지 않고 중간과정에서 ㉯, ㉰, ㉱, ㉲ 등의 여러 가지 동기를 거쳐 최종 목적지에 도달하는 경우가 더 많다.

프로이트(Freud)[5)] 이후 심리학에서는 인간행위의 동기가 경우에 따라 자신이 의식할 수 없는 잠재의식 또는 무의식 세계의 영향을 받을 수 있음을 인정한다. 따라서 사회복지의 동기 역시 그러한 측면을 무시할 수 없다. 일반적으로 사회복지는 인간의 욕구충족을 지원하려는 동기로부터 발전하였다. 그러나 인간의 욕구와 욕구에 대한 사회인식이 변화하기 때문에 사회복지의 동기 역시 다양하게 변화했다. 마카로프(Macarov, 1995)는 사회복지의 동기를 상호부조, 종교적 교리, 정치적 배려, 경제적 이득, 이데올로기 명분 등으로 다양하게 구분한 후, 오늘날의 사회복지제도는 이런 여러 동기가 복합적으로 작용한 결과라고 설명하였다. 이 밖에도 사회복지의 동기로서 반사회적 행동의 예방 동기, 공리주의적 동기, 전문직업적 동기 등이 제시되고 있다. 여기서는 이 중 몇 가지에 관해 살펴본다.

---

5) 지크문트 프로이트(1856~1939)는 당대 최고의 지적 영향력을 가진 사람으로 볼 수 있다. 그의 정신분석학은 인간의 정신 및 정신병 치료에 관한 이론인 동시에 문화와 사회를 해석하는 시각을 제공하는 이론이다. 반복되는 비판과 논박, 수정에도 불구하고 프로이트의 연구는 그의 사후에도 유력한 분야로 계속 남아 있다.

01 상부상조

자선(慈善)은 다른 사람에게 인정과 자비를 보내는 것으로, 어려운 사람들에게 경제적인 원조를 하는 것이다. 이런 사람의 심정과 행동은 전 세계에 보편적으로 존재한다. 이러한 원조행위는 주는 자의 일방적 행동이다. 그러나 인간사회에는 일방적 원조행위 외에도 주는 자와 받는 자 간 쌍방향의 원조행위를 하는 경우가 많다. 이처럼 서로가 서로를 돕는 행위를 우리는 상부상조(혹은 상호부조)라고 부른다. 일찍이 크로프트킨(Kroptkin, 1914)은 만물은 서로 돕는다고 주장하면서 다윈(Charles Darwin)이나 스펜서(Herbert Spencer)의 적자생존설[6]은 인간 본성의 한 측면만을 편향적으로 강조했다고 비판한 바 있다(김영범 역, 2005).

사회복지제도는 상부상조를 주(主)기능으로 삼아 존재한다. 사실 상부상조는 사회적으로 가장 오래되고 가장 보편적인 사회복지의 동기이다. 삼국시대에 이미 존재했던 것으로 알려진 두레나 계와 같은 조직은 우리 민족의 전형적인 상부상조 형태이다. 서양에서는 길드(guilds), 친구조합, 노동조합 등이 일찍부터 상부상조의 기능을 수행했다. 상부상조의 전통은 오늘날에도 가족, 이웃, 노동조합, 커뮤니티(community)[7], 다양한 사회복지제도 등을 통해 여전히 중요한 사회복지의 동기로 작용한다. 그리하여 인간은 예나 지금이나 이를 통해 경제적 지원뿐 아니라 정서적 지지, 사회관계, 정보, 활동 등의 자원을 가족, 이웃 등과 공유하는 것이

6) 적자생존(適者生存, Survival of the fittest)은 1864년 영국의 철학자인 허버트 스펜서가 『Principles of Biology』에서 처음으로 사용한 인간들의 사회적 생존경쟁의 원리를 함축시킨 사회·철학 용어이다. 이 용어는 찰스 다윈에 의해 생물체나 집단체의 다양한 환경 적응력이 높을수록 오래 살아남는다는 의미를 가진 진화론 영역의 과학 용어로 더 확고한 뜻으로 발전되었으며, 그것은 그의 저서인 『종의 기원』에서 잘 나타났으며 자연선택설에도 큰 영향을 미쳤다.

7) 커뮤니티란 국가, 지역, 혈연, 인종, 직업, 종교 등의 어떤 공통점을 가진 공동체를 뜻한다. 현대에서는 주로 인터넷상의 사람들이 드나드는 웹사이트에서 게시글, 쪽지, 댓글 등의 커뮤니케이션 기능이 가능할 때 이를 통틀어 커뮤니티로 부른다. 인터넷의 커뮤니티는 주로 공통된 관심사가 이들의 구심점이다.

다(김상균 외, 2011).

1) 상부상조의 중심으로서 가족

전통적 농경사회에서 확대가족은 공동생산과 소비의 중심으로서 가족구성원의 복지기능을 담당하였다. 현대사회에서 핵가족화, 가족구조의 다양화(한부모가구, 독신가구, 노인단독가구 등), 여성취업률의 증가, 이혼율의 증가 등으로 가족의 상부상조 기능은 상당부분 약화되었다. 하지만 가족은 아직도 구성원들이 일차적으로 도움을 제공하고 제공받는 주요 사회제도로 인식되며, 우리나라에서 가족은 여전히 가장 중요한 사회지지체계이다.

우리나라를 포함하여 국가 대부분은 가족의 상부상조 기능을 지원하기 위한 목적으로 다음과 같은 국가정책을 펼친다(Macarov, 1995).

- 가족이 강한 구조를 유지함으로써 가족의 기능을 수행하도록 지원한다.
- 가족에게 건강한 성장, 생활환경을 제공함으로써 정신적, 대인관계의 문제를 최소화한다.
- 가족구성원들의 상부상조를 증가시켜 사회복지비용과 활동을 줄인다.

이러한 목적을 수행하기 위해 많은 국가는 가족을 강화하기 위한 제도로서 가족수당 혹은 아동수당, 부양가족에 대한 세금공제, 가족을 지원하는 프로그램과 서비스 등을 발전시켰다. 최근 우리나라의 저출산·고령화 현상이 심각한 수준에 도달함으로써 가족정책에 대한 사회적 관심이 고조되었다. 그리하여 정부는 2005년 9월에 저출산·고령사회기본법을 제정하였다. 이후 여러 가지 정책이 발표되거나 시행되기 시작했다. 하지만 가족정책의 시행이 상부상조 정신의 고양을 목표로 하는 것인지, 아니면 단순히 출산율을 높이고자 하는 것인지에 대한 구분이 모호하다는 비판이 나올 수 있다.

2) 가족 이외의 상부상조 조직과 활동

가족 이외의 상부상조 조직으로는 비공식 부문에서 동창회, 향우회, 문중, 친한 사람들끼리 운영하는 계모임 등이 있다(홍경준, 1999). 그리고 공식 부문에서는 새마을운동 단체와 자활공동체를 대표적으로 들 수 있다. 이외에도 노동조합, 자조집단, 자원봉사자 조직 등이 있다.

우리나라 역사상 새마을운동은 사업규모와 정책의지 및 열기의 측면에서 최대의 지역사회복지운동이었다는 평가를 받을 수 있다(최일섭·류진석, 1996). 1970년대부터 시작된 지역사회 개발운동인 새마을운동은 크게 3단계를 거쳐 전개되었다. 1단계는 1970년대의 새마을운동으로 정부가 주도하였다. 낙후된 농촌을 개발하기 위해 주택을 개량하고, 농촌의 소득을 증가시켜 농촌 경제를 일으키는 데 중점을 두었다. 2단계는 1980년대로 새마을운동이 민간 주도형으로 바뀌면서 이 운동이 최고조에 달하던 단계이다. 민간인으로 구성된 새마을운동중앙본부가 세워져 새마을운동을 실행했다. 1단계와 다른 점은 지역 개발운동의 성격에서 벗어나 전국을 대상으로 했다. 1980년대의 새마을운동은 특히 '86 아시아경기대회', '88 서울올림픽대회'를 앞두고 도시 새마을운동에 주력하여 전개되었다. 3단계는 새마을운동의 침체기라고 할 수 있다. 1990년대에는 순수한 민간 주도의 운동으로 바뀌고 그 목표도 '잘살기운동'에서 '함께 잘살기운동'으로 재정립되었으며, 근검절약, 독서운동, 환경보존운동 등을 전개했다. 한편, 2000년대부터 중국을 비롯한 아시아 여러 국가에서 새마을운동을 자국의 농촌 개발사업을 위한 벤치마킹의 표적으로 삼고 있다.

자활공동체는 국민기초생활보장법(1999. 9. 7 제정)에 근거해 구성원의 3분의 1 이상이 국민기초생활보장수급자로 조성되는 인위적 집단이다. 같은 법 제18조에 따르면, 수급자 또는 이와 생활수준이 유사한 자는 상호 협력하여 자활공동체를 설립하고 운영할 수 있다. 자활공동체의 설립은 수급자들의 자체 노력에 의하거나 지역자활센터를 통하는 실정이다. 지역자활센터란 같은 법 제16조에 근거하는데, 사회복지법인 등 비영리법인과 단체 또는 개인이 신청하고 보건복지부가 지정하고 관리하는 기구이다. 전국에 산재한 지역자활센터는 2013년 말 현재 247개소이다.

3) 현대사회와 공동체 활동

퇴니스(Tönnies)는 산업화에 따른 사회변화를 게마인샤프트(Gemeinschaft)에서 게젤샤프트(Gesellschaft)로의 이행으로 설명하였다. 게마인샤프트는 전통적 농경사회의 자연적 인간 결합관계를 나타내며, 게젤샤프트는 산업사회의 계약적 결합관계를 나타낸다. 산업화의 대가로 인간은 자신의 존재마저도 물질가치로 환원되는 경험과 비인간화, 분업, 전문화로 말미암아 인간관계가 단절되고 고립되는 경험을 하였다.

드러커(Drucker, 2000)는 현대사회에서 게마인샤프트와 같은 전통적 농촌사회의 유기적 공동체가 더는 가능하지 않으며, 오늘날의 과제는 대안적 도시공동체를 창조하는 것이라고 주장하였다. 그리고 그는 정부도 기업도 아닌 제3섹터로서의 비영리 사회조직이 현대인에게 필요한 공동체를 창출할 수 있다고 주장하였다. 현대인은 공동체 활동을 통해 개인이 주도권을 잡고 무엇인가를 행할 수 있는 터전과 남다른 성과를 발휘할 수 있는 터전을 받을 수 있으며, 자유로운 활동과 자원봉사를 통해 성취감과 공헌의 기회, 중요한 사람으로 대우받을 기회를 갖게 된다(이재규 역, 2001).

02 정치적 배려

정치와 정책은 동전의 양면이라 할 정도로 불가분의 관계에 있다. 그래서 국가 혹은 정부는 정치적 배려 차원에서 사회복지정책을 발전시키기도 한다. 특히 현대사회의 민주주의 정치체제하에서 사회복지정책은 정치적 목적으로 활용되는 경우가 많아지고 있다. 왜냐하면, 정치인들은 서민들의 표심을 잡는 데 사회복지 공약이 효과적이라고 생각하고, 실제로도 그렇기 때문이다.

사회복지의 동기가 정치적 배려일 때 나타나는 특징의 하나는 표면적 목적과 이면적 목적 사이의 틈이 상대적으로 크다는 것이다. 예를 들어 정당이나 정치인들이 국민의 고통과 어려운 상황을 주목하거나 국가 전체의 발전을 염두에 두고 사회복지정책을 공표하는 것은 표면적 목적이다. 그러면서 사회복지정책을 통해 국민의 환심을 사고 표를 얻을 수 있다는 치밀한 계산은 되도록 약화하거나 숨기려고 노력하는 것은 이면적 목적이다.

그래서 종종 정치적 이유로 사회복지제도를 발전시키는 경우에 정치적 이유와 더불어 다음에서 살펴보는 경제적 이익, 이데올로기 명분 등의 복합적 요인들이 작용함을 명심해야 한다. 결국, 국가 혹은 정부가 정치적 이유로 사회복지제도를 발전시키는 경우에는 정치적 권력을 획득하거나 유지하기 위해서, 사회 불안을 회피하기 위해서, 혹은 정치적 부산물로서 사회복지제도에 영향을 미친다 (Macarov, 1995).

1) 정치적 권력의 획득과 유지

정치적 권력을 유지하기 위한 사회복지 동기의 대표적 예로는 미국의 사회보장제도를 들 수 있다. 1930년대 대공황으로 대규모 실업과 이로 말미암은 사회경제적 문제가 발생하자 정부는 정치적 권력을 유지하기 위한 방법으로 사회보장제도를 고안하였다. 또 미국은 1996년의 복지개혁에서 빈곤층을 위한 소득보장 프로그램인 '부양아동가족원조'(AFDC: Aid to Families with Dependent Children)를 폐지한 반면, 객관적으로 볼 때 정부의 재정적자에 훨씬 부담이 되어 개혁대상이 되어야 하는 노령연금은 그대로 유지하였다. 이는 AFDC 수급자들의 정치적 힘이 약한 반면,

노령연금 수급자들의 정치적 힘은 강하기 때문인 것으로 이해할 수 있다(김태성, 2000). 독일의 경우 비스마르크는 사회보험을 주장한 야당의 사회민주주의가 노동자들에게 매력적으로 보이지 않도록 하기 위한 목적으로 사회보험제도를 세계 최초로 도입하였다.

정치권력의 유지를 위해 사회복지를 이용하는 우리나라 사례를 한 가지 들면, 국민연금 개혁과 관련된 2002년 선거 공약이 있다. 2002년 12월 16일 '대통령후보 TV토론'에 출연한 당시 이회창 후보는 국민연금의 재정 안정화를 위해 보험료는 인상하고 연금액은 축소하자고 주장했던 반면, 노무현 후보는 연금을 삭감하면 연금제도가 용돈제도로 변한다는 이유로 반대했다. 이처럼 상반된 공약이 투표에 어떤 영향을 미쳤는지 단언하기 어렵지만, 선거는 노 후보의 당선으로 결론 났다. 그러나 노무현 대통령은 집권한 후 연금액의 삭감을 골자로 하는 국민연금 개정법안을 국회에 의안으로 부침으로써 선거 전과 후의 태도가 변화했음을 보여 주었다. 한편, 선거 후 태도 변화는 한나라당도 마찬가지였다. 야당이 된 뒤부터는 연금재정 안정화에 대해서는 소극적 자세를 보이면서 새로운 '사각지대' 해소 문제를 강조하기 때문이다.[8)]

이 밖에도 쿠데타로 정권을 쟁탈한 박정희 대통령의 제3공화국은 정통성의 약점을 민심수습용 사회복지 입법을 통해 일부 만회하려고 노력했다. 그리하여 1960년대 초기에 사회복지의 대량 입법시대가 있었다. 예를 들면, 쿠데타가 성공한 후 6개월이 지난 1961년 12월에 '생활보호법'과 '아동복리법'을 제정한 바 있다. 그러나 생활보호법의 시행령은 1969년에야 마련되었고, 같은 법의 시행규칙은 1984년에 만들어졌다. 이는 법을 서둘러 제정했지만 그것을 제대로 시행하는 데는 관심이 부족했음을 보여 주는 증거가 된다. 또한, 아동복리법은 정부의 재정투입이 없고 졸속으로 입법되었다는 이유 때문에 명분입법이란 오명을 남겼다(김근

---

8) 그래서 국민이 정치인들의 약속을 '공변될 公'의 公約이 아니라 '빌 空'의 空約이라고 부르는 이유가 아니겠는가!

조, 1994).

민주주의 정치체제하에서 사회복지의 정치적 동기는 훨씬 더 노골화되는 것이 상례다. 정기적으로 시행되는 각종 선거에서 약방에 감초[9]로 등장하는 정치공약의 한 부분을 차지하고 있는 것이 사회복지 항목이다. 그래서 각 정당은 사회복지 정책을 놓고 상호 경쟁하거나 때에 따라서는 이전투구의 좋지 않은 모습을 보이기까지 한다. 자기 정당의 복지정책은 '민주주의 산물'이라고 말하면서 다른 정당의 복지정책은 대중 영합주의(populism)라고 헐뜯는다. 즉, 투표에서 자기에게 유리한 방향으로 사회복지를 이용하려는 움직임이 두드러지게 나타나고 있다. 그 결과 복지 경쟁을 부추기는 긍정적 효과도 있고 특정 정당에는 유리할지 모르지만, 국민들에겐 불리할 수 있는 사례가 나타나거나, 단기적으로는 국익에 도움이 되지만 장기적으로는 해악을 끼치는 사례가 등장하기도 한다(김상균 외, 2011).

2) 사회불안의 회피

사회복지에 대한 국가의 책임을 처음으로 명시한 영국 구빈법(빈민법, 빈곤구제법)의 주요 동기 가운데 하나는 간혹 강도들로 변하는 부랑 걸인들의 위협을 줄이기 위한 것이었다. 사회불안을 회피하기 위한 동기는 정치적 권력을 유지하기 위한 동기와 확연히 구분되기도 한다. 예를 들어 미국의 1960년대 시민권 운동에 참여한 사람들은 오히려 정치적 견지에서 볼 때 무력하고 조직화하지 못한 학생들, 반전주의자들, 게토(ghetto)[10]의 거주자들로서 간혹 정치적 과정과 투표권을 거부하는 사람들이었다. 따라서 이들의 정치적 영향력을 고려하기보다는 이들의 활동이 안정을 위협할 수 있었기 때문에 이들의 주장을 받아들인 것이다. 인종과 종교로 인한 사회적 차별을 법과 제도의 정비를 통해 제도적으로 개선한 것이라 볼

9) 한약에는 감초를 넣는 일이 많아 한약방에는 항상 감초가 있다는 뜻으로, 어떤 일에든지 빠짐없이 늘 있거나 참석하는 사람 혹은 꼭 있어야 할 물건을 비유적으로 이르는 말이다.
10) 원래는 유대인이 모여 살도록 법으로 규정해 놓은 도시의 거리나 구역을 가리켰던 말이다. 요즘에는 소수민족들이 따로 모여 사는 도시의 특정지역을 게토라 부른다.

수 있다.

통치자의 입장에서 볼 때 사회불안을 해소하는 방법은 당근 혹은 채찍이 있을 수 있다. 이 중 사회복지 행위는 당근과 연결된다. 현행 국민건강보험법의 전신인 1977년의 의료보험법의 입법 과정을 분석한 연구에 의하면, 사회적 불안해소론이 의료보험법 제정에 어느 정도 영향을 미친 것으로 나와 있다(손준규, 1992).

3) 정치적 부산물로서 사회복지

사회복지 프로그램과 서비스는 의도적 의사결정에 의하기보다는 다른 정책의 부산물로서 개발되기도 한다. 예를 들어 미국의 1988년 가족지원법(Family Support Act)은 복지수급자들이 공공복지에 대한 의존에서 벗어날 수 있도록 직업훈련을 받거나 취업하도록 규정하였다. 이런 규정은 공공부조가 국민 대다수에게 손해만 주고, 소수의 사람들만 이득을 본다는 사회인식을 정치적으로 반영한 것으로 볼 수 있다. 하지만 이런 규정에 따른 부산물로서 보육 프로그램이 확대되었으며, 직업훈련을 지원하는 보조금이나 장학금을 지급하는 프로그램이 확립되기도 하였다.

사회복지가 다른 정책의 부산물로 개발되는 우리나라의 최근 사례로 국민기초생활보장법의 제정을 들 수 있다. 이 법은 기존의 생활보호법을 한 단계 현대화한 성과를 기록했지만, 정부가 처음부터 그러한 목적을 가지고 접근한 것은 아니었다. 1997년 말에 발생한 외환위기의 결과, 우리 사회에는 대한민국 역사상 최초의 대량실업과 근로빈곤층이란 새로운 현상을 경험하게 되었다.

별다른 실업대책을 갖고 있지 않던 당시의 정부로서는 우선적으로 실업자에 대한 응급구호를 위한 실업부조제도를 고려하였다. 그러나 실업부조의 금액이 기존의 생활보호 수준보다 급격하게 인상되는 상황이 발생하게 되자 생활보호제도의 개혁이 불가피해졌다. 결국, 실업자가 야기할 수 있는 사회적 불안문제를 해결하려는 정치적 의도가 근로능력이 없는 생활보호대상자의 처우개선으로 옮겨졌던 것이다.

03 경제적 이득

경제적 동기와 정치적 동기는 간혹 서로 맞물린다. 미국 대(大)공황기에 나타난 사회복지제도의 주요 변화는 권력을 유지하려는 정치적 동기뿐 아니라, 대공황으로 인한 실업문제를 해결하기 위한 경제적 동기도 중요하게 작용한 것을 알 수 있다. 또한, 국가부채와 국민의 세금부담이 증가하는 상황에서 정부는 사회복지 지출 삭감과 감세를 통해 유권자들의 지지를 얻을 수 있는 정치적 프로그램을 고안함으로써 사회복지 비용을 줄임과 동시에 정권을 유지하는 방법으로 대처할 수도 있다.

사회복지의 정치적 동기와 경제적 동기는 공통적으로 감춰진 경우가 많다. 그러면서도 정치적 동기보다 경제적 동기가 사회적으로 인정받기 쉬운 경향을 보인다. 국가 혹은 정부가 경제적 이유를 우선적으로 고려하면서 사회복지제도를 시행하면, 그것이 사회복지제도에 미치는 효과는 긍정적일 수도 있고 반대로 부정적일 수도 있다.

사회복지제도의 경제적 동기는 세 가지로 세분화될 수 있다. 첫째, 사회문제를 경감 또는 해결하는 데 드는 비용을 줄이거나 비용의 효율성을 높이려는 동기가 작용한다. 둘째, 사회문제가 경제에 미치는 부정적 결과를 감소하려는 동기가 있다. 셋째, 경제적 이득의 부산물로 사회복지제도 발전에 기여할 수 있다는 기대가 작용한다(Macarov, 1995).

경제적 이익을 염두에 둔 동기가 사회복지와 연계되면서 사회복지제도 발전에 부정적 효과를 초래할 때 흔히 인용되는 동기는 세 가지로 요약된다. 첫째, 희소한 자원을 사회복지에 사용하면 자원의 효율성이 떨어진다는 논리가 배후에 작용한다. 둘째, 사회복지제도는 인간으로 하여금 나태와 기만 등의 도덕적 해이(moral hazards)[11]를 조장한다는 주장에 근거한다. 셋째, 남을 돕기 위한 이타적 동기의 자선사업과 좋은 상품을 만들어 더 많은 이윤을 내려는 이기적 동기의 기업 활동은 상생·공존할 수 없다는 신념으로부터 나온다.

우리나라에서 경제개발 5개년 계획이 시작된 1962년 이후 지난 45여 년간 도입된 주요 사회안전망의 실시 당위성은 '안보논리', '정치적 정당성 논리' 그리고 '간접적 경제성장론'에 기반을 두었다는 분석이 나온 바 있다(김광억 외, 2006). 이와 같은 분석은 우리나라 사회복지제도의 시행 동기를 정치적 배려 또는 경제적 이익으로 설명하는 방법의 타당성을 높여 준다. 즉, 경제성장을 위해 사회복지는 되도록 억제하거나 연기해야 하며, 불가피하다면 정부 재정을 최소화하는 범위 내로 한정해야 한다는 주장이 지지를 받는다는 뜻이다.

그러나 그와는 반대로 사회복지를 통해 경제적 이익을 도모하려는 시도의 좋은 예가 있다. 현행 국민연금법의 전신이라 할 수 있는 1973년의 국민복지연금법이 바로 그것이다. 그러니까 연금법은 실제 시행시기보다 15년이나 앞서 관련 법률이 완성되었음을 알 수 있다. 그렇다면 왜 그렇게 서둘러서 입법화했다가 막상 시행은 연기하고 말았는가? 시행이 그렇게 중요했다면, 15년이 될 만큼 연기기간이 길 수 없었을 터이다. 그 질문에 대한 하나의 해답은 국민복지연금법 제정의 숨은 의도가 중화학공업 육성에 필요한 국내 자금의 조달이었다는 것이다(전남진, 1987). 즉, 연금법의 제정 목적이 노후복지보다 경제성장에 더 큰 비중을 두고 있었다는 주장이다.

---

11) 원래 보험시장에서 사용하던 용어로, 리스크 관리(risk management) 분야에서도 사용하게 되었다. 정부가 뒤를 받쳐 줄 것이라는 믿음하에서, 아니면 절대 망하지 않을 것이라는 믿음하에 정당한 리스크를 감수하지 않는 것을 뜻한다. 미국에서 보험가입자들의 부도덕한 행위를 가리키는 말로 사용되기 시작했다. 윤리적으로나 법적으로 자신이 해야 할 최선의 의무를 다하지 않은 행위를 나타내는데, 법 또는 제도적 허점을 이용하거나 자기 책임을 소홀히 하는 행동을 포괄하는 용어로 확대됐다.

1) 사회문제 해결비용의 감소

국가 혹은 정부는 사회복지 프로그램을 통해 사회문제를 줄이거나 제거함으로써 사회비용을 줄일 수 있다. 예를 들어 실업자의 직업훈련에 투자함으로써 공공복지에의 의존을 줄인다거나, 상담서비스를 통해 가족갈등을 줄이고 가족해체를 미리 방지함으로써 가족해체에 따른 사회비용을 낮출 수 있다.

2000년부터 시행된 국민기초생활보장제도도 경제위기로 말미암은 사회문제의 비용을 낮추기 위해 발전시킨 제도로 이해할 수 있다. 1997년 말 경제위기 이후 저성장·고실업의 경제구조가 장기화되면서 실업가구를 포함한 저소득층의 생계유지 문제가 심각한 수준에 이르게 되었으며, 저소득층의 기초생계가 유지되도록 기존의 사회복지제도를 개혁할 필요가 제기되었다(문진영, 1999; 이인재 외, 2001). 이에 따라 기존의 빈민통제법적 성격인 생활보호제도를 폐지하고 그 대신 모든 저소득층에게 최저생계를 보장하기 위한 국민기초생활보장제도로 전환하게 되었다. 하지만 사회문제의 비용을 경감하기 위한 사회복지의 동기는 사회문제의 직접적, 간접적 비용을 정확히 계산하기가 쉽지 않고, 사회문제와 사회복지 프로그램의 관계를 단순한 원인과 결과의 관계로 보기가 쉽지 않다는 점 등의 한계를 안고 있다.

2) 사회문제가 경제에 미치는 악영향의 완화

사회문제는 생산 측면에서 볼 때 부정적인데, 이는 사회문제로 말미암아 사람들이 노동하지 않거나 노동할 수 없거나 충분히 생산적이지 않기 때문이다. 따라서 사람들의 생산적 고용을 증진하기 위한 목적으로 사회복지 프로그램을 고안할 필요가 있다. 이런 경우 사회복지는 투자로 이해되며 생산성의 향상으로 정당화된다.

사회문제는 소비 측면에서도 부정적이다. 미국의 대공황이 과잉생산의 결과라는 주장이 있듯이, 생산물을 소비하지 못하거나 남은 생산물을 수출하지 못하는 사회는 고통을 겪게 된다. 따라서 빈곤문제로 말미암아 많은 사람의 구매력이 떨어진다면 사회는 빈곤계층의 구매력을 증진하기 위한 사회복지 프로그램을 발전시킨다. 미국의 푸드스탬프(Food Stamps)[12]는 저소득층의 남은 농산물 구매력을 증진함으로써 농경제를 활성화하는 방법으로 널리 알려졌다.

3) 경제적 부산물로서의 사회복지

정치적 과정의 부산물로서 사회복지제도가 발전하는 것과 마찬가지로 경제적 과정 역시 부산물로서 사회복지제도에 영향을 미친다. 예를 들어 실업자의 직업훈련에 투자하는 과정에서 부산물로 보육프로그램을 확대할 수 있다. 그런데 사회복지제도는 일단 형성되면 소멸되기보다는 확대되는 경향이 있다. 즉, 사회복지 프로그램은 그 지속기간이 늘어날수록 프로그램에 드는 비용과 적용범위, 수급자의 수가 자동적으로 증가한다(Wilensky, 1975).

4) 기업의 사회공헌활동

기업의 임무는 경제적 효율성에 있으며, 기업은 사회에서 요구하는 법과 윤리의 테두리 안에서 이윤을 추구하는 것을 목표로 한다. 따라서 한때는 기업이 자신의 직원과 그들의 가족들을 대상으로 전개하는 기업복지마저 그것의 주된 동기는 여전히 이윤의 극대화라고 해석되었다(Titmuss, 1969). 그와 같은 기업의 형태가 세계화의 바람을 타고 20세기 말부터 전 세계적으로 변화하기 시작하였다. 정보통신 혁명으로 창출된 신부(新富)를 기업이 기부하거나 재단을 설립하는 등 새로운

12) The Supplemental Nutrition Assistance Program(SNAP), formerly known as the Food Stamp program, provides food-purchasing assistance for low-and no-income people living in the U.S. It is a federal aid program, administered by the U.S. Department of Agriculture, under the Food and Nutrition Service(FNS), though benefits are distributed by each U.S. state's Division of Social Services or Children and Family Services.

차원의 기업 활동 또는 사회공헌활동이 급증한 것이다. 우리나라는 1999년 하반기부터 그러한 현상이 현저하게 감지되기 시작하였다(정구현, 2000).

기업의 사회복지 활동과 연관되는 핵심용어는 사회공헌 외에 기업의 사회적 책임과 기업시민정신이 있다. 정무성(2004)은 사회공헌이 자선적 성격에 한정된다면, 기업의 사회적 책임은 기업활동의 의무와 책임을 강조하고, 기업시민정신은 기업의 성과에 따른 결과를 강조하는 것이라고 각각의 차이를 주장했다.

최근 국제사회에는 또 하나의 국제 표준을 둘러싸고 국가 간 신경전이 전개되고 있다. 기업이 기업의 사회적 책임을 어느 정도로 완수하는가를 점수화하고 이를 발표한다는 것이다. 비정부기구(NGO)인 국제표준화기구(ISO)는 환경, 노동, 인권, 지역사회 기부 등 재무제표상에서 파악할 수 없는 기업의 사회적 책임을 지수화한 「ISO 26000」을 2010년 11월에 발간했다. ISO의 표준은 자발적 실천을 요구하는 윤리적 성격이 강하다. 하지만, 해외로 진출하는 대기업이 해외에서의 사회공헌활동을 게을리하여 표준에 미치지 못하면 글로벌 시장에서 낙오될 위험에 처하게 된다.

기업의 사회적 책임범위에 관한 주장은 크게 다음과 같은 4가지 모형으로 분류된다(Buono et al., 1990, 정구현, 2000 재인용). 아래의 4가지 모형 중 둘째 모형인 사회공헌(philanthropy)은 경제적 목적을 뒤에 숨긴 채 겉으로는 사회복지를 강력하게 표방하는 이중성이 가장 많이 내포된 모형임을 알 수 있다.

- 첫째 모형은 경제가치의 생산으로 사회적 책임을 다했다는 생산성 우선주의(productivism)가 있다.
- 둘째 모형인 사회공헌은 경제적 이윤을 넘어 사회 전체의 장기적으로 넓은 의미의 계몽적 사리(enlightened self-interest)를 도모하는 것이 기업의 사회적 책임이라고 주장한다.
- 셋째 모형은 주주(shareholder) 이외의 다양한 이해당사자(stakeholder)의 이익까

지 고려해야 한다는 진보주의(progressivism)이다.

- 넷째 모형은 윤리적 이상주의(ethical idealism)로 기업은 협소한 이기적 이윤추구보다 이타주의와 사회봉사, 사회개혁을 선도한다.

외국 기업은 물론이고 국내외 대기업들이 최근 사회공헌에 열을 올리게 된 논리적 배경에는 위에서 언급한 바 있는 기업시민론적 관점이 자리하고 있다. 즉, 기업은 이윤추구 외에도 사회의 한 구성원으로서 사회의 기대나 요청에 부응해야 하는 기업시민으로서의 사명을 가진다는 것이다. 따라서 기업시민으로서 사회문제에 관심을 갖고 해결하는 데 참여해야 하는 사회적 책임이 있다는 결론에 도달하는 것이다. 기업시민론적 관점에서는, 사회공헌활동이 기업에 즉각적 이익이 되지 않을지라도 이를 통해 전체 사회가 나아짐으로써 결국 기업이 발전할 수 있는 환경이 조성되는 것으로 이해한다. 결국, 기업은 비생산적 공헌활동에 적극 참여해야 하며, 이는 장기적이고 간접적 의미에서 기업의 이익에 긍정적 영향을 미친다는 점을 강조한다.

우리나라 대기업들이 행하고 있는 사회공헌활동에 관한 통계(전국경제인연합회, 2010)를 보면, 2009년 한 해 동안의 사회공헌활동비 총액은 2조 6,517억 원을 상회하는 것으로 집계되었다. 이는 2008년 대비 약 22.8%의 증가율을 보이는 것으로서 1998년 이후 증가세를 지속하고 있다. 그러다 보니 기업을 상대로 사회공헌에 대해 자문 서비스 제공을 영업으로 하는 사회공헌 컨설팅 업체도 등장하였다(김상균 외, 2011).

04 이데올로기 명분

이념 혹은 이데올로기(ideology)란 개인, 집단 및 문화의 특성을 규정짓는 사고방식이나 사고내용을 의미한다. 예컨대 빈곤의 원인을 찾을 때 개인적 결함에서 찾으려고 하는 사람과 사회구조적 결함에서 찾으려고 하는 사람으로 나뉜다. 이러한 현상이 나타나는 근본적 원인은 인간이 각기 다른 가치관을 갖고 있기 때문이다. 가치관이란 사람들이 가지고 있는 자신과 세상에 대한 관점, 옳거나 바람직하다고 생각하는 것들, 선호하는 세상의 모습 등을 포함한다.

이렇게 다양한 생각을 몇 개의 범주로 묶어 놓은 것을 이념모형이라고 한다. 따라서 사회복지의 이념모형은 사회복지와 관련되는 어떤 주제에 대해 사람들이 가진 다양한 생각을 분류한 것이다. 사회복지 이념모형에 관한 더 상세한 내용은 이 책의 제4장에서 다루고 있다. 다만, 이 장에서는 상대적으로 사회복지에 대해 우호적 입장을 보임으로써, 사회복지를 촉발하거나 촉진하는 이념에 관해서만 소개한다.

사회복지에서 중시되는 대표적 가치는 자유, 평등, 우애이다. 따라서 모든 사회복지 활동의 바탕에는 그와 같은 3대 가치가 최소한 조금씩은 연결되어 있다. 그러나 3대 가치 중 어느 부분을 특히 더 강조하느냐에 따라 차이가 난다. 여기서는 3대 가치에 초점을 맞추어서 세 가지의 이데올로기를 소개한다. ① 제3자의 간섭이나 강제가 없는 자유 상태에서 다른 사람을 이롭게 하는 행위를 가치 있게 생각하는 이타주의가 있다. ② 결과로서의 평등을 상대적으로 더 강조하는 평등주의가 있다. ③ 인간의 존엄성과 박애를 중시하는 인도주의가 있다.

1) 이타주의(altruism)

이타주의란 이기주의(egoism)에 반대되는 개념으로서, 외부로부터 어떤 보상도 기대하지 않고 다른 사람을 이롭게 하는 행동을 수행하는 것을 의미한다. 이타주의는 외부로부터 어떤 보상도 기대하지 않는다는 특성 때문에 서로 도와주기도 하고 또 도움을 받기도 하는 상호부조와는 다르다.

볼딩(Boulding, 1967)은 교환의 종류를 일방적 이전(transfer)과 쌍방적 이전으로 양분한 뒤에 일방적 이전을 사회적 교환으로 그리고 쌍방적 이전은 경제적 교환이라고 불렀다(Watson, 1980 재인용). 그의 관점을 따르면, 선물(gifts)이나 앞서 설명된 자선(charity)은 사회적 교환이 되는 반면, 상부상조는 경제적 교환이 된다. 다시 말해, 일방적 이전의 성격이 많을수록 사회적 교환에 접근하게 되는 반면, 쌍방적 이전의 특성을 많이 띨수록 경제적 교환이 된다는 뜻이다. 따라서 쌍방적 이전은 사회복지 동기의 순수성에서 멀어지는 것 같은 느낌을 준다. 그러나 볼딩의 분류는 매우 고전적이고 보수적인 것으로서 현대적 의미의 사회복지와는 잘 맞지 않는 부분이 있다.

맹자의 성선설과 순자의 성악설이 경쟁하고 있듯이, 인간은 이타적 면과 이기적 면을 함께 가진 존재로 보아야 한다. 그러나 특정인이 특정 시점에서 어느 정도로 이기적이고 또 어느 정도로 이타적인가를 판정하는 것은 쉽지 않다. 다만, 이기성을 인정하고 찬양하는 정도가 강한 사람일수록 개인의 자유를 중시할 가능성이 높아진다. 그 결과, 자유를 강조하면 할수록 개인의 자발적 사회복지를 선호하게 된다.

이타주의적 동기와 관련해서, 어떤 사람이 과연 순수 이타적 동기에 의해 타인을 도울 수 있겠는가 하는 의문이 제기되기도 한다. 하지만 맹자는 '불쌍히 여기는 마음이 없으면 사람이 아니요 … 불쌍히 여기는 마음이 인(仁)의 바탕'이라고 하였다. 또한, 인간은 4단(측은, 수오, 사양, 시비)의 마음을 타고났으며, 이 특징 때문에 인간은 동물과 구분된다고 여겼다(조긍호, 1999).

이타주의적 동기에 의해 행해지는 사회복지 활동은 인간의 자발성과 도덕성을 높일 수 있는 장점을 지녔다. 그러나 실제 인간사회의 일상생활에서 이타심이 발로되는 경우는 그리 흔하지 않다. 특히 인간의 이기심에 대한 정당화 정도가 상대적으로 강력한 자본주의와 공리주의(utilitarianism)[13] 사상이 지배하고 있는 현대사회에서는 이타적 행위가 더욱더 희소하다. 따라서 문제를 안고 있거나 고통에 빠지는 사람의 수가 비교적 적을 때는 이타주의적 사회복지가 어느 정도 효과를 볼 수 있다. 그러나 전쟁, 대량실업, 지진이나 홍수와 같이 사회구조적 결함에 의한 큰 규모의 사회문제나 대형 천재지변 앞에서는 속수무책이 되고 만다. 즉, 이타주의적 사회복지 동기는 현대사회의 사회복지 문제를 해결하는 효과성 측면에서 상대적으로 허약하다는 한계가 있다.

2) 평등주의

평등에 반대되는 개념은 차별이다. 평등주의란 무엇을 분배할 때, 모든 사람이 어떤 종류의 차별도 받지 않도록 해야 한다는 선언이다. 따라서 법 앞에서의 평등이나 '동일노동과 동일임금'의 예에서 볼 수 있듯이 경우에 따라서는 평등이 동일과 동의어가 된다. 하지만 남녀평등원칙에서는 평등에서는 동일이 아니라 차이와 유사하게 된다. 그래서 평등이 무엇인가에 대한 논란이 계속되고 있으며 그것의 정답은 존재하지 않는다.

평등 개념을 사용하는 경우는 강도(强度)의 차이에 따라 수량적 평등, 비례적 평등, 기회의 평등과 같이 크게 3가지로 분류된다.

- 수량적 평등은 3대 평등 중 가장 적극적 개념이다. 결과의 평등이라고도 하는데, 이 개념을 지지하는 사람을 평등주의자라고 부른다. 정치적으로 분류하면, 진보주의 정당이나 사회주의 좌파정당에 가까울수록 평등주의에 접근하

13) 공리주의(功利主義)는 19세기 이래 영국을 중심으로 발달한 윤리적 사상이다. 인간 행위의 윤리적 기초를 개인의 이익과 쾌락의 추구에 두고, 무엇이 이익인가를 결정하는 것은 개인의 행복이라고 하며, '도덕은 최대 다수의 최대 행복을 목적으로 한다'고 주장한다. 이를 최대행복의 원리(Greatest Happiness Principle)라고 부른다.

게 된다. 그러나 절대적 평등에 가까운 의미를 지닌 수량적 평등이 현실세계에서 지속되는 예는 찾을 수 없다. 다만, 사회복지의 동기로서 또는 목표로서 수량적 평등을 강조하는 경우는 허다하다.

- 비례적 평등은 어떤 기준(예컨대 욕구, 노력, 능력, 기여도, 연령 등)에 따라서 다르게 분배하는 방식인데, 흔히 형평이라고 부른다. 형평의 개념은 차이를 인정함과 동시에 그 차이가 관련자들 사이에 공평하다고 인정받는 것을 의미한다. 정치적으로 분류하면, 개량주의 또는 중도 개혁파에 속하는 정당들이 주로 비례적 평등을 강조한다.
- 기회의 평등은 3대 평등 중 가장 소극적 개념이다. 즉, 결과가 얼마만큼 다른가에 대해서는 묻지 않는 대신, 결과에 이르는 과정상의 기회가 얼마나 똑같이 제공되었는가를 추궁한다. 정치적으로는, 보수주의나 자유주의를 신봉하는 우파정당들이 기회의 평등을 강조한다.

자본주의 사회는 경쟁과 사유재산제도를 적극적으로 권장하는 체제이기 때문에 성장을 촉진하는 장점이 있었다. 그러나 그러한 장점 이면에는 각종 차이가 쉽사리 나타나고, 그 차이는 다시 차별로 악화될 수 있다는 심각한 단점이 도사리고 있다. 예컨대 개인의 건강상태나 지적 능력의 차이가 경제력의 차이 혹은 정치적 권력의 차이로 이어지고, 거기서 한 걸음 더 나아가 사법적 차별로 비화할 수 있음이 문제다.

차이가 차별로 악화되는 상황을 원천적으로 차단하기 위해 모든 종류의 차이를 부인하는 방법을 생각할 수 있다. 그런 상황을 절대적 평등이라고 부르는데, 인류사회에서 절대적 평등에 대한 다양한 실험은 실패로 끝난 사례가 많다. 결국, 차이의 이상적 범위는 특정 사회구성원들의 다수가 인정할 수 있는 범위 내로 한정된다. 그것이 정당성의 문제 혹은 사회정의의 문제이다.

특정 체제가 정당성을 확보하고 유지하려면, 차이가 허용범위를 벗어나는 경우를 대비해서 일정 정도의 재분배(redistribution) 기제를 작동시켜야 한다. 재분배 기제의 대표적인 것이 조세제도이다. 그런데 조세제도만으로 사회정의가 유지될 수 있으면 좋겠지만, 현실은 그렇지 못하다. 그래서 추가적 재분배 장치가 필요하고, 사회복지 제도가 바로 그런 역할을 하게 된다.

자본주의 사회에서 발견되는 차이 또는 불평등이 모두 좋거나 모두 나쁘다고 볼 수 없다. 가장 바람직한 것은 악성 불평등을 최대한 제거하려는 노력을 지속하는 것이다. 이 과정에서 항상 그림자처럼 따라 다니는 문제가 '성장과 분배의 조화' 문제이다. 아무리 평등주의적 동기에 의한 사회복지가 불가피하더라도 븐배 문제를 성장과 분리시킨 채 논할 수는 없다. 왜냐하면, 분배는 성장 없이 지속적으로 반복할 수 없기 때문이다.

3) 인도주의

인도주의의 출발은 인간의 존엄성이다. 즉, 인간은 만물의 영장이기 때문에 이유 여하를 막론하고 그가 고통에 빠질 정도로 방치되어서는 안 된다는 것이 존엄성의 기본 의미이다. 인간의 존엄성을 강조하는 측면에서는 인본주의와 다를 바 없다. 그러나 인본주의가 인간과 자연의 관계에서 인간의 우월성을 과신함으로써 환경파괴나 동물학대와 같은 부작용을 유발하지만, 인도주의는 그렇지 않다는 점에서 인본주의와 차별된다.

토니(Tawney)는 노동자 착취와 같이 인간을 돈벌이의 도구 혹은 수단으로 취급하는 태도를 반(反)인도주의의 핵심으로 보았다(Winter & Joslin, 1972, George & Wilding, 1976 재인용). 인도주의자들은 인간의 고통을 참을 수 없는 죄악으로 보면서 그것은 개인의 고통이 아니라 사회적 고통이라고 정의한다.

티트머스(Titmuss)는 사회적 고통에 무관심한 사회를 무책임한(irresponsible) 사회라고 규정하였다(Titmuss, 1969). 반대로, 사회적 고통의 완화에 적극적인 사회에서는 진정한 발전이 나타나는데, 그것을 그는 사회적 성장이라고 정의 내렸다(Titmuss,

1968, George & Wilding, 1976 재인용). 티트머스가 주창한 사회적 성장은 한마디로 가난한 사람이나 낙후지역에 상대적으로 더 많은 자원이 흘러 들어가도록 하는 것이다. 결국, 사회적 성장을 위한 사회복지의 주된 동기가 인도주의임을 알 수 있다.

인도주의에서 출발한 사회복지 활동과 관련이 깊은 단어가 의연금(義捐金), 성금(誠金), 긴급구호 등이다. 이와 같이 인도주의적 사회복지는 인간의 생명을 위협하는 긴급한 상황에 대해 한시적으로 반응하는 특징을 갖고 있다. 이를 통틀어서 인도적 지원이라고 부른다. 예를 들면, 전쟁이나 지진, 쓰나미(tsunami)[14], 가뭄, 홍수와 같은 천재지변의 희생자들에 대한 식량, 의약품, 의복, 침구 등의 물품구호와 의료진, 구조대, 복구반 파견 등의 인력지원 활동이 있다.

인도적 지원은 경제개발을 목적으로 지원하는 개발원조와는 동기와 목적 그리고 방법에서 차이가 난다. 즉, 인도주의적 지원은 박애로부터 출발하며, 생명의 위협과 같은 긴박한 상황을 완화하기 위한 목적에서 한시적이고 무상으로 지원하는 것이다. 인도주의적 지원을 위해 존재하고 있는 조직이나 기구를 인도적 기관 또는 조직이라고 부르고 그들이 하는 활동을 인도적 사업이라 부른다. 전쟁터에서 부상자를 차별 없이 도우려는 의도에서 출발한 국제적십자운동과 그 조직이 대표적 사례이다. 최근 우리나라에는 북한주민에 대한 인도적 구호를 전개하고 있는 '좋은 벗들'과 같은 비정부(NGO) 기관들이 많이 있으며, 월드비전(World Vision)[15]과 같이 전 세계를 대상으로 긴급구호 활동을 하는 기관들도 다수가 있다.

앞에서 언급한 노령연금제도 실시의 동기를 정치적 배려로 규정할 경우에는 수급자들 혹은 잠재적 수급자들이 유권자 자격으로 막강한 정치력을 행사하기 때문

---

14) 지진성 해일(seismic sea wave), 조석파(tidal wave)라고도 하며, 주로 해저지진에 의해 발생하는 갑작스러운 해일파를 말한다. 쓰나미를 일으키는 해저지진은 해양지각 아래 50㎞ 이내의 깊이에서 발생하며, 강도는 리히터 척도로 6.5 이상이다. 쓰나미는 해저사태(海底沙汰)나 연안사태(沿岸沙汰) 또는 화산폭발에 의해 발생하기도 한다. 이러한 해일에 대해 '조석파'라는 용어를 더 흔히 사용하기도 하지만, 조석과 아무 관계가 없는 해일에 대해 이 용어를 적용하는 것은 잘못이다.

15) 월드비전은 60년 전, 한국전쟁의 폐허 속에서 태어났다. 1991년 한국월드비전은 도움을 받던 나라에서 주는 나라로 역사적인 변화를 이루었다. 2006년 한국월드비전은 구호사업의 전문성을 인정받아 국내 NGO 가운데 유일하게 WFP공식협력기관이 되었다.

이라고 해석된다. 그러나 똑같은 사안을 인도주의의 실천동기로도 해석할 수 있다. 즉, 인간발달의 마지막 단계에 있는 노인들의 복지와 행복을 배려하는 제도로 이해할 수 있는 것이다. 특히 연장자에 대한 예의를 강조하는 유교 문화권에서는 노인에 대한 인도주의적 배려가 연금제도로 나타났다고 해석된다. 또 다른 예로서, 미국의 시민권운동에 가담한 많은 사람들의 동기는 사회적 차별을 제거한 사회를 실현하려는 인도주의 이데올로기를 반영한 것으로 볼 수 있다.

05 전문직업적 동기

1) 인간 서비스

현대사회에서 사는 사람 대부분은 성인이 되면, 보수를 대가로 하는 노동을 할 것으로 기대한다. 이처럼 일단 노동의 대가로 보수가 제공되면 그 노동은 직업적 노동이라 불린다. 인간은 누구나 노동을 하지만, 모든 노동이 반드시 보수를 동반하는 것은 아니다. 특히 남을 돕는 일에 대해 대가를 요구하는 것은 왠지 어색한 감을 갖게 되는 것이 인지상정이다. 그래서 사회복지에는 자원봉사와 같이 노동이지만 무보수적 성격을 가진 활동이 전통적으로 많이 활용되었다. 그러나 자원봉사는 직업이 될 수 없다.

인간의 행위를 크게 양분해서 이기적 행위와 이타적 행위로 구분하면, 보통 사람들의 경우 직업적 노동은 이기적 행위에 해당한다. 그래서 흔히 이타적 행위는 자신의 직업적 행위를 하고 남는 시간에 덤으로 행하는 것이라고 생각하는 경우가 많다. 그러나 사람에 따라서는 이타적 행위를 직업으로 선택할 수 있다. 이런 경우에는 직업적 행위가 이기적이면서 동시에 이타적 성격을 띠게 된다. 왜냐하면, 원조행위를 순전히 직업적 행위로 해석할 경우, 타인을 원조한 대가로 생활비를 버는 것이 정상적 이기심의 발동이라고 주장할 수 있지만, 원조행위의 내재적 특성을 감안하면 일방적으로 이기심만을 내세울 수 없기 때문이다.

현대사회의 직업분화 특성 중 하나는 전통사회에서 직업이 아니었던 이타적 행위가 다수의 전문직업으로 세분화된다는 것이다. 대표적 사례가 의사, 변호사, 교육자 등이다. 소셜워커는 비교적 최근에야 전문 직업인으로 인정되기 시작했다. 이들과 같이 남을 돕는 전문가는 원조행위에 있어 전문가 자신이 핵심적 도구가 된다는 공통의 특징을 갖고 있다. 그래서 그들이 제공하는 서비스를 인간 서비스라고 부르고 있으며, 인간 서비스는 박애를 필수요소로 삼는다. 즉, 흔히 이방인(strangers)이라고 부르는 다른 사람을 존엄성의 소유자로 확인하는 동시에 그들의 고통에 대해 인정(人情)과 배려(care)를 아끼지 말아야 하는 것이다.

인간 서비스의 기본 구도는 전문가라는 한 인간이 환자, 클라이언트 또는 피교육자라고 부르는 다른 인간을 도와주도록 설계되어 있다. 그런데 원조행위의 과정에서 피원조자의 존엄성이 손상당하는 문제가 심심찮게 불거져 나온다. 그리하여 최악의 경우에는 도움을 받는 사람이 도움을 주는 사람의 이기심 충족 수단으로 전락할 수도 있다. 따라서 모든 사회는 인간 서비스를 담당하는 전문인들에게 일정 수준 이상의 윤리기준을 갖도록 함으로써 인권유린을 사전에 예방하고 있다. 이와 같은 현상은 인간 서비스의 전문 직업인이 자신의 직업행위를 수행하는 과정에서 이타적 동기와 이기적 동기 사이의 끊임없는 갈등과 충돌을 경험함을 보여 주는 증거이다.

2) 전문가주의

모든 사회는 전문가들에게 전문적 활동을 할 수 있는 독점적 권한을 부여하는 대신 그들의 행위가 이기적인 것으로 변질하지 않도록 감시와 통제를 하게 된다. 그런 과정에서 나타난 현상이 전문가주의이다. 그리하여 전문가들로 구성되는 배타적 집단은 인간 서비스의 독점권을 부여받는 조건으로, 윤리선언을 해야 하고 고도의 지식과 기술을 습득해야 하며 면허증 혹은 자격증제도를 시행한다. 그럼에도 전문적 행위의 과정에서 이기적 특성을 완전히 배제할 수 없는 것이 인간 사회의 현실이다. 따라서 전문가주의는 '두 개의 얼굴'과 같은 형상으로 묘사된다. 하나의 얼굴은 공익에 이바지하는 자비와 기술 및 지식의 얼굴이고, 또 다른 얼굴은 공익을 핑계로 남을 제한하고 통제하는 이기적 얼굴이다(Jones et al., 1983).

전문가라는 호칭은 당사자들에게 여러 가지의 특혜를 부가하기 때문에 인기직종 또는 유망직종이라는 평판을 받기 쉽다. 한국노동연구원이 수집한 자료에 의하면, 미국과 일본에서 예상되는 21세기 초반의 유망직종에는 사회복지 관련 직종들이 다수 포함되어 있다(한국노동연구원, 1998). 우리나라에서도 사회복지 관련 직종들에 대한 일반대중의 관심이 증가하는 추세이다. 그리하여 주요 일간지 광고에서 "실버산업 발달로 노인복지사가 인기직종으로 뜬다."와 같은 광고 문구를 쉽사리 접할 수 있다.[16)]

이처럼 우리나라에서 사회복지 관련 전문직종에 대한 국민적 관심이 고조된 계기는 국민의 생활수준 향상이나 사회변동과 같은 외생적 원인에 의해서이다. 하지만 국가고시에 의한 사회복지사 자격증 부여제도의 실시와 같은 내생적 원인에 의해 제공되기도 했다. 사회복지사 자격증은 원래 사회복지사업법에 의해 1985년부터 교부되기 시작했지만, 국가고시제도가 도입된 것은 2003년부터이다.

다른 전문직과 마찬가지로 사회복지 전문직은 전문직업으로서의 동기를 가지며, 사회복지 전문직업적(professional) 동기는 소셜워커가 소셜워크 실천에 헌신하는 주요 동기가 된다. 즉, 소셜워커는 전문직 종사자로서 앞에서 살펴본 종교적 혹은 인도주의적 동기와는 별개로 사회복지 전문직의 철학과 윤리에 근거하여 사회복지서비스를 제공하며, 이에 상응하는 대가를 받게 된다.

전문직업적 동기만을 고려할 때, 우리 사회에서 소셜워커의 직무에 대한 만족도는 그리 높지 않다. 우리나라 소셜워커는 사회적 공헌, 소속감, 직장에 대한 자

16) 노인복지사 자격증은 민간 자격증이고, 실제 현실은 광고 내용과 많이 다르므로 주의하기 바란다.

부심 등에서는 상당히 만족하는 반면, 사회적 인정, 승진, 임금, 개인생활 등에 만족하는 정도는 낮은 것으로 나타나고 있다(한국 사회복지사협회, 2001).

소셜워크 실천의 전문성에 대해 사회적 인식이 낮은 점, 소셜워커에 대한 사회적 보상체계가 부족한 점, 과중한 업무부담 등 근무여건이 열악한 점 등은 소셜워커의 헌신에 부정적 영향을 미치게 된다. 소셜워커가 전문직에 대한 헌신이 낮아지면, 이는 단적으로 이직 의도로 나타나며 실제로 우리나라 소셜워커는 높은 이직률을 보이고 있다. 외국의 소셜워커 이직률은 우리보다 낮은데, 이는 소셜워크 실천의 전문성이 확립된 데서 기인한 것으로 추정할 수 있다.

06 종교적 의무

종교는 특정의 가치와 규범을 정당화하고 사회구성원 사이에 공통의 집단의식을 형성시킨다. 더욱이 종교는 일종의 절대 신념 체계이다. 그래서 종교는 사회질서의 유지와 사회통합이라는 사회적 기능을 수행하는 것으로 알려졌다. 대한민국은 종교에 관한 한 세계적으로 그 유례를 찾기 힘들 정도로 다(多)종교 사회의 특성을 지녔다(김종서, 2006). 유교, 불교, 기독교가 공존하며, 국교가 따로 정해져 있지 않다. 다종교 사회 상황은 절대기준이 여러 개가 존재한다는 것을 의미함과 동시에 가치관 혼돈이 야기될 가능성을 제기한다.

그럼에도 불구하고 대부분의 종교가 교리로서 어려움에 처한 사람들에 대한 사회적 책임을 공통적으로 강조한다. 유교의 인(仁), 불교의 자비, 기독교의 사랑 등은 종교가 자선, 인도주의와 이타주의적 교리를 포함하고 있음을 보여 주는 증거이다.

칸트(Kant) 윤리학에 따르면, 의무는 도덕률 중에 으뜸이다. 즉, 최고 수준의 양심은 의무를 따르는 것이며, 선한 행동의 원인이 의무가 될 때 그 행동은 가장 도덕적이라는 것이다(백종현, 2003). 그러한 맥락에 따르자면, 종교적 의무는 종교인들에게 일종의 도덕적 의무로 다가오는 것이다. 그리하여 많은 종교인들은 개별적으로 혹은 자선조직이나 기관을 통해 자신의 시간과 금전을 헌신한다.

종교적 동기에서 비롯되는 자선은 받는 사람보다는 주는 사람의 행동과 태도에 비중을 두는 특성이 있다. 즉, 자선행위를 통해 구원 혹은 속죄를 받고자, 혹은 신의 뜻과 명령을 이행하고자 하기 때문에 주는 사람의 종교적 믿음이 무엇보다 중요하게 작용한다. 한편, 선교 및 포교 활동을 중시하는 종교계의 특성상 사회복지 활동의 동기에서 선교의 동기를 배제하기 힘들다. 즉, 처음에는 종교적 의무에 의해 사회복지 활동을 전개하더라도 그것을 통한 선교의 유혹을 뿌리치기 어렵게 된다. 그리고 종교가 절대 신념의 체계이다 보니, 종교적 의무감이 동기가 된 사회복지 행위에 있어 타 종교에 대한 배타성이 작용하는 특징이 나타나기도 한다.

1) 경전에 나타난 종교적 의무

『논어』에서 '仁'(인)에 관해 말하는 구절은 150군데가 넘을 정도로 인은 『논어』의 가장 주된 가르침이다(송복, 1999). 그럼에도 불구하고 인에 대한 명확한 개념 정의가 나와 있지 않은 것이 또한, 『논어』의 또 다른 특징이다. 인은 그것을 생각하고 실천하는 사람에 따라 의미가 얼마든지 달라질 수 있음을 짐작하게 한다. 송복(1999)은 자신이 이해한 인의 개념을 너른 사랑(凡愛衆), 사람을 통한 사랑(斯人主義), 닦는 사랑(修己愛人)과 같이 요약한 바 있다.

유교의 종교적 의무를 구체화한 대표적 학자는 맹자이다. 그는 유교의 인 관념에 따라 사회가 공동으로 보살펴야 할 사람들을 구체적으로 언급한 바 있다. 즉, "鰥寡孤獨(환과고독) 4자(者)는 천하의 궁한 백성으로서 호소할 곳이 없는 자이기 때문에, 문왕이 정치를 행함에 있어 이 넷에게 인을 베푸는 일부터 했다."(孟子. 『梁惠王章句 下』, 유병용 외, 2002 재인용)라고 하면서 정치인이 인을 실천하는 모범을 예시한 것이다. 이와 같이 유교의 교리는 민본주의와 민생안정에 기반을 둔 왕도정치, 즉 도덕정치의 이상으로 자리 잡게 되었다(유병용 외, 2002).

불교는 인간구제의 종교이며 인간을 행복하게 하고 사회를 평안하게 하자는 것이기 때문에, 불교가 아무리 자기의 성도라 할지라도 중생제도를 근간으로 하는 서원활동을 하지 않을 수 없다(이혜숙 편, 2003). 이러한 불교의 세속적 활동에 기본이 되는 사상은 자비사상, 보시사상, 복전사상, 보은사상, 생명존중사상 등 다섯 가지로 요약할 수 있다. 이렇게 요약한 근거는 『大智度論(대지도론)』, 『大般涅槃經(대반열반경)』, 『優婆塞戒經(우바새계경)』, 『像法決疑經(상법결의경)』, 『梵網經(범망경)』, 『心地觀經(심지관경)』 등의 불교경전이다(이혜숙 편, 2003).

기독교의 근본정신인 이웃사랑은 사회봉사의 실천을 일상생활화하는 의미를 지니고 있다. 『구약성서』에 나타난 가장 가련하고 불쌍한 사람은 고아와 과부였으며, 하나님은 이들을 학대해서는 안 된다고 명령하였다(출애굽기 22:22~23). 그리고 신명기 14장은 십일조를 거론하면서 십일조가 복지사상의 근본임을 천명하였다(신명기 14:1~29). 한편, 『신약성서』에도 이웃의 고통을 돌보지 않는 것은 헛된 믿음(야고보서 2:14~26)이라고 하면서 가난의 문제를 성도들이 살피고 구제해야 한다고 명령하였다(디모데전서 6:18).

2) 종교적 교리에 의한 사회복지의 실태

종교의 자선활동은 대부분 기관 혹은 조직을 통해 제도화되었다. 가톨릭은 1854년에 '영애회'라는 아동 위탁사업을 시행하였고, 그 이듬해에는 '천주교 고아원'을 설립한 바 있다. 이어 1950년대에는 나환우 사업과 농촌개발사업을, 1970년대에는 도시근로자를 위한 사회운동을 전개하였다. 1980년대에는 장애인복지와 노인복지, 미혼모와 모자복지를, 1990년대에는 요보호대상자들의 자립재활사업에 주력했다(가톨릭 정보, 2004, 손병덕, 2005 재인용).

불교에서는 승가대학과 포교사들에게 사회복지 교육을 시행하는 등 종단적 노력을 기울이고 있다.

개신교는 1885년 선교사 앨런을 통해 최초의 근대식 병원인 광혜원을 설립하였고, 1905년에는 평양 맹아학교를 세웠다. 또한, 근대교육을 위해 경신, 배재, 이화, 공성, 숭덕, 정의, 숭실학교를 설립하였다(유장춘, 2004, 손병덕, 2005 재인용). 이후 1960년대에 들어오면서 개신교의 사회복지는 교회별로 법인 형태의 민간조직으로 변형되었다. 개신교는 교회 혹은 교회가 후원하는 조직이나 집단을 중심으로 자선활동을 전개하며, 개별 신자들은 십일조, 헌금, 자원봉사 등을 통해 자선활동에 직·간접으로 관여한다.

자선활동이 제도화됨에 따라 자선의 방법과 양, 수혜자의 적격여부 등의 개념이 형성되었다. 예를 들어 '고아나 과부, 부랑인은 원조를 받을 자격이 있는 반면 위선자나 게으른 사람은 자격이 없으며, 자격이 없는 사람을 도와주는 것은 자격이 있는 사람들에게 불이익을 주는 것'이라는 등의 기준이 형성되었다(Constatelos, 1968). 하지만 자선의 방법, 수혜자 적격여부의 기준 등에서 종교적 가치를 반영하는 제도화작업은 그리 간단하지 않았다.[17] 이런 점의 연장선에서 볼 때, 종교적 사회복지의 제도화작업은 아직도 진행 중인 것으로 볼 수 있다(김상균 외, 2011).

오늘날 지구촌의 각종 종교단체는 종교활동의 하나로 비영리 혹은 시민활동에 적극적으로 관여한다. 예를 들면, 미국에서 흑인교회의 인권활동, 가톨릭교회의 산아제한과 낙태반대운동이다. 또한, 브라질, 가나, 인도에서는 많은 종교단체가 영세 농부를 대상으로 사회복지서비스를 제공하고 있다(강상욱, 2001). 우리나라에서도 많은 종교단체가 사회복지법인을 설립하고, 다양한 계층에게 나름대로 여러 가지 사회복지서비스를 활발하게 제공하고 있다. 그런데 종교단체의 이러한 활동이 선교의 수단이 되지 않도록 주의하여야 한다.

17) 예를 들면, 자선과 교리전파를 분리할 것인지 혹은 신자와 비신자를 구분할 것인지 등이다.

CHAPTER 04

사회복지의 가치와 실천 윤리

학습목표

- 가치와 사회복지 가치의 개념을 이해한다.
- 윤리와 사회복지실천 윤리의 개념을 이해한다.
- 사회복지사 윤리강령을 이해하고, 이를 설명할 수 있다.
- 사회복지사의 윤리적 딜레마를 설명할 수 있다.
- 윤리적 의사결정 모델에 의한 윤리적 원칙 사정표를 설명할 수 있다.

서구의 사회복지와 소셜워커(social worker)는 무엇을 추구하는가? 국가가 법과 제도를 통해 개인의 복지를 책임지는 형태의 사회복지, 즉 현대적 의미의 사회복지는 동양에 앞서 서구사회에서 먼저 정착되었다. 대체로 서구의 소셜워커는 높은 수준의 인간적 통합성을 견지할 뿐 아니라, 도덕과 윤리에 적용되는 원칙에 걸맞은 행동을 하며, 정직하고 신뢰받을 만한 사람들이라고 알려져 왔다. 다시 말하면, 서구사회는 인도주의를 몸소 실천하는 소셜워커를 요구한 것이다(나직균 외, 2011). 따라서 클라이언트의 자립생활을 전문적으로 도와주는 소셜워커를 양성하고자 하는 응용사회복지학은 말할 것도 없거니와 다른 사람에 대한 원조행위를 학문적 주제로 하는 이론 사회복지학 역시 인도주의를 존립 근거로 하고 있다.

01 사회복지의 가치

가치란 무엇인가? 가치는 어떤 사물·현상·행위 등이 인간에게 의미가 있고 바람직함을 나타내는 개념이다. 가치는 현실세계에 대한 인간의 실천과 경험을 통해 형성되는 의식적인 관계가 축적된 결과로서 역사적 산물이라 할 수 있다. 이처럼 인간과 대상의 관계를 통해 정착된 가치는 인간의 사고와 태도에 영향을 미치며, 동시에 그들의 존재 조건·욕구·이해관계 등을 보여 주는 개념이 된다. 따라서 가치의 내용은 변화되는 의식구조를 반영하면서 시대적·사회적 여건에 따라 각기 다른 형태로 나타난다.

한편, 가치는 도덕·미(美)·경제·정치·문화 등 각각의 관점에 따라 다양한 정의로 규정되어 여러 가지 측면의 사회적 의식과 이해관계를 표현한다. 특히 오랜 역사 동안 가치론을 본질적인 연구 주제로 삼아 왔던 경제학에서는 가치의 개념을 크게 사용가치와 교환가치로 구분한다. 사용가치란 어떤 재화를 소비함으로써 얻을 수 있는 주관적 만족 또는 효용을 뜻하며, 교환가치란 그 재화가 다른 재화와 교환될 수 있는 능력, 즉 객관적 상품으로서의 가격을 의미한다. 고전학파 이후로 이 2가지 의미의 가치 개념에서 출발하는 노동가치설과 효용가치설이 경제학의 양대 흐름을 형성해 왔다.

사회복지학을 공부하는 사람들은 사회복지를 가치중립적으로 생각하거나, 반대로 사회복지를 지나치게 가치 중심적으로 인식하는 경향이 있다. 그런데 사회복지는 가치중립적인 현상이 아니고, 더구나 개인의 관점에서 본 사회복지를 다른 사람에게 강요할 수 있는 것도 아니다. 예를 들면, '자유'라는 한 단어에 대해서도 어떤 사람은 '다른 사람으로부터 간섭 또는 강제를 당하지 않는 것'으로 인식하고, 다른 어떤 사람은 '자신의 삶을 스스로 통제하고 자신의 목표를 이룰 수 있는 상태'로 인식하는 것처럼, 양자는 서로 지향하는 바가 다를 수 있다. 이처럼 사회복지는 가치 지향적이다. 많은 사람이 공감하는 주된 가치로는 평등, 자유, 정의, 연대, 이타주의 등이 있다.

1) 평등

사회복지의 가치에서 가장 중요한 것 중의 하나는 평등[18)]이다. 인간은 원래 자유롭고 평등한 존재로 태어났다는 이른바 '자연적 평등'의 관념은 17, 18세기의 사회계약론자들, 즉 홉스(T. Hobbes), 로크(J. Locke), 루소(J. Rousseau)[19)] 등이 주장했다. 시민계급은 이 사상을 무기삼아 신분제적·봉건적 지배질서 밑에 있던 절대왕정을 타도하고 자유와 평등으로 각 개인의 동의와 계약에 의해 이루어진 민중정부 밑에서 안전하고 자유롭게 사는 방법을 확립했다. 이것이 곧 근대국가의 기원이다.

▲ 루소(1712~1778)

평등은 사회적 자원의 재분배를 통하여 사회구성원의 삶의 질을 골고루 향상시키고자 하는 가치이다. 그러나 평등의 구체적인 개념에 관하여는 논란이 많다. 평등에는 수량적 평등, 비례적 평등, 기회의 평등이 있음은 앞의 제3장에서 살펴본 바와 같다. 평등의 개념 중 복지국가의 형성과 확대에 기초가 된 것은 적극적인 의

18) 평등 관념의 기원은 고대 그리스의 도시국가 시대까지 거슬러 올라간다. 아리스토텔레스는 그의 『정치학(Politica)』 제5장에서 평등에는 모든 사람을 평등·대등하게 다루는 '수의 평등'과 각 개인의 공적을 비교하여 고려하는 '비례적 평등'의 2종류가 있다고 하고, 사회의 안정을 유지하기 위해서는 평등에 유의해야 한다는 점을 지적했다. 또 평등과 정의의 관계에 대하여 명예, 금전, 기타 사항이 평등하게 분배되는 것을 '배분적 정의'라고 했다. 그러나 그는 당시 노예의 존재를 당연한 것으로 받아들였으므로, 그의 평등 관념은 근대적인 의미에서의 평등 관념이라고 할 수는 없다(브리태니커 백과사전, 2014).

19) 루소(1712~1778)는 이성의 시대를 끝맺고 낭만주의를 탄생시킨 사상을 전개했다. 그의 개혁사상은 음악을 비롯한 여러 예술에 혁신을 가져왔고 사람들의 생활방식에 큰 영향을 끼쳤으며, 자녀에 대한 부모의 교육방식에도 변화를 일으켰다. 우정과 사랑에서 예의바른 절도보다는 자유로운 감정표현을 중시했다. 종교를 버린 이들에게는 종교적 감성을 숭배하도록 인도했으며, 누구나 자연의 아름다움에 눈뜨고 자유를 가장 보편적 동경의 대상으로 여길 것을 역설했다.

미의 평등, 즉 수량적 평등이다. 복지국가의 평등 전략은 보편주의 원칙에 입각하여 모든 국민에게 사회적 권리로서, 보편적으로 제공하는 사회복지 급여와 서비스를 통하여 일정한 수준의 기본적인 삶을 보장하고, 사회적 불평등을 감소시키고자 노력하였다.

2) 자유

아리스토텔레스(Aristoteles)는 인간의 행위를 의도적인 행위와 비의도적인 행위로 구별했다. "비의도적인 행위에 해당하는 것은 강제로 한 행위와 모르고 한 행위이다. 그에 반해 의도적인 행위는 행위를 움직이는 원리가 행위자 자신 속에 있으며, 그 행위의 개별적 상황을 행위자가 완전히 알고 있는 경우라고 할 수 있다." 아리스토텔레스는 자유로운 결단과 지식을 연관 짓고 있지만, 자유문제를 주로 자유의지의 문제로 한정하여 다루는 경향이 있었다. 중세 봉건사회를 지배한 자유개념은 토마스 아퀴나스(St. Thomas Aquinas)[20]의 자유 개념이다. 아퀴나스는 인간의 모든 사유와 행위는 예정되어 있고 신의 의지에 따른 것이지만, 신이 자유로우므로 인간의 예정에도 자유가 부여된다고 주장했다.

자유는 사회복지의 가치에서 가장 논란이 많은 개념 중의 하나이다. 자유의 개념에는 소극적 자유와 적극적 자유가 있다. 이러한 자유의 개념은 이념적 입장의 차이에 따라 다르게 사용된다. 반집합주의자들은 소극적 자유를, 페이비언주의자와 마르크스주의자들은 적극적 자유를 사용한다. 전자는 사유재산권 행사의 자유 혹은 급여나 서비스 선택의 자유를 강조하여 복지에 대한 국가의 개입을 자유의 침해로 간주한다. 반면, 후자는 사회적 권리로서 복지를 누릴 수 있는 자유를

20) 아퀴나스(1224/5~1274)는 인성·창조·섭리를 다룬 형이상학 분야에서 아리스토텔레스의 전제로부터 그 나름의 결론을 이끌어 냈다. 『신학대전(Summa Theologiae)』과 『이단논박대전(Summa Contra Gentiles)』이라는 2편의 걸작을 써서 라틴 신학을 고전적으로 체계화한 신학자였으며, 교회 전례에서 사용되는 몇 편의 아름다운 찬송가를 지은 시인이었다. 현대 로마 가톨릭 신학자들 가운데는 그의 견해에 동의하지 않는 사람들이 많이 있다. 그럼에도 로마 가톨릭 교회는 그를 가장 뛰어난 철학자이며 신학자로 인정한다.

인식하며, 복지에 대한 국가 개입을 적극적 자유의 확대로 간주한다.

3) 정의

정의의 개념은 절차상의 정의, 실질적 정의 그리고 능동적 과정으로서의 정의 등으로 사용되고 있다. 절차상의 정의는 법률에서 정한 합법적인 절차를 강조하고, 실질적 정의는 결과로서 분배적 정의를 강조하며, 능동적 과정으로서의 정의는 불의한 현상을 예방하고 치료하는 사회적 과정을 강조한다. 사회복지에서는 특히 분배적 정의를 강조하며, 사회적으로 취약한 계층이나 불우한 위치에 있는 사람에게 보다 나은 처우와 권한 및 자원의 배분이 이루어지도록 노력한다.

4) 연대

연대 혹은 사회적 연대는 사회적 관계의 일종으로, 사회나 집단에서 보이는 통합 또는 통합의 종류나 정도를 의미한다. 사회복지를 가장 대표하는 가치의 하나는 연대이다. 연대란 한 덩어리로 서로 굳게 뭉치는 것으로, 뒤르켐(E. Durkheim)은 그의 저서 『사회분업론』에서 연대를 기계적 연대와 유기적 연대로 구분한다. 기계적 연대는 사회의 모든 구성원이 공통된 관념에 따라 행동하며, 전체의 공통 의식이 개인의 의식을 압도하고 지배하는 사회적 결합 상태 또는 사회적 관계를 말한다. 유기적 연대는 사회 발전에 따라 사회구성원 사이에 기능적 분화와 분업이 촉진되어 상호의존성이 강화되면서 생기는 사회적 연대를 뜻한다.

뒤르켐에 의하면, 낮은 노동 분업 상태에서의 전통적인 문화는 기계적 연대로 특징 지을 수 있다. 사회구성원 대부분이 비슷한 직종에 종사하고 있기 때문에 그들은 공통의 경험과 믿음을 바탕으로 서로 이어져 있다. 이 '공유된 믿음'의 강도는 커서, 개인을 억압하여 공동체의 관습적 삶에 복종하도록 강요한다. 이러한 상태에서는 개별적 차이를 인정할 수 있는 여지가 사라진다. 따라서 '기계적 연대'의 사회에서는 믿음의 일치와 유사성을 전제로 한다. 그러나 산업화와 도시화는 노동

분업의 증가를 가져왔고, 이로 말미암아 기존의 이러한 연대는 깨지고 말았다. 뒤르켐은 사회가 발달하는 과정에서 진행되는 직무의 전문화와 사회적 차이의 증가가 유기적 연대라 부를 수 있는 새로운 질서를 가져왔다고 생각했다(박주현 외, 2014).

사회복지는 사회구성원 간에 도움을 주고받는 행위를 통하여 사회적 자원을 재분배할 뿐만 아니라, 이러한 원조행위가 구성원 간의 감정적 통합을 가져오게 된다. 전통적 사회에서는 가족이나 지역공동체의 상호의존성에 기초하여 자원의 재분배가 이루어지고 사회통합이 달성될 수 있었다. 그러나 산업혁명 이후 사회경제적 진보에 따라 가족과 지역공동체는 그 기능을 상실하게 되었으며, 사회통합을 위한 새로운 사회적 장치가 필요하게 되었다. 현대사회에서의 사회복지제도는 공동체 구성원의 상호의존성을 제도적 장치로 복원함으로써 사회통합을 달성하게 한다.

5) 이타주의

이타주의는 이기주의에 기초한 자본주의 속에서 복지국가를 실현할 수 있는 가치이다. 티트머스(Titmuss)는 부자에서 가난한 자에게로의 이전과 같은 일원적 이전, 쌍방이 서로 도움을 주고받는 이원적 이전으로 이타주의를 설명하였다. 사회복지는 상대방으로부터 대가를 요구하지 않는 이타주의에 기초하고 있으며, 시장체계를 통하여 이루어지는 등 교환에 기초하여 개인 이익의 극대화와 효율을 추구하는 경제적 행위와 크게 나뉜다(김명희 외, 2009; 나직균 외, 2011).

이타주의라는 용어는 19세기 실증주의의 창시자인 오귀스트 콩트(A. Comte)가 만들었으며 이기주의에 대한 적절한 반대어로 널리 쓰였다. 이타주의가 하나의 행동이론으로 적합성을 갖기 위해서는 '이익'이라는 개념을 어떻게 해석하느냐가 관건이다. 만일 이익이 고통의 부재와 쾌락을 뜻한다면, 이타주의자 대부분은 도덕적 행위자의 의무가 쾌락의 증진과 고통의 감소에 있다는 데 동의할 것이다. 행복을 삶의 목적으로 삼아도 똑같은 논증이 성립한다. 그러나 비판자들은 다음과 같은 의문을 제기하고 있음을 염두에 두어야 한다. 만일 어떤 사람도 자신의 행복을 추구할 도덕적 의무가 없다면, 도대체 왜 다른 사람이 그를 위해 행복을 얻어 줄 의무가 있는가? 또 다른 문제는 단기적 고통과 장기적 이익 사이의 갈등이다. 이런 갈등은 특히 행위자가 마음속에 그리는 이익이 수혜자의 기대와 일치하지 않을 때 일어난다(박주현 외, 2014).

02 사회복지의 실천 윤리

1) 윤리의 정의

(1) 일반윤리

일반적으로 윤리의 개념은 우리의 행위, 성품, 삶과 관계되어 있다. 예를 들어 선악, 시비, 당위, 명령, 의미, 목적, 의지, 자유, 선택, 책임, 행위 주체, 인격성, 존엄성, 권리와 의무 등이 있다. 이 중 가장 기본적인 것은 '좋다'와 '나쁘다', '옳다'와 '그르다'일 것이다. 이러한 윤리의 속성은 감각을 통해 경험할 수 있는 속성을 가지지 않는다. 윤리적 판단의 진위는 이성에 의한다고 말하지만, 사실 윤리적 판단의 진위를 논리적으로 가리기는 어렵다. 윤리적 실천을 위해 윤리적 판단이 필요하다. 윤리적 실천을 통해 선과 정의를 실현하고, 현실세계를 도덕적으로 만들기 위해 노력한다. 일반적으로 윤리를 논할 때는 두 가지의 관점에서 바라볼 수 있다. 첫째는 윤리적 절대주의이다. 윤리적 절대주의는 선과 악, 옳고 그름을 행위 결과와 상관없이 별개로 판단한다. 고정불변의 도덕률을 강조하는 관점이다. 둘째는 윤리적 상대주의이다. 이는 선과 악, 옳고 그름은 주관적이고 상대적인 것으로 절대 가치는 없다. 어떠한 도덕률도 부인하는 관점이다(나직균 외, 2011; 배은숙 외, 2013).

(2) 사회복지 윤리

일반적으로 윤리란 인간의 행위와 도덕적 의사결정에 관련되는 철학의 한 분야다. 사회복지 전문가 윤리는 사회복지사의 서비스 실천이 도덕적으로 바른 방법이어야 함을 인식하도록 돕기 위한 것이다. 또한, 사회복지실천의 과정이 윤리적 결정의 과정임을 인식하고, 사회복지사로서 어떻게 바르게 행동하는가를 배우도록 돕는 기준이다. 즉, 일반윤리는 '무엇이 맞고 옳은가?'를 다루는 반면, 가치는 '무엇이 좋고 바람직한가?'와 관계한다. 가치는 구체적인 실천을 지시하기보다 일반적으로 선호하는 더 폭 넓은 사회의 가치를 반영한다. 한편, 전문직 윤리는 직업에 몸담고 있는 사람이 어떻게 자신의 가치를 행동에 옮기는가에 관한 지침을 제공한다. '어떻게 행동해야 하는가?'에 관한 구체적인 지시이다.

(3) 사회복지실천 윤리의 출현

사회복지실천 윤리는 언제부터 깊이 논의되었을까? 1970년 들어 사회복지실천 윤리가 본격적으로 논의되기 시작하였다. 왜냐하면, 사회가 다양하고 복잡하게 변하면서 전문직도 이를 이해하고 시대적 흐름에 합류해야 할 필요성이 요구되었기 때문이다. 이러한 추세는 사회복지 전문직뿐만 아니라 이미 법, 의료, 저널리즘, 공학 등에서도 광범하게 윤리적 사안에 관심을 보이고 있다. 이는 각 분야에서 이론적, 기술적 발달을 이루면서 이전에 경험하지 못했던 윤리적 문제가 대두되었고, 이에 대처하기 위한 새로운 윤리원칙이 필요해졌음을 의미한다.

윤리적 문제의 대두는 크게 두 가지로 볼 수 있다. 첫째, 과학과 기술의 발전이다. 의학과 공학의 발달로 생명연장이 가능해지고 장기이식, 유전공학 등을 실현하면서 클라이언트의 욕구도 다양해졌다. 예를 들어 인공수정, 안락사, 성을 감별한 후 유산하는 것 등 윤리적 결정을 해야 하는 다양한 상황이 생겼다. 둘째, 소외된 자에 대한 권리 인정이다. 사회가 성숙하면서 사회복지 대상자의 권리를 인정하자는 사회 분위기의 영향으로 다양한 형태의 윤리적 갈등이 발생하였고, 이를 해결하기 위해 윤리적 지침이 필요하게 되었다(양옥경 외, 2011; 박주현 외, 2014).

2) 전문적 관계와 윤리적 실천

사회복지실천에서 관계란 사회복지사와 클라이언트 사이에서 성장, 발전하는 정서적인 영향력을 의미한다. 사회복지사와 클라이언트 관계란 사회복지실천의 효과를 좌우하는 중요한 의미를 갖기 때문에 어떤 개념보다 자주 언급된다.

(1) 전문적 관계

전문적 관계란 사회복지사가 도움을 요청한 특정 개인의 환경, 행동에 초점을 두며, 제한된 시간과 범위 내에서 전문적 지식과 기술을 활용하여 사회복지의 기본적 가치를 실현하는 방향으로 클라이언트를 돕는 관계이다. 사회복지실천은 흔히 예술과 과학이 통합된 응용학문으로 논한다. 이는 클라이언트와 상호작용하기 위해서는 가슴과 머리를 모두 활용하여야 하기 때문이다. 즉, 기본적으로 예술적 능력을 갖추고, 기초 지식을 바탕으로 다양한 기법을 활용한다는 의미이다. 과학성에만 의존하는 실천은 기계적인 실천이 될 수 있고, 예술성에만 의존하는 실천은 비효율적인 실천이 되기 쉽다. 따라서 사회복지사는 과학성과 예술성의 상호보완적이고 통합적인 실천 역량을 갖추어야 한다.

❶ 과학적 기반

- 사회적 조건과 문제에 대한 지식과 사회정책과 프로그램에 대한 지식
- 사회현상에 대한 지식과 사회복지 전문직에 대한 지식
- 사회복지실천의 지식과 실천의 효과성과 타당성을 검증하는 통계적 지식

❷ 예술적 기반

- **동정과 용기**: 일상적으로 발생하는 인간의 고통과 혼란, 인간의 부정적이고 파괴적인 행동에 직면하는 것을 의미한다.
- **전문적 관계형성과 유지**: 개방적이며 솔직한 방식의 관계, 적절한 인관간계 형성, 고통을 나눔, 감정이입, 온화함, 진실성을 기반으로 한 의미 있고 생산적인

관계를 수립하는 능력을 의미한다.

- **희망과 에너지**: 희망은 클라이언트의 긍정적인 변화에 대한 기대이다. 이는 인간의 선한 의지, 긍정적인 방식으로 변화하는 능력, 공동선을 추구하면서 협동하는 의지를 가진다는 신념과 믿음이다. 에너지는 실수나 잘못으로부터 회복하고 일이 진행되도록 하며 결과를 만들어 내는 능력을 의미한다.
- **개인가치**: 사회복지사의 전문적 가치와 내면화로 클라이언트의 기본적 권리에 대한 존중, 사회적 책임, 개인의 자유에 대한 헌신, 자기결정에 대한 지지 등을 개인가치로 수용하려는 것을 의미한다.
- **감정이입적인 의사소통**: 클라이언트의 위장된 내적 감정에 정확히 접근하여 클라이언트의 경험에 맞는 언어로 잘 전달할 수 있는 능력을 의미한다.
- **창조성**: 클라이언트의 다양한 정보를 통합하고 창조적인 대안 선택을 하는 능력을 의미한다.
- **진실성**: 자연스럽고 개방적이며 솔직한 방식으로 자신을 공유하는 능력을 의미한다.
- **판단**: 클라이언트 상황의 사정, 대안 제시, 계획 수립 등의 개입단계마다 필요한 전문가적 판단으로 정확하고 비판적인 사고능력을 의미한다.
- **전문가 스타일**: 스타일은 클라이언트와 관계를 맺는 방법이나 옷 입는 스타일, 창의성, 지혜, 특정 이슈에 대한 헌신 등으로 표현되는데, 전문가 스타일은 상황이나 클라이언트, 기관 등에 적절하게 표현되어야 함을 의미한다.

(2) 윤리적 실천

개인의 문화적 경험과 배경은 의사결정에 영향을 미친다. 마찬가지로 사회복지실천에서도 사회복지사가 가진 가치가 의식적·무의식적 차원에서 클라이언트를 돕는 과정에 윤리적 문제를 일으킬 수 있다. 따라서 사회복지실천에서 일어나는 사회복지사의 모든 의사결정은 윤리적 이슈가 동반될 수 있으며, 사회복지실천은 본질에서 윤리적 실천이 될 수밖에 없다.

사회복지실천현장이 사회정의에 기초한 클라이언트를 위한 최선의 결정이 되도록 하기 위해서는 사회복지가 추구하는 전문적 체계가 있어야 한다. 또한, 이러한 전문적 체계를 구체적으로 실천하도록 이끄는 윤리적 원칙이 있어야 한다. 그러므로 개별적인 사회복지사의 판단과 업무수행으로 이루어지는 사회복지실천이 사회복지가 추구하는 전문적 가치를 실현하는 책임 있는 윤리적 실천이 되기 위해 윤리강령이 있는 것이다.

전문적 지위를 추구하는 모든 전문직은 전문가윤리강령을 통하여 전문직의 실천과 관련되는 윤리원칙과 행동원칙 등을 명문화한다. 레비(Levy, 1993)에 의하면, 사회복지윤리강령은 세 가지 측면에서 근본적인 목적 달성에 공헌한다. 첫째, 사회복지 윤리가 전문직의 행위를 이끌어 주고, 둘째, 사회복지사의 기능을 수행하는 데 원칙을 제시해 주며, 셋째, 사회복지실천의 평가기준을 제시하는 것이다. 즉, 사회복지윤리강령은 사회복지 전문직의 구성원으로서 사회적 기대에 부응하는 실천을 하도록 안내하는 지침이 되는 것이다(양옥경 외, 2011 재인용).

3) 사회복지사 윤리강령

사회복지사는 인본주의·평등주의 사상에 기초하여, 모든 인간의 존엄성과 가치를 존중하고, 천부의 자유권과 생존권의 보장활동에 헌신한다. 특히 사회적·경제적 약자들의 편에 서서 사회정의와 평등, 자유와 민주주의 가치를 실현하는 데 앞장선다. 또한, 도움을 필요로 하는 사람들의 사회적 지위와 기능을 향상시키기 위해 그들과 함께 일하며, 사회제도 개선과 관련된 제반 활동에 주도적으로 참여한다. 사회복지사는 개인의 주체성과 자기결정권을 보장하는 데 최선을 다하고, 어떠한 여건에서도 개인이 부당하게 희생되는 일이 없도록 한다. 이러한 사명을 실천하기 위하여 전문적 지식과 기술을 개발하고, 사회적 가치를 실현하는 전문가로서의 능력과 품위를 유지하기 위해 노력한다. 이에 우리는 클라이언트, 동료, 기관, 그리고 지역사회 및 전체사회와 관련된 사회복지사의 행위와 활동을 판단·평가하며, 인도하는 윤리기준을 다음과 같이 선언하고, 이를 준수할 것을 다짐한다.

(1) 사회복지사의 기본적 윤리기준

❶ 전문가로서의 자세

- 사회복지사는 전문가로서의 품위와 자질을 유지하고, 자신이 맡고 있는 업무에 대해 책임을 진다.
- 사회복지사는 클라이언트의 종교인종, 성, 연령, 국적, 결혼상태, 성 취향, 경제적 지위, 정치적 신념, 정신·신체적 장애, 기타 개인적 선호, 특징, 조건, 지위를 이유로 차별 대우를 하지 않는다.
- 사회복지사는 전문가로서 성실하고 공정하게 업무를 수행하며, 이 과정에서 어떠한 부당한 압력에도 타협하지 않는다.
- 사회복지사는 사회정의 실현과 클라이언트의 복지 증진에 헌신하며, 이를 위한 환경 조성을 국가와 사회에 요구해야 한다.
- 사회복지사는 전문적 가치와 판단에 따라 업무를 수행함에 있어, 기관 내외로부터 부당한 간섭이나 압력을 받지 않는다.
- 사회복지사는 자신의 이익을 위해 사회복지 전문직의 가치와 권위를 훼손해서는 안 된다.
- 사회복지사는 한국 사회복지사협회 등 전문가단체 활동에 적극 참여하여, 사회정의 실현과 사회복지사의 권익옹호를 위해 노력해야 한다.

❷ 전문성 개발을 위한 노력

- 사회복지사는 클라이언트에게 최상의 서비스를 제공하기 위해, 지식과 기술을 개발하는 데 최선을 다하며, 이를 활용하고 전파할 책임이 있다.
- 클라이언트를 대상으로 연구하는 사회복지사는 저들의 권리를 보장하기 위해, 자발적이고 고지된 동의를 얻어야 한다.
- 연구과정에서 얻은 정보는 비밀보장의 원칙에서 다루어져야 하고, 이 과정에

서 클라이언트는 신체적, 정신적 불편이나 위험·위해 등으로부터 보호되어야 한다.

- 사회복지사는 전문성을 개발하기 위해 노력하되, 이를 이유로 서비스의 제공을 소홀히 해서는 안 된다.
- 사회복지사는 한국 사회복지사협회 등이 실시하는 제반교육에 적극 참여하여야 한다.

❸ 경제적 이득에 대한 태도

- 사회복지사는 클라이언트의 지불능력에 상관없이 서비스를 제공해야 하며, 이를 이유로 차별대우를 해서는 안 된다.
- 사회복지사는 필요한 경우에 제공된 서비스에 대해, 공정하고 합리적으로 이용료를 책정해야 한다.
- 사회복지사는 업무와 관련하여 정당하지 않은 방법으로 경제적 이득을 취하여서는 안 된다.

(2) 사회복지사의 클라이언트에 대한 윤리기준

❶ 클라이언트와의 관계

- 사회복지사는 클라이언트의 권익옹호를 최우선의 가치로 삼고 행동한다.
- 사회복지사는 클라이언트에 대하여 인간으로서의 존엄성을 존중해야 하며, 전문적 기술과 능력을 최대한 발휘한다.
- 사회복지사는 클라이언트가 자기결정권을 최대한 행사할 수 있도록 도와야 하며, 저들의 이익을 최대한 대변해야 한다.
- 사회복지사는 클라이언트의 사생활을 존중하고 보호하며, 직무 수행과정에서 얻은 정보에 대해 철저하게 비밀을 유지해야 한다.
- 사회복지사는 클라이언트가 받는 서비스의 범위와 내용에 대해, 정확하고 충분한 정보를 제공함으로써 알 권리를 인정하고 존중해야 한다.

- 사회복지사는 문서·사진·컴퓨터 파일 등의 형태로 된 클라이언트의 정보에 대해, 비밀보장의 한계·정보를 얻어야 하는 목적 및 활용에 대해 구체적으로 알려야 하며, 정보 공개 시에는 동의를 얻어야 한다.
- 사회복지사는 개인적 이익을 위해 클라이언트와의 전문적 관계를 이용해서는 안 된다.
- 사회복지사는 어떠한 상황에서도 클라이언트와 부적절한 성적 관계를 가져서는 안 된다.
- 사회복지사는 사회복지 증진을 위한 환경조성에 클라이언트를 동반자로 인정하고 함께 일해야 한다.

❷ 동료의 클라이언트와의 관계

- 사회복지사는 적법하고도 적절한 논의 없이 동료, 혹은 다른 기관의 클라이언트와 전문적 관계를 맺어서는 안 된다.
- 사회복지사는 긴급한 사정으로 동료의 클라이언트를 맡게 된 경우, 자신의 의뢰인처럼 관심을 갖고 서비스를 제공한다.

(3) 사회복지사의 동료에 대한 윤리기준

❶ 동료

- 사회복지사는 존중과 신뢰로써 동료를 대하며, 전문가로서의 지위와 인격을 훼손하는 언행을 하지 않는다.
- 사회복지사는 사회복지 전문직의 이익과 권익을 증진시키기 위해 동료와 협력해야 한다.
- 사회복지사는 동료의 윤리적이고 전문적인 행위를 촉진시켜야 하며, 이에 반하는 경우에는 제반 법률규정이나 윤리기준에 따라 대처해야 한다.
- 사회복지사가 전문적인 판단과 실천이 미흡하여 문제를 야기시켰을 때에는, 적절한 조치를 취하여 클라이언트의 이익을 보호해야 한다.

- 사회복지사는 전문직 내 다른 구성원이 행한 비윤리적 행위에 대해, 제반 법률 규정이나 윤리기준에 따라 조치를 취해야 한다.
- 사회복지사는 동료 및 타 전문직 동료의 직무 가치와 내용을 인정·이해하며, 상호 간에 민주적인 직무관계를 이루도록 노력해야 한다.

❷ 슈퍼바이저

- 슈퍼바이저는 개인적인 이익의 추구를 위해 자신의 지위를 이용해서는 안 된다.
- 슈퍼바이저는 전문적 기준에 의해 공정하게 책임을 수행하며, 사회복지사·수련생 및 실습생에 대한 평가는 그들과 공유해야 한다.
- 사회복지사는 슈퍼바이저의 전문적 지도와 조언을 존중해야 하며, 슈퍼바이저는 사회복지사의 전문적 업무수행을 도와야 한다.
- 슈퍼바이저는 사회복지사·수련생 및 실습생에 대해 인격적·성적으로 수치심을 주는 행위를 해서는 안 된다.

(4) 사회복지사의 사회에 대한 윤리기준

- 사회복지사는 인권존중과 인간평등을 위해 헌신해야 하며, 사회적 약자를 옹호하고 대변하는 일을 주도해야 한다.
- 사회복지사는 필요한 사회서비스를 개발하기 위한 사회정책의 수립·발전·입법·진행에 적극적으로 참여하고 지원해야 한다.
- 사회복지사는 사회환경을 개선하고 사회정의를 증진시키기 위한 사회정책의 수립·발전·입법·진행을 요구하고 옹호해야 한다.
- 사회복지사는 자신이 일하는 지역사회의 문제를 이해하고, 그것을 해결하는 일에 적극적으로 참여해야 한다.

(5) 사회복지사의 기관에 대한 윤리기준

- 사회복지사는 기관의 정책과 사업목표의 달성·서비스의 효율성과 효과성의

증진을 위해 노력함으로써, 클라이언트에게 이익이 되도록 해야 한다.

- 사회복지사는 기관의 부당한 정책이나 요구에 대하여, 전문직의 가치와 지식을 근거로 이에 대응하고 즉시 사회복지윤리위원회에 보고해야 한다.
- 사회복지사는 소속기관 활동에 적극 참여함으로써, 기관의 성장·발전을 위해 노력해야 한다.

(6) 사회복지윤리위원회의 구성과 운영

- 한국 사회복지사협회는 사회복지윤리위원회를 구성하여, 사회복지윤리실천의 질적인 향상을 도모하여야 한다.
- 사회복지윤리위원회는 윤리강령을 위배하거나 침해하는 행위를 접수받아, 공식적인 절차를 통해 대처하여야 한다.
- 사회복지사는 한국 사회복지사협회의 윤리적 권고와 결정을 존중하여야 한다.

(7) 사회복지전담공무원의 윤리

❶ 전문직으로서의 윤리

- 국가와 공공사회복지 최일선에 직접 봉사하는 사회복지전담공무원이라는 자부심과 책임감을 가지고 관련 지식과 기술의 습득·개발 등 창의적인 노력과 능동적인 자세로 맡은 바 소임을 다한다.
- 사회복지전담공무원으로서 품위와 자질을 유지하고 수행하는 업무에 대하여 책임을 지며 업무수행상 공정성을 확보한다.
- 사회복지 전문지식 활용 분야를 개척해 나가며 지역사회 복지자원을 최대한 활용한다.
- 지역실정 및 복지 대상자의 욕구에 맞는 사업을 개발, 적용시키기 위한 노력을 한다.
- 법규나 지침에 의하여 행정적으로 이루어지는 업무에만 국한하지 않고 복지대상자의 개별심리와 처해진 위기상황을 파악하여 자립할 수 있도록 지원해

준다.

- 전문적 업무관계를 이용하여 부당한 영리를 취하거나, 직무상 취득한 정브(복지 대상자 개인 신상 등)를 전문적 업무 이외에는 공개하지 않는다.
- 사업의 실적 및 사업 효과성이 분석될 수 있도록 각종 통계자료 및 사업추진 관련 자료관리에 유의하고, 복지 대상자에 대한 정확한 관리자료를 확보한다.

❷ 복지 대상자에 대한 윤리

- 복지 대상자의 권리를 최우선으로 삼아 정직과 성실로 직무에 전념한다.
- 복지 대상자가 자기결정권을 최대한 행사할 수 있도록 도와준다.
- 복지 대상자를 대할 때 인간 존중의 정신과 성실에 바탕을 두고 어려운 자의 편에 서서 헌신하고 봉사하는 자세를 가진다.
- 복지 대상자의 사생활을 존중하며 사상, 종교, 학력, 지역 등에 따라 차별하지 않는다.
- 복지 대상자별 욕구에 따라 각종 서비스 방안을 마련하되 자립·자활능력을 향상하는 생산적인 복지 서비스가 되도록 노력한다.
- 복지 대상자에게 항상 친절한 서비스를 제공한다.

❸ 조직 내에서의 윤리

- 동료 상호 간에 존중과 신뢰로 대하며 전문적 지위와 인격을 훼손하는 언행을 하지 않는다.
- 선배나 상사의 직무상 명령을 존중한다.
- 타 분야 인력과 조화와 협조관계를 유지하도록 노력한다.
- 업무수행과정에서 새로운 사회복지 지식과 동료, 선배인력들의 경험을 습득함으로써 전문가로서의 능력을 꾸준히 제고시켜 나간다.

❹ 지역사회와 유관기관에 대한 윤리

- 복지 대상자에 대한 보호를 행함에 있어 필요한 경우에는 유관복지기관과 연계, 보호 결정 수준 등에 대한 객관성을 확보토록 노력한다.

- 지역 내 사회복지관 등 각종 복지 관련 유관기관들과 긴밀한 협동적 관계를 유지하여 복지프로그램 수행 및 후원자 관리 등 지역사회 자원들 간의 연계방안을 강구한다. 선배나 상사의 직무상 명령을 존중한다.
- 예산사업 이외에도 민간의 복지 활동 참여에 의한 복지 대상자 발굴을 위하여 평소 지역사회 내의 자원파악 및 자원관리 등 지역사회 자원 간의 연계방안을 강구한다.
- 지역사회 내에서 지역복지센터, 복지교사로서의 역할을 수행한다.

CHAPTER 05

사회복지의 구성 요소

학습목표

- 사회복지가 추구하는 궁극적 목적인 사회적 욕구를 이해한다.
- 사회관계의 중추적인 결함을 이해하고, 사회복지의 기능을 설명할 수 있다.
- 사회복지의 주체와 객체에 관해 설명할 수 있다.
- 사회복지의 전달체계를 설명할 수 있다.
- 사회복지의 재원을 이해하고, 재원 확보방안을 제시할 수 있다.

사회복지는 어떻게 구성되어 있는가? 여기서는 사회복지의 구성 요소를 살펴봄으로써, 사회복지에 대한 이해를 도모하고자 한다. 이러한 목적을 달성하기 위해서는 다음의 순서를 밟는다. 먼저, 사회복지가 해결하고자 하는 사회적 욕구와 사회복지의 기능에 대해 살펴본다. 다음으로, 사회복지의 주체와 객체에 대해 알아보고, 끝으로 사회복지의 효율적 전달체계와 재원을 살펴본다.

01 사회적 욕구와 사회복지의 기능

1) 사회적 욕구

욕구(慾求)란 생물이 어떠한 혜택을 누리고자 하는 감정을 말한다. 욕구는 인간이 선천적으로 가지고 있거나 후천적인 사회생활의 결과로 만들어진 감정이나 심리상태 중 하나로, 자신에게 부족한 물질적 혹은 정신적인 어떤 것을 추구하는 상태를 말한다. 식욕이나 성욕과 같이 인간뿐만 아니라 모든 생명체가 생명 유지와 개체 보존을 위해 가지는 선천적인 욕구도 있지만, 특정한 상품이나 서비스 등에 대한 욕구와 같이 인간이 사회, 경제적 생활을 하는 과정에서 새롭게 학습된 욕구도 있다. 경제체제의 형태와 관계없이 인간이 가진 이러한 욕구와 욕구의 발전 과정이 바로 경제주체가 경제 활동에 참가하는 동기가 된다(박주현 외, 2014).

매슬로우(Maslow)에 의하면, 인간은 먼저 가장 낮은 차원의 기본적 욕구를 충족시킬 필요가 있으며 그것이 충족된 후에 점차 고차원의 욕구가 나타난다. 일반적으로 인간과 다른 동물의 공통되는 욕구는 기본적인 것으로 간주하며, 생물학적 욕구라고 불린다. 이 '생물학적 욕구'에는 기아 욕구, 갈증 욕구, 성(性) 욕구, 수유(授乳) 욕구, 양육(養育) 욕구, 소아적 의존(小兒的依存) 욕구, 주거작성(住居作成)·사용(使用) 욕구, 일반활동 욕구, 일반탐색 욕구, 휴식·수면 욕구, 배설 욕구, 유희(遊戱)·심미(審美) 욕구 등 적극적 욕구와 공포(손상회피)·공격(장해회피)·군거성(독립회피) 등 소극적 욕구(혐오)가 있다.

물론 이러한 욕구는 자급자족이 불가능하여 사회생활을 하는 가운데서 충족되어야 한다. 그래서 인간은 각양각색의 사회적 기술을 고안하고 사용한다. 이것이 일반적으로 '사회적 욕구'라고 불리는 욕구이며, ① 지배·경쟁·청구·원조의뢰 등의 자기주장 욕구, ② 굴복·증여 등의 자기비하(卑下) 욕구, ③ 모방·상호원조·협동작업 등의 집단화 욕구, ④ 집단에 대한 충성심 등의 집단주장 욕구로 세분된다(박주현 외, 2014).

여기서 말하는 사회적 욕구는 사회복지를 통해 해결되어야 한다. 사회복지가 추구하는 궁극적인 목적은 한 사회의 구성원 개개인이 인간다운 생활을 영위할 수 있도록 함으로써, 인간존엄성을 보장하는 것이다. 즉, 삶을 영위하는 과정에서 인간존엄성에 위험을 느끼고 있는 개인이나 집단에게 그들이 필요로 하는 도움을 제공하여 문제를 해결하거나 도와주는 것이다.

2) 사회복지의 기능

사회복지는 사회관계에서 발생하는 주체적 결함을 문제로 삼는데, 이는 사회복지의 불균형 상태, 사회관계의 결손, 사회제도의 결함에서 오는 세 가지 양상에서 취할 수 있다. 그래서 사회복지의 기능은 이 세 가지 결함 양상에 대응하여 사회관계의 회복·조화를 도모함으로써, 개인과 집단의 사회생활 곤란을 해결하는 것을 목적으로 한다. 그러나 이것은 하나의 결함에 대하여 아래에서 논하는 기능의 어느 하나가 대응한다는 의미는 아니다. 하나의 결함 양상에 보통 두 가지 이상의 기능이 대응한다(김영모, 1999; 나직균 외, 2011).

(1) 평가기능

사회복지는 사회생활의 모든 곤란을 취급하는 것이 아니다. 따라서 사회복지 최초의 기능은 사람들의 사회생활 곤란, 즉 사회생활의 기본적 욕구 중 어느 것이 어느 정도 충족되지 못하고 있는가를 평가함과 동시에 그것이 사회관계의 주체적 측면의 결함과 어느 정도 관계를 맺는가를 발견하는 것이다. 다시 말해, 일반적으로 '생활문제'나 '사회제도문제'로 지적되는 여러 가지 생활의 곤란 중에서 사회복지의 대상 영역에 포함되어야 하는 것을 판단하는 것이 최초의 평가기능이다. 본래 이질적인 각종 사회생활의 기본적 욕구 충족 상태를 평가하는 전제조건으로서 사회관계의 주체적 측면이라는 관점이 준비되어야 한다.

사회구성원의 어느 부분에, 또 어느 정도로 빠져 있는가? 또 그 직접적인 원인은 무엇인가? 등을 평가·발견하려는 경우 사회복지의 기본적 관점, 즉 사회관계의 주체적 측면이라는 입장을 떠나서는 안 된다. 즉, 모든 개인에게는 고유한 사회관계의 총체가 있을 것이므로 각 사회관계에 대하여 개체적이고 주체적인 측면을 전체적으로 명확히 하는 것이 사회복지 평가기능의 주안점이다.

(2) 조정기능

조정기능은 개인의 기본적 욕구에 관련된 사회관계 전체가 조화를 유지하도록 원조해야 한다. 그 때문에 이런 사회관계의 조정에 앞서 사회관계 전체에 대해 평가된다. 이 평가에 기초하여 조화가 깨진 사회관계 부분에 대해 조정이 행해지는 것이다. 이처럼 사회관계는 동적·경과적인 것이기 때문에 평가는 몇 번이고 반복되어야 하며, 그에 따라 사회관계의 조정도 결코 한 번으로 끝나지 않는다. 그래서 이 조정기능은 여러 가지 방법으로 행해진다. 첫째, 개인의 사회관계에 대한 평가결과를 본인 자신에게 이해시켜, 객관적인 현실을 평정하게 받아들이도록 하고, 본인 자신으로 하여금 사회관계의 모순을 조화시키도록 원조한다. 둘째, 사회복지의 조정기능은 개인이 가진 사회관계 전체를 본인과 관계된 제도적 집단과 관련하여 설명하고 이해시켜 더욱더 본인에 대한 제도적 요구 조건을 완화하고 태도를 변경하도록 원조한다. 물론 이 경우에도 첫 번째의 조정기능, 즉 개인의 주체적 책임의 존중과 원조는 전제조건이다.

(3) 송치기능

개인에게 어떤 사회가 모자라고 그것 때문에 사회생활의 기본적 욕구를 충족하지 못하는 사태에 대하여 기성 제도적 집단을 효과적으로 이용, 문제를 해결하게 하는 기능을 사회복지의 송치기능이라고 부른다. 송치기능은 사회관계의 결손에 따른 생활 곤란에 대처하는 사회복지 기능이지만, 그것은 사회복지 기능이 없는 사회관계를 대체하는 것이 아니다. 오히려 사회복지시설도 포함하여 일반적인 제도적 집단을 개인이 효과적으로 이용하도록 원조하는 기능이다. 송치기능은 이용하는 범위 내에서, 그리고 사람들의 생활상 기본적 욕구에 관한 다수의 제도적 집단 서비스의 종류, 규모, 사업 방침, 특색 등을 명백히 밝히는 것에서부터 시작된다. 다음으로 대상자의 생활 요구를 오해 없이 취급하는 일이다. 이것은 언뜻 보기에는 쉬운 것처럼 보이지만 사회복지 대상자가 반드시 자기가 절실히 필요로 하는 것이 무엇일까에 관해서 항상 명백하게 의식하고 있다고는 할 수 없으므로 반드시 그렇지도 않다. 송치기능의 또 다른 문제는 대상자의 자발성에 관계되는 것이다. 대상자에 의해 효과적인 이용이 이루어지기 위해서는 대상자 자신의 자발성이 없어서는 안 되기 때문이다.

(4) 대체기능

조정기능과 송치기능은 스스로 실질적인 서비스를 제공하는 것이 아니고, 이런 실질적 서비스를 주는 제도적 집단과 개인을 결합함으로써 사회생활의 기본적 욕구 충족이라는 목적을 달성하려고 했다. 그런 면에서 사회복지사는 다른 사회제드의 기능과 별개인 사회복지 고유의 기능을 가질 수 있었다. 그런데 사회관계의 조정과 송치라는 사회복지 고유의 기능으로는 효과를 거둘 수 없는 생활 곤란이 현실에 존재한다면, 어디까지나 현실적인 생활적응의 원조를 본질로 하는 사회복지는 앞에서 말한 고유의 기능 이외에 사회생활의 기본적 욕구를 본래의 제도적 집단에 대신하여 충족시켜야 하는 실질적 서비스를 떠맡지 않을 수 없게 된다. 이것이 사회복지의 대체기능이다.

02 사회복지의 주체와 객체

1) 사회복지의 주체

김영모(1999)는 사회복지가 주체(기관), 객체(대상), 기능(방법)으로 구성되어 있고, 이러한 구성요인은 서로 밀접한 관계를 맺고 있다고 보았다. 사회복지는 주체와 객체 간의 원조관계이기 때문에 자연히 원조의 기능도 그것에 따라 결정된다는 것이다. 사회복지의 주체와 현장은 역사적 시기에 따라서 강조점이 차이가 있었다. 미국은 19세기 말 사회복지가 자원봉사활동의 하나로 확산될 때, 자선조직협회나 인보관과 같은 현장이 강조되었다. 그러나 20세기 초 대학에서 사회복지사를 배출시키면서 전문성을 갖춘 사회복지사에 의한 활동이 강조되었다.

한국에서는 조선시대와 일제하에서도 사회복지사업이 있었다. 당시에는 고아, 독거노인, 과부, 홀아비 등 이른바 '환과고독(鰥寡孤獨)'을 보호하는 일이 구제나 구호차원에서 이루어졌기 때문에 사회복지의 주체는 중요하지 않았다. 그러나 광복 후 대학에서 사회복지학을 가르치기 시작하고, 1960년대 이후 사회복지사가 본격적으로 배출되면서 사회복지사에 의한 전문적 활동이 강조되었다. 현재 한국사회에서 사회복지의 주체가 사회복지사라는 점을 부정하는 사람은 별로 없다. 그러나 현실적으로 사회복지사만이 사회복지를 실천하는 것은 아니고, 아울러 모든 사회복지사가 사회복지를 실천하지도 않는다.

〈표 5-1〉 주체별 사회복지 형태

주체	복지 형태	주체	복지 형태
개인	상호부조, 박애사업	직장	공제회, 기업복지
가족	가족복지, 재가복지	지역사회	공동모금, 지역사회사업
부락	혼상계, 인보사업	국가	사회보장, 사회정책
교회	자선사업	세계	세계복지, 세계자원봉사

사회복지의 주체를 이해하는 것은 곧 사회복지서비스 제공과정에서 서비스 제공자와 받는 자 간의 상호작용 맥락을 파악하는 일이기 때문에 매우 중요하다. 최옥채(1999)는 사회복지실천의 주체 범주에 사회복지서비스를 관장하는 정부, 사회복지서비스를 실행하는 기관, 최종적으로 사회복지서비스를 클라이언트에게 전달하는 사회복지사를 포함하였다. 또한, 그는 한국적 상황의 특성을 고려할 때, '주체의 관련인'으로 성직자와 자원봉사자도 포함해야 한다고 주장하였다.

(1) 정책주체, 운영주체 및 실천주체

근대적 사회복지가 발달하면서 사회복지에 대한 일차적 책임은 국가에 있다. 그런데 사회복지의 구체적인 시행 관점에서 살펴보면, 주체를 정책주체, 운영주체, 실천주체로 구분할 수 있다.

❶ 정책주체

▌국가(정부)

사회복지의 정책을 계획하고 책정하여 실행하는 주체로서 사회 전체에 산재해 있는 보편적인 문제를 파악, 그 문제를 사회적 맥락 속에서 해결하는 방책을 고려하여 시행이 가능하도록 하는 구체적인 방법을 입안하는 기능을 한다.

▌지방자치단체

국가의 정책을 위탁받아 시행하며, 독자적으로 지역주민의 복지 욕구에 대응하는 정책수립과 프로그램을 시행한다. 최근에는 지방화 정책의 추세에 따라 이러한 경향이 더욱 확대되고 있다.

❷ 운영주체

사회복지사업을 운영하고 경영하는 주체이며, 사회복지사업을 행하는 시설, 단체, 기관으로 공영기관과 민영기관으로 구분할 수 있는데, 세 가지 유형이 있다. 첫째, 국가나 지방자치단체가 직접 사회복지시설을 설치하여 운영하는 경우, 둘째, 사회복지법인, 재단법인, 종교단체, 의료단체 등이 시설을 설치하여 운영하는 경우, 셋째, 국가나 지방자치단체의 위탁을 받아 민간단체가 운영하는 경우 등이다.

❸ 실천주체

사회복지서비스를 직접 대상자에게 시행하는 주체로, 사회복지사나 사회복지시설종사자 등으로 구분할 수 있다. 최근에는 자원봉사자들에게 사회복지실천주체로서의 역할이 확대되고 있다.

(2) 사회복지서비스의 공급주체

이전에는 국가, 지방공공단체나 사회복지법인 등에서 공적 책임 아래 시행한 한정된 사회복지서비스 제공 형태가 많았다. 그러나 사회복지서비스의 보편화와 일반화, 재가복지사업의 확대에 따라 다양한 형태의 공급조직에 의한 다양한 서비스가 제공되고 있다. 즉, 사회복지의 공급시스템에 대한 관심이 증가하고 있으며 오늘날 사회복지서비스의 공급주체는 혼합된 형태로 나타나고 있다.

❶ 비공식 부문, 공적 부문, 민간비영리 부문 및 민간영리 부문

▌비공식 부문

가족을 중심으로 하는 제1차적 집단으로 가족, 친족, 우인(友人) 및 근린에 의한 보호를 의미한다. 전통적인 사회에서는 인간의 대부분 욕구가 가족, 친척과 같은 일차적 집단 안에서 충족이 가능하였으나, 산업화 과정에서 가족 기능이 분화되면서 가족의 많은 기능이 사회화되었다(양정하, 1992). 즉, 비공식적 주체에 의한 복지영역이 축소되고 있다. 또한, 공적 부문, 즉 국가책임 부문의 축소를 지향하는 개혁에서는 비공식 부문이 부당하게 이용되기도 한다.

▌공적 부문

공적 부문은 중앙정부와 지방자치단체이며 현대 산업사회에 있어 사회복지서비스 제공의 가장 중요한 주체이다. 비공식적 부분으로는 충분히 대응할 수 없게 된 복지 욕구를 공적 부문에서 대처할 수 있다. 국가는 국민의 최저생활보장과 생활향상에 대한 책임을 지며, 지방자치단체는 국가정책에 협력하면서 국가의 시책이 미치지 않는 지역사회의 독특한 복지 욕구에 반응한다. 공적 부문을 통해 이른바 '요람에서 무덤에 이르기까지'의 광범위한 서비스가 제공된다.

▌민간비영리 부문

민간이 운영하는 점에서는 공적 단체와 다르고 이윤을 추구하지 않는다는 점에서 민간기업과 다르다. 민간기업과 차이점은 민간비영리 부문은 사람들의 자발성에 기초하여 공급된다는 점이다. 복지국가체제의 성립 이전에 이 부문은 사회적 서비스의 가장 큰 공급주체였으나, 사회복지의 국가책임성을 강조하는 복지국가체제의 출범 이후 축소되었다. 시설보호와 같은 기본적 서비스를 제공하며, 국가서비스의 발달지체로 인한 틈을 메워 줄 수 있다.

민간비영리 특성을 가진 민간기관의 주요한 기능으로는 첫째, 아직 공공정책으로 대처하지 못하는 서비스는 민간사회복지기관만이 제공한다. 둘째, 민간사회복지만이 종파적인 서비스 혹은 특정 종족이나 이익집단을 위한 서비스를 적절하게 제공한다. 셋째, 사적인 익명의 알코올중독자 모임과 같은 자조집단의 중요성에 대한 인식 증대이다. 넷째, 요보호자나 복지 대상자를 위해 때로는 정부와 대립하는 입장에서 민간기관만이 대변자의 기능이나 공무원에 대한 민원 조사관의 기능을 담당할 수 있는 가장 적절하며 최선의 방편이다. 다섯째, 위의 네 가지 기능과는 별개로 민간사회복지가 비용의 적은 부문일지라도 사회복지의 주된 기능을 계속 행사한다.

공적 부문이 재정적 한계에 부딪힌 점과 민간비영리 부문과 비공식 부문이 활약하는 다원적인 복지사회가 성립되면 복지국가는 기능하지 못한다는 점을 들어, 최근 복지국가의 위기 이후 민간비영리 부문에 대한 관심이 다시금 고조되고 있다. 민간비영리 부문은 비공식 부문이나 공적 부문을 어느 정도까지는 보완해 주지만, 민간영리 부문의 진출에 따른 경쟁적 관계라는 한계가 있다.

▌민간영리 부문

복지국가에서는 이 부문이 역할할 수 있는 부분이 별로 없었으나, 최근 민간영리 부문의 역할에 대한 새로운 인식이 대두하고 있다. 첫째, 복지국가의 재정적 위기 속에서 공적 부문에 의한 사회서비스의 공급이 한계에 달했다는 인식으로 비공식 부문을 포함, 민간영리 부문에 대한 정책당국의 관심이 고조되고 있다. 둘째, 각국에서 국영기업의 민영화가 진행되었으며 이러한 조류가 사회복지계에도 밀려왔다. 셋째, 생활 수준의 향상으로 구매 능력이 생긴 계층이 많아졌다. 넷째, 인구의 고령화가 진행되면서 요구되는 자원의 양이 많아져 이러한 규모의 이점을 살릴 수 있는 부문이 추가되었다(양정하, 1992).

수익자부담원칙의 다양한 서비스의 공급은 특히 고령화에 따른 실버산업의 확대와 함께 점차 증가할 전망이다. 그러나 이 부문의 확대는 엄격히 규제되고 신중히 검토되어야 할 필요성이 제기된다.

❷ 공공적 복지공급체계(행정형, 인가형)와 비공공적 복지공급체계(시장형, 참가형)

미후라후미오(三浦文夫, 1985)는 사회복지의 공급시스템이란 관점을 제시하여 사회복지공급체계를 크게 공공적 복지공급체계와 비공공적 복지공급체계로 구분하였다. 공공적 복지공급체계는 국가 또는 지방자치단체에 의한 행정형 공급조직과 인가단체에 의한 인가형 공급조직을 의미한다. 비공공적 복지공급체계는 시장형 공급조직과 주민의 참가에 의한 참가형 공급조직을 의미한다(남세진·조흥식, 1995 재인용).

▌공공적 복지공급체계

첫째, 행정형 공급조직은 국가 혹은 지방자치단체가 복지사업 또는 복지시설을 직접 운영하는 형태이다. 둘째, 인가형 공급조직은 정부가 사회복지법인 또는 재단법인 등 비영리단체로 하여금 국가가 해야 할 사업을 위임받아 행하도록 하는 공급조직으로써 사업대상은 주로 저소득 계층이다. 이에 대한 소요 비용은 대부분 국가 또는 지방자치단체에서 부담한다.

▌비공공적 복지공급체계

첫째, 시장형 공급조직은 시장원리에 의해 운영되는 것으로 창조성, 신속성 또는 효율성이 높은 서비스가 기대된다. 소비자들은 각자 자신의 취향이나 능력에 따라 서비스를 자유로이 선택할 수 있는 장점이 있다. 둘째, 참가형 공급조직은 종교상의 목적이나 이타주의, 상호 연대감 등의 이념에 기초하여 비영리적인 형태로 제공되는 서비스를 의미한다. 법적으로는 사회복지시설이나 사회복지조직으로 인정되지 않지만 실질적으로 많은 사회복지서비스의 공급을 담당하고 있다.

2) 사회복지의 객체

사회복지에서 서비스를 받는 사람, 즉 대상자를 영어로 클라이언트라고 한다. 사회복지의 서비스 대상자의 선정기준은 선별주의와 보편주의로 구분하는데, 점점 선별주의에서 보편주의로 변화고 있다.

사회복지의 대상이란 사회복지가 일차적으로 관심을 가지고 있는 것, 즉 문제에 봉착한 사람들이나 문제 자체 혹은 문제를 일으키는 조건 등을 말한다. 사회복지의 대상 역시 사회복지가 역사적·사회적 형성체인만큼 사회복지의 변화와 함께 여러 가지로 변화되어 왔다. 사회복지 대상자 중심은 사회복지를 필요로 하는 사람들이 누구냐 하는 것인데, 초기단계에서는 소수의 사회적 약자에 한정해서 사회복지서비스가 제공되어 왔으나, 현대사회로 접어들면서 국민 전체로 사회복지가 확대되는 현상을 볼 수 있다. 즉, 사회복지의 대상은 일반적으로 불행한 자나 낙오자를 도와주는 것으로 생각하였다. 그래서 사회사업이나 사회복지라고 하면 고아, 미망인, 장애인, 빈민 등이 사회복지의 주요 대상인 것으로 생각하였다.

그러나 현대사회에서 사회복지는 그러한 대상에게 일차적 관심을 보여 주지만, 그보다도 국민의 사회적 욕구와 문제에 더 관심이 많다. 일반적으로 욕구에 대한 서비스를 사회복지로 보는 경우는 주로 개인주의와 기능주의적 이론에 기초하여 있고, 사회문제를 해결하는 것을 사회복지로 보는 경우는 주로 집단주의적 이념과 갈등주의적 이론에 기초하고 있다. 다시 말하면, 욕구결핍이나 그것으로 인한 반사회적 행위(탈선, 일탈)는 대개 개인의 성격상 결함(동기부족, 게으름, 의타심 등)이나 기능상 장애(노령, 질병, 장애 등)로 생기는 것으로 생각하고, 사회 불평등이나 빈곤과 같은 사회문제는 자본주의제도의 결함이나 소유관계 및 독점상태(재산, 권력, 자원, 기회 등)에서 비롯되는 것으로 생각하는 경향이 있기 때문이다.

사회복지의 주요 대상인 사회적 욕구와 문제가 어떤 것이 있는가를 살펴보면 다음과 같다. 사회적 욕구는 물질적 욕구와 정서적 욕구로 나눌 수 있다. 물질적 욕구는 1차적 욕구로서 소득, 보건, 교육, 주택 등이 있고, 2차적 욕구는 스포츠, 예술 등 문화적 욕구, 사회참여 등의 사회적 욕구가 있다. 그리고 정신적 욕구는 애정결핍, 정서 장애, 성격파탄을 정상화시키는 것이다. 한편, 사회문제는 일탈(탈선)과 같은 반사회적 행위 이외에 사회 불평등과 사회해체와 같은 것으로 크게 나눌 수 있다. 탈선은 범죄, 자살, 알코올중독, 마약중독 등을 말하고, 불평등은 빈곤, 소외, 지역격차, 계층격차 등을 말하며, 사회해체는 결손가정, 빈곤가정 등 가족해체와 윤락가, 환락가, 빈민촌 등 지역사회해체를 지적할 수 있다.

앞서 언급한 바와 같이 사회 불평등을 사회문제로 보는 경우는 갈등주의자의 견해이며, 사회해체를 사회문제로 보는 경우는 기능주의(주로 개인의 성격 결함에서 초래)와 갈등주의(주로 사회의 제도적 결함에 의하여 초래)의 통합적(개인 또는 사회의 생태학적 결함에서 초래) 견해이다. 즉, 사회복지의 대상은 시대에 따라 변화하여 왔다. 일반적으로 경제적으로 곤란을 겪는 사람, 신체적으로 장애를 가진 사람, 가족에게 보호나 혜택을 받지 못하는 사람을 대상으로 했던 시대에서 현대사회로 오면서 사회복지 대상은 위의 사항에 대하여 1차적 관심을 가지고 있다. 하지만 그보다도 사회적 욕구와 사회문제를 대상으로 법정 요보호자를 포함한 국민 모두를 대상으로 한다.

03 사회복지의 전달체계와 재원

1) 사회복지 전달체계

사회복지가 효과적으로 행해지려면 전달과정이 효율적으로 이루어지게 하는 체계가 필요하다. 즉, 사회복지서비스를 제공하는 중앙정부, 지방정부와 일선 사회복지기관 및 단체가 서비스의 중복이나 누락이 없도록 서비스 전달체계를 조직적으로 정비할 필요가 있다. 서비스 제공자 측면은 대상자에게 서비스를 제공하는 전문가들이 지켜야 할 원칙을 최대로 실천할 수 있는 여건을 만들도록 하는 것이다.

펄만(Perlman)은 모든 사회복지기관은 복지 대상자를 돕기 위한 일련의 과업을 수행해야 하는데, 이에 따른 이상적인 기능으로 다음의 네 가지를 제시한다. 첫째, 초입기능으로 복지 대상자에게 이용 가능한 서비스, 기구의 홍보와 교육활동을 하며, 대상자의 문제 해결을 위해 지역사회의 다른 기관과 협력해야 한다. 둘째, 책임기능으로 복지 대상자의 문제를 사정하고 이용 가능한 자원을 물색하며, 필요하다면 다른 기관에 위탁하여 복지 대상자가 활용할 수 있도록 조직하는 책임을 수행한다. 셋째, 서비스 제공기능으로 개별사회사업, 재활서비스, 법률구조사업, 재정부조 등의 기능이다. 넷째, 계획과 통제기능으로 복지 대상자의 욕구를 파악하여 충족되지 않은 욕구를 충족하기 위해 지역사회의 다른 기관과 협력, 조정의 책임을 져야 한다(양옥경 외, 2011 재인용).

(1) 행정구조적 측면

행정구조적 측면이란 대상자들에게 적절한 서비스를 제공하기 위해 모든 사회복지기관이 수행하는 다양한 기능의 효과성과 효율성을 극대화시키는 데 필요한 원칙을 말한다.

❶ 체계적인 기능분담

행정의 효율성을 고려하여 개별 사회복지기관의 행정상 위치에 따라 각각의 기능에 차이가 있다. 예를 들면, 전달체계를 상부와 하부체계로 나누고 전문성에 따른 업무분담을 하는 것이 필요하다. 첫째, 상부체계는 중앙부처인 보건복지부 등에서 사회복지에 관한 정책 결정과 관련된 제반계획이나 주로 하는 정책·행정체계를 말한다. 둘째, 중간체계는 광역자치단체로서 사회복지서비스 관리와 클라이언트 선별에 대한 책임기능을 담당한다. 셋째, 하부체계는 기초자치단체와 일선기관인 읍·면·동에서 지역주민에게 서비스에 대한 홍보와 교육활동을 전개하고, 전문적 서비스를 해야 하는 클라이언트에게 서비스의 소재를 알려 주고 지역사회 내의 다른 복지기관의 알선체제와 협력체제를 유지하는 등의 기능을 담당한다.

❷ 전문성에 따른 업무분담

사회복지서비스 제공업무는 전문성의 정도에 따라 전문가, 준전문가, 비전문가가 담당하게 된다. 전문가란 국가 혹은 전문직업 단체의 시험 또는 기타 자격심사로 자격증을 부여받은, 객관적으로 자격이 인정된 사람을 말한다. 이들은 자신의 전문적 업무에 대한 권위와 자율적 결정권과 책임성을 지닌다. 사회복지 분야에서는 사회복지사, 의사, 간호사, 보육사, 물리치료사, 작업치료사, 영양사 등의 여러 전문가가 참여하고 있지만, 사회복지사가 가장 보편적인 전문가이다. 그 외에 업무의 성질상 전문성을 덜 필요로 하는 것은 준전문가가 담당하고 비숙련 업무와 일반 행정업무는 비전문가 혹은 자원봉사자가 담당하도록 하는 것이 바람직하다.

❸ 책임성

사회복지조직은 국가(사회)가 시민의 권리로 인정한 사회복지서비스를 전달하도록 위임받은 조직이므로 사회복지서비스의 전달에 대하여 책임을 져야 한다. 책임을 져야 할 주요 내용은 서비스가 수혜자의 욕구에 적절히 대응하는 것인가? 서비스의 전달체계가 적합한가? 서비스가 효과적이고 효율적인가? 등에 관한 것이며, 사회복지 조직이 구체적으로 책임을 지는 대상자는 사회나 국가를 대표하는 실체인 중앙정부와 지방정부 및 서비스 수혜자가 되어야 한다.

❹ 접근용이성

사회복지서비스는 그것을 필요로 하는 사람이면 누구나 쉽게 받을 수 있도록 접근이 쉬워야 한다. 클라이언트가 서비스에 접근하는 데에는 서비스에 관한 정보 부족이나 교통수단의 부재(지리적 장애), 자신의 문제 노출에 대한 불안감(심리적 장애), 자원부족 등의 여러 가지 장애요인이 있을 수 있다. 따라서 사회복지 조직의 서비스 전달은 이러한 장애요인을 가능하면 제거하여 클라이언트가 서비스의 제공 장소에 쉽게 접근하여 서비스를 받을 수 있도록 설계되어야 한다.

❺ 통합조정

클라이언트의 문제는 많은 경우 복합적이고 상호 연관되어 있기 때문에 이러한 문제의 해결을 위한 서비스도 서로 연관되어야 한다. 예를 들어 탁아 프로그램에는 양호, 교육, 급식 등이 통합되는 것이 바람직하다. 서비스가 통합적으로 제공되기 위해서는 한 행정책임자 아래 서비스가 제공되고, 서비스 제공 장소(조직)가 지리적으로 가깝고, 서비스 프로그램 간 또는 서비스 조직 간에 상호 유기적인 연계와 협조체계가 갖추어져 있어야 한다.

❻ 지역사회의 참여

수많은 복지 대상자의 개별성이 고려되어야 하는 사회복지서비스 제공에는 지역 특수성이 필수적으로 요청된다. 따라서 지역참여의 원칙은 더욱 적절한 사회복지 계획의 수립이나 더 정확한 주민의 욕구파악을 가능하게 해 주며, 나아가서 서비스의 효과성을 증대시키는 데에도 이바지하게 된다.

❼ 조사와 연구

사회복지기관의 주요 기능 중의 하나인 표출된 욕구를 해결하기 위한 적절한 프로그램의 개발, 잠재된 욕구를 발견하려는 노력, 그리고 서비스의 효과성과 효율성을 평가하는 기술의 개발, 사회적 보호의 질을 개선할 수 있는 전문적 임상기술의 개발, 서비스의 관리 및 운영기법의 개발 등 조사와 연구를 해야 하는 활동영역은 광범위하다. 즉, 사회복지서비스의 전문화는 바로 조사활동 및 연구 활동의 성패에서 비롯한다.

(2) 서비스 제공자 측면

❶ 평등성의 원칙

특별히 소득수준이나 연령 등에 따라 서비스를 제한하는 경우를 제외하고 기본적으로 성별, 연령, 소득, 지역, 종교, 지위에 관계없이 모든 국민에게 서비스를 제공해야 한다.

❷ 재활과 자활 목적의 원칙

사회복지서비스의 궁극적인 목표는 대상자로 하여금 사회복지서비스의 필요성을 줄이거나 없애게 함으로써 자립 또는 정상적인 사회복귀를 시켜 주는 것이다. 따라서 일부 자립능력을 완전히 상실한 상태에 있는 대상자를 제외한다면 대부분의 복지 대상자는 일시적인 보호 대상자이다. 그러므로 서비스가 조기에 종료될 수 있는 서비스 전달체계가 마련되어야 한다.

❸ 적절성의 원칙

사회복지서비스는 그 양과 질, 제공하는 기간이 클라이언트의 욕구충족(혹은 문제 해결)과 서비스의 목표달성에 충분해야 한다. 예를 들어 소득보장을 위한 급여가 최저생계비 수준에 못 미치거나 서비스 제공 기간이 너무 짧다든가 하면 클라이언트의 욕구충족뿐만 아니라 서비스의 목표달성도 어려울 것이다. 하지만 적절성의 원칙은 재정 형편상 제대로 지키기 어려운 경우가 많아 적절성의 수준에 대해서는 논란이 있을 수 있다.

❹ 포괄성의 원칙

클라이언트의 욕구는 다양할 뿐만 아니라 한 가지 문제는 다른 여러 가지 문제와도 연관된 것이 일반적이다. 따라서 다양한 욕구와 문제를 해결하기 위해서는 다양한 서비스가 필요하다. 예를 들어 소득보장의 문제는 경제적 원조뿐만 아니라 직업훈련 혹은 직업알선문제, 가족문제, 자녀교육문제 등의 다양한 문제와 결부될 수 있으므로 이러한 문제를 포괄할 수 있는 다양한 서비스가 제공되어야 한다.

❺ 지속성의 원칙

한 개인의 문제나 욕구를 해결하는 과정에서 필요한 서비스의 종류와 질이 달라져야 하는 경우가 발생하게 되는데, 한 개인이 필요로 하는 다른 서비스를 지역사회 내에서 계속 받을 수 있도록 상호 연계되어야 한다. 예를 들어 직업훈련 프로그램은 직업알선 프로그램과 연계되어야 소득증대라는 서비스의 목표를 달성할 수 있다. 지속성의 원칙이 잘 적용되기 위해서는 같은 조직 내의 서비스 프로그램 간의 상호협력이 잘 이루어져야 할 뿐만 아니라 지역사회 내의 사회복지서비스 조직 간에도 유기적인 연계가 잘 이루어져야 한다.

❻ 가족 중심의 원칙

문제의 해결을 호소하는 단위가 개인일지라도 문제 해결을 위한 서비스 제공의 기본 단위는 가족 또는 가정이 되어야 한다.

2) 사회복지의 재원

문제를 안고 있는 대상자에게 도움을 주고 사회적 욕구를 해결하기 위해 사회복지의 재원은 필수불가결한 요소다. 이러한 이유로 한 사회의 사회복지 재정규모는 그 사회의 복지 수준을 측정할 수 있는 주요한 잣대가 된다. 국가 간의 사회복지 발달 정도 또한, 사회복지 재정규모로 가늠할 수 있다. 사회복지 재원은 크게 공공재원과 민간재원으로 나눌 수 있다.

(1) 공공재원

공공재원에는 조세로 이루어지는 정부의 일반예산, 4대 사회보험을 위한 보험료, 조세지출이 포함된다. 사회복지서비스의 제공에 필요한 조직·인재·물질 등의 운용에 드는 제반경비 중 법률의 근거 또는 예산조치에 기초하여 국가와 지방공공단체에 의해 지출되는 재원이다. 공공재원에 대응하는 용어로 민간복지 재원, 민간자기자금 등이 있다.

일반적으로 국가 수준에서 말하는 공적 복지재원의 전형은 이른바 보조금이다. 조치비와 같이 법률에 따른 부담비율을 특별히 정한 보조금을 국고부담금이라 하고, 정책적으로 장려해서 신규사업을 일으키거나 지방·민간사업을 재정적으로 지원하는 보조금을 국고보조금이라 한다. 전자는 사회보장제도에서의 급여성격을 가지며, 후자는 일반적으로 말하는 보조금 행정의 재원에 해당한다. 이것들은 용도를 특별히 정한 재원이며, 이 외에 지방교부세 교부금과 지방양도세가 지방공공단체의 일반재원이 되고, 지방세 수입과 합쳐서 지방별로 정책재원이 되어 예산분배가 이루어진다.

한편, 이제부터 모색되는 지방 특성을 가진 독자적인 복지정책과 지방복지 계획의 추진예정에서 보면, 재정난에서 유래하는 공적 복지재원의 한계가 심각하다. 이와 함께 민활(敏活) 자금의 도입, 준(準) 공적 복지재원으로서의 기금 양성, 세부담과 이용료와의 사이에서 자원배분의 최적화 등 시행주체로서의 지방 책임이 가속되는 가운데 재원조정문제는 앞으로의 중요 과제가 된다.

(2) 민간재원

복지서비스의 제공에 필요한 제반 경비 중 세금 등에 의한 공적 재원 이외에 민간에서 조달되는 재원을 말한다. 공적인 복지서비스에 대해서는 법정화된 사회복지사업에 대한 시설정비와 서비스의 실시경비를 법률로 규정하여 그 경비의 부담자 및 부담비율을 정하고 있다. 그중에서 민간 사회복지법인이 설치·운영하는 사업에 대해서는 원칙적으로 민간재원이 충당되며 금융시장으로부터의 예산조치의 범위에 들어가지 않는 부분에 대해서도 자기 부담으로 민간으로부터 자금조달이 이루어진다.

민간재원은 매년 정기적으로 시행되는 국민운동으로서의 공동모금, 기부금에 의한 배분, 기업 등의 사업자로부터의 직접적인 기부, 기업 등이 설치하는 조달단체로부터의 조성금, 개인의 기부, 경륜·경정 등의 공영경기의 수익금으로부터의 조성 등을 들 수가 있다. 이 민간 복지재원에 대해서는 먼저 복지의 가치관에 기초한 자발적 자금 제공의 가치를 강조함과 동시에 손금불산입(損金不算入) 등 세제상의 우대조치의 제도화가 민간재원 조달에서의 조건이 된다.

민간재원은 최근 서구의 공공재원이 한계에 도달하면서 그 중요성을 주목받고 있다. 민간재원을 기업복지의 재원, 자발적 기여, 사용자 부담, 가족 간 소득 이전의 4가지로 나누어 살펴볼 수 있다. 첫째, 기업복지의 재원으로 대기업을 중심으로 기업에서는 피고용자를 위하여 다양한 복지급여를 마련하고 있다. 둘째, 자발적 기여로 개인이나 기업, 재단 등이 사회복지를 위해 강제적이 아닌 자발적으로 이바지한 재원을 말한다. 셋째, 사용자 부담으로 사회복지서비스를 받는 사람이 서비스 비용의 일부를 본인이 부담하는 것을 말한다. 넷째, 가족 간 소득 이전으로 비공식적 지원체계에서 제공되는 재원 등이 있다.

CHAPTER 06

사회복지의 역사

학습목표

- 사회복지 역사연구의 중요성을 이해하고, 이를 설명할 수 있다.
- 서양 사회복지의 역사를 이해하고, 이를 설명할 수 있다.
- 한국 사회복지의 역사를 이해하고, 이를 설명할 수 있다.

사회복지가 무엇인지 그 정체성을 확인하는 방법은 여러 가지가 있을 수 있으나 사회복지의 역사를 통한 정체성 확인은 필수적인 것이다. 사회복지는 역사적 과정을 거쳐 성장하였다. 서양의 사회복지 역사를 통해서 사회복지가 어떤 맥락 속에서 성장하였는지를 확인할 수 있다. 그리고 한국의 사회복지 역사를 이해함으로서 오늘날 한국사회의 사회복지가 나아갈 방향성을 제고할 수 있다.

따라서 본 장에서는 사회복지 역사 이해의 중요성을 먼저 다루고자 한다. 흔히 역사는 학습자들에게 있어서 흥미 없는 영역으로 취급받을 수 있다. 본 장의 내용을 통해서 사회복지 역사의 중요성을 깨닫고 앞으로 배울 사회복지가 무엇인지 그 정체성을 분명히 갖게 되어 사회복지에 대한 자부심과 관심을 더욱 세울 수 있는 기회가 될 것이다. 더 나아가 앞으로 사회복지 학습의 방향성을 개인적 관심에 따라 세울 수 있어 차후에 사회복지의 현장 속에서 자신의 역할을 어떻게 자리매김할 것인지도 역사 속에서 배울 수 있을 것이다.

01 사회복지 역사연구의 중요성

사회복지의 역사를 이해하게 되면 사회복지의 개념과 정체성을 이해할 수 있을 뿐만 아니라 각 시대적 상황에서 사회복지가 어떤 역할을 해 왔는지를 알 수 있다. 더 나아가 역사적 측면에서 앞으로 사회복지가 나아가야 할 방향성을 알 수 있게 된다. 로마니신(Romanyshyn)이 제시한 사회복지의 역사 변화에 대한 소개는 이를 반영해 주고 있다.

로마니신은 사회복지의 역사적 흐름을 산업사회의 전과 후로 비교하여 다음과 같이 제시하였다(Romanyshyn, 1971).

첫째, 전에는 사회복지의 개념이 보충적 개념이었는데 그 후에는 제도적 개념으로 변화되었다. 윌렌스키와 르보(H. Wilensky & C. Lebeaux, 1965)는 그들의 저서인 『Industrial Society and Social Welfare』에서 사회복지의 개념을 기능적인 관점에서 설명하였는데, '보충적'(residual) 개념과 '제도적'(institutional) 개념으로 구분하여 설명하였다. '보충적 개념'은 가족이나 시장(market)과 같은 정상적인 공급구조가 제 기능을 발휘하지 못할 경우에 한해서 비로소 활동하기 시작하는 사회복지를 의미한다. 다시 말해서 이 개념은 사회 내에 두 개의 자연적인 경로인 가족과 시장경제를 통해 각 개인의 필요가 적절히 충족될 수 있음을 전제로 하고 있다. 이러한 정상적인 경로를 활용할 수 없을 때, 제3의 필요충족 메커니즘인 사회복지조직이 활동을 시작하는 것으로 간주되며, 정상적인 사회조직이 다시 제 기능을 발휘하기 시작할 때에는 활동을 중지해야 한다고 간주하고 있다. '제도적 개념'은 현대 산업사회에서 정상적인 '제일선'의 기능으로 사회복지가 기능할 수 있다는 것을 전제로 한 개념이다. 사회복지는 현대 산업사회에서 각 개인의 자아완성을 돕기 위해 타당하고 정당한 기능을 수행하는 것으로 받아들여지고 있다. 각 개인이 자신의 힘만으로는 충분히 대처할 수 없으며, 가족이나 직장을 통해 그의 모든 필요를 충족시킬 수 없다는 것은 '정상적인' 상태로 간주된다. 그러므로 원조기관은 '정상적인' 제도적 위치를 획득하게 된다. 이상의 두 개념은 비록 1950년대 말의 미국사회를 반영하고 있는 것이기는 하나 여러 국가나 사회에서 현실적으로 이루어지고 있는 사회복지 활동의 기능적 성격을 규정하는 데 적절한 준거 틀이 되고 있다.

이 기능적 모형은 역사적인 상황을 반영하게 되는데, 산업화가 더욱 진전됨에 따라 보충적 개념에서 제도적인 개념으로 사회복지 활동이 바뀌게 될 것임을 예견하였고, 일반적으로 산업화가 진행되는 동안 사회복지는 제도적 개념이 우세할 것을 강조하였다. 이러한 전제하에서 한 사회나 국가의 사회복지 흐름은 물론 여타 국가나 사회의 사회복지 흐름을 비교, 검토할 수 있는 준거 틀이 될 수 있다(박용순, 1999).

둘째, 전에는 사회복지가 자선적 의미로 제공되는 것으로 인식한 반면, 그 후에는 시민이 가진 하나의 권리로서 인식하게 되었다는 것이다. 복지를 어떻게 인식하느냐의 측면인데, 복지는 하나의 시민으로서 누릴 수 있는 권리의 개념으로 변화되었다. 사회복지가 돈이 있는 사람들이 돈이 없어 가난한 사람들이나 그 계층의 사람들에게 베푸는 자선이라는 측면의 인식을 버리게 된 것이다. 이제 가난한 계층의 사람들도 시민으로서 행복을 추구할 권리가 있다는 인식으로 전환되었다. 시민으로서의 권리라는 측면은 노동자 계급에서 시민 계급으로 전환되는 것과도 같은 맥락에서 이해할 수 있다. 당시 18세기에는 노동자들이 다양한 자유권을 확보하게 된다. 이어 19세기 초에서 중반에 이르러서는 정치적인 측면에서 권리를 획득하였다. 그리고 19세기 말에 이르러 사회의 한 구성원, 즉 시민으로서 복지적 혜택을 누리는 것이 하나의 권리적인 개념으로 변화되어 간 것이다.

셋째, 사회복지의 대상이 선별에서 보편으로 변화되었다. 사회복지가 특정한 몇 몇의 사람들을 위한 것만이 아니라 보편적인 사람들 모두에게 필요하다는 인식을 갖게 된 것이다. 산업화되어 가면서 사회에는 다양한 문제가 촉발되었다. 실업문제, 노령문제 등의 사회문제가 몇몇 사람들에게만 해당되는 것이 아니라 일반적인 사람들 모두에게 해당되는 문제가 된 것이다.

넷째, 사회복지의 급여 수준이 최저수준에서 적정 수준의 개념으로 변화되었다. 산업사회 이전에는 사회복지의 혜택이 최저(minimum) 수준으로 제공되었던 것이다. 산업사회 이후에는 최저가 아닌 적정(optimum)의 개념으로 변화된 것이다. 최저수준으로 제공되었다는 것은 사회복지가 절대적 빈곤개념으로 제공되었다는 것을 의미한다. 가난한 사람들에게 굶어죽지 않을 만큼만 복지적 서비스를 제공했다고 이해할 수 있다. 그런데 적정 수준으로 제공되었다는 것은 절대적 빈곤개념이 아니라 상대적 빈곤개념으로 복지적 혜택이 제공되었다는 것을 의미한다. 그 기준이 부유한 사람들이 되어 그 사람과 비교하여 가난하지 않도록 복지 혜택을 제공한 것이다. 이제 사회복지는 단순히 가난만을 면하게 하는 것이 아니라 사회적 통합의 의미도 함께 가지고 있다. 사회복지의 방향이 모두가 행복한 삶을 살도록 제시되는 것이 바람직하다고 할 수 있다.

다섯째, 문제의 초점을 개인에게만 두지 않고 환경에도 그 초점을 두는 것으로 변화되었다. 사회복지 초기에는 가난하게 된 원인을 개인의 문제로 여겼다. 개인의 잘못으로 욕구충족이 되지 못하고 사회문제가 발생한다고 여긴 것이다. 그러나 그 이후에는 그 원인에 대하여 환경에도 초점을 두게 되었다.

여섯째, 민간차원의 복지에서 출발하였으나 산업사회로 변화되어 가면서 공공차원의 복지가 확대되었다. 사회복지의 첫 출발은 기독교 정신에 입각한 자발적인 민간 차원의 복지였다. 그러나 가난을 국가가 나서서 해결해야 할 과제로 인식하게 되면서 결국 공공부분으로 복지가 확대된 것이다.

이와 같이 역사적 변화의 흐름 속에서 사회복지가 어떤 모습으로 제시되었는지를 알 수 있다. 이러한 역사 이해는 사회복지의 정체성뿐만 아니라 사회복지가 앞으로의 나아갈 방향성을 밝게 제시해 준다. 이것이 바로 사회복지의 역사로부터 얻는 혜택이라 할 수 있다.

02 서양의 사회복지 역사

서양의 사회복지 역사는 크게 5단계로 제시할 수 있다(김상균 외, 2005). 구빈법 이전 단계, 구빈법 단계, 민간사회복지 단계, 사회보험 단계, 그리고 복지국가 발전단계이다. 이제 각 단계별로 그 내용을 살펴보고자 한다.

1) 구빈법 이전 단계

구빈법 이전 단계에서는 자선과 박애의 차원에서 복지가 이루어졌다. 자선(charity)이란 단어의 의미는 개인적 차원에서 내지는 매우 작은 규모로 어려운 사람들을 돕는 행위를 의미한다. 박애는 자선과 비교할 때 비교적으로 큰 규모의 형태로 어려운 사람들을 돕는 행위를 말한다(Handel, 1982).

당시에는 기독교가 사회복지의 기능을 수행하고 있었다(Dolgoff, & Fedlstein, 2003). 자선과 박애의 행위 주체를 대체적으로 교회가 담당했던 것이다. 중세 영국교회에 속해 있는 교구가 중심이 되어 자선사업을 실시하였는데, 당시 약 8,000개 이상의 교구가 이 사업에 참여한 것으로 나타났다. 특히 수도원은 시대적으로 어려운 일을 당한 사람들을 보호하는 시설로서 기능을 수행했다. 그 당시의 극빈층에 속한 사람을 지칭하는 과부와 고아들이 보호대상이 되었다. 이 뿐만 아니라 노인, 장애인, 순례자, 빈곤층에 해당하는 사람들이 수도원에서 보호를 받으면서 지냈다. 수도원은 이들을 위한 의료적 서비스와 숙박을 할 수 있는 장소로 활용되었다.

기독교의 경전인 성경 속에는 십일조라는 헌금이 사회복지적 기금의 역할을 수행하는 내용이 기록되어 있다. 즉, 십일조는 가난하고 어려운 사람들을 위해 사용되도록 되어 있는 것이다. 물론 종교 지도자들을 위해서도 사용되었다. 이에 따라 교회는 헌금의 1/3을 교회유지에 활용하였고, 1/3은 종교 지도자들의 생활에 사용하였으며, 나머지 1/3을 어려운 사람들을 위한 자선활동 기금으로 사용하였다. 성경 속의 내용들이 기독교로 하여금 자선과 박애 차원의 복지에 참여하도록 이끌었던 것이다.

또한, 구빈법 이전 단계에서는 상부상조 차원의 복지가 시행되었다. 상부상조란 서로 간에 도움을 주고받고자 마련된 것으로 우리나라의 품앗이와 같은 의미로 이해하면 된다. 우리나라에도 있었지만 서양에서도 다양한 형태의 상부상조 차원의 복지가 마련되어 있었다. 중세시대의 길드가 바로 상부상조 차원의 복지라고 말할 수 있다.

2) 구빈법(poor law) 단계

구빈법 단계란 1601년 엘리자베스(Elizabeth) 구빈법으로부터 시작해서 1834년 신구빈법이 제정된 기간을 말한다. 그 사이에 일련의 구빈법들이 마련되는데 그것은 1662년 정주법, 1696년과 1722년의 작업장법, 1782년의 길버트법, 1795년의 스핀햄랜드법이다. 1834년 신구빈법이 마련된 이후에는 1948년 국가부조법이 마련된다. 1601년의 엘리자베스여왕이 구빈법을 만든 이후 1948년 국가부조법이 생기기 이전까지의 기간을 구빈법 단계로 이해할 수 있다.

(1) 엘리자베스(Elizabeth) 구빈법(1601년)

구빈법이 등장하는 당시의 정치적 상황은 복잡하였다. 영국의 헨리 8세가 왕비와 이혼하려는 과정에서 로마교회와 대립하게 된다. 결국, 영국에 있는 교회는 로마교회로부터 독립하게 되고 영국의 왕은 영국 내에 있는 교회의 최고 지배자(수장, 首長)가 되는 상황이 초래되었다. 이것이 바로 수장령(首長令, Acts of Supremacy, 1534)이다. 수장령이 선포되면서 영국교회와 수도원의 재산권을 국가가 빼앗았다. 이러한 역사적 상황 속에서 헨리 8세의 뒤를 엘리자베스가 이어받았다. 그러면서 엘리자베스는 그동안 교회가 구빈법 이전에 시행에 왔던 사회복지적 활동을 국가가 담당하도록 한 것이다. 엘리자베스는 1572년에 가난한 사람들을 돕기 위한 재정 마련을 위해 구빈세를 신설하였고 구빈감독관 제도도 마련하였다. 1576년에는 빈민의 유형을 분류하는 작업을 시도하였다. 즉, 노동 가능 빈민, 노동 불가능한 빈민, 그리고 나태한 빈민의 세 가지 형태로 분류한 것이다. 이에 따라 노동이 가능한 빈민은 'workhouse'라는 작업장에서 강제노동을 하도록 하였다. 노동이 불가능한 빈민은 구빈원(almshouse)에서 생활하도록 하여 보호하였으며 노력하지 않는 나태한 빈민은 교정원을 통해서 가두어 처벌과 교정하는 방법을 취하였다. 1594년 당시에는 기근이 심각하여 많은 부랑인들이 생겨나게 되었고 다양한 지역에서 소요 사태가 발생하였다. 이러한 문제를 해결하기 위해서 1597년에 구빈법을 마련하였다. 이러한 일련의 과정을 거치면서 엘리자베스는 가난한 사람들을 돕는 다양한 구빈 관련법들을 재정비할 필요를 느꼈다. 그래서 1601년에 제반 구빈 관련법들을 집대성하여 내 놓은 법이 바로 '엘리자베스 구빈법'이다.

엘리자베스의 구빈법이 주는 의미는 다음과 같다. 첫째, 구빈을 위해 활동했던 사회복지의 주최가 교회에서 국가로 이전되었다는 것이다. 교회책임에서 국가책임이 된 것이다.둘째, 구빈을 위한 감독관을 국가적 차원에서 마련하였고, 복지 재정을 위해 세금을 거두었다는 것이다. 마지막으로 빈민들을 체계적으로 분류하는 일을 했다는 것이다. 오늘날 일명 '복지병'이라고 하는 것을 방지하고 각 빈민들의 상황에 맞춘 복지정책을 시도하기 위한 노력이었다고 볼 수 있다. 예를 들면, 노동이 가능한 빈민과 노동이 불가능한 빈민, 그리고 요보호아동(dependent children) 등으로 나누어 복지를 실천하였다. 노동이 가능한 빈민은 작업장으로 보내서 강제적으로 일을 하도록 조치하였고, 노동이 불가능한 빈민의 경우는 구빈원에서 보호하였다. 집에 거주할 수 있는 경우에는 생활에 필요한 것들을 제공해 주는 복지 급여 정책을 마련하였다. 요보호아동의 경우에는 보호시설을 통하여 복지 혜택을 받도록 하였고, 성인이 된 여성의 경우 결혼 전까지 다른 가정의 가정부로서 일할 수 있는 기회를 제공하였다(Charles Zastrow, 강흥구 외 역, 2013).

(2) 정주법(The Settlement Acts of 1662)

정주법은 다른 말로 거주지법, 주소법 또는 이주금지법으로 번역되기도 한다. 정주법을 이해하기 위해서는 당시 영국의 상황을 이해해야 한다. 당시 영국 사회에서 시민으로 인정받기 위해서는 영국교회를 벗어날 수 없었다. 영국에는 교회의 조직인 교구라는 것이 마치 국가의 행정 단위처럼 인정되었다. 물론 나중에 이것이 실제 행정단위로 발전하게 된다. 영국 국민은 어느 교회의 교구에는 반드시 소속되어야 하며 그 교구에 소속되기 위해서는 자기가 무조건 원한다고 해서 되는 것이 아니었다. 그곳에서 태어난 경우, 결혼한 경우, 일정기간 거주한 경우 내지는 일정 기간 취업한 경우에 해당될 때 해당 교구의 사람이 된다. 이렇게 교구에 가입하게 되면 권리와 책임이 따른다.

이러한 교구 제도하에서 구빈을 돕는 일 또한 교구 단위로 이루어졌다. 교구가 빈민들을 돕기 위해서 세금도 내고 자신이 어려울 때는 구제 받는 혜택도 누린다. 따라서 빈민들이 한 교구에 많이 있게 되면 다른 사람들의 세금 부담이 가중되는 것은 당연한 결과이다. 따라서 교구에서는 빈민들이 자신의 교구로 들어오는 것을 원하지 않았다. 빈민들이 일자리를 찾기 위해서는 자신이 원하는 다른 교구로 이동해 다녀야 했다. 이로 인하여 이주민 집단이 생겨나게 되었고 이로 인한 사회적 혼란이 야기되었다. 그래서 생긴 법이 바로 정주법으로 빈민들이 마음대로 거주지를 옮기지 못하도록 하는 법이다.

(3) 작업장법(The Workhouse Test Act of 1696, 1722)

'작업장법'은 일할 수 있는 빈민들이 일할 수 있는 장소를 마련한 법이다. 1696년에 공동작업장을 마련하여 브리스톨(Bristol) 시에 설치하였다. 그리고 1722년에 개정되어 전국에 설치된 것이다. 작업장은 그 이전에도 있었지만 1696년에 이르러 수정 보완하였고, 공동작업장을 마련하여 이곳에서 빈민들이 일을 할 수 있도록 한 것이다.

빈민들은 복지 혜택을 받기 위해서는 작업장에 수용되어 참여하여야만 구제받을 자격이 주어졌다. 만일 작업장에 참여하지 않을 경우에는 강제집행을 하여 노역장에 끌려갔다. 그러나 노동에 참여하는 빈민들에게는 기술을 가르쳐 일자리를 얻을 기회를 갖도록 하였다. 이러한 점은 현대의 빈민들을 위한 직업교육 프로그램의 효시라는 의미를 갖는다(Charles Zastrow, 강흥구 외 역, 2013).

(4) 길버트법(Gilbert Acts of 1782)

길버트법은 작업장법의 문제점을 보완한 법이다. 작업장법은 노동이 가능한 빈민들을 작업장에 수용하여 일을 할 수 있도록 조치한 법, 즉 원내구제(indoor relief)의 방법을 취한 법인데, 빈민들의 지속적인 증가로 인하여 빈민 구제 대응에 한계를 드러내었다. 또한, 작업장법은 노동을 할 수 있으나 일자리가 없어서 일하지 못하고 빈민으로 살아가는 사람들을 위해서 마련된 것인데 개인에게 운영을 위탁시킴으로써 빈민들의 노동력을 착취하게 되는 결과를 낳아 본래의 취지를 이루지 못하였다. 빈민들의 비참한 생활과 착취를 개선하기 위해서는 빈민들을 작업장에 수용하는 것 대신에 가능한 한 빈민들이 자신의 집에 기거하면서 노동하도록 하는 방법을 취한 것이다. 즉, 원외구제(outdoor relief)의 방법을 취하고 생활비가 모자랄 경우에는 생활비를 보조해 주는 제도를 마련하였다. 이것이 바로 길버트법이다. 영국의 하원의원인 길버트(Gilbert Thomas)가 제안하였기 때문에 그의 이름을 따서 길버트법이라 하였다.

(5) 스핀햄랜드법(The Speenhamland Act of 1795)

스핀햄랜드법은 노동자들의 최저생활을 보장해 주기 위해 마련한 법이다. 1975년에 버크셔(Berkshire) 주 스핀햄랜드(Speenhamland) 지역에서 제정된 법령이기 때문에 그 이름을 스핀햄랜드법이라 한다. 당시 노동자들이 받는 낮은 임금으로는 생활을 할 수 없는 상황에 이르자 최소한의 생활이 될 수 있도록 부족한 임금을 보조해 주는 법을 마련한 것이다. 즉, 노동자들을 위한 임금보조제도(Relief Allowance System)이다.

그러나 스핀햄랜드법은 복지의 부작용이 초래되었다. 즉, 노동자들이 열심히 일하려는 노력이 줄어들어 생산성이 저하되는 결과가 초래되고, 노동자들은 스스로 가난을 벗어나려는 자립심이 약화되는 부정적인 결과를 낳게 된 것이다. 이러한 결과로 중산층의 복지비 지출 부담을 가중시키고 사업주가 임금을 더욱 낮추는 결과가 초래되었다. 결국, 스핀햄랜드법은 과거의 법, 즉 작업장법으로 되돌아가는 것이 바람직하다는 여론이 조성되도록 만들었다(Dolgoff, & Fedlstein, 2003).

(6) 신구빈법(The Poor Law Reform of 1834)

지금까지 있었던 일련의 구빈법으로는 높은 구빈세 문제와 사회변화에 능동적으로 대처하지 못하였다. 이러한 시대적 상황으로 말미암아 결국 신구빈법이 1834년에 등장하게 된다.

신구빈법은 다음과 같이 사회복지의 세 가지 원칙을 세우게 되었다. 그것은 전국균등처우의 원칙(the principle of national uniformity), 열등처우의 원칙(the principle of less eligibility), 그리고 작업장 제도의 원칙(the principle of workhouse system)이다.

첫째, 전국균등처우의 원칙은 모든 빈민들이 전국적으로 균등한 복지서비스를 받을 수 있도록 복지서비스를 통일시킨다는 것이다. 둘째, 열등처우의 원칙은 일하며 사는 노동자의 최저생계비보다 복지혜택으로 생활하는 빈민들의 생계비가 더 높아서는 안 된다는 것이다. 그리고 셋째, 작업장 제도의 원칙은 원외구제(outdoor relief)를 없애고 빈민들을 작업장 내에서 돕는 복지 형태를 확정한 것이다. 단지 일을 할 수 없는 노인들이나 장애인, 그리고 환자들에게는 원외구제를 지속적으로 제공하기로 정하였다(Dolgoff, & Fedlstein, 2003).

신구빈법은 결과적으로 반복지적인 법이라는 비판을 피할 수 없게 되었다. 빈민을 돕기 위한 진정한 마음에서 제정된 것이 아니라 복지비용 감소를 위한 의도가 있었기 때문이다. 결국, 신구빈법은 빈민들을 더욱 어렵게 만드는 복지법이 되었으며 진정한 사회복지법이 아니라 반인권적 법이라는 결과를 초래하였다(Jones Kathleen, 1994).

3) 민간사회복지 단계

(1) 자선조직협회(COS: Charity Organization Societies)

19세기 말 영국에서는 산업화가 일어나면서 다양한 사회문제가 초래되었다. 그중 하나로 극빈자들이 속출하고 불우한 이웃들이 등장하게 되었는데, 이러한 시대적 상황 속에서 1869년에 자선조직협회가 세워졌다.

자선조직협회의 목적은 빈민을 구제하는 것이다. 우애방문원(friendly visitor)이라는 자원봉사자들이 활동하였다. 우애방문원에 속한 사람들은 대부분 중상류층 부인들이거나 독지가 내지는 종교인들이었다. 첫 출발은 종교적인 관점에서 시작되어 많은 목사들이 영국 런던의 빈곤지역에서 어려운 사람들을 돕는 일에 뛰어들었다. 이들은 후원을 통해 많은 재정을 확보하였고 이것으로 어려운 사람들을 돕는 일들을 진행했다.

이러한 자선조직협회는 영국 전역으로 확산되었는데, 처음에는 자원봉사자들로 운영하다가 점차 유급직원을 채용하여 활동을 전개하였다. 자선조직협회의 영향은 미국에까지 전해졌다. 미국에서는 1877년에 버팔로에서 창설되었다. 영국 태생의 스티븐 험프리 구틴(Stephen Humphreys Gurteen) 목사가 제안하여 설립된 것이다. 이러한 자선조직협회는 6년 만에 25개 도시에 설립되었고 20세기 므렵에는 138개의 기관이 설립되었다.

자선조직협회는 우애방문원을 통해 각 사례별로 빈곤의 원인을 진단하였으며 사회과학적인 접근을 시도하고자 노력하였다. 이러한 노력은 복지를 과학의 기반 위에 올려놓는 기초가 되었다. 결국, 자선조직협회의 노력으로 케이스워크의 발전이 이루어졌다. 이러한 과학적인 접근의 시도는 자원봉사자들만으로는 일을 이룰 수 없도록 만들었고 결국 유급직원의 전환으로 옮겨지도록 인도한 것이다. 이후에는 유급직원들이 케이스워커로서 그 일을 감당하였다.

자선조직협회는 인간과 환경 중에 인간에게 초점을 두어 복지를 실천하였다.

환경보다는 개인에게 중심으로 둔 임상적 접근(clinical socialwork practice)을 시도한 것이다.

(2) 인보관운동(settlement movement)

인보관(隣保館)이란 문자 그대로 이웃을 지키기 위한 운동이라 할 수 있다. 자선조직협회(COS)가 조직되고 15년이 흐른 후에 인보관이 창설되었다. 인보관은 사회개혁을 통한 복지실천이라고 말할 수 있다. 일반적으로 지식인들이나 대학생들로 구성된 자원봉사자들이 빈민지역에 들어가 함께 생활하면서 활동을 하였다. 주된 성향은 급진적인 자유주의적 운동이라고 할 수 있다. 이들은 근로자들의 노동조건을 향상시키고 위생시설을 개선하는 등의 봉사활동을 펼쳤으며 이 봉사활동의 주된 거점이 인보관이었다. 그래서 인보관운동이라고 불리게 되었다.

인보관은 인간보다는 환경에 초점을 두어 실천하였다. 빈곤문제의 원인이 개인에게보다는 환경의 영향이 적지 않다는 판단에서이다.

〈표 6-1〉 자선조직협회와 인보관의 갈등

- 사회복지사 양성에 대한 입장 차이
  - what: 무엇을 가르쳐야 하는가?
  - where: 어디에서 교육해야 하는가?의 문제.

- 기관 중심(agency-based) 對 대학 중심(university-based)
  - 기관: 지나치게 '아카데믹'하거나 이론지향적인 교육은 현장 실무자에게 맞지 않는다.
  - 대학: 사회과학적 교과과정의 학문적 토대가 구축된 대학에서 사회복지사를 양성해야 전문가가 될 수 있다.

자선조직협회－인간에 초점－미시적인 접근: 현장중심의 내용을 기관에서 가르쳐야 한다.
인보관운동 －환경에 초점－거시적인 접근: 이론중심의 내용을 대학에서 가르쳐야 한다.

자선조직협회와 인보관의 구체적인 갈등의 역사 3가지(Shoemaker, 1998)를 살펴보면 다음과 같다.

- **첫째, 1912년 사무엘 맥쿤 린제이(Samuel Maccune Lindsay)의 뉴욕 학교 사임 사건:** 1907년 린제이는 뉴욕 학교에 임용된다. 린제이는 경제학 및 사회학 교수로서 사회과학 및 사회정책과 연계된 사회사업에 대한 비전을 가진 사람이었다. 린제이는 교과과정을 사회학 및 정치지향적으로 선회하였다. 이것에 대하여 뉴욕 학교에 소속된 '박애교육위원회'가 반발하였다.

  위원회의 회원인 글렌(Glenn)은 필수과목이 경제학과 사회경제에 대한 강좌로만 구성되어 있다고 반박하면서 사회복지사의 훈련에는 무엇보다도 테크니컬하고 스킬이 중심이 되는 교육(technical, skill-based education)이 필요하다고 강조했다.

  린제이는 결국 1912년에 사임하였다. 이후 컬럼비아 대학교의 정치학과에 자신이 생각하는 교육과정을 도입하였는데 린제이의 입장은 다음과 같았다. 사회복지사가 전문가가 되기 위해서는 사회과학적인 지식을 갖추어야 하고, 이를 위해서는 대학교육기관에서 양성해야 한다고 믿었다. 린제이가 사임한 후 뉴욕 학교는 케이스워크 이론과 실천을 전문적으로 가르치는 대학이 되었다. 즉, 기술 중심(skill-based)의 사회복지를 주도하는 대학이 되었다.

- **둘째, 1916년 하버드 대학교가 보스턴 학교로부터 분리해 나간 사건 - 성역할 분담에 대한 갈등:** 1904년 하버드 대학교과 시몬스 여자대학이 함께 보스턴 학교를 설립하여 운영하였다. 그런데 12년 간 함께한 두 대학이 1916년에 결별하였다. 이때 결별하면서 보스턴 학교는 시몬스 대학(직업교육을 시키는 여자대학) 소속으로 남았고 하버드 대학은 분리해서 나갔다.

  결별 이유는 보스턴 학교의 우즈(Woods)가 사회사업이 여성적인 일이라고 주장하면서 남성적 형태의 사회사업을 구축해야 한다고 주장했던 것이다. 남성적 형태를 구축하기 위해서는 지도력을 강조하고 정계로 진출할 수 있드록 길을 제시해 주어야 한다고 주장하였다.

  그 결과 시몬스 여자대학 소속의 보스턴 학교는 더욱 테크니컬하고 스킬이 중심이 되는 교육(technical, skill-based education)을 강조하여 가르쳤다. 전문가(specialist)를 양성하기 위한 교육과정으로 더욱 노력하였다. 이와 달리 하버드 대학교는 의료사회사업 지도자인 리처드 캐벗(Richard C. Cabot)을 임용하여 사회윤리학과를 설립하였으며 이곳에서 남자 사회복지사들에게 케이스워크 중심이 아니라 사회조사, 사회개혁, 정부에서의 경력을 쌓을 수 있도록 지도하였다.

- **셋째, 1920년 에디스 애벗(Edith Abbott)과 소포니스바 브렉킨리지(Sophonisba Breckinridge)가 그레이엄 테일러로부터 시카코 학교에 대한 주도권을 빼앗아 이를 시카고 대학교에 소속시킨 사건:** 1903년 그레이엄 테일러가 시카코 학교를 세운 후 1920년까지 지속적으로 그 영향력을 발휘하였다. 그런데 테일러가 휴가를 간 사이에 에디스 애벗(Edith Abbott)과 소포니스바 브렉킨리지(Sophonisba Breckinridge)가 시카고 학교의 소속을 시카고 대학교의 사회복지서비스 행정 대학원으로 전환시켰다. 애벗과 브렉킨리지 두 사람 모두 시카고학교에서 교육을 받은 박사이고 헐 하우스에서 일했던 경험이 있으며 1907년부터 시카고 학교에서 일했다. 애벗과 브렉킨리지는 린제이와 하버드 사회윤리학과와 맥을 같이 하였다. 이것은 사회과학을 강조하는 맥락이라는 의미이다.

4) 사회보험 단계

사회보험 단계는 19세기 말에서 20세기 초까지의 기간을 말한다. 이 시기는 산업화가 많이 발전되어 감에 따라 자본주의의 문제점으로 부각되는 요소들이 등장하였다. 노령화, 질병, 재해, 실업 등이 사회문화화되어 나타난 것이다. 이런 현상들이 하나의 사회적 위험(social risks)요소들로 나타나면서 사회보험제도의 도입을 유도하게 된 것이다.

사회보험의 출발은 산업화 측면에서는 영국보다 뒤진 독일에서 먼저 등장하였다. 독일 비스마르크의 사회보험제도가 바로 그것이다. 비스마르크는 독일사회의 다양한 사회문제를 해결하기 위해서 1883년에 질병보험, 1884년에 노동재해보험, 1889년에 노령폐질보험을 마련하였다.

영국에서는 영국사회의 산업화에 따른 다양한 사회문제를 해결하기 위해서 독일의 사회보험제도를 도입하였다. 제1차 세계대전(1914~1918) 이후에는 실업문제를 해결하기 위해서 1921년에 실업보험법이 제정되었다. 1942년에는 베버리지에 의해 사회보험제도 도입을 위한 보고서가 제출되었다. 베버리지 보고서는 이후 사회복지제도의 틀을 마련해 주는 중요한 자료로서 인정되고 있다.

한편, 미국에서는 제1차 세계대전으로 인하여 윌슨 대통령이 세계대전에 참전하면서 진보적인 정치적 분위기가 사그라졌다. 이 시점에 인보관 지도자들은 세계대전에 참여하는 것에 반대하는 태도를 밝혔다. 이 때문에 미국 대중이 인보관에 대하여 얼굴을 돌리는 현상이 벌어졌다. 특히 1919년에서 1920년, 러시아 붉은 광장에서 볼셰비즘[21]의 승리로 미국의 분위기는 인보관에 대한 반대적인 입장을 강하게 드러냈다. 그래서 인보관에 대한 재정 지원이 급감하게 된 것이다. 인보관이 주장하는 사회개혁은 급진주의적인 것으로 여겨졌기 때문에 인보관에 대하여 부정적인 입장을 취했고, 심지어 인보관의 입장이 위험한 사상이라고까지 여기게 되었다. 이로 인하여 미국에서 인보관운동은 겨우 명맥만 유지하게 되었다. 그 대신에 자선조직협회(COS)는 높은 위치를 확보하게 되었다. 이로 인하여 사회복지의 미시적인 활동이 미국에서 매우 활성화 되었다. 1912년 프로이트가 미국의 클라크 대학에서 했던 강연은 사회복지사들의 이론적 바탕이 되어 주었다. 지금까지도 미국에서 미시적인 부분의 사회복지 활동이 왕성하게 자리 잡고 있는 것은 바로 이러한 역사적 이유에 근거하고 있다.

리치먼드(Mary E. Richmond)[22]는 1917년 『사회진단(social diagnosis)』'이라는 대작을 출판하게 된다. 이 책의 출간은 미국의 사회복지계에서 열렬한 환영을 받았다. 그

21) Bolshevism, 마르크스주의적인 사회주의 혁명 운동.

22) 미국의 자선조직협회(COS) 운동의 탁월한 실천가이면서 지도자 그리고 이론가이다. 그는 case work를 최초로 체계화한 인물로 케이스 워크의 어머니란 별칭을 갖고 있다.

는 이 책을 통해 개별사회사업(case work)을 의료모델에 적용하여 과학적이고 전문적인 수준의 방법론으로 제시하였다.

특히 의학을 모형으로 하여 진단 치료의 과정을 체계화하였다. 그리고 그 위에 진단 치료에 있어서 사회 환경요인을 중요시하였다. 리치먼드는 조사, 진단, 예후(prognosis) 및 치료의 과정을 찾아내어 개별사회사업을 어떻게 해야 하는지를 사회복지계에 알려 주게 된 것이다. 이 책의 파급효과는 매우 커서 개별사회사업이 사회복지의 실천 방법 중 주된 방법으로 자리 잡게 해 주었다. 당시 시대적 상황인 제1차 세계대전의 영향으로 개별사회사업(case work) 서비스의 수요가 급증하였다. 이로 말미암아 개별사회사업은 더욱 그 위치를 확보할 수 있게 되었다.

제1차 세계대전으로 자선조직협회의 케이스워크는 인보관운동의 우위를 점하였다. 리치먼드와 그의 동료들이 미국적십자사에 적극적으로 가담하여 활동하였고 인보관운동을 전개하는 사람들의 태도 변화로 인하여 결과적으로 인보관운동은 쇠퇴의 길을 걷게 되었다.

그러나 1929년에 일어난 세계경제 대공황으로 인하여 심각한 국가경제의 위기가 찾아오고 실업자가 급속하게 증가하면서 빈민들이 속출하는 문제가 발생하였다. 이러한 역사적 상황은 그동안 주된 신념으로 갖고 있었던 자유방임주의에 대하여 회의적인 생각을 갖게 하였다. 즉, 빈곤이라는 것은 개인의 문제만이 아니라 사회 구조적인 문제라는 인식을 갖게 된 것이다.

1933년 미국의 루즈벨트 대통령은 경제 공황에 대처하기 위하여 뉴딜(New Deal) 정책을 시행하여 경제부흥을 일으키고자 하였다. 무제한의 자유주의 시장경제를 수정하고 정부가 경제활동에 적극적으로 개입하겠다는 방침을 세운 것이다. 은행에 대한 정부의 통제를 확대하고 관리 통화제를 도입하며 농업 생산 제한제를 시행하게 되었다.

사회개혁에 대한 요구가 일어나게 되면서 1933년에 연방긴급구제법을 수립하였다. 사회 복지에 있어서 개인의 문제가 아니라 사회적 문제이므로 정부가 개입해야 한다는 인식을 가지는 기회가 되었다. 1935년에는 사회보장법(Social Security Act)이 제정되었다. 이것은 미국 공공사회복지체계의 기초가 되었다고 할 수 있다. 미국의 사회보장프로그램은 크게 세 개로 구분할 수 있다. 첫째는 사회보험이고, 둘째는 공공부조이며, 마지막으로 셋째는 공공보건 및 사회복지서비스이다(Day, Phyllis, 2006).

5) 복지국가 발전단계

나라마다 차이는 있지만, 일반적으로 본격적인 복지국가의 발전 단계는 제2차 세계대전이 끝난 이후부터의 기간이라 할 수 있다. 영국에서는 1944년 사회보장청이 설치되고, 다양한 사회복지 관련법들이 제정되었다. 결국, 1948년에 사회보장법의 마련으로 "요람에서 무덤까지"라는 표어에 걸맞은 사회보장체계가 확립되었다.

미국에서는 1943년에 직업재활법, 1944년에는 공중보건서비스법이 제정되고, 1946년 사회보장청을 설립하여 사회보장의 단일 행정화를 갖추게 되었다. 그리고 1955년에는 전국사회복지사협회(NASW)가 만들어졌다(Day, & Phyllis, 2006). 사회보장법은 여러 차례 수정되는 과정을 거치면서 1965년에는 노령수급적격자, 유족보험 등 다양한 복지정책이 마련되었다.

1960년대까지 서구의 복지는 안정을 찾다가 1970년대 중반 무렵에 이른바 석유파동(oil shock)[23]으로 또 다시 복지의 위기를 경험하게 된다. 1960년에 케네디(J. F. Kennedy) 대통령은 독재, 빈곤, 질병 및 전쟁이 인류공통의 적이라고 말하면서 빈곤의 재발견과 사회개혁에 관심을 갖게 되었다. 이러한 시대적 상황으로 인도관을 중심으로 한 사회개혁 운동이 활발하게 활동하게 되었다. 케네디 대통령이 암살된 이후에 1964년 존슨 대통령이 빈곤에의 전쟁을 외치며 사회개혁을 전개시켰다.

1980년대에 들어서면서 서양국가들 특히 영국과 미국은 신자유주의으로 되돌

23) 1973년 10월에 중동에서 전쟁이 일어나 석유 생산이 급격히 줄어들어 가격이 폭등한 사건.

아가게 되었다. 영국에서는 대처리즘(Thacherism)이 등장하게 되었고 미국에서는 레이거노믹스(Reaganomics)가 등장하였다. 과도한 복지 재정 지출을 줄이고 경제를 우선적으로 되살리는 정책으로 전환된 것이다. 영국과 미국의 보수 정권의 집권은 이후 사회복지에도 큰 영향을 미쳤다.

03 한국의 사회복지 역사

1) 근대 이전의 한국 사회복지 역사

근대 이전의 한국 사회복지는 고대시대, 삼국시대, 고려시대, 그리고 조선시대에 걸친 역사를 말한다. 삼국시대에는 복지 대상자를 환, 과, 고, 독(홀아비, 과부, 고아, 무자녀노인)으로 나누어 필요한 것을 제공해 주었다. 또한, 진대법[24)]을 통해 곡식을 제공해 주었다. 고려시대에는 오늘날 사회복지 담당기관이라 할 수 있는 흑창, 의창, 상평창, 유비창 등의 기관이 설치되었다. 고려시대에는 5개의 구제를 위한 제도가 마련되었다. 그것은 은면지제, 재면지제, 환과고독진대, 수한역려진대, 그리고 납속보관제이다. 은면지제는 각종 경사가 있는 날에 왕이 백성들의 조세를 탕감하거나 은전을 베푸는 제도라 할 수 있다. 재면지제는 나라의 큰 어려운 일로 생긴 이재민들에게 조세나 부역 그리고 형벌 등을 감해 주는 제도를 말한다. 환과고독진대는 삼국시대와 유사하게 가난한 남성 독거노인, 여성 독거 노인, 부모를 잃은 아이들, 자녀 없는 노인들을 위한 구휼제도이다. 수한역려진대는 이재민을 위한 급여제도로 음식과 의류 그리고 주택 등을 제공해 주는 제도이다. 마지막

24) 고구려 고국천왕 16년(194년)에 만든 사회복지제도로서 재상인 을파소가 제안하여 만들었다. 곡식이 부족한 3~7월에 곡식을 어려운 사람들에게 나누어 주고 이것을 10월 추수기에 다시 되갚도록 하는 제도였다. 이것은 고려시대의 의창이나 조선시대의 환곡, 사창과 유사한 사회복지제도라 할 수 있다.

으로 납속보관제는 가난한 사람들을 위한 일자리 창출 제도로서 관직을 주고 그 대신 일정한 돈을 납부하게 하는 제도이다.

조선시대에는 구빈제도로서 비황제도, 구황제도, 그리고 구료제도 등이 있었다. 민간복지로서는 상부상조의 형태로 복지가 이루어졌다. 예를 들면, 두레, 품앗이, 향약, 계 등이 그것이다.

2) 일제강점기의 한국 사회복지 역사

일제강점기는 한마디로 외형적으로는 근대적 복지제도 형태를 갖추었으나 실제적으로 식민통치를 더 철저하게 하기 위한 제도라 할 수 있다. 즉, 백성들을 행복하게 해 주기 위한 복지가 아니라 일본의 지배력을 더 강화시키기 위한 제도인 것이다.

일제강점기의 사회복지는 주로 조선총독부가 주도하여 이끌었다. 구체적으로 총독부 내무부 지방국 지방과에서 휼구와 자선사업에 관한 일을 관장하였다. 1912년에는 내무부 지방국에 제2과를 설치하고 사회복지 관련 일을 담당하게 하였다. 그 후 1919년에는 내무부 지방국을 내무국으로 명칭 개정하고 그 후 내무국 제2과를 통해 사회복지와 관련된 일들을 맡아 진행하도록 하였다. 그 외에도 사회과 업무국, 사회과, 조선사회사업연구회, 재단법인 조선사회사업협회 등을 통해 사회복지 관련 일들을 하도록 하였다.

1944년에 조선구호령이 실시되었는데, 65세 이상의 노약자나 3세 이하의 유아, 임산부, 장애인, 질병에 걸린 환자 등 어려운 사람들에게 생활부조와 의료부조를 제공하였다. 조선구호령은 우리나라가 해방한 이후 1961년에 생활보호법을 제정하기까지 공적부조를 위한 하나의 기본법으로서 자리매김하였다.

3) 해방 이후의 한국 사회복지 역사

우리나라가 1945년에 해방되고 미군이 3년간을 통치하게 되는 미군정시대를 거치게 된다. 그 후 1948년 8월 15일에 드디어 대한민국 정부가 세워지게 되었다. 미군정 기간 중 1946년에 후생국보 제3호, 후생국보 3A호, 후생국보 3C호 등이 만들어진다. 이것은 구호 관련법이라 할 수 있다. 뿐만 아니라 아동을 위한 아동노동법규가 제정되었다. 미군정의 시대에는 서구의 기독교 기관에서 다양한 민간단체 성격의 복지 활동이 싹트기 시작했다.

1950년 6·25 한국전쟁이 일어나고 1953년에 휴전된 이후, 한국사회는 심각한 사회복지 문제를 떠안게 되었다. 이때 외국의 기독교 기관 선교단체들로부터 적극적으로 어려운 사람들을 돕는 긴급 구제사업이 실시되었다. 이들은 한국연합회(Korean Association of Voluntary Agencies)를 만들어 다양한 복지사업을 전개하였다. 뿐만 아니라 사회복지와 관련된 교육기관을 세워 사회복지의 이론적 기초를 놓게 하였다. 1953년 중앙신학교(현 강남대학교)에 사회사업학과를 만들고 1957년에는 서울대학교 대학원에 사회사업학과를 만들었다. 이화여자대학교에서는 1947년에 만들어진 기독교사회사업학과에서 일반사회사업학과를 분리하여 만들었다. 그리고 그리스도신학교에서도 사회사업학과가 세워졌다. 이것은 미국의 미시적 접근 중심의 사회복지실천이 중심으로 된 학과로서 한국 초기 사회복지학의 기초를 놓는 데 큰 역할을 하였다. 대부분 신학교 내에서 사회복지학과가 세워진 것은 이미 일제강점기 이전으로 1985년 미국 장로교의 언더우드(Underwood)와 감리교의 아펜젤러(Appenzeller) 선교사 등이 파송되어 교육복지사업들을 전개하였기 때문이다(최광수, 2006).

4) 현대의 한국 사회복지 역사

1960년, 1970년대에 한국은 급속한 경제발전을 이루게 된다. 1960년에 공적부조와 사회보험이 시작되고 1970년에는 사회복지사업법, 1973년에는 국민복지연금법과 사립학교교원연금법, 1976년에는 의료보험법이 개정되었다. 1981년에는 심신장애자복지법, 노인복지법, 아동복지법이 제정되고, 1982년에는 유아교육진

흥법이 세워지며 1983년에는 사회복지사업법이 개정되었다. 1987년에는 사회복지 담당 공무원을 동사무소에 배치하여 민생을 돌보는 일을 시작하게 되었다.

노태우 정부가 들어서면서 1986년 최저임금제도, 1988년 의료보험제도와 국민연금제도가 실시되었다. 1991년에는 영유아보육법이 제정되었다. 이것은 여성들이 결혼하여 출산한 이후 자녀 문제로 직장을 그만 두는 일이 없게 하고, 가정에 있는 전업주부 여성들을 직장으로 유도하여 사회생활을 할 수 있는 기반을 갖추기 위해 자녀들의 보육시설을 마련할 목적으로 세워진 법이라 말할 수 있다.

김영삼 정부에 들어서서 1992년에 고령자고용촉진법, 1995년에 사회보장기본법, 정신보건법, 그리고 고용보험법이 제정되었다. 1997년에 한국은 'IMF[25] 경제위기'가 생겨 실업자가 약 200만 명 이상이 되었고, 금융위기가 일어난 상황 속에서 김대중 정부가 들어서게 된다.

김대중 정부에서는 '생산적 복지'를 모토로 하여 다양한 복지정책을 전개했다. 1998년에는 노사정위원회, 고용보험의 전 사업장으로의 확대, 사회복지공동모금회법을 제정하였으며, 1999년에는 의료보험을 전체적으로 통합한 국민건강보험법을 제정하고, 전 국민을 대상으로 한 연금제를 실시하였으며, 국민기초생활보장법을 마련하였다.

2003년 노무현 정부에서는 '참여 복지'를 모토로 하여 복지를 전개하였다. 참여복지란 복지정책을 수립하고 집행하며 평가하는 과정에서 국가 중심이 아니라 민간이 함께 참여하는 복지정책을 말하다. 국가가 주도하는 것에 한계를 깨닫고 민간이 참여하여 함께 만들어 가는 복지를 구현하고자 한 것이다. 노무현 정부에서는 기초생활수급자, 의료급여수급자, 장애수당수급자 등을 확대하고 노인 일자리 창출과 빈곤한 아동들을 위한 복지를 적극적으로 전개하였다. 그뿐만 아니라 2005년에는 긴급복지지원법을 제정하고, 보건복지통합콜센터 129를 만들어 24시간 긴급한 상황이 벌어질 때 대응할 수 있는 방안을 마련하였다. 그 외에도 다양한

25) 국제통화기금(International Monetary Fund)

복지정책을 마련하여 복지국가 구현에 노력하였다.

2007년에 세워진 이명박 정부는 '능동적 복지'를 내세워 다양한 복지정책을 전개하고자 하였다. 능동적 복지란 어려운 사람들을 위한 복지 활동을 능동적이고 적극적으로 지원한다는 의미를 담고 있다. 능동적 복지는 4가지 대 전략을 담고 있는데, 평생복지 기반 마련, 예방·맞춤·통합형 복지, 시장기능을 활용한 서민생활 안정, 사회적 위험으로부터 안전한 사회 등이다. 이러한 큰 방향 아래 42개의 세부 국정과제를 제시하였다. 세부 국정과제는 크게 핵심과제, 중점과제, 일반과제로 나누어 제시되고 있다. 첫째, 핵심과제에서는 국민연금과 기초노령연금의 통합 및 재구조화 등 8개 분야이다. 둘째, 중점과제에서는 임신에서 취학 전까지 의료서비스 지원 외 15개 항목이다. 그리고 일반과제에서는 양성평등 수준 향상 등 19개 항목을 담고 있다.

2013년 박근혜 정부가 들어서면서 제시한 복지정책의 모토는 '생애주기별 맞춤형 복지'이다. 모든 국민을 위한 평생에 걸친 복지서비스를 전개하겠다는 것이다. 생애주기에 따른 위험에 대처하여 국가가 복지정책을 구현하며, 평생생활안전망을 마련하여 궁극적으로는 복지국가를 달성하겠다는 것으로 해석할 수 있다.

CHAPTER 07

복지국가와 사회복지

학습목표

- 복지국가의 개념을 이해한다.
- 복지국가의 형성과 발전을 설명할 수 있다.
- 복지국가를 유형화하여 설명할 수 있다.
- 복지국가의 위기론과 재편론에 관하여 설명할 수 있다.
- 복지사회에 대해 설명할 수 있다.

복지국가는 우리 사회가 지향하는 국가 발전의 목표일뿐만 아니라 가장 이상적인 국가형태로 인식되어 왔다. 특히 사회복지사들은 복지국가에 관심을 가질 필요가 있다. 그것은 사회복지학의 기초 지식과 직결될 뿐만 아니라, 복지국가에서 나타나는 현상들이 복지의 변천을 보여 주기 때문이다.

복지국가의 개념 학습과 복지국가 유형론을 통해 우리는 자본주의에서 나타나는 다양한 현상을 이해할 수 있다. 복지국가가 어떠한 원인으로 위기에 빠졌는지의 위기원인과 이러한 위기상황에서도 붕괴되지 않고 복지국가가 재편되는 상황을 통해 복지국가의 지속가능한 발전을 모색해 나아갈 수 있을 것이다.

01 복지국가의 개념

1) 복지국가의 정의

복지국가에 대한 개념은 학자들마다 다양하게 표현하고 있기 때문에 명확한 정의를 내리기는 어렵다. 그러나 처음 누가 복지국가라는 단어를 사용했는가에 대하여는 브루스(Bruce)의 연구를 꼽으며(김상균 외, 2002), 영국의 짐메른(Zimmern)이 1934년 파시스트 독재자들의 무력국가에 대비하여 사용하게 되었다. 이후 1941년 요크 시의 주교였던 템플이 『시민과 성직자(citizen and churchman)』라는 책에서 나치스의 전쟁국가에 대조적으로 사용함으로써 성문화되었다(김상균 외, 2002).

그 후 영국의 베버리지 보고서가 발표되고, 세계 2차 대전 후 정권을 잡은 노동당은 베버리지 보고서에 입각하여, '요람에서 무덤까지'라는 이념 아래 각종 사회보장제도를 실시함으로써 복지국가라는 용어를 보편적으로 사용하게 되었다. 또한, 독일의 비스마르크 정부에 의한 각종 사회보험에서 시작되어, 광범위한 사회보장과 완전 고용을 실현하는 것을 국가 책임으로 하면서 복지국가라는 용어가 사람들에게 주목을 받게 되었다(남기민, 2012).

복지국가에 대한 정의를 살펴보면, 윌렌스키와 르보(Wilensky & Lebeaux, 1985)는 복지국가를 다음과 같이 설명하고 있다. '국가가 모든 국민에게 정치적 권리로 시민에게 보장된 최소한의 소득, 영양, 보건, 주택, 교육 등을 모든 시민에게 제공해 주는 국가'라고 하였다.

에스핑 앤더슨(Esping Andersen, 1990)은 주로 '빈곤문제 해결과 관련된 국가정책'으로 복지국가에 대한 협의의 개념을 설명하였으며, 광의의 개념으로는 '고용, 임금과 거시적 경제운용과 관련된 문제 전반에 대한 국가의 역할'이라고 보았다.

또한, 미쉬라(Mishra, 1990)는 '국민최저기준(national minimum standards)의 유지를 위한 정부 책임을 제도화한 나라'라고 복지국가를 정의하였으며, 대다수가 국민의 경제적·사회적 복지 보호에 정부가 핵심적인 역할을 하는 국가를 말한다.

이렇듯 복지국가에 대한 개념 정의는 학자마다 다르고, 윌렌스키와 르보는 자유세계의 부유국을 복지국가로 간주하였으며, 미쉬라는 혼합경제, 자유정치, 사회복지의 특성을 지닌 전후 서방국가를 복지국가로, 에스핑 앤더슨은 협의의 개념으로 소득 이전과 사회복지서비스와 같이 빈곤문제 해결과 관련된 국가정책을, 광의의 개념으로 고용, 임금, 거시경제 운용과 같은 정치경제학으로 접근하였다(김상균 외, 2004).

2) 복지국가의 특징

논자들에 따라 다양한 정의를 가져온 복지국가는 최소한의 공통적인 특징을 가지고 있다는 것을 알 수 있다. 그것은 첫째, 자본주의가 산업화과정에서 초래한 광범위한 빈곤, 산업재해, 경제적 불평등, 실업 등의 폐해를 치유하기 위해 등장하였다고 보는 것이며, 둘째, 정치적 민주주의를 이루기 위한 수단뿐만 아니라 보존해야 할 가치 그 자체로 간주하기 때문에 사실상의 민주복지국가를 의미한다는 것이다. 셋째, 모든 국민에게 경제적으로 최소한의 인간다운 생활을 영위할 수 있는 생활수준인 국민최저기준 이상을 보장해야 한다는 것이다(정무성 외, 2013).

또한, 복지국가의 특징에 대해서 김상균(1987)은 국가안보, 경제제도로서의 수정자본주의 또는 혼합경제체제의 운용, 정치제도로서의 민주주의, 국민 개인의 복지에 대한 국가의 책임을 들었고, 신섭중(1993)은 사회보장, 완전고용, 혼합경제, 민주주의를 들었다.

한편, 남기민(2012)은 복지국가의 특징을 다음과 같이 설명하고 있다. 첫째, 경제제도로서의 수정자본주의 혹은 혼합경제체제로 19세기 야경국가체제에서는 자본이나 부의 횡포, 빈부의 격차는 문제로 인식되지 못했기 때문에, 국가의 개입은 생각하지 못했고 정부의 복지예산도 없었다. 그러나 복지국가에서는 자본과 노동 사이의 균형을 모색하거나 빈부의 격차를 감소시키고, 고용을 확대하며 저임금을 해소하는 방법으로 국가가 민간부분과 시장경제에 개입한다. 즉, 사유재산 제도와 이윤추구 보장은 지속되는 것으로 자본주의 경제에 사회주의 경제를 혼합하였다고 하여 혼합경제체제라고 부른다.

둘째, 정치제도로서의 민주주의로 국민의 개인 기본권을 인정하지 않으면서, 물질적 생활을 보장하는 전체주의 국가를 복지국가로 보지 않는 것이다. 권위주의 국가나 공산주의 국가에서 복지를 제공한다 하더라도, 복지국가로 부르지 않는 것은 자유권과 정치권을 핵심으로 하는 민주주의에 의해 부정되기 때문이다. 따라서 선거권 확대를 통한 복지개혁은 복지수립에 결정적인 기여를 했다고 볼 수 있다.

셋째, 최소한의 국민최저수준을 보장하는 것으로 베버리지 보고서에 제시된 이 개념은 복지국가의 책임범위를 규정하는 중요한 기준이 된다. 즉, 복지국가가 모든 국민의 삶의 안전을 위해 국민최저수준을 보장한다면 책임범위뿐만 아니라 특정 빈곤층만을 대상으로 빈민구제를 실시했던 과거의 국가와 복지국가를 구별하는 기준이 된다는 점에서 그 의의가 크다.

넷째, 국민 개개인의 복지에 대한 국가의 책임으로 한 국가의 경제력이 아무리 크다고 하더라도 국민총생산 중에서 사회복지에 대한 정부의 지출비가 일정 수준에 이르지 못한다면, 복지국가라고 부르지 않는다.

02 복지국가론

복지국가는 서구 방임국가들의 야경국가에 대한 논리적 반대의 귀결로 등장하게 되었다. 즉, 자유방임주의를 창출하는 데 실패한 조화를 일정 부분 달성하고자 복지국가를 발전시켰다고 보는 것이다(정무성 외, 2013).

드 차례의 세계대전은 국민들에게 엄청난 희생을 강요하였는데, 전쟁의 결과로 발생된 사상자뿐만 아니라 엄청난 수의 빈민도 발생하게 되었다. 또한, 경제 대공황과 자유경쟁은 실업과 빈곤의 문제를 가중시켰으며, 경기가 침체되고 인플레가 심화되었다. 국가는 국민들에게 더 나은 삶의 질 보장을 해 주어야 했다.

이렇게 실업자와 빈민의 증대는 사회 전체의 수요부문 침체의 원인이 되었으며, 경제의 악순환이 반복되었다. 결국, 경제 분야와 사회복지에 대한 국가 강제 개입의 정당성을 인정받게 되는 상태에 이르게 되었다. 복지국가의 발전은 복지제도의 제도적 확충을 이루었고, 복지수혜자의 범위를 확대하였으며, 복지예산의 증대라는 측면에서 진행되었다(정무성 외, 2013).

보통 제2차 세계대전이 종결된 1945년부터 1975년까지를 우리는 복지국가의 전성기로 부른다. 이 기간 동안 모든 서구 선진국가들은 높은 경제성장률과 낮은 인플레이션, 저실업률을 기록하여 더 많은 복지비용을 지출할 수 있었다.

특히 정부의 재정지출 확대를 주장하는 케인즈 경제이론으로 복지제도를 정비하였는데, 케인즈(Keynes)는 자본주의 시장경제는 더 이상 자유시장이론만으로는 유지될 수 없기 때문에 국가의 개입과 같은 시장 외적인 개입을 자본주의 경제체제가 작동하는 데 필수적인 요소로 보았다.

또한, 시민권 및 정치권과 더불어 사회적·경제적 권리의 보장을 세계 각국에 촉구하여 복지국가의 발전을 가져왔으며, 국가의 복지비 지출도 증가하여 복지제도의 포괄성, 복지수혜자의 보편성, 복지혜택의 적절성이라는 측면에서 복지발전의 전성기로 볼 수 있다.

1) 복지국가 찬반론

복지국가를 바람직한 형태의 국가로 인정하는 집단이나 사람이 있는 반면, 반대의 입장을 취하는 집단이나 사람도 있다. 조지와 윌딩(George & Wilding, 1976, 1994)은 복지국가를 둘러싼 논쟁과 관련된 정치 이데올로기 및 원리를 6가지로 제시하는 데, 신우파(The New Right), 중도노선(Middle Way), 민주적 사회주의(Democratic Socialism), 마르크스주의(Marxism), 페미니즘(Feminism), 녹색주의(Greemism)이다.

복지국가를 찬성하는 입장에 있는 사람들은 이념적 중도파들로 두 부류로 나눌 수 있다. 첫 번째 부류는 집합주의자 또는 중도노선으로 불리는 사람들이고, 두 번째 부류는 페이비언 사회주의자 또는 민주적 사회주의자들이다.

(1) 찬성론

❶ 중도노선자들의 찬성론

국가복지를 자본주의와 접목시키면 자본주의를 개선시킬 수 있다고 믿었으며, 여섯 가지 근거에 입각하여 복지국가를 조건부로 승인하게 된다.

첫째, 자유시장체계의 불완전성을 보완하는 복지국가정책을 수용하는 것으로, 자본주의 시장체제는 완전무결한 것이 아니기 때문에, 적절한 정부규제와 계획, 복지서비스 제공을 통해 취약점을 보완하는 것이 바람직하다고 보는 입장이다.

둘째, 방치할 수 없는 사회병리들 중 일부는 정부개입을 통해서만 치유된다고 보는 것으로, 사회정의나 경제정의를 촉진시키기 위한 목적과 개인의 자유를 신장하는 목적 사이의 충돌은 피할 수 있다. 따라서 오로지 국가만이 할 수 있는 실용적 정책 중 효율성을 높일 수 있는 것은 국가의 의무로 규정하는 것이다.

셋째, 복지국가는 경제정책과 사회정책의 균형적 발전을 도모할 수 있다고 보는 것으로 시장체계의 결과 중 불만족스러운 것에 대해서는 사회정책으로 보상기능을 만드는 것이다. 이때 사회정책은 유상으로 운영되며, 경제에 악영향을 끼쳐서는 안 된다.

넷째, 기회의 평등을 고양시킬 수 있는 복지국가는 수용 가능하다고 본다. 이들은 결과의 평등은 거부하지만 기회의 평등에 대해서는 강력한 지지를 표명한다.

다섯째, 복지국가는 계급전쟁을 예방하고 사회통합을 촉진시킬 수 있다고 보는 입장으로 시장경제가 사회적 · 경제적 · 정치적 불평등을 야기할 수 있는 구조적인 결함을 가지고 있지만 공동체나 사회가 존재하여 5대 악[26]과 대항하여 이길 수 있다고 보는 것이다.

여섯째, 복지국가는 시장실패에 대한 단순한 보상 이상의 사회개량을 가능하게 한다는 것으로 이데올로기에 사로잡힌 유토피아니즘을 거부하지만 느린 속도의 점진적 사회개량의 가능성을 부인하지는 않는다. 그러면서 국가는 보다 나은 사회를 건설해야 하는 의무를 지니고 있다고 본다.

❷ 민주적 사회주의자들의 찬성론

민주적 사회주의자들의 찬성론은 중도노선자들의 조건부 찬성론에 비해 매우 강하게 찬성을 하는 입장이다.

첫째, 복지국가는 빈곤의 고통을 완화시킨다고 보는데 이들은 사회서비스의 목적이 사회적 평등이기 때문에 사회적 고통이 완화된다고 보았으며, 복지국가의 정책이 없었다면 빈곤은 훨씬 더 악화되었다고 보는 입장이다.

둘째, 복지국가는 경제활성화를 통해 경제성장에 기여한다고 보는데 사회서비스 종류에 따라 경제성장에 필요한 투자기능을 수행한다고 보는 입장으로 사회보장이 소비능력을 증대시켜 수요와 생산을 늘릴 수 있다고 본다.

셋째, 복지국가는 이타주의를 배양하고 사회통합을 촉진하는데 차별이 없는 사회와 기본 생활에 대한 영위가 가능한 보편적 사회에서는 이타주의 정신이 융성한다고 보는 입장이다.

넷째, 복지국가는 경제성장이나 사회변동에서 파생되는 각종 부작용을 보상하는데 경제성장을 위해 기술적 변화는 불가피하다. 그러나 사회적 안정망이 미흡하거나 불공평하면 기술변화와 지속적인 경제성장에 지장을 초래할 수 있다.

다섯째, 복지국가는 평등한 사회를 창출하는데 임금의 평등화보다는 사회서비스 제공을 선호하며, 불평등한 교육제도의 시정을 통해 사회적 불평등이 야기하는 부정의와 낭비를 줄일 수 있다고 보았으며, 복지국가가 수평적 · 수직적 불평등

26) 베버리지 보고서에서는 빈곤, 결병, 무지, 불결, 무위도식을 5대 악으로 보았다.

을 감소시킬 수 있다고 본다.

(2) 반대론

조지와 윌딩(George & Wilding)에 의하면 반집합주의자와 신우파, 마르크스주의자들이 반대 입장을 보이는데 반대이유는 서로 다른 입장을 취하고 있다.

❶ 신우파의 반대론

먼저 신우파의 반대론자들은 전면적인 거부는 아니지만 복지국가를 반대하고 있다.

첫째, 포괄적 복지국가 건설은 불가능하다는 것으로 인간사회는 자발적 질서가 있는데, 인위적으로 복지국가를 만들면 더 큰 재앙에 빠진다는 것이다.

둘째, 복지국가에 대한 찬성론자들은 복지의 본질을 오해하고 있다고 보는 입장으로, 인간을 보상과 징벌이 없어도 혁신적이고 생산적이라고 간주하는 오류를 범하고 있어, 복지국가는 미래의 불확실성을 순치시킨다고 보는 것이다.

셋째, 신우파의 입장에서 평등정책은 개인의 책임과 정부의 도덕성을 파괴하기 때문에, 평등사회를 만드는 데 있어 중요한 변수는 평등정책이 아니라 성장정책으로 본다. 따라서 국가복지를 최소화하는 대신 시장기제를 이용하는 것이 더 낫다고 생각하는 것이다.

넷째, 복지국가는 자유를 위협하는데 정부의 확대 자체가 개인의 자유와 책임을 침식시키며, 구체화된 목적이 명시되지 않은 사회가 자유사회라고 생각하는 그들에게 복지국가가 꿈꾸는 이상은 자유의 제한을 가져온다. 또한, 평등주의자들이 자유를 위협하는데 재분배는 강제적 성격을 띠기 때문이며, 복지국가의 운용방식이 간섭적·권위주의적이기 때문에 개인의 선택권을 박탈하고, 복지국가의 조직형태가 강력한 관료들과 전문가들에 의한 독점체제이기 때문에 자유를 침해받는다고 보는 것이다.

다섯째, 복지국가는 비효율적·비효과적으로 보는데, 독점체계로 인한 무경쟁

상태는 혁신과 효율의 동기부여를 방해한다는 비판이다.

여섯째, 복지국가는 경제적으로 유해하다고 보는데 중앙집중식 기획과 명령체계는 자유시장의 핵심인 사회 활력과 경제성장을 저해한다고 본다.

일곱째, 복지국가는 사회적으로 유해한데, 복지국가의 정부가 비대해지는 것과 반대로 개인의 책임은 감소되는데, 복지국가는 의존문화를 조성하여 하층계급을 양산하며, 복지급여의 수급조건들이 사회적 사고를 줄이기보다는 오히려 증가시켜 수급자의 도덕적 해이를 조장한다.

여덟째, 복지국가는 정치적으로 유해한데 복지국가의 정부는 교육, 보건, 빈곤퇴치 등 끊임없는 확대압력으로 실패할 수밖에 없으며, 정부 권위의 실추는 불가피하다고 보는 것이다.

❷ 마르크스주의자의 반대론

마르크스주의자들은 복지국가에서 나타난 일련의 사회개혁운동이 자본주의 사회의 붕괴를 지연시키는 효과를 가져왔지만, 그것으로 내재적인 문제가 해결되지는 않는다고 주장하였다.

오히려 그들은 복지가 자본가에게 주는 역기능에 더 주목하면서 복지국가가 모순된 사회구조라는 것을 밝히려고 하였다. 그들이 반대하는 내용은 다음과 같다(김상균 외, 2004).

첫째, 복지국가를 통해 자본주의가 인간미를 가질 수 있다는 주장은 신화에 불과하며, 복지국가는 자본주의의 한 형태인 복지자본주의(welfare capitalism)로, 복지국가를 통해서 사회의 구조적인 변화가 일어나지는 않는다고 본다.

둘째, 복지국가는 모순적 사회구조를 가지고 있는데, 즉 자본가의 이윤 보장과 함께 경제성장을 지속시키는 기능을 수행하며, 노동자 계급의 재분배 요구에 강압적 대응을 회피하고 사회질서에 대한 순응을 유지하는 정치적 기능도 수행하게 된다. 이렇듯 두 기능은 상호 모순적이라고 보는 것이다.

셋째, 복지국가는 지배계급들이 생존을 위해 지불한 몸값으로 유지된다고 보는 것으로 복지국가는 노동자계급의 압력에 의해 지배계급이 밀려난 결과라고 본다. 즉, 지배계급이 얼마만큼 양보하느냐의 문제는 계급갈등의 상황 속에서 일어나는 역동적 관계에 따라 좌우된다.

넷째, 복지국가는 속성상 빈곤과 불평등을 해소시킬 수 없는데, 그것은 복지국가 체제하의 사회개혁이 노동자계급의 생활수준을 향상시키기는 하였지만, 계급 간 소득불평등은 더욱 심화되었기 때문이다. 그 이유는 사유재산제도와 이윤 추구 때문이며, 결국 빈곤과 불평등은 사회주의식 개혁을 통해서만 해소시킬 수 있다고 보았다.

다섯째, 복지국가는 자본주의 붕괴의 시기를 지연시켰는데, 복지국가는 대규모의 사회정책을 실시함으로써 자본주의 사회체계의 안정을 가능하게 하였으며, 자본주의 내의 내재적 문제는 해결되지 않은 채 그대로 남아 있어, 복지국가의 사회개혁이 약속보다 미진하다는 것을 보여 준 것이다.

여섯째, 복지국가는 오랫동안 지속될 수 없다는 것으로, 복지국가가 자본주의를 도와주었다는 점은 인정하지만, 자본가들의 지속적인 양보는 불가능하기 때문에, 국민의 기대에 부응하지 못하는 위기가 발생하여 결국에는 자본주의가 붕괴된다고 보았다.

2) 복지국가 유형론

유형화(typology)는 일반적인 사실(facts)이나 개념(concepts)을 분석대상으로 하여 이를 질적으로 분석하는 자료분석 기법이다. 1958년 『산업사회와 사회복지』를 통해 윌렌스키와 르보(Wilensky & Lebeaux)는 복지국가의 유형을 잔여적 복지와 제도적 복지로 2분법적 유형화하였으며, 윌렌스키는 그후 GDP 대비 사회복지 지출의 비율[27]에 근거하여 복지국가를 유형화하였다.

27) 윌렌스키(1975)는 사회보장비가 국민총생산 중에서 차지하는 비율을 복지국가의 기준으로 삼았으며, 15% 이상인 국가는 복지선진국, 10~14%는 복지 중진국, 5~9%는 복지후진국이라고 정의하였다.

(ㄷ) 퍼니스와 틸톤(Fumiss & Tilton)의 유형

퍼니스와 틸톤(Fumiss & Tilton)의 유형은 복지국가 성격의 개념적 분석에 근거하여 국가정책의 목적, 국가정책의 방향, 사회정책의 방향을 변수로 보고 세 가지 국가유형을 제시하였으며, 내용은 다음과 같다.

첫째, 조합지향의 적극국가(the corporate-oriented positive state)로 국가와 기업 간의 협동이 중시되며, 복지체계는 시장체계의 기능을 강화하기 위한 사회통제적 성격이 강하다. 즉, 자본주의 체제를 시장경제에만 맡기면 체제 자체의 붕괴를 가져올 수도 있기 때문에 국가가 어느 정도 시장경제에 개입하여 독점을 규제하고 사회불평등을 예방해야 한다고 보는 것이다. 대표적인 나라로 미국을 손꼽으며 사회복지정책의 가장 초보단계인 국가모형이라고 볼 수 있다.

둘째, 최저수준 보장이 되는 사회보장국가(the social security state)로 국민들의 최저생활보장이 중요한 목표가 되고, 기회의 평등이 강조되는 국가이다. 최저수준의 보장은 국가가 전부 부담하는 것이 아니며, 사회보험으로 충당하고 부족한 부분만을 국가가 보조하는 것이다. 누구에게나 생존의 권리를 인정한다는 점에서 적극국가보다 진보의 형태를 띠고 있으며, 영국이 여기에 속한다.

셋째, 철저한 민주주의와 평등주의를 지향하는 사회복지국가(the social welfare)로 스웨덴이 여기에 속한다. 적극국가와 사회보장국가가 국가와 기업 간의 협동을 강조하는 것과 달리 정부와 노동조합의 협동을 강조하며, 최저수준을 넘어 삶의 질의 평등을 추구하는 복지체계를 운영하는 것이다.

환경계획, 연대적 임금정책, 각종 공익사업이 강조되며, 사람들의 생활수준을 향상시키는 것뿐만 아니라, 정치과정에서 소외되었던 개인이나 집단으로 하여금 각종 정책 결정과정에 끌어들여, 사회의 모든 결정에 시민의 민주적 참여를 증진시키는 것을 강조한다.

(2) 미쉬라(Mishra)의 유형

미쉬라(1984)는 복지국가의 위기를 타개할 수 있는 진정한 대안을 모색하기 위해 복지국가 유형론을 개발하게 되었다. 분화복지국가(pluralist or differentiated)와 통합복지국가(corporatist or integrated)로 이것은 경제, 사회복지, 정치의 영역에서 구별되는데, 통합복지국가만이 혼합경제와 복지국가의 근본정신에 위배되지 않으며, 복지국가의 위기를 막아 낼 수 있다고 보았다.

분화복지국가는 경제에 나쁜 영향을 주는 사회복지가 잔여적인 역할로 제한되며, 복지정책은 이익집단들의 다양한 이익추구과정에서 이루어지기 때문에 복지정책들이 통합되지 못하고 단편화되었다(남기민, 2012). 미국이나 영국 등 영어권 국가들이 여기에 속한다.

통합복지국가는 사회복지와 경제는 상호의존적인 관계로 사회복지정책과 경제정책이 서로 밀접한 관계를 이룬다. 완전고용정책과 포괄적 사회복지정책은 시장체계의 골격을 유지하면서도 기능을 유지하게 되고, 사회구성원들의 이익이 통합되는 복지정책을 추구한다. 오스트리아, 스웨덴, 독일, 네덜란드 등이 여기에 속한다.

(3) 에스핑 앤더슨(Esping Andersen)의 유형

에스핑 앤더슨(1990)은 복지국가 성격을 분석하는 질적 방법을 끌어올린 학자로 유명하다. 그의 복지국가 유형화론은 두 가지 양적 기준지수를 가지고 있는데, 한 개인이 시장에 의존하지 않고도 복지가 충족될 수 있는 탈상품화[28] 지수(de-commodification index)[29]와 복지국가 정책에 의해 파생되는 사회계층화 지수(social strat-

28) 탈상품화(de-commodification)란 개인의 복지가 시장에 의존하지 않고도 이루어질 수 있는 것으로, 인간(노동)의 상품화를 전제하는 자기 조절적 시장경제체제의 허구에서 사회 자체를 보호하는 사회복지기제를 말한다(조홍식 외, 2012).

29) 탈상품화 지수는 ① 최저급여액의 평균 근로자 임금에 대한 비율, 평균급여액의 평균 노동자 임금에 대한 비율, 급여를 받을 수 있는 자격조건, 전체 프로그램 재원에서 수급자가 지불하는 비율, 실제 수급을 받는 사람들의 비율(조홍식 외, 2012).

ification index)다.

첫째, 자유주의 복지국가(liberal welfare state)로 국가에서 사회복지를 시장경제 유지와 강화를 위한 수단으로 여기며, 복지 또한 시장경제에 영향을 미치지 않는 범위 내에서 이루어진다. 노동윤리가 강조되며, 소득조사에 의한 공공부조가 중시되고 국가복지는 시장이나 민간단체들의 복지 활동에 대한 보조역할 수준 이상으로 확대되기 어려워 사회권(social rights)이 제한되고, 사회계층은 납세자와 수혜자로 양분되어 계층 간 대립관계가 형성된다. 미국, 캐나다, 호주 등이 여기에 속한다.

둘째, 조합주의 복지국가(corporatist welfare state)는 시장의 효율성과 노동력의 상품화는 중요하지 않으며, 국가가 사회복지 제공자로서 역할이 확대되고 재분배 효과는 크지 않다.

교회의 역할이 크며, 사회복지급여는 사회권이나 사회계층과 지위에 밀접한 관계를 가지고 있다. 사회복지 대상자는 직업범주에 따라 구분되며, 이들의 소득보장은 사회보험에 의존하고 있고, 오스트리아, 프랑스, 독일, 이탈리아 등이 여기에 속하는 국가이다.

셋째, 사회민주주의 복지국가(social democratic welfare state)로 보편주의[30] 원칙과 사회권을 통한 탈상품화가 효과가 가장 크다. 시장기능은 공공 부문의 기능에 의해 최소화되고, 사회통합이 주요한 목표가 된다. 그래서 모든 사회계층이 보편적이고 포괄적인 국가에 의존하고 모두가 의무감을 느끼는 평등 지향적 체제라고 볼 수 있다.

경제정책과 사회복지정책은 통합되어 있으며, 복지와 노동을 적절히 배합시키기 위해 완전고용정책을 강력히 유지한다. 또한, 복지 대상자는 가족이나 시장의

30) 보편주의(universalism)는 전 국민을 사회복지의 대상자로 삼는 것으로, 시민권에 입각해 하나의 권리로 복지서비스를 제공하고, 복지수혜 자격과 기준을 균등화하여 복지서비스 수급자들이 그 어떤 낙인감이나 열등감, 굴욕감을 갖지 않게 한다(Titmus, 1963; 원석조, 2008 재인용). 선택주의(selectivity)는 사회복지 대상자를 신중하게 선정된 수혜자들로 국한하는 것으로 개인이나 가족의 드러난 욕구가 대상자 선정에 최우선시 되며, 자신의 욕구를 스스로 해결할 수 있는 사람은 정부의 사회복지 급여를 받아서는 안 된다고 보는 입장이다.

보호능력이 소진될 때까지 기다리기보다는 적극적으로 개입하여 보호비용을 사회화시키며, 개인의 능력을 강화시킨다. 스웨덴, 스칸디나비아 등이 여기에 속한다.

〈표 7-1〉 에스핑 앤더슨의 세 가지 복지국가 유형

구 분	자유주의 복지국가	조합주의 복지국가	사회민주주의 복지국가
사회복지 대상자	저소득층 및 요구호자	피용자 중심	전 국민 대상
급여종류와 범위	공공부조 및 제한적 사회보험	공공부조 및 확대된 사회보험	욕구에 따른 생활수준
급여수준	국민적 최저수준	국민적 최저수준 이상은 계층과 지위에 따른 차이	중간계층의 생활수준
사회권	빈자로서의 낙인이 따름	빈자로서의 낙인이 약함	사회권의 인식 정도가 높고 중요함
해당국가	미국, 캐나다, 호주 등	오스트리아, 프랑스, 독일, 이탈리아, 영국 등	스칸디나비아 국가 등

출처: Esping Andersen(1990).

3) 복기국가 위기 및 재편

(1) 복지국가 위기론

앞서 설명한 바와 같이 서구 복지국가들은 제2차 세계대전 이후 꾸준한 성장을 계속하여 왔으나, 1973년 원유 파동을 계기로 위기증상이 나타나기 시작하였으며, 1970년대 말에 이르러서는 크나큰 혼란에 빠지게 되었다.

이때 위기의 내용으로 다음과 같은 문제들이 제기되고 있다.

첫째, 재정적 위기로 유럽 대부분의 복지국가들은 국방비와 사회복지 비용의 막대한 지출을 갖게 되었다. 또한, 이와 함께 경제침체와 인플레이션 및 실업률의 증가는 국가 조세 수입의 불균형 등을 가져왔다.

복지예산 등의 삭감을 통해 재정의 균형을 잡으려 하였으나, 복지국가의 정치구조는 국민의 저항감만 불러일으키게 되었다.

둘째, 정당성의 위기[31]로 재정적 위기와 함께 복지국가의 대표적 위기이다. 정부의 사회복지 지출확대로 인한 여론의 약화, 세금 증가에 대한 저항, 복지 프로그램의 오·남용, 사민당과 노동당 등 좌파정당에 대한 지지 감소 등으로 나타났다. 이때 덴마크, 노르웨이, 스웨덴 등 좌파정당이 선거에서 패배하고, 미국, 영국, 서독에서는 우파정당이 집권하였지만 여론의 악화는 세금증가에 대한 저항으로 나타나기도 했다(남기민, 2012; 구재관 외, 2012).

셋째, 정부의 위기로 대규모로 팽창한 복지국가의 정부기구는 그 자체로 거대한 관료기구가 됨으로써 유연성과 효율성을 상실하게 되었다. 또한, 정부의 복지서비스에 대한 독점은 합리성과 효율성을 추구할 수 있는 시장경쟁원리로부터 멀어지게 되었다. 따라서 적재적소에 재원을 투입하여 적절한 서비스를 제공하지 못하면서, 과도한 복지비 지출 때문에 경제 전반에 걸쳐 큰 부담으로 작용하게 되었다.

넷째, 사회적·문화적 위기는 사회규범의 불안정과 사회적 연대, 즉 사회통합의 붕괴로 설명할 수 있다. 이혼율과 자살률 증가가 사회적·문화적 변화로 이해될 수 있으나, 오히려 사회복지 프로그램이 이혼율과 자살률을 조장하는 측면에서 그리고 새로운 변화에 적절히 대응하지 못한다는 측면에서 문제가 제기되었다.

신보수주의와 신자유주의로 불리는 신우파는 정부의 과도한 개입에 따른 사회복지 지출의 확대가 복지국가의 결정적 위기요인이라고 보았으며, 국가의 개입이 줄어든 자유시장 경쟁체제로 돌아가 시장의 힘과 자율성을 강화시켜, 보편적 차원에서 국가의 개입을 억제하고 민간 부문에서 상당부분 복지를 제공하는 것(남기민, 2012)이 해결방안이라고 보았다.

또한, 신마르크스주의는 복지국가 위기 원인을 자본주의의 모순에서 찾았는데, 복지국가 자체를 모순적인 개념으로 받아들여 다수의 노동자들이 생산에 참여하나 생산 잉여분은 극히 소수의 자본가 계급에게 돌아가기 때문에, 계급투쟁을 야기하고 자본주의 사회질서의 붕괴를 초래한다고 보았다. 따라서 복지국가

31) 복지국가가 의회주의와 복지정책을 통해 자본주의 폐해를 해소하고, 사회적 정의를 달성할 수 있다는 믿음의 상실을 의미한다(감정기 외, 2002).

위기에 대한 해결방안은 사회주의 체제로 가는 길밖에 없다는 것이다(Gough, 1979).

한편, 복지국가 옹호론자들인 실용주의자들은 복지국가의 위기를 내재적인 요인보다는, 복지국가 발전과정에서 나타난 시행착오와 상황의 변화로 인한 일시적 현상으로 보았으며, 현재의 경제체계와 사회체계 내에서 해결 가능하다고 보았다. 그러면서 경제위기의 해결책으로 지방분권화와 민영화를 통한 복지국가 운영의 효율성으로 회복할 수 있다고 보았다.

(2) 복지국가 재편론

복지국가의 위기상황에서도 붕괴되지 않고, 1970년대 이후 복지국가는 재편되는 과정을 겪어 왔다. 1980년대 미국 레이건 정부가 보수주의 경제정책인 레이거노믹스(Reaganormics)로 철저한 통화관리와 연방정부의 지출삭감과 사회복지 지출의 억제정책을 추진하였으며, 근로 연계복지를 강화하였다.

에스핑 앤더슨은 자유주의 복지국가, 보수조합주의 복지국가, 사회민주주의 복지국가의 세 가지 유형으로 복지국가 재편과정을 설명하였다.

첫째, 자유주의 복지국가는 임금 및 노동시장에 대한 탈규제 전략을 선호하여 완전고용과 건전재정을 유지하기 위해, 노동시장을 유연화[32]하고 사회복지제도를 후퇴시킨다. 저임금으로 고용을 늘렸으나, 이들의 일자리는 서비스 부문에 집중되었으며 결국 일하는 빈곤층을 양산하여 자유주의 복지국가 재편방식은 불평등과 빈곤을 증대시켰다.

둘째, 보수조합주의 복지국가는 건전재정과 소득평등을 유지하기 위해 노동공급을 감소시켜 완전고용을 포기하게 하는 것이다. 이때 노동시장의 유연화를 최소화하기 때문에 비교적 높은 임금이 유지될 수 있으며, 소득불평등의 증가를 방지할 수 있다. 그러나 조기퇴직 등의 부작용을 발생시켰으며, 사회보험 급여수준이 기여금보다 더 높아 재정 압박이 심해지는 결과를 낳기도 하였다. 따라서 사회

32) 노동시장의 유연화는 저임금을 가능하게 하며, 고용을 증가시키며 사회보장세의 축소를 통해 생산비를 절감시켜 고용의 증가에 기여하게 한다.

보험이 조기퇴직과 같은 노동력 감축으로 생산성을 높이지 못하면 사회보험을 중심으로 한 사회복지 시스템은 재정압박을 받게 된다는 것을 알 수 있다.

셋째, 사회민주주의 복지국가는 스웨덴 모형으로 불리며, 완전고용과 소득평등을 유지하기 위해 노동시장은 유연화하지만 반대로 복지제도의 후퇴를 최소화한다. 민간 부문의 고용 극대화와 고용될 수 없는 상황에 처한 집단들을 공공 부문에 고용하게 하여 완전고용을 이루려고 한다. 소득평등은 소득을 상실한 실업자들에게 비교적 높은 수혜를 보장하거나 임금격차를 축소시켜 소득 불평등의 증가를 억제하는 것이다.

이렇듯 사회복지국가의 재편과정에서는 네 가지의 공통점을 가지고 있다(임봉호 외, 2010). 사회복지급여의 소득대체율(income replacement rate)을 감소시키는 경향이 있고, 사회복지 수혜의 자격을 엄격하게 하는 것과 근로연계복지, 사회복지 프로그램의 운영 효율성을 추구하기 위해 사회복지 전달체계에서의 민영화와 분권화를 추진하는 경향이 있다.

03 복지사회론

복지국가에 대한 불만과 비판의 대안으로 복지사회가 등장하게 되었다. 복지사회는 국가와 시민사회 간의 새로운 균형을 강조하여, 국민 모두에게 최저한의 인간다운 생활을 보장해야하는 것을 국가의 책임으로 하는 복지국가와 차이가 있다.

티트머스(Titmuss)는 복지사회를 복지국가의 후속적 확대개념으로 보면서 보편주의와 예방적 성격을 띠는 공공복지 서비스가 확대되는 국가를 복지사회로 보았으며, 로빈슨(Roboson)은 복지사회를 복지국가의 전제조건으로 보아 복지국가의 도덕성 결핍현상이 초래한 원인을 복지사회의 기반 없이 맹목적으로 복지국가를 추구했기 때문이라고 하였다.

P/A/R/T 02

사회복지의 방법

Introduction to Social Welfare

CHAPTER 08

사회복지의 실천 대상과 공급자

학습목표

- 사회복지실천의 의미와 관점을 이해한다.
- 사회복지실천 대상 영역과 관련된 체계를 설명할 수 있다.
- 사회복지실천과정을 이해하고, 사례관리를 할 수 있다.
- 사회복지 공급자의 유형을 이해한다.

사회복지실천은 전문사회복지사가 직·간접적인 서비스를 통해 문제를 가지고 있는 대상자의 욕구를 충족시키고, 문제를 해결하도록 돕는 일련의 활동을 의미한다. 실천 대상은 개인, 가족, 집단, 지역사회 수준의 실천으로 나눌 수 있다.

사회복지의 실천 방법으로는 개별사회사업, 집단사회사업, 지역사회조직사업을 세분화해서 실천하였던 것에서 벗어나, 전통적인 실천 방법들의 공통요소를 찾아 하나의 통합된 방법으로 개입하는 통합적 접근 방법이 사용되며, 사회복지 공급자의 유형으로는 공공 부문과 민간 부문, 제3부문이 있다. 사회복지실천(Social work practice)[33]은 전통적인 사회사업의 3대 방법인 개별사회사업(case work),

1) '사회복지실천'이라는 용어는 1970년 메이어(Coral Meyer)에 의해 처음 사용되었으며, 'social work practice'를 사회복지실천으로 번역하여 사용하고 있다. 유사용어로 '개별사회사업(social case work)', '임상사회복지(clinical social work)' 등이 있다.

집단사회사업(group work), 지역사회조직사업(community organization)이라는 전문적인 방법을 가지고, 전문사회복지사가 직·간접적인 서비스를 통해 문제를 가지고 있는 대상자의 욕구를 충족시키고, 문제를 해결하도록 돕는 일련의 활동을 의미한다.

01 사회복지의 실천 대상

1) 사회복지실천 대상

(1) 개인대상 실천

개인대상 수준에서의 사회복지실천은 전통적인 개별사회사업(case work)으로, 사회복지사와 클라이언트가 직접 만나서 클라이언트의 문제나 욕구를 분석하고, 해결책을 모색하며, 원조를 실행하는 것을 말한다.

리치먼드(Richmond)는 "개별사회사업이란 개인과 그 사회 환경 간의 개별적인 의식적 조정을 통해 그 사람의 인격발달을 도모하는 제반 과정이다."라고 하였으며, 펄만(Perlman)은 "개별사회사업은 사람들이 사회적 기능을 함에 있어서 그들의 문제를 보다 효과적으로 대처해 나가도록 개인을 도와주는 사회복지기관에서 활용되는 한 과정이다."라고 하였다.

특히 펄만은 개별사회사업을 구성하는 기본적 요소로 사람(person), 문제(problem), 장소(place), 과정(process)의 4p[34] 개념을 들어 설명하기도 하였다.

사회복지실천현장에서 사회복지사와 클라이언트와의 관계는 사회복지사와

34) 문제를 가진 사람은 클라이언트를 말하며, 어떠한 장소로부터 문제를 해결하기 위한 도움을 구하며, 도움은 일정한 과정을 통해 제공된다(펄만, 1986). 이후 펄만은 전문가의 개념(professional)과 제공물(provision)의 개념을 추가해서 6p개념으로 확장시켰다.

클라이언트 간의 태도와 감정의 역동적인 상호작용으로 이는 문제 해결의 중요한 요소가 된다.

(2) 가족대상 실천

가족은 혈연, 입양 또는 혼인을 기반으로 하는 일차적인 집단으로 성관계가 허용된 최소한의 성인 남녀와 그들에게서 출생하거나 양자로 된 자녀로 구성되어 경제적 협력을 특징으로 하는 사회집단이다.

산업사회로 들어서면서 대다수의 국가들은 저출산과 고령화로 인한 신사회적 위험[35)]을 가지고 있는데, 가족의 규모가 축소되고 구성은 단순화되어 1인 가족이 증가하고 있으며, 가족의 기능과 가치 또한 변화하고 있다.

또한, IMF 금융경제 위기 이후 이혼과 자살 등이 지속적으로 늘고 있으며, 한부모가족이나 조손가족, 위탁가족, 공동체가족 등 다양한 형태의 가족이 증가하고 있다. 특히 가족의 기능 중 교육과 부양의 기능은 사회화되고 있으며, 초혼 연령의 상승, 출산율 저하, 평균수명의 연장은 노년기의 가족문제로 대두되고 있다.

사회복지사는 위기에 처한 부부나 가족으로부터 서비스 지원을 요청받을 수 있는데, 가족문제를 다룰 때는 '한 단위로서 가족의 전체성'에 주목하여 서비스를 제공하고, 가족 자체를 하나의 개입단위 또는 변화의 주체로 인식한다.

가족대상 실천은 가족문제가 발생하기 전 사전 예방적 차원에서 접근할 수 있는데, 여기에는 가족생활교육이나 가족상담 등이 있으며, 가족문제가 발생한 후의 치료적 접근 방법으로는 가족치료 등이 있다. 그러나 무엇보다 중요한 것은 가

35) 테일러 구비(Talyor-Gooby)는 신사회적 위험을 첫째, 맞벌이 부부의 증가와 여성교육으로 여성들의 노동시장 참여가 급증하면서 일과 가정을 양립하기 어려운 저 숙련 여성층에서 신사회적 위험이 나타나고, 둘째, 노인 인구의 증가로 노인케어의 부담이 급증하고 있다는 것이다. 셋째, 무숙련 생산직의 지분을 줄여 온 생산기술의 변동과 저임금의 비교 우위를 이용한 국가 간 경쟁의 격화로 발생하는 노동시장 구조의 변화는 교육수준이 낮은 사람들이 사회적으로 배제되는 위험을 발생시키고 있다는 것이다. 넷째, 일부국가에서 민영화된 공적연금, 의료보험 등에서 소비자가 선택을 잘못할 경우 혹은 민영보험에 대한 규제가 잘 이루어지지 않을 경우 새로운 위험이 발생할 수 있다는 것이다.

족구성원 간의 관계에 개입하여 문제를 해결하거나 경감시키는 실천 활동을 하는 경우, 문제의 해결을 가족구성원 개인에게서 찾는 것이 아니라 가족 내·외부 체계와의 상호작용과 형태에 초점을 맞추고, 다양한 훈련기법과 의사소통 전략을 활용하도록 한다.

(3) 집단대상 실천

집단대상 실천은 집단사회사업(group work, social group work)으로 발전되어 왔다. 집단사회사업은 집단 내의 상호작용[36]을 활용하거나, 활성화를 통해 집단의 사회적 기능을 강화시켜, 집단 구성원 개개인들의 사회적 기능의 회복이나 성장을 촉진하는 원조과정이다(도광조, 2011).

집단은 '두 사람이 공통의 목표를 가지고 인지적·정서적·사회적 흥미나 관심을 가지며 상호작용을 통해 서로에게 영향을 주고받고, 함께 기능할 수 있는 규범을 만들어 집단적 활동을 하는 것'이라 정의할 수 있다.

집단사회사업은 19세기 종교 및 자선조직의 실천모델로 개발되어 왔으며, 20세기 초에는 보이 스카우트, 걸 스카우트, 4H Clubs 등의 집단지도기관이 등장하였고, 이때의 집단은 주로 사회화, 기술훈련, 교육, 레크리에이션 등을 위해 활용되었다.

집단대상 실천을 하기 위한 접근 모델로 파펠과 로스만(Papel & Rothman)은 사회목표모델, 치료모델, 상호작용모델을 들었으며, 내용은 다음과 같다. 사회목표모델은 사회적 의식과 사회적 책임을 목적으로 사회에 대한 개인의 적응과 집단선을 추구하는 것으로 토론이나 참여, 합의 등 집단과제의 개발 및 실행을 위한 집단활동, 성원의 사회적 행동기술 습득과 사회변화에 필요한 프로그램 등을 활동하게 된다.

치료모델은 역기능적 행동을 하는 성원의 치료와 재활, 개인의 목적 성취를 지원

36) 집단 내의 상호작용은 역동성, 소집단 활동, 집단의 힘 등을 말한다.

하기 위한 수단으로 집단을 강조하며, 개인 선을 추구한다. 성원의 행동유형을 변화시키기 위해 구조화된 운동을 하거나 직·간접적 영향력을 발휘하게 한다.

상호작용모델은 적정 수준의 적응과 사회화를 성취하기 위해 성원 간 상호 지지체계의 형성을 목적으로 하며, 집단 및 개인 양자의 선을 위한 집단과 개인 간 상호관계를 강조하고, 상황과 집단이 관여하는 체계 자체에 관심을 갖는다. 성원들의 관심사 토론, 상호 지지 형성, 상호 이익이 되는 결속된 사회체계의 형성을 위한 활동들을 한다.

이렇듯 인간은 태어나면서 집단에 소속되며 집단을 통하여 성장과 발달을 경험하게 된다. 집단대상 실천은 자신의 문제를 해결하거나 성장을 원하는 구성원들에게 사회복지사가 의도적으로 집단경험의 기회를 제공함으로써, 집단의 요구와 문제를 해결하고 개인의 성장과 발달 및 사회화에 기여하는 사회복지실천의 한 방법(김혜영 외, 2012)이라고 설명할 수 있다.

집단의 유형을 토스랜드와 리버스(Toseland & Rivas)는 치료집단(therapeutic groups)[37]과 과업집단(task groups)[38]으로 나누었으며, 치료집단에는 교육집단(educational), 성장집단(growth), 교정치료집단(remedial), 사회화집단(socialization)이 있다.

(4) 지역사회 수준 실천

지역사회조직사업은 지역사회가 충족되지 않은 욕구나 달성하고자 하는 목표를 찾아내 이에 대한 순위를 정하고, 이들의 목표나 욕구를 달성하고자 하는 자신감을 갖게 하고, 필요한 자원을 찾아내어 목표를 달성하기 위한 실천을 통해, 지역사회 안에서 협동적인 태도와 실천력을 발전시키는 과정(Ross & Murrtay, 1955)을 의미한다.

37) 치료집단은 성원들의 공통된 욕구나 관심사에 초점을 두고 개방적인 의사소통과 정서적 교류를 통해 변화를 추구한다.

38) 과업집단은 특정한 과제를 완성하기 위해 명령을 수행하는 집단으로, 위원회나 협의회, TFT(Task Force Team) 등이 이에 해당한다.

또한, 유동적인 지역사회를 위해 삶의 질을 향상시키고자 다양한 개입모형과 방법을 포함하는 지역사회 수준의 실천은 조직화 기술, 시민능력 개발, 사회계획의 활성화 등 지역사회 문제 해결을 위한 폭넓은 연대옹호와 사회정의를 위한 사회계획의 실천을 목적(김범수 외, 2006)으로 한다고 하였다.

즉, 지역사회 수준의 실천은 지역사회 문제 해결 및 예방과 지역주민들의 욕구에 맞춘 프로그램 개발을 목적(김혜영 외, 2012)으로 하고 있는데, 지역사회가 당면한 문제를 해결하기 위한 적합한 모델을 선정하고 활용하는 것이 중요하다.

로스만(Rochman)은 지역사회 수준의 실천모델을 지역사회개발, 사회계획, 사회행동의 모델로 분류하였으며, 가장 전통적인 접근모델로 현재에도 평가되고 있다. 본 장에서는 로스만의 지역사회개발, 사회계획, 사회행동모델에 대해 살펴보고자 한다.

지역사회개발모델은 지역사회의 적극적인 참여와 주도하에 지역사회 전체의 경제적·사회적 조건의 향상을 도모하기 위한 것으로, 민주적 절차, 여론 조성, 자발적 협동, 지역의 지도력, 자조 등을 강조한다. 이때 사회복지사는 문제 해결기술과 윤리적 가치를 가져야 하며, 개인의 이익보다는 지역의 이익을 위해 노력해야 한다.

사회계획은 지역사회 문제 해결에 초점을 맞추고 필요한 새로운 프로그램과 서비스를 개발하는 활동을 수행한다. 특히 관료조직을 조정할 능력 및 기술적 능력을 갖고 있는 전문적인 계획가에 의해 복잡한 산업적 환경을 변화시키고자 하는데 초점을 맞추고 있다(남기민, 2006).

사회행동은 불이익을 받고 있는 특정 주민에게 사회정의나 민주주의 가치에 따라 보다 많은 자원과 향상된 처우를 지역사회에 요구하는 행동을 말한다. 이러한 활동을 수행하기 위해 사회복지사는 지역사회 주민들의 성향을 파악하여, 지역사회의 문제 및 욕구 충족에 필요한 자원을 확인하고 발굴하여야 한다.

2) 사회복지실천 방법

(1) 통합적 접근 방법

과거 인간 개인의 문제는 환경과 분리해서 이해하거나 혹은 환경을 중심으로 이해되었으나, 인간을 이해하는 데는 인간 개인뿐 아니라 그를 둘러싸고 있는 환경도 함께 총체적으로 보는 '환경 속의 인간(persoon in environment)'[39]이라는 관점으로 이해되어야 한다. 개인과 환경 중에서 어디에 관점을 두느냐에 따라 이론과 실천 방법에 있어 큰 차이가 생길 수 있는데, 인간과 환경 사이의 끊임없는 상호작용을 바라보는 '환경 속의 인간'이란 관점은 사회복지서비스 발전에 큰 영향을 주었다(권중돈 · 김동배, 2009).

또한, 사회복지실천은 인간과 사회환경의 관계를 촉진시켜 모든 사람의 삶의 질을 향상시키기 위한 실천 방법으로, '통합적 접근 방법'[40]을 사용하고 있다. 통합적 접근 방법이란 개별사회사업, 집단사회사업, 지역사회조직사업을 세분화해서 실천하였던 것에서 벗어나, 전통적인 실천 방법들의 공통요소를 찾아 하나의 통합된 방법으로 개입하는 것을 말한다.

통합적 접근 방법의 대표적인 이론으로 사회체계 이론은 한 개인의 주변 환경에 있는 사회체계와 연관성을 찾으며, 환경이 인간에게 중요한 영향을 미치는 사회체계로 이해하였으며, 생태학 이론은 인간과 환경을 하나의 단일체계로 보면서, 단일체계에 대한 개입뿐 아니라 인간과 환경 간의 상호 교류에도 관심을 가져야 된다고 보았다. 이렇듯 두 이론은 인간을 환경 속에서 바라본다는 공통점이 있

39) '환경 속의 인간'의 개념은 개인 · 환경 간의 상호작용 증진의 책임을 개인 · 환경 모두에게 두는 것을 의미하며, '환경 속의 인간'이란 관점은 인간과 환경 사이에서 일어나는 상호작용에 초점을 두고, 서로 간의 상호 교환을 통해 어떤 일이 진행되고 있는가에 초점을 두는 것을 말한다(정무성 외, 2013).

40) 통합적 접근 방법은 인간과 환경의 상호작용에 초점을 두면서 대상자의 잠재성을 인정하고 개발하며, 미래지향적이고 광범위한 지식을 활용할 수 있게 해 주었으며(조홍식 외, 2008), 모든 사회복지사들이 개인, 집단, 지역사회에 대처해 나가고자 할 때, 활용할 수 있는 공통된 하나의 원리나 개념을 제공할 수 있는 방법의 통합화를 말한다(정무성 외, 2010).

으며, 두 이론이 통합되어 생태체계학이란 이론을 확장시키기도 하였다(이종복 외, 2006).

맥마흔(McMahon, 1996)은 통합적 관점을 강조하는 사회복지실천의 중요한 요소로 다섯 가지 특성을 제시하였는데 생태학적 관점, 문제 중심, 다양한 수준에서의 접근, 이론과 개입의 개방적 선택, 문제 해결과정을 들었다(장인협, 2000 재인용).

다섯 가지 특성은 다음과 같다.

① 생태학적 관점은 체계로서 인간과 환경 간의 적응과 상호작용을 강조하며, 인간(유기체)과 환경의 공유영역에서 일어나는 상호작용과 상호 교류를 강조함으로써, 인간과 환경이 조화되고 있는지를 바라본다. 그러면서 인간이 적절한 시기에 환경으로부터 필요한 자양분(투입, 자극, 정보, 에너지 및 자원)을 확보하지 못한다면, 인간의 심리적·정서적·사회적 발달이 지체되거나 손상을 받게 된다고 보는 것이다.

② 문제 중심은 개인과 환경 간의 분열과 스트레스로 개념 짓고, 사회복지실천을 함에 있어, 개입의 초점을 문제 중심에 맞추라고 명시하고 있다. 사회복지실천에서의 문제는 이슈, 욕구, 문제, 난관 등으로 표현되는 광범위하고 포괄적인 개념이며, 문제의 의미는 부정적이거나 병리적인 것만을 의미하지는 않는다.

③ 다양한 수준에서의 접근은 상이한 크기의 체계에 대하여 다양하게 접근할 수 있으며, 클라이언트 체계는 개인, 가족, 집단, 지역사회 혹은 조직이 되고, 이 중 하나가 표적 체계나 행동체계가 될 수도 있다. 표적 체계는 변화매개체계인 사회복지사와 클라이언트 체계의 목표를 충족시키기 위해 변화가 요구되는 체계이며, 행동체계는 원조활동을 전개해 나가기 위하여 협동해야 할 필요가 있는 체계를 말한다.

상이한 크기의 체계에 접근하는 다른 방법은 미시적(micro) 수준, 중간적(mezzo) 수준, 거시적(macro) 수준이 있으며, 미시적 수준은 개인, 중간적 수준은 집단, 거시적 수준은 지역사회와 같은 좀 더 큰 규모의 실천을 말한다.

④ 이론과 개입의 개방적 선택은 사회복지사들이 문제에 접근할 때, 하나의 이론에 국한되지 않고 다양한 이론과 개입 방법을 선택적으로 활용할 수 있어야 하는 것을 말한다. 문제가 보다 전문화된 접근을 요구하는 상황에서 일반적 서비스의 접근은 사회복지사가 의뢰를 하게 되며, 깊이 있는 이론과 전문적인 개입능력을 갖지 않더라도 인간-문제-상황(환경)에서의 정확한 진단과 계획된 개입을 위해 가장 적절한 이론, 개입, 방법, 자원을 선택하는 데 있어 개방적이어야 한다.

⑤ 문제 해결과정은 지식, 가치 및 기술에 기반을 둔 문제 해결과정이며, 일반적인 접근으로 사회사업실천과정은 4단계 혹은 5단계로 개념화된다. 사정단계, 계획단계, 개입(행동)단계, 평가단계, 종료단계로 구분되며, 평가와 종료를 하나의 단계로 보기도 한다.

(2) 사례관리

최근 지역사회 내에 복합적이고 장기적인 다양한 욕구를 가지고 클라이언트들이 늘어나고 있어, 클라이언트 개개인의 상황에 맞는 원조 계획뿐만 아니라 가족이나 친구, 이웃 등의 비공식적인 자원을 연계하여 클라이언트의 복지 증진과 서비스의 효과를 증진하고 있는데, 이를 우리는 '사례관리'라고 한다.

사례관리는 그간의 서비스가 분화되고 중복되어 조정되지 못한 채 제공되면서, 서비스에 대한 비용만 증가됨에 따라 클라이언트를 위한 서비스 및 보호를 조정·통합하고자 하는 시도에서 출발하였다.

즉, 사례관리란 복합적인 문제를 지닌 클라이언트의 욕구를 충족시키기 위해 다양한 서비스를 제공하는 실천적 활동과 다양한 사회적 자원을 동원하는 활동, 서비스들을 모니터링하는 활동(김혜영 외, 2012)이라 할 수 있다.

사례관리는 다음과 같은 몇 가지 원칙(Poindexter et al., 2003)을 가지고 있다. 첫째,

참여, 임파워먼트 및 상호적 계획 수립으로 이는 개인이나 가족 등 클라이언트가 자신에게 가장 잘 부합되는 목표와 보호계획을 세울 수 있도록 과정에 참여시키는 것이다.

둘째, 클라이언트의 욕구 및 선택을 옹호하는 것으로, 사회복지사는 개인 및 가족을 옹호해야 하며, 힘이 없는 집단을 옹호하는 것이다.

셋째, 적절한 질 높은 서비스로, 원조를 요청하는 클라이언트의 욕구를 파악하고 수용하여, 적절하고 질 높은 서비스를 제공하는 것이다.

넷째, 보호의 연속성으로, 지속적으로 변화하는 클라이언트의 욕구에 따라 포괄적인 서비스를 제공하여 클라이언트가 이동해야 하거나 힘든 상황에 빠지지 않게 한다.

다섯째, 서비스에 대한 접근은 가능한 단일된 통합체계로 쉽고 공정하게 이루어져야 하며, 서비스를 요청한 클라이언트는 평등한 대우를 받아야 하고, 어떠한 편파적 차별이 있어서는 안 된다.

여섯째, 서비스의 통합으로, 복잡하고 다양한 욕구를 가진 클라이언트는 다양한 자원이 필요하므로 서비스가 중복되지 않고 적절하고 높은 질의 서비스가 되도록 통합 목표를 가져야 한다.

일곱째, 평가 및 모니터링에서는 계획이 적절한지, 서비스 전달체계가 계획대로 진행되고 있는지, 클라이언트의 진전 상황과 욕구 변화 등을 재사정하고 평가하면서, 지속적인 사후관리를 제공해야 하며, 클라이언트 및 서비스 기관과의 지속적인 접촉을 통하여 보호의 질 및 적절성을 모니터링해야 한다(Woodside & McClam, 1998, 이윤로, 2010 재인용).

이렇듯 사례관리는 위와 같은 사례관리의 원칙에 따라 클라이언트의 잠재력과 자원체계를 활용하여, 포괄적인 서비스를 제공하면서, 개별 클라이언트의 욕구에 맞는 질 높은 맞춤서비스를 중단되지 않게 제공하는 목표를 가지고 있다.

특히 사례관리의 과정은 서비스의 수행기능에 따라 인테이크(intake), 사정

(assessment), 서비스의 계획(service planning), 실행(implementation), 모니터링(monitoring), 평가(evaluation) 및 종결(termination)의 단계로 이루어진다.

02 사회복지 공급자의 유형

사회복지에서 수급자(beneiciaries)에게 급여(benefits)를 제공하는 조직이나 조직의 체계를 사회복지 공급자(김상균 외, 2008)라고 하며, 공공 부문과 민간 부문, 제3부문(Salamon, 1999)으로 나눌 수 있다.

즉, 사회복지 공급자는 사회복지 프로그램을 계획하고 실천하는 주체가 사회의 공공조직인지 여부에 따라 공공 부문과 민간 부문으로 구분되며, 공공 부문은 중앙정부와 지방정부를 포괄할 뿐만 아니라, 국가에 의해 재원이 조달되어 서비스를 생산하고 공급하는 영역을 통틀어 말한다. 민간 부문은 민간공식 부문과 비공식 부문으로 나뉘며, 민간공식 부문은 비영리 부문과 영리 부문으로 구분된다(정무성 외, 2010).

1) 공공 부문

공공 부문은 정부기관이나 그에 준하는 공공조직, 또는 민간기관이면서 정부기관의 위탁이나 서비스 구입 등으로 공공기관과 같은 역할을 하는 주체를 말한다. 공공 부문의 재원은 국가 또는 지방자치단체의 조세로 충당되며, 공공 부문에 해당되는 서비스로는 국민연금, 국민건강보험, 고용보험, 산업재해보상보험, 노인장기요양보험과 같은 공적 사회보험서비스와 국민기초생활보장과 같은 공공부조서비스, 노인, 아동, 장애인을 보호하는 국공립 시설보호서비스나 1366과 같은 공공 상담기관 등이다.

또한, 중앙정부나 지방자치단체에서 서비스 시설을 건립하여 민간기관에 운영을 위탁하는 사회복지관 등도 공공 부문에 속한다.

글레너스터(Glennerster, 1985)는 생산과 소비의 개념을 서비스 전달과 재원의 제공으로 구체화하여, 전달되는 서비스와 지원되는 재원 측면에서 민간 부문과 공공 부문으로 다음과 같이 구분할 수 있다고 하였으며, 한국의 종합사회복지관이나 의료보험제도는 세 번째 유형에 속한다(최영자, 2013).

〈표 8-1〉 공공과 민간 부문의 공사혼합모델

<table>
<tr><th colspan="2" rowspan="2">구분</th><th colspan="4">서비스 전달(제공)</th></tr>
<tr><th colspan="2">공공</th><th colspan="2">민간</th></tr>
<tr><td rowspan="2">재원</td><td>공공</td><td>I
완전공공재원
공공서비스</td><td rowspan="2">III
부분공공/
부분민간재원에
의한 민간서비스</td><td rowspan="2">IV
부분공급/
부분민간재원에
의한 민간서비스</td><td>V
완전공공재원
민간서비스</td></tr>
<tr><td>민간</td><td>II
완전민간재원
공공서비스</td><td>VI
완전민간재원
민간서비스</td></tr>
</table>

출처: Glennerster(1985).

2) 민간 부문

오늘날 대부분의 사회복지는 공공 부문과 민간 부문의 혼합된 형태로 제공된다. 즉, 사회복지 공급자가 정부로 한정되지 않는다는 것이다. 민간단체나 조직도 사회복지의 공급자가 될 수 있으며, 민간 부문은 대부분의 복지국가에서 해결하지 못하는 사회문제의 중요한 부분을 채워 주고 있다.

민간 부문 사회복지의 재원은 민간재원으로 충당되는 경우도 있고, 일부 정부의 재정지원을 받는 경우도 많다. 운영 또한 민간으로부터 이루어지고 있으며, 수급자는 일정한 요건을 갖추어야 하는 경우도 있지만, 공공 부문과 같이 엄격한 규정이 적용되지는 않는다.

3) 제3부문

1980년대 복지국가 위기 이후 정부재원의 한계로 공공복지의 삭감과 함께, 수익자 부담의 원칙에 따라 사회복지 재원을 부분적으로 민간 부문에서 충당하게 되었는데, 이때 국가와 시장의 양극단 사이에 위치한 다양한 조직이나 단체를 제3부문이라 부른다(정무성 외, 2010).

즉, 앞서 설명한 공공 부문은 제1부문, 민간 부문과 영리 추구의 상업활동 부문을 제2부문으로 부르며, 비영리 자발적 단체의 활동부문을 제3부문(third sector)으로 나눈다고(Conrad & Glenn, 1976) 볼 수 있다.

제3부문은 보건의료, 교육, 사회서비스, 예술 문화 및 레크리에이션, 시민권리 옹호, 법률구조서비스 및 국제구호, 종교 활동 등을 포함하며(Salamon, 1999), NPO(non-profit organization)와 같은 의미로 사용되기도 한다.

〈표 8-2〉 비영리 부문의 6가지 특징

구 분	특 징
조직체(organizations)	어느 정도 제도화 및 기구화
민간 부문(private)	제도적으로 정부로부터 독립화
이익무분배(non-profit-distribution)	소유주나 기부자들에게 이익을 돌려주지 않음
자치성(self-goveming)	자기 자신의 활동을 통제하고 조절
자발성(voluntary)	조직의 활동과 운영에 자발적인 참여
공익성(public benefit)	공공의 목적에 이바지, 공익에 기여

출처: Salamon(1999).

CHAPTER 09

사회복지의 미시적 실천 방법

학습목표

- 사회복지실천 대상의 정의를 이해한다.
- 사회복지실천 대상의 유형을 이해한다.
- 사회복지실천 가치와 실천 이론을 설명할 수 있다.
- 사회복지실천과정과 기술을 이해하여 실행할 수 있다.

사회복지실천은 다양한 욕구를 가진 사람에게 개입하여 문제를 해결하는 과정을 말하며, 국가에 따라 선별주의와 보편주의로 대상자를 선정한다. 사회복지실천현장에서 사회복지사는 클라이언트 체계뿐만 아니라, 클라이언트 체계 문제에 영향을 미치는 다른 주변의 체계들과도 함께 활동하게 되는데, 여기에는 인간의 존엄성과 사회정의 실현의 실천 가치를 바탕으로 하고 있다.

실천 이론으로는 복잡하고 다양한 문제요인을 가지고 있는 클라이언트를 '상황 속의 인간'으로 바라보는 생태체계 이론적 관점을 가지고 있으며, 다양한 환경 내의 체계들을 변화시키기 위해 사회복지사는 자신의 전문적 가치와 지식에 기초하여, 접수 및 라포형성단계, 자료수집 및 사정단계, 계획 및 계약단계, 개입단계, 평가와 종결단계, 사후관리단계로 개입하고 있다.

01 사회복지실천 대상의 정의와 유형

1) 사회복지실천 대상의 정의

사회복지실천은 다양한 욕구(needs)를 가진 사람에게 개입하여 문제를 해결하는 과정이라 할 수 있으며, 사회복지실천현장은 지식, 가치, 기술을 바탕으로 구체적인 장소에서 직·간접적으로 사회복지서비스를 제공하는 장(setting)을 말한다.

사회복지서비스 현장에서 서비스를 받는 개인, 즉 대상자를 클라이언트(client)라고 부르며, 대상자를 선정하는 기준은 선별주의(selectivism)와 보편주의(universalism)로 나눌 수 있다(Titmuss, 1976). 선별주의는 사회복지 대상자를 사회적·신체적·교육적 기준에 따라 구분하여 서비스를 제공하게 되는데, 보통은 자산조사(means test)를 통해 원조가 필요하다고 인정되는 사람만을 대상으로 서비스가 주어지게 되어 자원의 낭비가 없으며, 비용이 적게 드는 장점이 있는 반면, 자산조사과정에서 수혜자에게 심리적·사회적 낙인을 줄 수 있다.

보편주의는 시민권(citizenship)에 입각한 하나의 권리로 전 국민을 사회복지 대상자로 삼는 것을 말하며, 시혜의 균일성 유지와 최저소득 보장을 통해 빈곤을 예방할 수 있으며, 경제적 안정에 기여하는 장점이 있는 반면, 한정된 자원을 가지고 모든 사람에게 배분해야 하므로, 더 많이 필요한 사람에게 적절히 배분하는 데 한계가 있다.

또한, 길버트와 테럴(Gilbert & Terrell, 2002)은 사회복지 대상자를 선정하는 데 있어 선정기준을 귀속적 욕구, 보상, 등급분류, 자산조사 욕구로 세분화하였다. 먼저 귀속적 욕구(attributed)는 특정 집단 구성원으로서의 조건을 갖춘 사람을 대상으로,

전문가의 규범적 판단 기준(nirmative criteria of need)에 따라 특정 집단이 대상자로 선정된다. 일반적으로 노령수당, 아동수당 등이 여기에 속한다.

보상(compensation)은 건강보험이나 사회보장보험 등 사회보험 가입 대상자의 요건을 갖추고, 일정한 보험료를 납부한 사람들에게 형평성에 맞춘 전문가의 규범적 판단을 통해 특정한 집단을 대상자로 선정하여, 사회복지 급여가 보상으로 주어지게 된다.

등급분류(diagnostic differentiation)는 신체적·정신적 손상을 입은 사람에게 특정한 재화와 서비스를 제공하기 위하여 전문가의 분류 심사에 의해 대상자를 선정하는 것이다. 장기요양등급이나 장애연금 등이 여기에 속한다.

자산조사 욕구(means-tested need)는 재화와 서비스를 구매할 능력이 없다는 것을 자산조사를 통해 제시하는 것으로 개인의 경제적 여건이 대상자 선정 기준이 된다.

그러나 실제적으로 사회복지실천은 사회복지사업법에 의해 서비스가 제공되고 있으며, '사회복지사업'은 법률에 의한 보호, 선도 또는 복지에 관한 사업과 사회복지상담, 부랑인 및 노숙인 보호, 직업보도, 무료숙박, 지역사회복지, 의료복지, 재가복지, 사회복지관 운영, 정신질환 및 한센 병력자 사회복귀에 관한 사업 등과 이와 관련된 자원봉사활동 및 복지시설의 운영 또는 지원을 목적으로 하는 사업으로 규정되어 있다.

보통 사회복지사업을 실시할 목적으로 설치된 시설은 '사회복지시설'이며, 국민기초생활보장법에 의한 '보장시설'로 보고 있다. 이외 대부분의 보장시설은 사회복지법인과 비영리법인에게 위탁되어 운영되고 있다.

2) 사회복지실천 대상 유형

사회복지실천현장에서 사회복지사는 클라이언트 체계뿐만 아니라, 클라이언트 체계 문제에 영향을 미치는 다른 주변의 체계들과도 함께 활동하게 된다. 핀커스와 미나한(Pincus & Minahan, 1973)은 사회복지사가 사회복지실천현장에서 함께 활동하는 4가지 체계로 클라이언트 체계, 변화매개 체계, 표적 체계, 행동 체계를 제시하였으며, 내용은 다음과 같다.

- **클라이언트 체계**(client system): 클라이언트 체계는 서비스나 도움을 필요로 하는 개인이나 집단, 지역사회를 말하며, 변화매개인과 계약을 했을 때 비로소 클라이언트가 된다. 클라이언트 체계는 클라이언트와 문제 해결에 영향을 주는 사람들을 말하며, 계약은 변화노력의 목표나 목적을 분명히 하기 위해 사용되는 방법을 확실하게 하는 것이다.
- **변화매개 체계**(change agent system): 사회복지사나 사회복지사를 고용하고 있는 기관이나 조직, 지역사회 사회복지시설을 말하며, 변화매개인이란 계획된 변화를 목적으로 특수하게 고용된 사람을 말한다. 사회복지사가 변화매개체가 될 수도 있다.
- **표적 체계**(target system): 클라이언트 체계의 변화목표를 성취하기 위해 영향을 주거나, 변화를 시키는 것이 필요한 개인, 집단, 지역사회를 말한다. 클라이언트 체계가 표적 체계가 되기도 한다.
- **행동 체계**(action system): 변화매개인들이 변화노력을 달성하기 위해 서로 상호작용하는 지역사회 자원들로 이웃, 가족, 학교, 관련 전문가들이 포함된다.

사회복지실천과정에서 사회복지사의 활동을 4체계로 구분하는 것은 여러 가지 면에서 유용하며, 콤프톤과 갤러웨이(Compton & Gallaway)는 위 4체계에 전문가체계를 추가하였으며, 전문가 체계는 변화하는 상황에서 사회복지사의 실천에 관한 지식과 기술도 변화할 수 있도록, 변화하는 상황에 대응할 수 있는 전문적인 지식과 실천 기술을 쌓을 수 있도록 하는 조직체계를 말한다.

사회복지실천 대상의 유형은 실천분야를 기준으로 실천 대상 유형, 실천현장별 유형, 사회정책적 유형, 접근 방법별 유형으로 구분할 수 있다. 사회체계는 사회복지실천 대상을 구분하고 구조를 구분하는 요소가 되며, 2차원으로 구분할 때는 거시체계(macro system)와 미시체계(micro system)로 구분한다. 또한, 3차원으로 구분하는데 거시체계(macro system), 중간체계(mezzo system), 미시체계(micro system)로 구분하며 거시체계는 조직, 지역사회, 국가사회가 여기에 속하며, 중간체계는 가족, 소집단이, 미시체계는 개인이 해당된다.

(1) 실천 대상 유형

- **미시체계**(micro system): 미시적 접근은 다양한 욕구를 가진 사람들을 대상으로 하여 욕구충족을 위해 도와주는 활동으로 이해할 수 있으며, 미국의 경우 에이즈 환자나 미혼모, 이민자, 보호관찰자 등 매우 광범위 하나, 우리나라의 경우는 읍·면·동 주민자치센터나 사회복지기관, 또는 사회복지시설에서 주로 빈곤자들을 대상으로 활동하고 있다.
- **중간체계**(mezzo system): 중간체계 차원의 접근은 공동체 수준에 개입하여, 주민의 복지와 관련된 문제들을 직·간접적인 계획을 통해 해결하고자 하는 조직적이고 전문적인 노력을 의미한다. 공동체 자체를 변화시키기 위한 기관 간의 협력이나 집단옹호, 사회지지 체계 개발, 자원 개발 등의 전문활동에 초점을 두는 것을 말한다.
- **거시체계**(macro system): 거시체계는 국가사회, 지역사회, 조직사회를 말하며, 서비스 대상자에게 직접적인 서비스를 제공하지는 않지만 국가사회 전체에 영향을 미치는 사회문제에 대한 계획 등 서비스 방식, 재원, 전달체계 등에 대한 분석을 통해 대상자에게 간접적으로 접근하는 방식으로 사회복지정책을 말한다.

(2) 실천현장별 유형

사회복지서비스는 서비스의 수급자가 누군가에 따라 서비스 공급내용이 달라진다. 수급자의 대상을 생애주기별로 분류하는 아동복지, 청소년복지, 여성복지,

노인복지 등과 같은 방법과 서비스를 제공하는 장소에 따라 분류하는 의료사회복지실천, 정신보건사회복지실천, 학교사회복지실천, 교정사회복지실천, 군사회복지실천 등이 있다.

그러나 위 두 분류는 대상자 집단을 모두 포괄하지 못한다는 약점을 가지고 있으나, 사회복지서비스 현장에서는 대상자 집단을 중심으로 분류되는 경향이 높다.

(3) 사회정책 방법 유형

사회정책 방법의 유형으로는 사회보험(social insurance), 공공부조(public assistance), 사회복지서비스(social welfare services)의 유형으로 나눌 수 있다. 사회보험은 위험에 대한 비용을 여러 사람들과 같이 분담하는 것으로 가입의 강제성과 보험료 부담자가 다수라는 면에서 상업보험과 구분된다. 즉, 사회보험은 국가의 비용부담이 거의 없거나 적은 편이며, 현재 수입이 있는 근로자를 대상으로 하는 경우가 일반적이다. 대부분의 복지국가에서는 노령, 의료, 산업재해, 실업의 위험에 대해 적용하고 있다.

공공부조는 개인이나 가족이 스스로 국민적 최저생활을 유지하기 어려운 경우 경제적 자립이 가능할 때까지 국가 또는 지방정부가 생계비 등을 보충하는 목적을 가지고 있다. 고용 여부와 상관없이 고정된 수입이 최저생활수준을 넘지 못하는 경우 누구나 신청할 수 있으나, 국가에 따라 연령이나 기타 조건을 충족하는 경우로 수급을 제한하기도 한다.

사회복지서비스는 영유아, 아동, 노인, 장애인 등이나 윤락여성, 정신장애인, 가정폭력행위자 등을 대상으로 삼는다. 서비스 공급의 목적은 그들의 욕구나 문제를 해결해 주는 것이지만 서비스가 현금이나 현물이 아니라, 비물질적이고 전문적 서비스가 대부분이다.

(4) 접근 방법별 유형

접근 방법별 유형에는 임상 사회복지실천(clinical social work), 공동체 복지(community welfare), 사회복지정책(social welfare policy), 사회복지행정(social welfare administration), 사회복지조사가 있다.

임상 사회복지실천은 개인, 가족, 집단을 대상으로 사회체계의 문제나 욕구에 관해 여러 가지 모델을 사용하여 다양한 사회체계에 개입하는 것으로, 개입의 대상이 되는 사회체계는 미시적인 체계에서 거시적인 체계까지 포함한다.

공동체 복지는 구성원의 조직, 공동체의 다양한 복지 관련 단체, 일반 사회단체, 행정조직 등에 개입하여 구성원들의 문제나 욕구를 해결하는 것으로, 공동체 구성원 개개인이 아닌 공동체 전체 또는 일부를 대표하는 사람에게 개입하는 것이다.

사회복지정책은 국가차원에서 사회복지문제에 대한 계획은 물론, 국가보다 하위체계인 지방정부나 공동체의 사회복지문제에 대한 계획을 포함한다. 사회복지정책의 분석은 대상자의 자격, 급여의 종류, 전달체계, 재정체계 차원으로 분리하는 것이 편리하다.

사회복지행정은 사회복지 급여를 전달하는 공적·사적 조직체라는 사회체계에 개입하는 사회복지실천의 한 방법이다. 서비스 대상자에게 서비스를 효율적이고 효과적으로 전달할 수 있도록 사회복지 조직이 실천 대상이 되는 경우가 많다.

사회복지조사는 사회체계나 체계 간의 관계에 대해 자료를 수집하고 분석·해석하여 이론과 실천을 과학적으로 제시하는 것을 말한다.

02 실천 가치와 이론

1) 실천 가치

사회복지실천은 인간의 존엄성과 사회정의 실현이라고 볼 수 있는데, 일반적으로 가치(value)란 사회구성원들에 의해 결정된 바람직한 믿음으로 사회가 바람직하다고 여기는 것, 사회구성원들이 행동해야 하는 방식, 적절한 삶의 방식 등을 의미한다.

인간 존엄성(human dignity)은 인간의 천부적 가치를 기반으로 사회복지가 지향하는 본질적인 목적인 인간 존엄성을 구현하는 것으로, 인간은 누구나 성취 여부나 능력에 관계없이 존중받아야 하며 인종, 성, 정치, 경제, 사회적 지위, 종교, 교육수준 등과 같은 속성에 따라 판단되거나 차별받아서는 안 된다는 실천적 신념이다(윤철수 외, 2012).

또한, 사회정의(social justice)는 모든 사회구성원들이 같은 기본적 권리, 보호, 기회, 의무, 사회적 이득을 가지는 이상적인 상태(Barker, 1991)로 사회복지사는 사회적으로 취약한 위치에 있는 사람들을 위해, 활동하고 사회적 변화를 추구해야 한다.

따라서 사회복지실천 가치는 전문직으로서의 직업적 가치와 윤리에 기반을 두어야 하지만, 다른 전문직과 달리 휴먼서비스를 제공하기 때문에 기본적으로 인간 존중과 사회연대성[41]이 필요하다. 자스트로우(Zastrow)는 사회복지실천에서 중요하게 생각하는 가치를 다음과 같이 제시하고 있다.

① 인간의 존엄성과 개인의 독특함을 존중한다.
② 자기결정권에 대한 클라이언트의 권리를 존중한다.
③ 비밀보장
④ 그 밖의 가치들

- 잔여적 대책이 아닌 제도적 대책을 지향한다.
- 클라이언트와 전문적 관계를 맺는다.
- 사회적·경제적 정의를 추구한다.
- 서비스 단위로 가족에게 초점을 둔다.
- 서비스의 사회적 책임성을 지향한다.

1) 연대(solidarity)는 '두 사람 이상이 함께 무슨 일을 하거나 함께 책임을 지는 일'을 의미하는데 인간의 사회성에 대한 신념을 갖고 있으며, 서로에 대한 책임감을 강조한다.

또한, 레비(Levy, 1973)는 사회복지 전문직으로서의 실천 가치로 '사람 우선의 가치', '결과 우선의 가치', '수단 우선의 가치'를 설명하였다.

'사람 우선의 가치'는 사회복지사가 클라이언트에게 갖는 가장 기본적인 가치로 클라이언트를 독특한 개인으로 보며, 헌법에서 보장하는 기본권을 존중한다. 개인변화에 대한 능력과 욕구, 상호책임성, 인간으로서 갖는 욕구와 소속의 욕구 등이 있다.

'결과 우선의 가치'는 서비스가 제공되고 난 후 결과에 대한 가치로 클라이언트의 발전을 위해 사회참여에 대한 기회를 제공해야 한다는 사회적 책임에 대한 가치이다. 빈곤, 질병, 차별대우, 불공평한 교육기회 등을 해결하거나 방지해야 하는 것을 말한다.

'수단 우선의 가치'는 인간을 다루는 데 수행하는 방법과 선호하는 수단을 달하며, 특히 사람은 존엄성을 가지고 있고 자기결정의 권리를 갖고 사회변화에 참여하도록 해야 하며 사회복지실천과정에서 매우 중요한 가치라고 할 수 있다.

한국 사회복지사협회는 여러 차례의 개정을 통해 사회복지사의 윤리강령을 제시하였으며, 다음과 같은 가치를 도출하였다(김혜영 외, 2012).

첫째, 인간 존엄성 가치 및 클라이언트의 권익옹호

둘째, 클라이언트의 주체성과 자기결정권

셋째, 사회정의와 평등, 자유와 민주주의 가치

넷째, 사회복지사의 성실성 및 공정성

2) 실천 윤리

윤리는 사람들에게 옳고 그른지를 결정하게 하는 행동에 대한 지침을 말한다. 일반적인 윤리는 인간이 마땅히 지켜야 할 도리를 말하고 있으나, 전문가의 윤리는 특수한 역할을 수행하는 데 수반되는 의무를 성문화하는 것이다.

로웬버그와 돌고프(Loewenberg & Dolgoff, 1996)는 사회복지 윤리가 사회복지사에게 윤리적으로 올바른 실천 방법을 인식할 수 있도록 도와주며, 전문적인 사회복지실천상황에서 나타나는 윤리적 측면과 관련된 올바른 실천행위를 결정하고 행동에 옮기는 방법이라고 하였다. 즉, 사회복지실천 윤리는 사람들이 옳다고 믿는 것을 행동으로 옮기는 것이 아니라, 사회복지사가 자신의 전문적 가치를 실천적 행동으로 전환하도록 돕는 지침이라고 할 수 있다.

(1) 윤리적 갈등

흔히 사회복지실천에서 관계는 전문적인 관계라고 말한다. 그것은 클라이언트가 전문가인 사회복지사와의 관계를 통해 변화하고 발전하며 성장하기 때문이다. 이러한 사회복지실천과정에 사회복지사는 윤리적 결정을 내려야 하는 상황에 때때로 직면하게 된다. 윤리적 문제의 발생원인은 다음과 같다(Dolgoff et al., 2005).

① **상충된 가치**(competing values): 두 개 또는 그 이상의 경쟁적인 가치와 직면했을 때 사회복지사는 윤리적 딜레마에 빠지게 된다.

② **상충된 의무**(competing loylties): 사회복지사는 자신이 속한 기관에 대한 의무와 클라이언트에 대한 의무가 상충될 때 갈등을 경험하게 된다.

③ **다수의 클라이언트 체계**(multiple client system): 클라이언트가 여러 개의 체계에 연결되어 있을 때 윤리적인 딜레마가 올 수 있다.

④ **결과의 모호성**(ambiguity): 윤리적 결정의 장기적인 효과가 모호할 때 사회복지사는 선택의 딜레마에 빠진다.

⑤ **힘의 불균형**(power imbalance): 클라이언트는 도움을 요청하는 위치에 있고, 사회복지사는 클라이언트의 자기결정권이나 클라이언트의 이익을 최우선으로 하고 있으나 전문가에 의존하는 상하관계의 형성에서 오는 힘의 불균형으로 윤리적 딜레마가 올 수 있다.

(2) 윤리적 딜레마

클라이언트의 자기결정권은 존중되어야 하나 때때로 한계에 부딪칠 수 있다. 이대 윤리적인 딜레마를 해소 할 수 있는 방법으로 로웬버그와 돌고프(1996)의 윤리적 결정을 내리기 위한 원칙은 사회복지사가 우선순위를 정할 때 필요하다.

〈표 9-1〉 윤리적 원칙 사정표

윤리원칙 1	생명보호의 원칙	• 다른 여러 의무나 원칙에 우선하여 발생 • 생명의 권리는 모든 권리 중에 가장 기본이 되며, 인간 생명보호는 모든 사람에게 적용된다.
윤리원칙 2	평등 및 불평등의 원칙	• 모든 사람은 평등하게 처우되어야 한다. • 능력이나 권력이 다른 사람들은 다르게 처우된다.
윤리원칙 3	자율과 자유의 원칙	• 개인의 자율성, 독립성, 자유는 중시되나 자신이나 타인의 생명보다 우선할 수 없다.
윤리원칙 4	최소한 손실의 원칙	• 항상 최소한의 손실을 가져올 수 있는 대안을 선택해야 한다.
윤리원칙 5	삶의 질 원칙	• 개인, 지역사회, 모든 사람들의 삶의 질을 증진시킬 수 있는 기회를 선택해야 한다.
윤리원칙 6	사생활보호와 비밀보장의 원칙	• 클라이언트에 대해 알게 된 사실을 다른 사람에게 공개해서는 안 되며, 사생활보호 권리를 신장시켜야 한다.
윤리원칙 7	성실과 개방의 원칙	• 클라이언트와 여타 당사자에게 진실만을 말하며, 필요시 모든 관련 정보를 충분히 개방해야 한다.

출처: Loewenberg & Dolgoff(1996).

우리나라의 윤리기준은 1980년에 제정되어 시대변화를 반영한 2차 개정을 통해, 사회복지사의 기본적 윤리로 ① 전문가의 자세, ② 전문성 개발을 위한 노력, ③ 경제적 이득에 대한 태도를 제시하고 있다. 또한, 사회복지사의 클라이언트에 대한 윤리기준으로 ① 클라이언트와의 관계, ② 동료의 클라이언트와의 관계를, 사회복지사의 동료에 대한 윤리기준으로는 ① 동료, ② 지도 감독자를 제시하며 이외에도 사회복지사의 사회에 대한 윤리기준, 사회복지사의 기관에 대한 윤리, 사회복지윤리위원회 구성과 운영에 대한 기준을 제시하고 있다.

3) 실천 이론

과거 인간의 문제를 다루는 데 있어 전문가들은 문제를 단순한 원인과 결과 측면에서만 보는 경향들이 있었다. 그러나 이러한 단선적 원인론은 사회복지문제를 해결하는 데 적절하지 않은 경우가 많았으며, 개인문제를 다루는 데 있어 다양하고 복잡한 요인들이 문제를 발생시키는 것에 어떻게 상호작용하는지를 이해하여 개입전략 결정을 가능하게 하는 이론적 틀이 필요하게 되었는데, 이것이 체계 이론이다.

(1) 체계 이론

체계 이론은 1970년대 이후 사회복지실천에 많은 영향을 주었는데, 클라이언트의 행동과 기능수행에 영향을 미치는 생물학적·사회적 체계들의 상호작용에 초점을 맞추도록 하며(김혜영 외, 2012), 미시적·거시적 분리에 의존하지 않고 총체적인 관점에서 적절한 클라이언트 체계를 규정하고, 변화가 필요한 체계가 무엇인지 파악할 것을 강조한다(이윤로, 2010).

핀커스와 미나한(Pincus & Minahan, 1973)은 체계 이론을 사회복지실천에 응용하여 가족이나 친구, 동료 같은 비공식적 자연체계, 지역사회집단이나 협회 같은 공식적 체계, 병원이나 학교 같은 사회체계가 사람들을 도울 수 있다고 보았다.

체계 이론에서의 주요개념은 다음과 같다.

① 체계(system)는 전체가 부분의 합보다 크다는 속성을 가지고 있으며, 물질적·정신적 에너지가 교환되는 경계를 가지고 있고, 상호 의존적이고 상호작용하는 부분들로 구성되어 있다.

② 개방체계(open system)는 체계의 경계에 투과성이 있어 경계 내부나 외부 간에 정보나 에너지가 넘나들면서 상호 교환이 되는 체계를 말하며, 폐쇄체계(closed system)는 다른 체계와 상호작용하지 않아 정보나 에너지의 교환이 이루어지지

않는다.

③ 경계(boundary)는 체계를 둘러싸고 있는 막이라 볼 수 있으며, 외부와의 접촉을 통제하는 비가시적인 경계를 말한다.

④ 엔트로피(entropy)는 자신을 유지하기 위해 자신의 에너지를 사용하려는 체계의 경향을 말하며, 부적 엔트로피(negative)혹은 네겐프로피(negentropy)로 체계를 유지하고 발전을 도모하는 생존의 힘을 말한다.

⑤ 투입(inputs)은 체계외부로부터 체계 내로 유입되는 에너지나 정보를 의미하며, 전환(throughputs)은 투입물을 처리하여 체계 기능 유지에 필요한 형태로 전환하는 작용을 의미한다.

산출(outputs)은 전환활동을 통해 나타나는 결과물이 체계 밖으로 나타나 다른 체계에 영향을 미치는 것을 말하며, 피드백(feedback)은 체계가 자신의 기능을 모니터하고 안정된 상태를 유지하기 위해 필요한 것이다.

⑥ 동귀결성(equifinality)은 특정한 결과가 여러 원인으로부터 기인하는 것을 말하며, 다귀결성(mulrifinality)은 주어진 활동이 다른 결과들을 발생시킬 수도 있다는 것을 말한다.

(2) 생태체계 이론

생태체계 이론은 생태적 관점(ecological perspective)으로 불리기도 하나 체계 이론과 생태 이론(Auerswald)이 합성된 것으로 '상황 속의 인간'에 초점을 유지하며, 인간의 욕구와 문제를 인간 혹은 환경 자체의 산물이 아니라, 인간과 환경과의 상호작용과 교류 속의 산물로 보는 것이다. 특히 브론펜브레너(Bronfenbrenner)는 인간발달과정을 체계론적 관점으로 바라보며, '생태적 체계(ecological system)'라는 용어를 사용하였고, 저메인과 기터맨(Germian & Gitterman,1996)은 사회복지실천모델토 생활모델을 제시하였다.

생활모델은 개인들이 그들 환경의 여러 양상과 상호작용하면서 계속적으로 적응해 나가며, 개인들은 환경에 의해 변화되고 환경을 변화시킬 수 있다고 브는 것이다. 생태체계 이론은 이러한 점에서 사회복지실천의 통합적 접근을 뒷받침하는 주요개념 틀과 관점으로 평가받고 있다.

생태체계 이론의 주요개념은 다음과 같다.

① 적소(niche)는 특정한 종이 가장 효과적으로 기능할 수 있는 특정한 장소나 환경을 말하는 것으로 '가장 적합한 곳(fit)'을 말한다.
② 수용능력(carrying capacity)은 특정 생태체계 안에서 살 수 있는 종의 최대 숫자를 말한다.
③ 적응(adaptation)은 개인 대 환경의 적절한 결합을 의미한다.
④ 경쟁(competition)은 자원이 제한된 경우 생존을 위해 경쟁하는 것을 말한다.
⑤ 공생(symbiosis)은 두 종 간의 유익을 얻기 위한 상호작용을 말한다.

03 실천과정과 기술

사회복지실천과정은 클라이언트와 클라이언트를 둘러싼 다양한 환경 내의 체계들을 변화시키기 위해 사회복지사가 자신의 전문적 가치와 지식에 기초하여 개입하는 기술과정이며, 사회복지실천은 계획적이고 조직적이며, 체계적인 절차를 가지고 있다.

일반적으로 사회복지실천과정은 초기단계, 중간단계, 평가와 종결단계로 구분하기도 하는데 본 장에서는 클라이언트에게 효과적인 개입을 할 수 있도록 접수와 라포형성단계, 자료수집과 사정단계, 계획과 계약단계, 개입단계, 평가와 종결, 사후관리단계로 구분하였다.

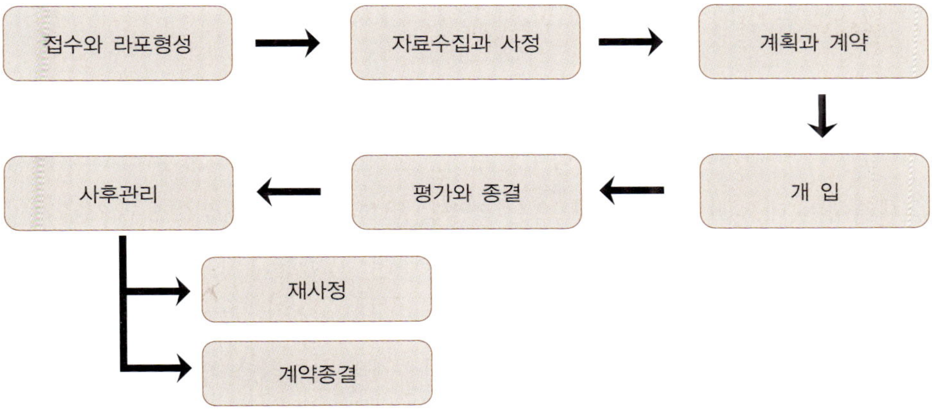

[그림 9-1] 사회복지실천과정

1) 접수와 라포형성

접수(intake)는 욕구를 가진 사람이 사회복지기관을 찾아왔을 때 사회복지사가 그들의 문제와 욕구를 확인하여, 자신이 근무하는 기관의 목적과 서비스에 적합한지를 판단하는 과정이라고 볼 수 있다. 이때 기관에서 원하는 서비스를 제공할 수 있다고 판단될 때, 사회복지기관을 찾아온 사람은 클라이언트가 되는데 해당 기관에서 서비스를 제공할 수 없다면 다른 기관으로 의뢰를 하게 된다.

접수면담 중에 사회복지사가 주의할 것은 클라이언트를 유형화해서는 안 되며, 또한 고정관념을 가져서도 안 된다. 사회복지사는 모든 클라이언트를 개별화해야 하며 그들이 가질 수 있는 양가감정과 두려움을 이해하여 편안한 마음을 가질 수 있도록 관심과 존중을 보여 주어야 한다(양옥경 외, 2005). 특히 접수과정에서 사회복지사와 클라이언트의 전문적인 관계는 원조에 큰 영향을 줄 수 있는데, 여기서 말하는 전문적인 관계는 사회복지사와 클라이언트의 상호 긍정적인 신뢰관계인 라포(Rappot)형성을 말한다. 라포형성이 잘 이루어지면 클라이언트는 사회복지사에게 자신이 이해받고 있으며, 또한 관심을 갖고 있다고 느끼게(Hepworth & Larsen, 1997) 되어 차후 진행되는 원조과정을 용이하게 할 수 있다.

2) 자료수집과 사정

(1) 자료수집(data collect)

자료수집은 클라이언트와 클라이언트가 가진 문제를 이해하고 분석하여 문제를 해결하는 데 필요한 사실을 모으는 과정을 말한다. 실제 자료수집은 객관적인 자료나 정보, 클라이언트의 주관적인 사실을 모두 포함한다.

자료수집 방법은 일반적으로 클라이언트가 작성한 양식과, 클라이언트가 면접과정에서 보일 수 있는 비언어적 행동, 중요한 사람과의 상호작용, 또한 사회복지사가 클라이언트와 직접 상호작용하면서 느끼는 감정 등을 통해서 자료를 수집한다.

(2) 사정(asscessment)

사정은 과거 진단(diagnosis)이라고 불리었다. 그러나 진단이란 용어는 클라이언트를 병리적으로 바라봄으로써 클라이언트를 성장 가능성과 문제 해결능력이 없는 사람으로 바라본다는 인식을 하면서, 바틀렛(Harmiett Bartlett)에 의해 사정이라는 용어로 사용되었다.

사정은 사회복지실천과정의 핵심적 단계라고 할 수 있다. 이는 클라이언트의 문제와 원인을 발견할 수 있으며, 또한 문제를 완화·해소하기 위해 어떤 변화를 가져올 수 있는지 탐색을 통해 최종적으로는 문제를 규정하고, 문제의 인과적 관계를 확인하는 종합과정(도광조, 2008)이라고 할 수 있다.

따라서 클라이언트를 보다 객관적으로 사정하기 위해서는 사회복지사의 직관이나 느낌보다는 클라이언트에 대한 관찰이나, 기록, 관련 문헌 등 경험적 자료에 근거해야 하며, 클라이언트의 다양한 반응체계에 관심을 갖고, 클라이언트의 약점보다는 긍정적 행동에 초점을 두어야 한다(권오균 외, 2011).

3) 계획과 계약

(1) 계획

계획은 클라이언트와 클라이언트의 상황, 문제, 욕구, 강점에 기반하며 변화에 초점을 맞춰 어떻게 개입할 것인지 원조방법을 설계하는 것을 의미한다. 계획과정은 목적설정과 계획의 수립으로 이루어진다. 목적(goal)은 클라이언트와 사회복지사가 사회복지실천 노력을 통해서 성취하기 원하는 바람직한 결과를 말한다. 즉, 목적이란 클라이언트의 문제와 욕구를 정의하고 이들에게 영향을 미치는 요인과 자원을 근거로 설정하는 것이다.

또한, 목표(objective)는 목적을 세분화하여 특정 사항에 초점을 둔 구체적이고 행동적이고 측정 가능한 방식으로 진술한 것을 말한다. 목적과 목표는 구분하여 수립하기도 하나, 목적은 광범위하고 장기적으로 볼 수 있는 반면, 목표는 목적을 이루어 나가는 단계적인 하부목적으로 단기적으로 볼 수 있다.

목표를 작성할 때 주의해야 할 점은 다음과 같다.

① 될 수 있는 한 긍정적 용어를 사용하는 것이 좋다.
② 빈도나 기간, 강도 차원에서 서술하여 평가를 용이하게 하는 것이 좋다.
③ 클라이언트의 변화된 모습을 나타낼 수 있는 지표가 될 수 있도록 서술해야 한다.
④ 클라이언트, 중요한 타자, 사회복지사의 기대를 고려해야 한다.
⑤ 기관의 사명과 기능을 고려해야 한다.

(2) 계약(contract)

계약은 목표를 달성하기 위한 구체적인 계획에 대해 사회복지사와 클라이언트가 서로 동의하는 것을 말한다. 즉, 계약이란 사회복지실천 활동에서 클라이언트와 사회복지사가 성취할 목적 및 목표를 달성하기 위해 누가(행동주체), 무엇(과업)

을, 언제(시간적 조건), 어떤 방법(실천 방법)으로 할 것인지와 그 외 전반적인 운영사항(회합시간, 장소, 비용, 평가)에 대해 구체적으로 계획하여 상호 합의하는 과정이다(김혜영 외, 2012).

이렇듯 계약은 클라이언트로 하여금 문제 해결과정에 있어 자신이 수동적인 존재가 아니라 중심적인 역할을 하며, 사회복지사와 동등한 인격으로 대우받는 다는 사실을 알려 줄 수도(권오균 외, 2011) 있다. 사회복지실천과정에서 클라이언트와 사회복지사 간의 계약은 법적인 효력을 갖지 못하여, 일반적으로 구두로 하는 경우가 대부분이나, 서면계약을 선호하는 사람은 서면내용의 목표를 달성해야 하는 것을 사회복지사의 의무로 인식하는 경우가 있어 법적 소송을 할 수도 있으므로 주의를 기울여야 한다.

계약의 내용에는 성취할 목표, 클라이언트와 사회복지사의 역할, 개입에 사용되는 형태 및 기법, 시간적 조건, 평가방법, 시작일과 종료일, 약속 취소와 변경의 조건, 비용 등과 관련된 사항이 포함된다(Hepworth & Larsen, 1986).

4) 개입

개입은 치료의 의미를 포함하며, 동시에 문제의 해결이나 예방을 위한 다양한 활동을 포괄하고 있다. 개입은 직접적인 개입과 간접적인 개입으로 나눌 수 있다.

(1) 직접적 개입

직접적 개입은 클라이언트의 심리적, 내적 측면의 욕구와 문제를 해결해 나갈 수 있는 대처능력을 향상시키는 데 목적을 두고 있다. 사회복지사는 클라이언트 체계의 변화를 가져오기 위해 관계 기술이나 문제 해결 기술, 행동수정 기술, 의사소통 기술 등을 활용할 수 있다.

(2) 간접적 개입

간접적 개입은 개인에 대한 변화만으로 목표달성이 어려울 때 사회복지사가 클라이언트를 둘러싸고 있는 환경에 대한 개입활동과 실천기술을 활용하여 접근하는 개입 방법이다. 여기서는 지역사회나 조직 내에서 권력과 권위를 가지고 있는 사람들을 관여시킬 수 있고, 서비스 조정 활동을 할 수 있으며, 새로운 자원 개발과 동원을 위해 프로그램을 계획하기도 한다.

5) 평가와 종결

평가와 종결은 사회복지서비스실천과정의 마지막 단계로 목표달성 정도를 검토하는 것이다. 모든 사회복지기관들과 사회복지사는 자신들의 임무와 목표에 대한 평가를 반드시 수행해야 하며, 평가의 궁극적인 목적은 서비스의 효율성과 효과성을 최대화하여 사회복지실천의 책임을 다해야 하는 것을 말한다. 또한, 종결은 사회복지서비스실천과정을 마무리하는 단계로 계획된 서비스의 목적이 달성되었을 때나, 개입기간이 끝났을 때, 사회복지사의 이직·승진, 또는 클라이언트가 원해서 종결되기도 한다.

(1) 평가

사회복지실천현장에서 평가는 보통 형성평가(formative evaluation)와 총괄평가(summative evaluation)로 이루어진다. 형성평가는 목표달성을 지속적으로 모니터하기 위해 수행되는데, 클라이언트의 문제 해결을 지향하는 제반노력의 적절성과 투입량을 평가하는 것이며, 결과보다는 서비스 제공과정에 초점을 둔다. 반면 총괄평가는 서비스 종결 시 설정하였던 목표나 세부목표들이 얼마나 달성되었는지를 평가하는 것으로, 개입을 통해 의도된 결과가 있는지를 평가하는 것이라 할 수 있다.

(2) 종결

서비스실천과정에서 계획했던 목표를 달성하고, 클라이언트가 스스로 욕구충족이 되었거나 문제 해결을 할 수 있는 능력이 생겼다고 인식하거나, 더 이상의 진전이 없을 때 종결하는 것이 바람직하다. 클라이언트와 사회복지사는 종결단계에서 이별과 관련된 복잡한 감정을 경험하게 되는데, 이때 종결에 대한 감정을 표현하고 토론한 시간을 갖는 것이 중요하다. 특히 성공적인 종결을 위해서는 클라이언트가 개입과정에서 성취했던 긍정적인 변화를 인식하고, 자기효능감(self-efficacy)을 가질 수 있도록 돕는 것이 중요하다(김혜영 외, 2012).

햅워스와 라슨(Hepworth & Larsen, 2006)은 종결을 '계획된 종결'과 '계획되지 않은 종결'로 구분하였으며, '계획된 종결'은 목표달성에 성공한 종결과 목표달성에 실패한 종결로 성공한 종결은 긍정적인 감정을 나타내는 것이 대부분이나 목표달성에 실패한 종결은 부정적인 정서반응을 가져올 수 있다. 이때 사회복지사는 클라이언트가 자신의 감정을 수용하고, 두려움과 불안 등의 감정 원인이 되는 과거경험을 검토해 보도록 돕는 것이 중요하며, 서비스실천과정 중 긍정적인 측면을 볼 수 있도록 돕고, 자신의 강점을 인식하게 하는 것도 중요한 종결반응이다.

6) 사후관리(follow-up services)

서비스실천과정에서 획득한 바람직한 변화가 지속적인 성장을 할 수 있도록 돕는 것이 중요하다. 사후관리는 종결 후 1~6개월이 지났을 때 클라이언트가 변화에 잘 적응하고 있는지를 점검하는 과정으로 사회복지사가 종결 이후에도 계속적인 관심을 가지고 있다는 것을 보여 줌으로써, 변화된 상태를 지속할 수 있는 동기를 강화하는 것이다.

재사정은 일반적으로 클라이언트의 서비스 계획에 대하여 수정이 시급하다고 판단될 때와 서비스 목적달성이 조정되었어도 클라이언트에게 새로운 욕구가 나타났을 때 계획을 수정하는 것을 말하며, 클라이언트의 문제 해결과 욕구충족을 위한 자원이나 서비스가 현재 기관에서 불충분할 경우 적절한 다른 기관이나 외부자원들과 연결시키는 것을 의뢰라고 한다.

CHAPTER 10

사회복지의 중범위·거시적 실천 방법

학습목표

- 지역사회복지의 개념을 이해한다.
- 지역사회복지에 대한 실천기법을 이해한다.
- 사회복지행정의 개념을 이해하고, 조직 이론을 설명할 수 있다.
- 사회복지정책의 개념을 이해한다.
- 복지국가의 위기 문제를 설명할 수 있다.

사회복지의 중범위·거시적 실천은 주로 사회복지기관의 운영과 사회복지사의 지도·감독 등을 통해 이루어지며, 클라이언트보다는 주로 사회복지 종사자를 대상으로 개입하기 때문에 간접적 실천이라고 한다.

중범위·거시적 실천은 크게 세 가지로 분류할 수 있다. 첫째는 지역사회 수준에 개입하여 지역사회에 존재하는 각종 제도에 영향을 주고, 지역사회의 문제를 예방하고 해결하고자 하는 사회복지사의 활동이다. 둘째는 사회복지기관이나 조직의 행정체계를 대상으로 한 사회복지사의 활동이다. 셋째는 클라이언트의 삶에 영향을 미치는 국가와 사회의 복지체계를 대상으로 한 사회복지사의 활동이다.

01 지역사회복지

1) 지역사회의 개념

지역사회는 지리적 조건에 의해 형성된 지역공동체라고 할 수 있다. 지역사회는 제한되고 인접된 지역 내에서 함께 거주하는 주민으로 성립된 인구의 집합체이며, 공동의 생활양식과 문화를 공유하고 통일된 지역사회 의식을 가지며, 주민끼리 서로 협동하면서 생활하는 공동사회인 것이다(이근홍, 2006). 지역사회는 공통적인 물리적 공간을 점유하고 있는 것뿐만 아니라 공통 욕구가 있는 주민으로 구성된 인간집단으로서, 주민의 욕구를 충족시키기 위해서 조직된 사회조직이기도 하다. 이처럼 지역사회란 지리적 영역과 공동생활 요인을 동시에 가지고 있는 인간집단이라고 볼 수 있다(김영모 편, 2001).

이러한 기존의 정의를 종합해 보면, 지역사회란 지리적 조건에 의해 형성된 지역공동체로서, 일정한 지리적 영역을 공유하고 있는 사람들이 사회적 상호작용을 하면서 사회조직을 이루며, 문화를 공유하면서 지역 공동 의식을 가지고 생활하는 공동체라 할 수 있다. 한편, 지역사회가 지녀야 할 공통요소는 지리적 영역, 사회적 상호작용, 공동의 결속체와 소속감인 공동의 유대 등이다.

〈표 10-1〉 지역사회의 주요개념

구 분	개 념
정치적 실체	시·군·구 주택지구 등 지역사회는 많은 정치적·사회적 기능을 수행하며 정부와 개인 사이를 중재한다.
힘	어떻게 상위조직이 하위조직에 영향력을 미치고 통제하는가와 관련이 있다. 지역사회가 각기 다른 정도의 힘을 가진 정부의 하위체계인 것처럼, 주민들도 다른 힘을 갖고 있는 지역사회의 하위체계이다.
지리적 구성	인구가 특정 지역에 집중하는가, 고르게 분포하는가, 상업지역과 주택지역은 어디인가, 지역사회 사이를 구분하는 경계는 무엇인가 등이다.

구 분	개 념
경쟁	지역사회구성원들이 어떻게 땅을 활용하며 상업이나 공업, 공공시설, 주거용도로 더 나은 장소를 찾는가와 관련이 있다.
격리	사회적 억압이나 구속적인 법 또는 개인의 선택으로 특정한 공통된 특성을 가진 집단이 분리되거나 소외되는 것을 말한다.
통합	다양한 집단이 하나의 기능적인 전체로 합하여 섞인 과정을 의미한다.

2) 지역사회 분석과 조직의 유형

(1) 지역사회 분석

사회복지사는 자신이 속한 기관이나 지역사회에 대해서 잘 파악하고 있어야 한다. 특히 지역사회 전체를 개입대상으로 하는 때에는 지역주민의 삶에 영향을 미치는 정치, 경제, 사회, 문화적 특성과 지역사회 주민의 욕구나 문제에 대한 파악이 매우 중요하다(설진화, 2008).

지역사회 분석은 사회복지사로 하여금 지역사회 내부의 행동과 의사결정에 영향을 미치는 사회·경제·정치적 구조와 지역사회의 역사를 알게 함으로써 사회복지실천의 맥락을 이해할 수 있으며, 지역사회 주민이나 클라이언트를 돕기 위해서 또는 지역사회에 필요한 새로운 프로그램을 개발하는 데 필요한 정보와 현존하는 자원에 대한 정보를 알게 한다(Sheafor et al., 1997).

지역에 대한 분석은 지역 전체에 대한 포괄적인 분석을 할 수 있고, 특정한 문제나 하위인구집단을 중심으로 분석을 할 수도 있다. 지역사회 전반에 대해 알기 위해서는 인구, 지역사회의 역사, 지리적 조건, 지역경제 실태, 소득분배, 주택, 소득, 교육, 건강과 복지체계, 공공안전과 사법체계, 주요 언론매체와 여론, 지역사회의 주요 문제와 관심사 등에 대해 정보를 수집하는 것이 도움이 된다. 한편, 특정 문제영역(알코올중독, 가정폭력, 청소년 비행 등)이나 인구유형(아동, 청소년, 여성, 노인, 장애인 등)에 따른 표적집단의 관심과 욕구의 측면에서 지역사회를 분석할 때에는 전반적인 측면에서 지역사회를 분석할 때와 비교하면 지역이 안고 있는 문제에 대해서 심층적으로 더 많이 알 수 있게 된다.

(2) 지역사회조직의 유형

지역사회조직은 개별사회사업, 집단사회사업과 함께 전통적 사회사업의 한 방법으로서 사회복지실천에서 중요한 위치를 차지하고 있다. 지역사회조직사업은 지역사회를 구성하는 개인, 집단, 조직, 이웃 등의 사회적 복리와 안녕을 긍정적 방향으로 향상시키기 위해 지역사회 수준에서 전개되는 일련의 활동을 말한다. 지역사회조직사업은 공·사 사회복지기관의 전문 사회복지사에 의해 이루어지며 추구하는 변화에 대해 더욱 의도적이고, 계획적이며, 조직적이고, 과학적인 지식과 기술을 포괄적으로 사용한다는 점에서 다른 지역사회복지 활동과는 구별된다(설진화, 2008).

3) 지역사회에 대한 실천기법

지역사회복지실천가인 사회복지사는 촉매자, 촉진자, 중개자, 교사 등 매우 많은 역할을 요구받고 이를 수행해 나가고 있다. 지역사회복지실천을 더욱 효과적으로 수행해 나가기 위한 대표적인 실천기술은 다음과 같다.

(1) 옹호기술

옹호(advocacy)활동은 ① 클라이언트에게 제공되지 않은 자원과 서비스를 얻을 수 있도록 하고, ② 클라이언트에게 불리한 영향을 미치는 실천, 절차, 정책 등을 수정하며, ③ 필요한 자원이나 서비스를 제공받을 수 있는 새로운 법률이나 정책을 증진시키기 위해서 클라이언트와 함께 클라이언트를 대표해서 일하는 과정이다(Hepworth et al., 2004).

옹호활동에는 개인(사례)에 대한 옹호와 집단(계층)옹호가 있다. 개인옹호는 개인이나 가족이 적절한 서비스를 제공받을 수 있도록 개별 클라이언트 체계와 함께, 또는 그들을 대표해서 일하는 것이며, 집단옹호는 특정 계층이나 집단의 모든 사람에게 영향을 미칠 수 있는 정책, 실천, 법의 변화 등을 도모하는 것을 말한다. 이러한 집단옹호는 지역사회 주민의 공통된 욕구나 문제를 예방하고 해결하기 위한 사회복지실천 노력의 한 방법이 될 수 있다.

(2) 조직화 기술

조직화(organizing)는 클라이언트 체계의 문제를 해결하기 위해 필요한 인력이나 서비스를 규합하고, 나아가 조직의 목표를 달성하도록 합리적으로 운영해 나가는 과정이다(최옥채, 2001). 즉, 지역사회의 당면문제를 해결하기 위해 지역사회 주민을 선정하여 하나의 모임을 만들고, 그 모임이 조직체계를 갖출 수 있도록 원조하는 기술을 말한다.

사회복지사는 지역사회가 처한 상황과 해결 방향에 따라 목표를 세우고 합당한 주민을 선정하여 모임을 만들고, 이 조직이 지역사회의 욕구나 문제를 해결해 나가도록 돕는 역할을 한다(김범수·신원우, 2006). 이러한 조직화 기술은 지역사회복지실천에서 가장 기본이자 핵심적 기술이다.

(3) 임파워먼트 기술

지역사회복지실천은 지역사회 주민의 임파워먼트(Empowerment)를 도와주는 과정이기도 하다. 지역사회실천으로서 임파워먼트는 무력감을 느끼는 주민에게 자신들의 잠재력을 개발하고 이 힘을 바탕으로 필요 자원을 획득하도록 도와주는 과정이다. 지역사회 주민의 임파워먼트를 높이기 위한 구체적인 기술과 방법은 다음과 같다(Rubin & Rubin, 2001).

- **의식 제고**: 무력감을 느끼는 개인들을 한데 모아 문제 원인이 자신들에게 있는 것이 아니라는 점을 알게 한다. 이러한 과정을 통하여 자신들을 억압하는 사회구조에 대해 비판적 의식을 갖도록 한다.
- **자기주장**: 문제의 원인과 소재를 파악한 다음에는 공개적으로 자기의 독소리

를 내어 자신들의 주장을 전개해 나가는 것이 중요하다. 사회복지사는 이들이 공개적으로 자신들의 주장을 전개하는 것에 대해 두려움을 갖거나 위축되지 않도록 도와준다.

- **공공의제의 틀을 갖추기**: 쟁점이 공공의제가 될 수 있도록 쟁점을 정리하고 대중의 관심을 확보할 수 있도록 의제화한다. 이 과정에서 시위나 대중매체 캠페인은 대중의 관심을 유도할 수 있는 좋은 수단이 된다.
- **파워 키우기**: 자원동원과 조직화를 통해 주민의 권력을 키우는 과정이다. 사람의 수, 열정, 법적 행동, 전문성, 그리고 힘의 위협 등은 중요한 힘의 원천이 된다.
- **능력 키우기**: 클라이언트의 역량을 강화하기 위한 조직을 설립하고 자신들의 주장을 효과적으로 표명하기 위한 캠페인을 전개하는 과정을 포함한다. 이를 통해 목표 완수라는 성공을 이루고 무력감을 극복하도록 한다.
- **사회적 자본의 창출**: 사회자본은 지역사회구성원의 사회적 관계에 바탕을 둔 자원으로서 물리적 자본과는 상대적 개념이다. 이러한 사회자본은 구성원 간의 협력과 연대감을 높이는 데 이바지한다.

(4) 자원개발·동원 기술

자원(resource)이란 사회복지실천에서 클라이언트의 변화나 그들의 생활을 향상시키는 데 유용하게 사용할 수 있는 인력, 물질, 조직, 정보로 이해할 수 있다(최옥채, 2005). 자원개발·동원 기술은 지역사회의 문제를 해결하기 위해 필수적인 지역사회 내의 자원이 부족하거나 외부의 자원이 필요한 상황에서 활용된다. 흔히 자원의 유형은 개인, 현금, 물품, 시설, 조직, 기관, 정보 등으로 구분되나 지역사회복지실천에 있어서 가장 핵심이 되는 자원은 인적자원과 물적 자원이라고 할 수 있다.

(5) 연계기술

일반적으로 연계는 서비스 중복을 방지하고 자원을 효율적으로 관리하기 위하여 정기적인 모임과 회의를 통하여 서비스 계획을 공동으로 수립한 후 개별기관이 각각 서비스를 제공하는 것으로, 개별기관의 정체성은 유지하되 서비스 제공에 있어서 팀 접근을 시도해 나가는 것을 말한다(박태영, 2003). 지역사회 내 지역문제에 공동으로 대응하고 협력하기 위한 연계기술이 나날이 더 강조되고 있다.

02 사회복지행정

1) 사회복지행정의 개념

(1) 행정의 개념

일반적인 행정의 개념을 살펴보면, 좁은 의미로는 특정 조직의 부문별 운영관리와 이에 관한 재량적 의사결정을 뜻한다. 한편, 넓은 의미로는 특정 사무가 포함된 영역의 방향을 결정하는 정책결정과 기획을 포함한 매우 포괄적이고 정치적인 사안까지 뜻한다. 그래서 행정의 개념을 이해하기 위해서는 야누스(Janus)의 양면처럼, 즉 정치와 경영(사경영) 가운데 어느 쪽으로 기울어져 있느냐의 관점의 차이로 살펴보아야 한다(최덕경 외, 2014).

여기서 두 관점, 즉 행정이 정치보다는 경영 쪽으로 더 기울어져 있다고 보는 관점과 행정이 경영보다는 정치 쪽으로 더 기울어져 있다고 보는 관점의 차이를 구체적으로 살펴보자. 첫 번째 관점은 행정이 본질적으로 정치와는 다르다는 이른바 정치행정 이원론 또는 여러 가지 측면에서 전형적 행정인 공공행정과 경영이 매우 유사하다는 공사행정 일원론과 맥락을 같이한다. 두 번째 관점인 이른바 정치행정 일원론은 공공행정과 경영이 성격상 완전히 다르다는 공사행정 이원론과 맥락을 같이한다.

이러한 논쟁은 행정이 정치적 의사결정 내용을 기계적으로 실천하는 데 지나지 않을 정도로 매우 제약된 재량이 부여된 영역인가, 아니면 중요한 정책결정까지 포함하는 영역인가 하는 데서 나온다. 결국, 행정이 갖는 도구성 또는 도구적 합리성과 함께 근본적으로 정치와 떨어질 수 없는 정치지향성을 동시에 가지고 있기 때문이다. 따라서 미시적 개념의 행정은 제약된 재량에 의한 도구적 집행으로 본다. 반면에 거시적 개념의 행정은 정치적 성격인 정책결정까지 포괄한다는 의미가 있다(최덕경 외, 2014).

(2) 사회복지행정의 개념

사회복지행정의 개념을 아주 단순하게 정의하면, 사회복지행정이란 사회복지에 관한 행정이다. 다시 말하면, 사회복지를 행정·관리한다는 것으로 사회복지의 이념이나 정책적인 목적들을 행정이라는 방법을 통해 실천하는 것을 뜻한다. 그러나 사회복지행정의 정의가 그리 단순하지만은 않은 것 같다. 왜냐하면, 학자에 따라 매우 다양하게 정의하고 있기 때문이다. 여기서는 이러한 다양한 정의를 좁은 의미의 개념과 넓은 의미의 개념으로 구분하여 살펴본다(최성재·남기민, 2000). 좁은 의미로는 행정을 하나의 실천 방법으로 보고, 사회복지행정은 사회복지조직의 목표달성을 쉽게 하기 위해 관리자에 의해 수행되는 상호 의존적인 과업과 기능, 그리고 관련 활동 등의 체계적인 개입과정을 뜻한다. 한편, 넓은 의미로는 행정을 조직의 모든 활동과정에 다양하게 이바지하는 조직구성원의 협동적·조정적 노력으로 보고, 사회복지행정은 사회정책을 사회복지서비스로 전환하는 데 필요한 사회복지조직에서의 총체적인 활동을 뜻한다. 참고로 사회복지행정에 대한 여러 학자의 정의는 〈표 10-2〉와 같다.

〈표 10-2〉 사회복지행정에 대한 여러 학자의 정의

학자(연도)	사회복지행정의 정의
키드네이 (Kidneigh, 1950)	사회복지정책을 서비스로 전환하는 과정으로, 정책을 구체적인 사회복지서비스로 전환시키고 그 경험을 다시 정책수행에 반영하도록 제의하는 양방향의 과정 속에 있는 것

학자(연도)	사회복지행정의 정의
던햄 (Dunham, 1962)	사회복지기관의 직접적 서비스 제공을 위해 필요하거나 부수적인 활동을 지지하거나 촉진시키는 과정
슈와르츠 (Schwartz, 1970)	사회사업 조직의 구성원에게 계획된 개입을 하여 사회복지서비스를 촉진시키고, 이를 잘 전달하도록 하는 과정
한랜 (Hanlan, 1978)	개별사회사업, 집단사회사업, 지역사회조직사업과 같은 지식과 기술을 조합하여 이루어진 실천 방법
김종섭 (1976)	사회복지행정 조직의 관리적 측면과 정책적 기능, 기술적 측면까지 포함하며 정치권력을 배경으로 한 사회문제 해결과 복지 증진을 위한 인간의 합리적·협동적 노력
황성철 외 (2009)	서비스로 전환시키는 사회복지조직의 목표달성을 위한 조직구성원의 협력적인 활동의 체계와 과정
김치용과 최용민 (2006)	공사의 사회복지기관에서 클라이언트나 국민의 복지 증진을 위한 어떠한 목적을 설정하고, 그것을 달성하기 위한 인간의 협동적 노력과정
박차상 외 (2008)	공공기관과 민간기관이 사회문제를 해결하기 위하여 사회복지정책을 형성하고, 이를 구체화하는 일련의 과정

출처: 임상록·박주현(2010).

2) 사회복지행정의 특성

행정은 사회복지행정뿐만 아니라 공공행정, 교육행정, 소방행정, 기업행정 등 행정이 필요한 조직에 따라 다양한 형태로 존재한다. 이러한 맥락에서 사회복지조직은 나름대로 독특한 특수성을 가지고 있기 때문에 사회복지행정 역시 다른 행정과 구별되는 여러 가지 특성을 가지고 있다고 볼 수 있다. 그래서 여기서는 사회복지행정이 추구하는 가치관과 다른 행정과의 차이점을 살펴봄으로써 사회복지행정의 특성을 이해하고자 한다. 하센펠드(Hasenfeld, 1983)는 사회복지조직이 다른 조직과 다른 고유의 특성을 다음과 같이 제시하였다(박차상, 2007 재인용).

- 사회복지조직은 변화되어야 할 속성을 가진 클라이언트와 직접 접촉하여 활동하고 있다. 즉, 사회복지조직의 주된 활동 대상은 문제나 욕구를 지닌 사람이다.

- 사회복지조직은 서비스를 받는 클라이언트의 복지를 보호하고 증진하도록 사회로부터 위임을 받았고, 이로써 조직의 존재가 정당화된다.
- 사회복지조직은 도덕적 가치를 지닌 인간이 투입되는 원료라는 사실이 사회복지조직 대부분의 활동에 영향을 미친다. 즉, 클라이언트에 대한 거의 모든 활동이 도덕적으로 정당화되어야 하기 때문에 기술과 활동에 제한이 많다.
- 사회복지조직의 목표가 애매모호하여 문제를 발생시킨다. 왜냐하면, 사회복지조직의 대상이 인간이기 때문에 조직의 목표에 대하여 구체적 합의를 하는 데 어려운 점이 많기 때문이다.
- 사회복지조직을 둘러싸는 도덕적 모호성으로 말미암아 가치와 이해관계에서 갈등을 일으키고, 환경과의 관계에 많은 어려움이 있다. 사회복지조직은 외부의 다른 조직과 관련을 맺고 활동하고 있고, 외부조직에 재정적으로 의존하고 있기 때문에 가치와 이해관계에 있어서 갈등이 발생하면 해결하는 데 많은 어려움이 있다.
- 사회복지조직은 소기의 결과를 얻는 데 불완전한 지식과 기술을 사용하고 있다. 따라서 전반적 사회과학적 지식의 불확실성과 원조관계에 대한 지식의 불확실성으로 말미암아 서비스의 결과에 대한 성공확률이 그렇게 높지 못하다.
- 사회복지조직은 핵심적 활동이 조직구성원과 서비스 대상자인 클라이언트의 관계이다. 따라서 일선조직직원의 활동이 중요시된다.
- 사회복지서비스의 효과성을 타당하고 신뢰 있게 측정할 수 있는 표준척도가 없다. 따라서 결과에 대한 평가에 논란이 많고, 변화와 혁신에 대한 저항이 다른 조직에서보다 크다.

3) 사회복지행정가의 역할

(1) 사회복지행정가의 기술과 특성

사회복지행정가의 기능은 곧 클라이언트에 대한 서비스의 질과 직결되기 때문에 매우 중요한 의미가 있다. 미국사회복지사협회(NASW)에서는 미국의 성공적 사회복지행정가는 ① 미래에 대한 현실적 사고와 계획, ② 특정한 계획을 실현 가능하게 접근하는 것, ③ 실천에 있어서 몇 가지 대안을 고려할 수 있는 능력, ④ 결정에 따른 효과를 예견하고 평가할 수 있는 능력, ⑤ 우선순위의 결정, ⑥ 의사결정력, ⑦ 여러 가지 역할과 과업을 복합적, 동시적으로 할 수 있는 능력, ⑧ 개인적 균형상태의 유지, ⑨ 관료체계와 조직 이론을 잘 알고 있을 뿐만 아니라, 이것을 사회복지조직의 목표성취에 활용하는 것, ⑩ 개인과 집단의 능력을 활용하고, 때로는 그들이 한계를 설정함으로써 여러 사람이 생산적이고 효과적으로 업무수행을 가능하게 하는 능력, ⑪ 권위와 권한을 구조에 맞게 활용하고 위임하는 것, ⑫ 다른 사람들과 효과적으로 의사소통하는 능력, 그리고 ⑬ 단호하게 행동을 취하는 것 등의 기술과 특성이 있다고 하였다(Skidmore, 1990, 박차상 외, 2007 재인용).

물론 우리나라의 사회복지조직은 미국의 사회복지조직과 매우 달라서 위에서 지적한 사항을 그대로 수용할 수는 없을 것이다. 하지만, 우리의 현실에 맞추어 수용하는 능력이 사회복지행정가에게 요구된다. 아직은 우리나라 사회복지조직이 완전히 전문화 혹은 관료제화되지 못했지만, 앞으로 계속 발전하고 세분화될 것이다. 따라서 이처럼 변동하는 시기에 있는 사회복지조직에는 사회복지행정가의 자유재량과 역량이 더욱 중요하다.

(2) 사회복지행정가의 관리행동

유능한 사회복지행정가는 다양한 관리행동을 수행한다. 그러나 아무리 유능한 사회복지행정가라도 필요한 모든 일을 다 이루어 낼 수는 없다. 그렇지만, 사회복지행정가가 자신에게 맡긴 관리행동을 많이 할수록 그만큼 사회복지서비스가 효과적이고 효율적으로 전달될 수 있을 것이다. 이는 사회복지행정의 성과를 높이는 결과를 낳는다. 사회복지행정가의 관리행동을 ① 수용, ② 관심과 보호, ③ 창의성 발휘, ④ 민주성 발휘, ⑤ 신뢰, ⑥ 인정, ⑦ 개인적 균형과 조화의 유지, ⑧ 기획, ⑨ 조직화, ⑩ 우선순위 결정, ⑪ 위임, ⑫ 지역사회와 다른 전문직과의 관계 유지, ⑬

의사결정, ⑭ 행동 촉진과 조장, ⑮ 의사소통, ⑯ 직원 발전의 촉진, 그리고 ⑰ 동기부여 등으로 구분하여 설명할 수 있다(최성재·남기민, 2000; 박차상 외, 2007).

4) 사회복지행정의 조직 이론

(1) 고전적 이론

고전적 이론으로 ① 관료제 이론, ② 과학적 관리론, ③ 인간관계 이론, 그리고 ④ 체계 이론을 살펴본다.

❶ 관료제 이론

관료제 이론은 19세기 말 독일의 베버(Weber)에 확립된 이론이다. 관료라고 하면 우선 부정적인 개념이 떠오르고, 별로 탐탁하게 여기고 싶지 않은 기관을 관료조직이라고 칭하는 경향이 있다. 그럼에도, 관료제 이론은 공적인 조직의 특성을 평가하는 개념으로 등장하였다. 관료제 이론에서는 권위, 지배, 권력, 규율 등의 개념을 강조한다. 베버는 그중에서 조직의 바탕이 되는 권위를 세 가지로 유형화하였다(Weber, 1947, 김형식 외, 2007 재인용). 즉, 족장이나 군주에 대한 존경과 순종이 세습적이고 전통적으로 계승되는 것처럼, 상급자의 명령을 정당한 권위로 받아들이는 전통적 권위, 초인적인 힘이 있다고 인정된 상사의 명령을 하급자가 정감적으로 수용하는 카리스마적 권위, 인간적인 지배가 아니라 법과 규정에 의한 지배만이 인정된다는 합법적 권위가 곧 그것이다.

베버는 이 세 가지 권위 유형 중에서 합법적 권위를 관료제의 이상형으로 강조한다. 그는 그동안 사회조직이 전통적, 세습적, 카리스마적인 권력자에 의해 지배되어 온 경우가 많았다고 보았다. 그 때문에 많은 모순과 비용을 가져왔다고 보고, 미리 정해진 규칙과 법에 따라 운영되는 합법적(관료제) 조직이 시대와 공간을 초월하여 언제 어디서나 가장 합리적이라고 주장했다. 따라서 관료제는 합리적 또는 합법적인 지배가 제도화된 조직으로 간주한다. 베버가 주장한 관료조직의 특징을 정리하면 다음과 같다(Weber, 1975, 김형식 외, 2007 재인용).

- 고도의 세분화와 합리화에 의한 과제의 분할
- 위계질서에 근거한 분명한 책임소재
- 조직과 조직구성원 간의 공식화된 관계
- 능력과 기술적인 지식의 소유 여부에 따른 조직구성원의 인사관리
- 직책수행 능력에 따르는 급여와 소득의 차별화
- 성문화된 구제와 절차
- 취업의 영구보장

❷ 과학적 관리론

베버의 관료제 이론이 등장하게 된 배경은 근대산업, 도시화의 환경적 특성과 밀접한 관계가 있다는 것을 앞에서 살펴보았다. 관료제 이론의 핵심이 조직의 효율적 관리였다면, 그다음으로 등장하는 과학적 관리론 주창자들의 관심은 조직의 생산성에 있었다. 19세기 말 조직의 관리에 관련된 다양한 이론을 통합하고자 하는 시도가 있었을 때, 가장 선구자적인 역할을 했던 이가 테일러(Taylor)이다.

그의 최대 관심사는 산업조직의 관리에 있어서 최대한의 생산성을 보장해 줄 수 있는 가장 과학적인 관리방법의 모색에 있었다. 그 자신은 탁월한 엔지니어였으며 엔지니어링 기법을 조직에 적용시키는 방법의 개발에 주력했다. 1911년에 정립된 테일러의 과학적 관리론은 생산성과 이윤을 높이고 노동자를 규제하고자 했던 서구 산업국가의 욕구에 대한 하나의 반응이었다. 베버가 관료주의 현상에 대한 설명을 시도했다면, 테일러는 기업가의 관리 욕구에 대한 설명이었다.

과학적 관리론 선구자였던 테일러나 그의 동료는 조직의 문제 해결에 주력했던 그들의 노력에 과학적 관리라는 정체성을 부여받았고, 이를 뒷받침하기 위한 이론적 근거를 제시하였다. 과학적 관리론은 기본적으로 산업조직에 속한 고용인들의 행동에 대한 부정적인 가설로부터 시작하여 세력의 활용에 대한 권위주의적인 태도가 그 기반이 된다. 요약해서 말하면, 테일러가 개념화했던 하나의 기계로서의 조직 모델 속에는 관리자와 노동자, 조직 내의 어느 집단 간에도 내재적인 갈

등은 없다는 것이다. 노동자와 관리자는 공통의 목표가 있기 때문에 노동조합은 불필요하다고 간주했다. 또한, 노동자들은 근본적으로 경제적 보상에 대한 관심이 있기 때문에 노동에 대한 그들의 태도 역시 기계적이라고 가정했다.

따라서 테일러의 이론에서는 노동자의 사회, 심리적인 요인은 거의 고려의 대상이 되지 않는다. 테일러는 기획, 관리, 조정에 대한 책정, 의사결정의 역할을 가진 관리자와 조직의 목표나 과정에 대한 이해가 없는 기계의 한 부품 정도에 지나지 않는 노동자를 분명하게 구별했다. 테일러는 관리론의 역할을 산업체의 생산성 향상을 위해서 노동자를 조직하고 규제하는 것이라고 했다. 기본적으로 노동자들은 게으르고 탐욕적이며, 조직의 번영에 대하여 무관심하고 판단력도 부족하고 신뢰할 수 없어서 위로부터의 관리와 규제가 가장 효과적인 관리방법이라는 착상이다.

❸ 인간관계 이론

테일러를 필두로 하는 초기 과학적 관리학파는 최대의 생산성과 이윤추구를 위해 노동자를 규제하며, 조직의 효율과 효과성을 극대화하는 데 집착하고 있었다. 따라서 이들은 '인간 관리'보다는 '조직 관리'에 몰두해 있었다. 인간관계학파의 초기 관심은 한마디로 산업인본주의였다. 과학적 관리론이 조직의 목표달성에 있어서 기술적 요인과 공식조직을 강조하였다. 하지만 인간관계 이론은 조직 내부의 인간관계와 심리적이며 정서적인 면, 그리고 비공식적 조직의 중요성을 강조하였다. 인간관계 이론은 1930년대 이후 메이요(Mayo), 뢰스리스버거(Reothlisberger) 등을 중심으로 전개되었으며, 1960년대에 조직인간주의학자들에 의해 새롭게 조명되었다.

초기의 이론가들은 관리 그 자체를 정적인 것으로 간주했으나 휠렛(Filet)은 동적인 것으로 인식했다. '조직 속의 인간, 개인이 속한 집단에 대한 소속감, 갈등 그 자체는 성장을 위한 긍정적 요소로서 억제의 대상이 아니라, 타결의 대상'이라는 것이 휠렛의 주장이었고, 위계적인 상의하달식 명령계통에 대한 문제의식이 그녀로 하여금 '권위와 합의'라는 주제로 관심을 이끌었다. 갈등과 통합, 개인과 집단, 권력과 책임, 그리고 합의와 참여 등이 휠렛이 주장했던 협동에 의하여 조직의 목표 달성이 가능하다는 관리학의 이론적 근거가 된다. 그녀의 실증적인 접근 방법은 개인의 심리, 인간의 가치와 존엄성에 대한 민감한 이해를 바탕으로 하여 관리 이론의 핵심이었던 엔지니어링을 심리학으로 변환시킴으로써 관리를 기본적으로 인간관리의 관점에서 시작하게 하는 계기를 제공하였다(김형식 외, 2007).

❹ 체계 이론

체계 이론은 조직을 다양한 역동성과 메커니즘에 기초를 둔 구체적 기능을 수행하는 다섯 가지 하위체계로 구성된 복합체로 본다. 이 이론은 관리자에게 조직의 문제를 분석하고 진단하려는 방법을 제공해 주는데, 조직의 어느 부분이 잘못 기능을 하고 있는가를 찾아내어 고치는 데 사용할 수 있다. 즉, 조직 각각의 하위체계가 어떠한 기능, 역동성, 기제를 수행하는가의 표준을 제시함으로써 특정한 조직의 성과를 그 표준과 비교 평가해 볼 수 있다. 체계 이론의 핵심적 관점은 생물학적 유추에 그 기반을 두고 있는데, 실버맨(Silverman, 1970)의 "사회제도는 마치 유기체처럼 유기체를 형성하는 개체 간의 독특한 상호 의존관계를 형성함으로써 생존과 환경에 적응하는 욕구를 충족시킨다."라는 표현이 그 입장을 잘 대변해 준다(박차상 외, 2007 재인용).

(2) 현대적 이론

현대적 이론으로는 ① 목표관리(MBO), ② 에드호크라시(Adhocracy) 이론, ③ 우월성 추구(Excellence) 이론, ④ 총체적 품질관리(TQM), ⑤ 리엔지니어링(Reengineering), ⑥ 학습조직(Learning Organization) 이론, 그리고 ⑦ 임파워먼트(Empowerment) 이론 등을 들 수 있으나, 여기서는 이 중 몇 가지 이론만을 살펴본다.

❶ 목표관리(MBO)

조직의 목표는 조직의 성장을 위해서 끊임없이 수정할 수밖에 없다. 목표를 더욱 바람직한 방향으로 변화시키려는 노력이 목표관리이다. 목표관리는 마치 기업이 매출액을 매년 늘리되 수시로 변하는 시장 상황과 보조를 맞추어 나가야 하는 것과 같다. 따라서 목표도 설정에서부터 실행과 중간점검, 최종평가에 이르기까지 치밀하게 관리해야 한다. 목표관리는 그동안 많은 경영학자나 행정학자에 의해 연구가 진행되었다. 그중에서 특히 관심을 끌었던 기법이 MBO(Management by objectives)이다.

MBO는 참여의 과정을 통해 조직단위와 조직구성원이 맡아야 할 생산활동의 단기적 목표를 명확하고 체계적으로 설정하고, 그에 따라 생산활동을 수행하도록 하며, 활동의 결과를 평가·피드백(feedback)시키는 체계이다(오석홍, 2003). 이 기법은 1954년에 드러커(Drucker)에 의해 주창되고, 1957년에 맥그리거(Mcgregor)에 의해서 소개되었다.

❷ 총체적 품질관리

총체적 품질관리(Total Quality Management: TQM)란 조직이 산출하는 서비스 질을 향상시켜 궁극적으로 소비자 만족을 추구하기 위해서 조직문화와 질적 향상을 위한 효과적인 관리기법을 통합적으로 운영하는 조직관리 방법이다(황성철 외, 2005). 다르게 표현하면, 서비스의 우수성을 요구하는 고객의 기대에 부응하기 위해 업무수행 능력을 통제하고, 이를 지속해서 개선하는 데 조직 내의 모든 구성원을 가담시키는 체제(오석홍, 2003)를 말한다.

여기서 총체적은 고객 요구의 확인에서부터 고객의 만족도 평가에 이르기까지 조직에서 수행하는 모든 업무에서 질적인 측면에 대한 조사를 적용하는 것을 의미한다. 품질은 고객의 기대를 만족하게 할 뿐만 아니라 나아가 이를 능가하는 것을 말한다. 그리고 관리는 지속적 질 향상을 위한 능력의 개발과 유지를 의미한다. 사회복지조직에서 TQM이란 고객만족을 위하여 모든 부서가 협력적으로 지속적인 서비스 질의 개선과 향상을 수행하는 총체적 활동으로 볼 수 있다(박경일, 2006). 이 기법은 품질향상을 위해 조직구성원의 능력신장과 동기유발을 유도하며 합리적 관리체제를 채택한다.

❸ 학습조직 이론

학습이란 강화된 연습이나 경험의 결과로 발생하는 행위 잠재력에 있어서의 비교적 지속적인 변화라 할 수 있다. 여기서 행위 잠재력이란 다른 사람의 행동이나 환경에 대한 반응으로부터 학습한 것을 말한다(Hamner, 1978, 박차상 외, 2007 재인용). 예를 들어 한 소년이 자기 누이가 뜨거운 난로를 만져 손을 데는 것을 보고, 이 고통은 뜨거운 난로를 만진 결과라고 학습하게 되는 것을 말한다. 즉, 학습이란 경험의 결과를 통하여 이루어지는 비교적 영구적인 행동 변화를 말한다(Boss & Vaughn, 1966, 박차상 외, 2007 재인용).

❹ 임파워먼트 이론

1976년 솔로몬(Solomon)이 처음 사용한 임파워먼트는 단어 그대로 파워를 부여하는 것으로, 관리자가 가진 권한을 실무자에게 이양하여 그들의 책임범위를 확대하는 것이다. 이럴 때 직원이 보유하는 잠재능력과 창의력이 최대한 발휘될 수 있다. 이 개념은 클라이언트의 약점이나 문제, 취약성 등을 강조하는 것이 아니라, 클라이언트의 강점을 중심으로 그들의 잠재력과 자원을 인정하여 권한과 능력을 부여해 주는 것이 더 바람직하다는 철학적 기반에서 나온 것이다. 임파워먼트는 사람을 활용하는 기술로서 실질적인 권한 이양과 활동지원으로 개인의 능력과 의욕을 충분히 발휘할 수 있도록 하는 것이다.

03 사회복지정책

1) 사회복지정책의 개념

사회복지정책을 정의하기란 결코 쉽지 않은 일이다. 예를 들면, 사회정책, 사회복지정책, 공공정책 등을 개념적으로 구분하는 것은 매우 힘든 작업이다. 심지어 사회복지정책에 대한 보편화된 개념이나 통상적인 개념도 없는 실정이다(박정호, 2003). 그러므로 사회복지정책을 어떻게 정의하느냐에 따라 사회복지정책의 영역이 결정된다.

사회복지정책의 개념을 정의할 때는 우선 사회복지의 개념을 좁은 의미 혹은 넓은 의미로 설정할 것인지, 사회복지 주체가 공공기관인지 민간기관인지 등을 고려해야 한다. 즉, 사회복지를 아동, 노인, 장애인 등과 같은 국가의 취약계층만을 대상으로 제공되는 선별적 복지로 이해할 것인지, 아니면 모든 국민의 의료, 주거, 소득, 사회서비스 등을 포괄하는 보편적 복지로 이해할 것인지에 따라 사회복지정책의 개념은 달라질 수밖에 없다. 또한, 사회복지를 제공하는 주체를 중앙정부와 지방정부 등과 같은 공공사회복지 주체만을 대상으로 할 것인지, 아니면 비영리단체 등 민간사회복지 주체를 포함할 것인지에 따라 사회복지정책의 개념이 달라진다.

여기서는 사회복지정책의 개념을 공공기관이 제공하는 보편적 복지로 접근하고자 한다. 따라서 여기서 말하는 사회복지정책이란 요보호계층을 포함하여 모든 국민이 직면한 의료, 주거, 소득, 고용, 사회서비스 등과 관련된 사회문제를 해결하기 위해 중앙정부와 지방정부가 책임지고 시행하는 일련의 계획, 원칙, 규칙, 지침 등을 뜻한다. 이와 같은 접근은 윌렌스키와 르보(Wilensky & Lebeaux, 1965)에 의해 정의된 사회복지의 잔여적 개념과 보편적 개념을 동시에 포괄하는 것으로서, 사회복지정책의 포괄성과 공공성을 강조한 접근이다.

2) 사회복지정책의 영역

사회복지정책 개념의 연장선에서 사회복지정책의 영역은 당연히 넓은 의미의 사회복지정책 영역으로서, 여기서는 기본적으로 소득보장정책, 의료보장정책, 주거보장정책, 고용보장정책, 사회서비스정책, 교육보장정책 등을 포함하여 티트머스(Titmuss, 1969)의 조세정책까지 포함한다.

사회복지정책의 영역에 대해서는 그동안 많은 학자가 다양한 분류를 시도하였다. 예를 들면, 타운센드(Townsend, 1975)는 사회복지정책의 영역을 소득, 건강, 교육, 주택, 사회서비스의 다섯 가지로, 디니토(DiNitto, 1995)는 소득, 영양유지, 건강, 사회서비스의 네 가지로 구분하였다. 여기서는 이와 같은 기존 학자들의 영역에 추가로 조세정책을 사회복지정책에 포함하였으며, 해당 정책 영역에 포함되는 우리나라 사회복지정책 영역의 제도 사례는 〈표 10-3〉과 같다.

〈표 10-3〉 사회복지정책의 영역과 제도 사례

영역	제도 사례
소득보장정책	• 국민연금제도 • 고용보험제도(실업급여) • 산업재해보상보험제도 • 국민기초생활보장제도 • 기초노령연금제도 • 장애인연금제도
의료보장정책	• 건강보험제도 • 노인장기요양보험제도 • 의료급여제도
주거보장정책	• 저소득계층 대상 영구임대와 임대주택제도
고용보장정책	• 고용보험제도(고용안정과 직업능력개발사업) • 장애인의무고용제도
사회서비스정책	• 노인, 장애인, 아동 등에 대한 개별 서비스
교육보장정책	• 특수교육제도 • 통합교육제도
조세정책	• 누진세 성격의 직접세를 통한 소득재분배 유도(소득세, 재산세, 법인세 등)

출처: 권중돈 외(2013).

3) 사회복지정책의 가치

사회복지정책의 가치에 대해서 많은 학자가 각각의 의견을 제시하였다. 예를 들면, 길버트와 스펙트(Gilbert & Specht, 1986)는 평등, 형평, 적절성을, 윌딩과 조지

(Wilding & George, 1975)는 자유, 개인주의, 평등을, 퍼니스와 틸톤(Furniss & Tilton, 1977)은 평등, 자유, 민주주의, 사회연대감, 생존권 보장, 경제적 효율성을 사회복지정책의 가치로 제시하였다. 이 중 몇 가지를 살펴보면 다음과 같다.

첫째, 자유는 다른 사람의 간섭이나 의지에서 벗어날 수 있는 소극적 자유와 자신이 원하는 것을 할 수 있는 적극적 자유로 구분되며, 전자는 기회를, 후자는 능력을 강조한다. 여기서 능력이란 한 사회에서 자신이 원하는 것을 이루며 살아가는 데 있어 필요한 자원을 획득할 수 있는 힘을 말한다.

둘째, 평등은 모든 사람에게 사회자원을 같게 배분하는 것으로서, 결과의 평등을 의미하는 수량적(산술적) 평등, 개인의 능력·가치·욕구에 따라 사회자원을 차등 배분하는 것을 의미하는 비례적 평등, 과정상의 평등을 의미하는 것으로서 평등한 출발이나 평등한 위치에서 경쟁할 수 있도록 기회를 보장해 주는 기회의 평등(이를 공평이라고 말함)으로 구분된다.

셋째, 효율성은 정책이 목표하는 대상자에게 자원이 얼마나 집중적으로 할당되었는지를 판단하는 목표(대상)효율성과 정책을 집행하고 운영하는 과정에서 투입되는 비용의 여부를 판단하는 운영효율성으로 구분된다. 공공보조는 목표효율성이 높고, 사회보험은 운영효율성이 높다.

넷째, 생존권은 기본적 인권의 하나로서, 인간이 인간답게 살아갈 권리이며 국가에 대해 인간의 생존을 위해 필요한 서비스를 당당하게 요구할 수 있는 권리이다.

다섯째, 소득재분배란 개인 혹은 집단의 소득이 다른 개인 혹은 집단으로 이전되는 것을 의미하는 것으로, 고소득자의 소득이 저소득자에게로 이전되는 수직적 재분배와 위험(질병, 실업, 산업재해 등)이 발생하지 않은 집단에서 발생한 집단으로 이전되는 수평적 재분배로 구분된다. 또한, 한 세대 내에서만 발생하는 세대 내 재분배와 세대 간에 발생하는 세대 간 재분배로 구분할 수 있다. 공공부조제도는 수직적 재분배가, 사회보험제도는 수평적 재분배가, 국민연금기금운용방식 중 부과방식은 세대 간 재분배가 강하게 발생한다.

P/A/R/T 03

분야별 사회복지

Introduction to Social Welfare

CHAPTER 11

사회복지의 정책분야

학습목표

- 사회보장의 용어를 통해 개념을 이해한다.
- 사회복지의 3대 활동 서비스를 이해한다.
- 사회보험의 종류를 열거하고, 그 특징을 설명할 수 있다.
- 공공부조를 설명할 수 있다.
- 사회복지서비스는 사회복지사업법에 근거하여 실천함을 설명할 수 있다.

사회복지가 무엇인지를 다양하게 표현하고 이해할 수 있으나, 일반적으로 사회복지의 3대 활동으로 요약하기도 한다. 그것은 바로 사회보험, 공공부조, 그리고 사회복지서비스이다. 이것으로 한 마디로 표현하면 바로 사회보장이다. 사회보장이란 개념을 국가가 사회복지정책 분야로서 다루게 됨으로 사회복지정책의 핵심요소라 할 수 있다.

따라서 본 장에서는 사회보장에 속한 사회보험, 공공부조, 그리고 사회복지서비스에 대한 이해를 도모하기 위하여 그 주체와 대상 종류 그리고 특징들을 비교하며 살펴보고 각각의 내용에 대하여 핵심적인 내용을 논의하였다. 사회보험에서 국민연금, 건강보험, 고용보험, 그리고 산재보험에 대하여 핵심 내용을 중심으로 소개한다.

01 사회보장(Social Security)

사회보장을 어의적으로 살펴보면 다음과 같다. 사회보장은 영어로 'Social Security'이다. 'Security'의 어원은 'Se(=Without, 해방) + Cura(=Car, 근심 또는 괴로워하는 것)'이다. 그래서 '보장'이란 단어를 어의적으로 그 뜻을 풀이하면 "불안을 없앤다."는 의미이다. 그러므로 'Social Security'는 "사회적으로 불안을 제거한다."는 의미를 갖게 된다. 이 땅에 살면서 질병이나 분만·실업·폐질·직업상의 상해·노령 및 사망으로 소득이 상실되거나 감소되어 경제적으로 어렵게 되고 불안해질 수 있는 것을 없애고 궁극적으로 평안한 삶을 이루도록 한다는 것이다.[42] 이것이 바로 사회보장이다.

사회보장이란 용어를 처음 사용하게 된 것은 1935년의 미국 사회보장법(Social Security Act)에서이다. 미국에서 사회보장법이 생기게 된 계기는 1929년에 있었던 세계 대 공황 때문이다. 물론 사회보장적 제도는 일찍이 독일의 비스마르크가 1880년대에 만들었다. 그는 1883년의 건강보험, 1884년의 산재보험, 그리고 1889년의 노령폐질연금 등의 사회보장 복지제도를 만들어 시행했다. 그러나 구체적으로 사회보장이란 용어를 처음 사용한 것은 앞서 언급한 사회보장법이다. 한국에서는 1960년에 제4차 개정헌법을 통해서 '국가의 사회보장'이란 용어를 언급하였고, 1963년에는 "사회보장에 관한 법률"을 제정하였다. 1980년 10월에 개정된 헌법에서도 사회보장이란 용어를 사용하였다.

사회보장에 대한 이론적 체계는 1942년 영국의 베버리지(W. Beveridge)에 의해서 세워졌다. 베버리지는 1941년에 영국에 창설된 '사회보험 및 관련 사업에 관한 각 부처의 연락위원회[43]'의 위원장으로서 관련 보고서를 이듬해에 제출하였는데 정

42) http://www.4insure.or.kr/ins4/ptl/guid/itrd/SoclGurnDefLayout.do 참조.

43) 본 위원회가 세워진 이유는 당시 영국 사회의 사회보장제도가 다양한 문제점을 안고 있었기 때문에 이에 대한 대안을 마련하기 위해서이다. 베버리지는 결핍, 질병, 나태, 무지, 그리고 불결이

식 명칭은 '사회보험 및 관련 서비스(Social Insurance and Allied Services, Reported by William Beveridge)'이다. 이 보고서의 내용을 통해서 사회보장이란 의미를 현대적인 의미로 정리할 수 있게 된 것이다. 이것으로 말미암아 영국의 사회보장제도의 초석이 놓였을 뿐만 아니라 세계 여러 국가에서도 사회보장이란 것이 제도로 자리매김할 수 있도록 큰 역할을 해 주었다.

'사회보장'이란 용어의 개념은 한국의 사회보장기본법 제1장 제3조 제1항을 통해 확인할 수 있다. 즉, 사회보장이란 "질병 · 장애 · 노령 · 사망 등 각종 사회적 위험으로부터 모든 국민을 보호하고 빈곤을 해소하며 국민생활의 질을 향상시키기 위해서 제공되는 사회보험 · 공공부조 · 사회복지서비스 및 관련 복지제도를 말한다."라고 정의 내리고 있다. 결국, 사회보장이란 국가가 국민을 보호하기 위해 빈민 문제를 해소하여 국민의 삶의 질을 향상시키기 위한 노력이라고 할 수 있다. 그 구체적인 방법이 바로 사회보험, 공공부조, 그리고 사회복지서비스로 정리할 수 있다. 그래서 흔히 사회복지의 3대 활동을 이 세 가지로 설명하는 것이다.

사회보험이란 보험의 한 형태로 국민의 사회적 위험에 대처하는 사회복지실천 방법이라 할 수 있다. 공공부조란 '국가와 지방자치단체가 생활 유지 능력이 없거나 생활이 어려운 국민들에게 최저생활을 보장하는 사회복지제도'(사회보장기본법 제3조)를 말한다. 빈곤한 사람들에게 제공되는 최저한의 사회보장제도라 할 수 있고, 명칭은 국가마다 다양하다. 즉, 공공부조, 공적부조, 국가부조, 그리고 사회부조 등으로 표현된다. 한국에서는 처음에 '공적부조'라고 표기하였으나 1995년 제정된 사회보장기본법에서 '공공부조'로 명칭을 변경하여 사용하고 있다. 우리나라의 공공부조에는 국민기초생활보장과 의료급여 등이 있다. 공공부조는 협의의 기능, 소극적, 잔여적, 선별적, 원조의 성격을 가진다고 할 수 있다. 그리고 사회복지서비스는 도움이 필요한 모든 국민에게 상담, 재활 등을 제공하여 정상적인 사

사회문제의 5대 악이라고 규정하였다. 그리고 사회보장의 최종 목표는 바로 빈민들을 가난에서 벗어나게 하는 것이라고 했다. 가난하게 되는 이유는 소득 중단 때문이라고 했고, 소득 중단은 바로 실업 · 질병 · 노령 · 사망 등에 의한 것이므로 사회보장제도가 그 대안이라고 주장한 것이다.

회생활이 가능하도록 지원하는 사회복지실천이다.

사회보장의 세 가지 형태를 표로 나타내면 다음과 같다.

〈표 11-1〉 사회보장의 세 가지 형태 비교

구분	주체	대상	종류	특징
사회보험	공공기관	보편주의 (모든 국민)	5대 보험 (건강보험, 고용보험, 산업재해보험, 국민연금, 노인장기요양보험)	• 선택이 아닌 강제성을 지님. • 재원은 피보험자의 기여, 사업자의 기여 • 급여 수준은 법으로 규정
공공부조	공공기관	선별주의 (생활보호대상자 등)	생계, 의료, 자활, 교육 등 다양한 급여 형태	세금으로 이루어짐
사회복지 서비스	국가, 지방자치단체 및 민간기관	선별주의 (상담 및 재활이 요구되는 국민)	상담심리치료, 재활치료 등	세금, 기부금 등

사회보장의 궁극적인 목적은 국민의 기본생활을 보장하고 소득을 재분배하며 그리고 사회통합을 이루는 것이 그 목적이라 할 수 있다. 국민은 행복하게 생활하는 것이 하나의 권리 개념이다. 국가는 국민의 기본 생활을 보장하는 것이 그 의무라 할 수 있다. 따라서 사회보장을 통해 국민이 기본적인 생활을 하는 데 어려움이 없도록 해야 한다. 또한, 사회보장은 소득의 재분배를 목적으로 삼는다. 상대적으로 소득이 적은 사람에게도 세금을 통해 재정적인 지원 및 다양한 복지 서비스를 제공하는 것은 결국 소득재분배의 효과를 가져다준다. 그리고 사회통합이라는 목적은 사회보장의 중요한 목적 가운데 하나이다. 사회통합은 선택이 아니라 한 국가의 발전에 필수적인 사안이다. 오늘날 사회가 양극화되어 있는 상황 속에서 통합을 이루지 못한다면, 한 사회의 발전에 많은 장애를 가져다 줄 수 있다. 노사가 통합되고 부자와 가난한 자가 통합될 때 한 사회는 더욱 발전하게 된다. 이러한

사회통합의 목적을 위해서 사회보장 제도가 마련되어 있는 것이다.

02 사회보험(Social Insurance)

오늘날 한국사회의 사회보험에는 모두 5가지 종류가 있다. 과거의 사회보험은 국민연금, 국민건강보험, 산업재해보상보험, 고용보험으로 4대 보험이었으나 2008년 7월에 '노인장기요양보험'이 추가되어 5대 보험으로 이루어져 있다. 국민연금은 질병·폐질·사망·노후 등에 대비하기 위한 보험이고, 국민건강보험은 국민의 질병과 부상을 대비하기 위해서 마련되었으며, 산업재해보상보험은 업무 중에 재해를 입는 산업재해를 대비하는 것이다. 그리고 고용보험은 과거에 실업보험으로 불리었는데 실업으로 인한 소득의 중단이나 감소를 대비하기 위해 만들어진 것이다.

국민에게 발생한 사회적 위험을 보험방식을 통해서 대처하여 국민의 건강과 소득을 보장하는 제도가 바로 사회보험제도이다. 여기서 말하는 사회적 위험이란 질병, 장애, 노령, 실업, 사망 등을 의미하는데, 이러한 사회적 위험은 사회구성원 본인은 물론, 부양가족의 경제생활을 불안하게 하는 요인이 된다고 할 수 있다. 따라서 사회보험제도는 사회적 위험을 예상하고 이에 대처함으로써 국민의 경제생활을 보장하려는 소득보장제도라 할 수 있다.

보험이라는 단어 때문에 일반 민간 보험기관에서 운영하고 있는 보험과 비교될 수 있다. 사회보험도 일반적인 보험의 기능, 즉 위험 분산이라는 개념이 적용되기 때문에 유사한 면이 있다. 그런데 사회보험은 조세적 성격을 지니므로 강제성이 부여되어 일반 민간 보험기관에서 운영하고 있는 보험과는 차이점이 있다. 그리고 사회보험은 소득에 따라 지급액이 결정된다. 수입이 많은 사람이 많이 내고 소득이 적은 사람은 상대적으로 적게 낸다. 이러한 특징으로 사회보험은 소득재분배라는 기능을 감당하고 있다. 민간 보험기관에서 운영하는 보험은 영리적인데 반하여 사회보험은 비영리적인 사회복지제도 중 하나이다.

민간보험과 사회보험의 차이점은 〈표 11-2〉와 같다.

〈표 11-2〉 민간보험과 사회보험의 차이점

구분	민간보험	사회보험
가입 형태	각 개인이 임의적으로 선택함	국민에게 선택권 없음
기여금 부과기준	급여의 내용, 위험의 정도, 계약의 내용 등에 따라 부과	소득수준에 따른 부과
급여근거	계약	법
주최 결정	가입자 선택으로 결정	정부
비용 예측	비교적 쉬움	어려움
인플레이션 보상	보상이 어려움	국가 세금으로 보상
책임 기관	사기업	국가 또는 공법인

1) 국민연금[44)]

국민연금제도는 소득이 중단 또는 상실될 경우를 대비하여 마련된 제도이다. 국민이 노령, 폐질, 퇴직, 사망 등과 같은 사회적 위험에 처하게 되면 더 이상 소득이 발생하기 어렵게 된다. 이때를 대비하기 위해서 마련하였는데 일반적으로 퇴직이후의 노년의 삶을 대비하기 위한 것으로 설명할 수 있다.

한국의 국민연금은 다음과 같은 발전단계를 밟게 된다.

첫 번째는 도입준비단계이다. 1960년대에 한국은 경제개발계획이 발표되고 이를 추진하였다. 이로 인하여 산업화, 도시화, 핵가족화, 노령화가 빠른 속도로 진행되었다. 이에 따라 다양한 사회문제가 발생하였는데 이에 대한 해결방안으로 1973년 국민복지연금법이 제정·공포되었다. 그러나 1973년에 발생한 석유파동

44) 국민연금 홈페이지 http://www.nps.or.kr/jsppage/main.jsp 참조.

의 영향으로 인하여 한국 경제는 불황 속으로 빠지게 된다. 결국, 1974년 1월부터 시행 예정이었던 국민연금제도는 무기한 연기되었다. 그 이후 제6차 경제사회발전 5개년 계획이 실행되었고 한국 경제는 다시 발전하게 되어 국민들이 경제상황이 좋아짐에 따라 연금 부담능력이 크게 향상되었으며 국민연금제도 실시를 위한 제반 여건이 갖추어지게 되었다.

두 번째는 도입 및 실시단계이다. 노동시장 확대와 지속적인 출생률 저하 등으로 국민연금제도에 대한 필요성이 증가되었다. 이에 따라 1986년부터 종전의 국민복지연금제도를 수정·보완하였다. 결국, 1988년 1월부터 국민연금제도를 시행하게 되었다. 국민연금의 기금을 운용하고 효율적으로 관리하기 위해 1987년 9월에 독립기관으로 국민연금공단을 창설하였다. 연금 대상자는 우선적으로 10인 이상 사업장에 근무하는 18세 이상 60세 미만의 근로자 및 사업주를 대상으로 하였다.

세 번째는 확대단계이다. 1988년 10인 이상 사업장을 중심으로 추진되었던 국민연금제도는 1992년에 5인 이상 사업장으로 확대되었다. 1995년에는 농어촌 발전대책의 일환으로 농어촌 지역에까지 국민연금제도를 확대 실시하였다. 그리고 1999년 4월 도시지역에까지 국민연금제도를 실시하여 결국 전 국민을 대상으로 연금을 실시하게 되었다.

2) 국민건강보험[45)]

(1) 국민건강보험의 의의

국민이 일상생활을 하다 뜻하지 않게 질병이나 부상을 당할 수 있다. 이 경우에 많은 진료비가 청구될 수 있으며 이는 가계에 매우 심각한 문제를 야기할 수 있다. 국민연금은 이러한 위험을 방지하기 위해서 보험원리를 적용하여 운영하는 사회보험제도 중 하나이다. 국민들이 평소에 보험료를 납부하게 하고 이것을 '국민건강보험공단'이 맡아 관리 운영하다가 국민들이 의료를 이용할 경우 보험 급여를

45) 국민건강보험공단 홈페이지 http://www.nhis.or.kr/portal/site/main 참조.

제공하는 방식이다. 국민건강보험제도를 통하여 사회 위험을 사전에 예방하기 위해 국민들이 상호 간에 위험을 분담하게하고 위험이 초래될 때 의료서비스를 제공하는 사회보장제도이다.

(2) 국민건강보험의 특성

국민건강보험의 특성의 첫째는 강제적인 적용이다. 국민건강보험은 법률에 의하여 강제적으로 가입하게 한다. 일정한 법적 요건이 충족되면 본인의 의사에 관계없이 강제 적용하여 가입하도록 하는 것이다. 만일 보험가입을 기피할 경우 국민 상호 간 위험 부담을 통하여 의료비를 공동으로 해결하고자 하는 건강보험제도의 목적 실현이 어렵게 된다. 또한, 질병위험이 큰 사람만이 보험에 가입할 경우 보험재정은 감당할 수 없는 상황이 초래되어 원활한 건강보험 운영이 어렵게 된다. 이러한 이유로 국민건강보험은 보험료를 강제적으로 징수한다. 두 번째 특성은 부담능력에 따른 보험료의 차등부담(형평부과)이다. 민간보험은 급여의 내용, 위험의 정도, 계약의 내용 등에 따라 보험료를 부담한다. 그러나 건강보험에서는 사회적인 연대를 기초로 의료비 문제를 해결하려는 것이 목적이므로 소득수준 등 보험료 부담능력에 따라 차등적으로 부담하게 하는 것이 특징이다. 세 번째 특성은 보험급여의 균등한 수혜이다. 일반적으로 민간보험은 보험료 부과수준, 계약기간 및 내용에 따라 차등급여를 받게 된다. 그러나 사회보험은 보험료 부과수준에 관계없이 관계법령에 의하여 균등하게 보험급여가 이루어진다. 네 번째 특성은 국민건강보험은 단기보험이라는 것이다. 국민연금은 장기적으로 보험료를 수탁한다. 그러나 건강보험은 연금보험과는 달리 1년 단위의 회계연도를 기준으로 수입과 지출을 예정하여 보험료를 계산한다. 지급조건과 지급액도 보험료 납입기간과는 상관이 없으며 지급기간도 단기라는 것이 특징이다.

(3) 건강보험제도의 유형

건강보험제도의 유형을 OECD(경제협력개발기구, Organization for Economic Cooperation and

Development)에서는 3가지로 분류하고 있다. 사회보험방식(SHI: Social Health Insurance), 국민건강보험방식(NHI: National Health Insurance), 그리고 국민보건서비스방식(NHS: National Health Service) 등이며, 이 중 한국은 국민건강보험방식(NHI)을 취하고 있다.

건강보험제도의 유형별 특징은 〈표 11-3〉과 같다.

〈표 11-3〉 건강보험제도의 유형 분류

구분	성격	재원 부담 주체	특징
사회보험방식(SHI) -독일, 프랑스 (독일의 비스마르크가 창시하여 비스마르크 방식이라고도 함)	• 국가의 의료보장에 대한 책임을 기본으로 하고 있지만, '의료비에 대한 국민의 자기 책임의식'을 일정부분 인정하는 체계	• 정부기관이 아닌 보험자가 재원 마련 • 보험원리에 의해 1차적으로 국민이 보험료 재원 마련, 국가는 2차적 지원과 후견적 지도기능 담당	• 국민의 정부 의존도 최소화. • 관리체계는 정부에 대해 상대적으로 자율성을 지닌 기구를 통한 자치적 운영 • 의료의 사유화를 전제로 의료공급자가 국민과 보험자 간에서 보험급여를 대행
국민건강보험방식 (NHI) - 한국, 대만	• 사회연대성을 기반으로 보험의 원리를 도입한 의료보장체계	• SHI방식과 그 운영방식이 대체로 흡사. 그러나 사회보험의 운영원리를 자국의 사회적, 경제적 실정에 맞게 적용	• 국가 내 '보험자'(의료에 대한 사회보험 관리운영기구)가 1개라는 점에서 서구의 SHI방식과 차이
국가보건서비스방식(NHS) -영국, 스웨덴, 이탈리아 (조세방식 또는 베버리지 방식)	• '국민의 의료문제는 국가가 모두 책임져야 한다'는 관점 • 국가의 직접적인 의료 관장 방식 • 의료기관의 상당부분이 사회화 내지 국유화	• 정부가 일반조세로 재원을 마련하여 모든 국민에게 무상으로 의료를 제공(Universal Type) • 정부가 관리주체로서 의료공급이 공공화되어 의료비 증가에 대한 통제가 강함	• 소득수준에 관계없이 모든 국민에게 포괄적이고 균등한 의료를 보장 • 조세제도를 통한 재원조달은 비교적 소득재분배 효과가 강하다는 장점 • 의료의 사회화로 상대적으로 의료의 질이 저하될 소지가 있으며 조세에 의한 의료비 재원조달에 많은 어려움이 있어 정부의 과다한 복지비용 부담이 문제

3) 산업재해보상보험[46]

산업재해보상보험(산재보험)은 직장에서 일하는 근로자가 업무상으로 재해[47]를 당했을 경우에 근로자를 보호하기 위해서 1964년에 마련된 최초의 사회보험제도이다. 이 보험은 사업주에게 강제로 가입하게 하는 방식으로 운영되는 사회보험으로 초기에 산업재해가 일반적으로 많이 일어나는 광업, 제조업, 운수업, 그리고 토목건축업 등에 적용되었고 나머지 업종에는 임의 적용되었다. 그러나 오늘날 산업재해는 다양한 직장에서 다양한 형태로 발생된다. 스트레스와 과로 등의 새로운 재해가 증가하고 있으며 이에 따라 현재는 상시근로자 1인 이상의 사업 또는 사업장에서는 산재보험에 가입해야 한다. 단지 위험률, 규모, 장소를 고려하여 대통령령으로 정하는 사업[48]에 해당하는 사업에 대하여는 적용을 제외시키고 있다.

산재보험은 근로자와 그의 가족을 보호하기 위하여 국가가 책임을 지고 이해하는 의무보험이다. 국가가 사업주에게 일정한 보험료를 징수하여 산업재해 기금을 모아 놓고 사고가 발행할 경우에 사업주를 대신해서 산업재해를 받은 근로자에게 보상해 주는 제도이다. 이때 지급하는 보험급여는 요양급여, 휴업급여, 상병보상연금, 장해급여, 장의비, 유족급여, 간병급여 등이 있다.

산재보험의 특징은 다음과 같다. 첫째, 무과실 책임주의이다. 근로자의 업무상 재해가 발생할 경우 사용자가 고의·과실을 했는지 유무를 묻지 않고 지급한다. 둘째, 산재보험의 재원은 원칙적으로 사업주가 전액 부담한다. 셋째, 산재보험의 급여가 재해발생에 따른 손해 전체를 보상하는 방식이 아니라 평균임금을 기초로 정률보상방식으로 지급한다.

46) 고용노동부 홈페이지 http://www.moel.go.kr/ 참조.
47) 근로자가 업무상의 사유로 입게 되는 부상·질병·신체장애 또는 사망 등과 같은 재해를 말한다.
48) 산재보험법 제6조 및 동 시행령 제2조.

4) 고용보험[49)]

고용보험이 무엇인지는 고용보험법 제1장 1조에 다음과 같이 잘 표현되고 있다.

> "이 법은 고용보험의 시행을 통하여 실업의 예방, 고용의 촉진 및 근로자의 직업능력의 개발과 향상을 꾀하고, 국가의 직업지도와 직업소개 기능을 강화하며, 근로자가 실업한 경우에 생활에 필요한 급여를 실시하여 근로자의 생활안정과 구직 활동을 촉진함으로써 경제·사회 발전에 이바지하는 것을 목적으로 한다."

고용보험은 실업의 예방, 고용의 촉진 및 근로자의 직업능력의 개발과 향상은 물론 근로자의 생활에 필요한 급여를 지급하여 실직근로자의 생활안정 및 재취업을 지원하는 사회보험제도이다. 재원 마련을 위해 근로자(임금의 0.55%)와 사업주(임금 총 액의 0.7~1.3%)가 공동 부담한다. 고용보험의 가입대상 및 절차는 1998년 10월 1일 브터 1인 이상의 근로자가 있는 모든 사업주는 의무적으로 고용보험에 가입하도록 되어 있다. 사업주 또는 근로자의 의사와 관계없이 자동적으로 고용보험관계가 성립하며 고용보험에 가입한 사업장에 재직하고 있는 모든 근로자가 고용보험의 혜택을 받게 된다. 다만 월간 소정근로시간이 60시간(주간 소정근로시간 15시간) 미만인 근로자는 해당이 되지 않는다.

고용보험 사업으로는 실업급여와 고용안정·직업능력개발사업이 있다. 실업급여사업에는 구직급여, 취직촉진수당, 육아휴직급여 등이 있다. 고용안정·직업능력개발사업에는 고용창출지원, 고용조정지원, 고용촉진지원, 건설근로자고용지원, 사업주지원, 근로자지원, 그리고 건설근로자 직업능력개발지원이 있다.

지금까지 국민연금, 건강보험, 고용보험, 산재보험에 대하여 살펴보았다. 이른바 4대 보험의 특성을 비교하여 살펴보면 〈표 11-4〉 및 〈표 11-5〉와 같다.

---

49) 고용노동부 홈페이지 http://www.moel.go.kr/ 참조.

〈표 11-4〉 4대 보험의 특성 비교(1)[50)]

구분	국민연금	건강보험	산재보험	고용보험
시행년도	1988년	1977년(노인장기요양보험 2008. 7. 1 실시)	1964년	1995년
기본성격	소득보장 장기보험	의료보장 단기보험	산재보상 단기보험	실업고용 중기보험
급여방식	현금급여 소득비례	현물급여 균등급여	현물-균등급여 현금-소득비례	현금급여 소득비례
재정 및 관리	수정적립방식 전체 일괄관리	부과방식 이원화(직장 · 지역)관리	순부과방식	수정적립방식
관리단위	개인별관리	사업장 · 세대별 관리	사업장	사업장
보험료 관장	보건복지부장관	보건복지부장관	고용노동부장관	고용노동부장관
자격관리 방식	직장 · 지역 통합관리	직장 · 지역통합관리	사업별 관리 가입자 관리	사업별 관리 가입자 관리
보험료 부과단위	사업장 · 지역 (개인별)	사업장 · 지역(세대별)	사업장	사업장

〈표 11-5〉 4대 보험의 특성 비교(2)[51)]

<table>
<tr><th colspan="2">구분</th><th>국민연금</th><th>건강보험</th><th>고용보험</th><th>산재보험</th></tr>
<tr><td rowspan="2">가입대상</td><td>연령</td><td>18세 이상
60세 미만</td><td>연령제한 없음</td><td colspan="2">근로기준법에 의한 모든 근로자
(근로를 제공하고 소득을 받는 자)</td></tr>
<tr><td>제외</td><td>• 타공적연금 가입자 · 수급자
• 1개월 미만 일용근로자, 월 60시간 미만 단시간 근로자</td><td>• 유공자 등 의료보호 대상자(선택)
• 의료급여수급자
• 1개월 미만 일용근로자, 월 60시간 미만 단시간 근로자</td><td>• 65세 이상(가입 의무 · 보험료미부과 · 실업급여제외)
• 1개월 60시간 (주 15시간) 미만
• 타연금 가입자 · 외국인 · 사용자</td><td>• 타연금 가입자
• 사용자
• 연령제한 없음</td></tr>
</table>

50) http://www.4insure.or.kr/ins4/ptl/guid/insu/MainPculLayout.do 참조
51) http://www.4insure.or.kr/ins4/ptl/data/etc/EtcDataCntrView.do?seq=598 참조

구분		국민연금	건강보험	고용보험	산재보험
가입대상	사용자	가입대상 (무보수 대표이사 제외)	가입대상 (무보수 대표이사 제외)	가입불가	
	외국인	보험 가입여부는 보험별로 다름으로 해당 기관에 직접 문의			
소득상한선		389만 원	7,810만 원(월)	없 음	
보험료율		• 기준소득월액의 9% - 사용자와 근로자가 1/2씩	• 보수월액의 5.89% (건강보험료) + 건강보험료의 6.55% (요양보험료) - 사용자와 근로자가 1/2씩	• 사업장 근로자 전체의 개인별 월평균 보수의 전체 합계액 × 보험료율 - 실업급여(1.1% ☞ 사용자와 근로자가 1/2씩) - 고용안정 · 직업능력개발사업 및 산재보험료는 규모 또는 사업종류에 따라 보험료율 다름, 사용자만 부담	
급여변경		신고불가	신고가능 (직장가입자보수월액 변경신청서)	신고가능 (월평균보수변경신청서)	

5) 노인장기요양보험[52)]

오늘날 한국은 경제발전과 보건의료의 발달로 인하여 평균 수명의 연장, 자녀에 대한 가치관의 변화, 보육 및 교육문제 등으로 출산율이 급격히 저하되었으며 이에 인구구조의 급속한 고령화 문제에 직면하고 있다. 이러한 사회변화에 따른 새로운 복지수요를 충족하기 위해 마련된 것이 바로 장기요양보장제도이다. 이 보험이 포함되어 5대 사회보험이 구축된 것이다.

노인장기요양보험제도는 고령이나 노인성 질병 등으로 인하여 노인이 일상생활을 혼자서 할 수 없는 경우에 신체활동 또는 가사활동을 지원하기 위해서 장기요양급여를 제공하는 사회보험제도이다. 이 보험은 노후의 건강 증진 및 생활안정을 도모하고 그 가족의 부담을 덜어 주게 되어 결국 국민의 삶의 질을 향상하도

52) http://www.longtermcare.or.kr/portal/site/nydev/MENUITEM_Main/ 참조.

록 하는 것을 목표로 하고 있다.

과거 노인의 문제는 가족제도에서 담당하였다. 그러나 현대사회에서는 노인장기요양의 문제를 더 이상 개인이나 가족에게 부담을 줄 수 없는 상황이 초래되었다. 이는 고령화의 진전과 함께 핵가족화, 여성의 경제활동 참여가 증가하였기 때문이다. 이에 따라 노인장기요양은 사회적 · 국가적 책무로 강조되고 있는 것이 오늘날의 현실이다.

이와 같은 사회 환경의 변화에 따라 선진 각국에서는 사회보험방식 및 조세방식으로 그 재원을 마련하여 장기요양보장제도를 도입하여 운영하고 있다.

선진국의 장기요양보험제도 운용방식은 〈표 11-6〉과 같다.

〈표 11-6〉 선진국의 장기요양보험제도 운용방식

구분	사회보험방식	조세방식
국가	한국(+조세), 독일, 헝가리, 일본(+조세), 스위스(+조세), 미국(Medicare), 네덜란드, 룩셈부르크	오스트레일리아, 오스트리아, 캐나다, 아일랜드, 뉴질랜드, 노르웨이, 폴란드, 스페인, 스웨덴, 영국, 미국(Medicaid)

우리나라 노인장기요양보험제도는 건강보험제도와는 별개의 제도로 도입하여 운영하고 있는 특징이 있다. 국민건강보험법과는 별도로 노인장기요양보험법을 제정하여 분리하는 것은 첫째, 노인에 대한 요양 필요성이 더욱 부각되고, 둘째, 새로운 제도 도입이 쉽다. 셋째, 건강보험 재정에 구속되지 않아 장기요양급여의 운영과 장기요양제도의 특성을 살릴 수 있는 장점이 있다는 이유에서이다.

그런데 제도운영의 효율성을 높이기 위해서 보험자 및 관리운영기관을 국민건강보험공단으로 일원화하고 있다. 즉, 건강보험과 독립적인 형태로 설계하되, 그 운영에 있어서는 효율성 높이기 위해서 별도로 관리운영기관을 설치하지 않고 국민건강보험공단이 이를 함께 수행하도록 한 것이다. 또한, 노인장기요양보험제도는 국고지원이 가미된 사회보험방식을 채택하고 있다. 사회보험방식을 근간으로 하면서도 일부는 공적부조방식을 더하는 형태로 설계·운영하고 있는 것이다.

우리나라 장기요양보험의 수급 대상자는 65세 이상의 노인 또는 65세 미만의 자로서 치매·뇌혈관성 질환 등 노인성질병을 가진 자 중 6개월 이상 동안 혼자서 일상생활을 수행하기 어렵다고 인정되는 자로 하고 있다. 단 65세 미만자의 노인성질병이 없는 일반적인 장애인은 제외하고 있다.

장기요양보험의 가입 대상자는 건강보험 가입자가 그 대상이 되고 있으며(법 제7조 제3항) 가입은 선택이 아니라 강제에 의해 가입하도록 법률상되어 있다. 또한, 공공부조의 영역에 속하는 의료급여 수급권자의 경우 건강보험과 장기요양보험의 가입자에서는 제외되지만, 국가 및 지방자치단체의 부담으로 장기요양보험의 적용대상으로 하고 있다(법 제12조).

장기요양급여는 장기요양보험 가입자 및 그 피부양자나 의료급여수급권 가입자라고 해서 무조건 받는 것이 아니다. 일정한 절차에 따라 장기요양급여를 받을 수 있는 권리(수급권)가 부여되는데 이를 장기요양인정이라고 한다. 장기요양인정 절차는 먼저 공단에 장기요양인정 신청을 한 후 공단직원이 방문하여 인정조사를 하고 등급판정위원회의 등급판정이 나야 받을 수 있게 된다. 장기요양 신청 자격은 장기요양보험 가입자 및 그 피부양자 또는 의료급여수급권자 중 65세 이상의 노인 또는 65세 미만자로서 치매, 뇌혈관성 질환 등 노인성 질병을 가진 자가 할 수 있다.

03 공공부조

공공부조제도의 정의에 대해서는 사회보장기본법 제1장 제3조 제3항에 “공공부조(公共扶助)란 국가와 지방자치단체의 책임하에 생활 유지 능력이 없거나 생활이 어려운 국민의 최저생활을 보장하고 자립을 지원하는 제도를 말한다."라고 기술하고 있다. 즉, 국민의 최저생활을 보장하고 자립을 지원하는 제도이다. 극빈자, 불구자, 실업자 또는 저소득계층에 속한 사람들이 스스로 자립을 할 수 있을 때까지 국가와 지방자치단체가 주최가 되어 국가의 재정으로 급여하는데, 일종의 가난한 사람들을 돕는 '구빈제도'라 할 수 있다.[53] 공공부조제도에는 국민기초생활보장제도, 의료급여제도, 긴급지원사업, 국가보훈사업, 그리고 재해구호사업 등이 있다.

1) 국민기초생활보장제도[54]

기초생활보장제도란 국민기초생활보장법 제1장 제1조(목적)에 명시해 있듯이 '생활이 어려운 사람에게 필요한 급여를 실시하여 이들의 최저생활을 보장하고 자활을 돕는 것을 목적'으로 하는 제도를 말한다. 여기서 말하는 최저생계비란 국민기초생활보장법 제1장 제2조 제6항에 나와 있듯이 '국민이 건강하고 문화적인 생활을 유지하기 위하여 필요한 최소한의 비용으로서 제6조에 따라 보건복지부장관이 공표하는 금액'을 의미한다.

급여의 기본 원칙은 최저생활보장의 원칙, 보충급여의 원칙, 자립지원의 원칙, 개별성의 원칙, 가족부양의 원칙, 가족부양 우선의 원칙, 그리고 타급여 우선의 원칙이 있다. 최저생활보장의 원칙이란 생활이 어려운 자에게 생계·주거·의료·교육·자활 등 필요한 것을 급여하여 최저생활을 보장해 주는 원칙을 말한다. 보충급여의 원칙이란 급여수준을 생계·주거·의료·교육 급여액과 수급자의 소득 인정액을 포함한 총 금액이 최저생계비 이상이 되도록 지원하는 것을 말한다. 자립지원의 원칙이란 보장기관이 근로능력이 있는 수급자에게 자활사업에 참여할 것을 조건으로 생계급여를 지급하는 것을 말한다. 개별성의 원칙이란 급여수준을

53) http://www.4insure.or.kr/ins4/ptl/guid/itrd/OurCntySoclGrunLayout.do 참조.
54) 보건복지부 홈페이지 http://www.mw.go.kr/front_new/index.jsp 참조.

정함에 있어서 수급권자의 개별적 특수 상황을 최대한 반영하는 것을 말한다. 가족부양 우선의 원칙이란 급여신청자가 부양의무자에 의하여 부양될 수 있는 경우에는 기초생활보장급여에 우선하여 부양의무자에 의한 보호가 먼저 행해져야 하는 것을 의미한다. 그리고 타급여 우선의 원칙이란 급여신청자가 다른 법령에 의하여 보호를 받을 수 있는 경우에는 기초생활보장급여에 우선하여 다른 법령에 의한 보호가 먼저 행해져야 함을 의미한다.

급여의 종류에는 생계급여, 주거급여, 자활급여, 교육급여, 해산급여, 장제급여, 그리고 의료급여가 있다. 생계급여는 수급자에게 의복, 음식물 및 연료비, 기타 일상생활에 기본적으로 필요한 금품을 지급하는 것으로 현금 급여기준에서 가구의 소득인정액을 차감하여 산정한 금액 중 주거급여액을 제외한 금액을 급여하는 것을 말한다. 현금급여기준은 최저생계비에서 현물로 지급되는 의료비·교육비 및 타법지원액(주민세, TV수신료 등)을 차감한 금액으로 정하며 소득이 없는 수급자가 받을 수 있는 최고액의 현금을 급여수준으로 정한다.

주거급여는 수급자에게 주거안정에 필요한 임차료, 유지수선비 등을 지급하는 것으로 현금급여기준에서 가구의 소득인정액을 차감하여 산정한 금액 중 주거급여(22.032%)에 해당하는 금액을 급여한다. 또한, '자가가구 등'에 해당하는 수급자에게 가구별 현금급여액에 해당하는 금액을 차감하는 나머지를 주거 현금급여로 지급한다.

교육급여는 고등학생의 경우 교과서대가 129,500원이고, 학용품비는 52,600원을 급여한다. 중학생의 경우 부교재비로 38,700원을 급여하고 학용품비로 52,600원을 급여한다. 초등학생의 경우 부교재비로 38,700원을 급여한다. 해산급여는 출산 시 600,000원을 급여하고, 장제급여는 사망자 1구당 750,000원을 급여한다(2014년 현재).

2) 의료급여제도

의료급여란 의료급여법 제1조(목적)에 따라 '이 법은 생활이 어려운 사람에게 의료급여를 함으로써 국민보건의 향상과 사회복지의 증진에 이바지함'을 목적으로 하는 제도이다. 의료급여를 받을 수 있는 수급권자[55]는 의료급여법 제3조(수급권자)에서 다음과 같이 제시하고 있다. 첫째는 국민기초생활보장법에 따른 수급자, 둘째는 재해구호법에 따른 이재민으로서 보건복지부장관이 의료급여가 필요하다고 인정한 사람, 셋째는 의사상자 등 예우 및 지원에 관한 법률에 따라 의료급여를 받는 사람, 넷째는 입양특례법에 따라 국내에 입양된 18세 미만의 아동, 다섯째는 독립유공자 예우에 관한 법률과 국가유공자 등 예우 및 지원에 관한 법률 및 보훈보상대상자 지원에 관한 법률의 적용을 받고 있는 사람과 그 가족으로서 국가보훈처장이 의료급여가 필요하다고 추천한 사람 중에서 보건복지부장관이 의료급여가 필요하다고 인정한 사람을 말한다. 여섯째는 문화재보호법에 따라 지정된 중요무형문화재의 보유자(명예보유자를 포함한다)와 그 가족으로서 문화재청장이 의료급여가 필요하다고 추천한 사람 중에서 보건복지부장관이 의료급여가 필요하다고 인정한 사람, 일곱째는 북한이탈주민의 보호 및 정착지원에 관한 법률의 적용을 받고 있는 사람과 그 가족으로서 보건복지부장관이 의료급여가 필요하다고 인정한 사람이 급여대상자가 된다. 그 외에는 5·18민주화운동 관련자 보상 등에 관한 법률 제8조에 따라 보상금 등을 받은 사람과 그 가족으로서 보건복지부장관이 의료급여가 필요하다고 인정한 사람, 노숙인 등의 복지 및 자립지원에 관한 법률에 따른 노숙인 등으로서 보건복지부장관이 의료급여가 필요하다고 인정한 사람, 그리고 그 밖에 생활유지 능력이 없거나 생활이 어려운 사람으로서 대통령령으로 정하는 사람이 급여대상이 된다.

55) 수급권자란 이 의료급여법에 따라 의료급여를 받을 수 있는 자격을 가진 사람을 말한다.

04 사회복지서비스

사회복지서비스의 정의에 대해서는 사회보장기본법 제1장 제3조 제4항에 "사회서비스란 국가·지방자치단체 및 민간 부문의 도움이 필요한 모든 국민에게 복지, 보건의료, 교육, 고용, 주거, 문화, 환경 등의 분야에서 인간다운 생활을 보장하고 상담, 재활, 돌봄, 정보의 제공, 관련 시설의 이용, 역량 개발, 사회참여 지원 등을 통하여 국민의 삶의 질이 향상되도록 지원하는 제도를 말한다."라고 기술하고 있다. 뿐만 아니라 사회복지사업법 제1장 제2조 제1항에 "사회복지사업이란 다음 각 목의 법률에 따른 보호·선도(善導) 또는 복지에 관한 사업과 사회복지상담, 직업지원, 무료 숙박, 지역사회복지, 의료복지, 재가복지(在家福祉), 사회복지관 운영, 정신질환자 및 한센병력자의 사회복귀에 관한 사업 등 각종 복지사업과 이와 관련된 자원봉사활동 및 복지시설의 운영 또는 지원을 목적으로 하는 사업을 말한다."라고 언급하여 사회복지사업법의 개념을 정의함으로써 사회복지서비스가 무엇인지를 더욱 분명히 제시하고 있다. 즉, 사회복지서비스란 어려운 처지에 놓여 있는 국민을 대상으로 하여 국가, 지방자치단체 및 민간기관이 주최가 되어 상담, 재활, 직업소개 및 지도, 사회복지시설 이용 등의 제공을 통해 건강한 사회생활을 영위할 수 있도록 지원하는 사회복지제도 중 하나이다. 사회복지서비스를 실현하기 위해 사회복지사업법, 모자보건법, 심신장애자·아동·노인복지법을 마련하였다. 이를 통해 노인복지, 아동복지, 장애인복지, 그리고 가정복지를 이루고 있다.[56)]

사회복지사업의 기본 이념은 사회복지사업법 제1장 제1조 제2항에 따라 다음과 같다. 첫째, "사회복지를 필요로 하는 사람은 누구든지 자신의 의사에 따라 서비스를 신청하고 제공받을 수 있다."고 기술함으로써 누구든지 사회복지를 필요로 할 때 제공받을 수 있다는 것을 제시하고 있다. 둘째, "사회복지법인 및 사회복

56) http://www.4insure.or.kr/ins4/ptl/guid/itrd/OurCntySoclGrunLayout.do 참조.

지시설은 공공성을 가지며 사회복지사업을 시행하는 데 있어서 공공성을 확보하여야 한다."고 기술함으로서 사회복지서비스를 시행할 때는 공공적 성격을 갖고 시행해야 함을 밝히고 있다. 마지막으로 셋째, "사회복지사업을 시행하는 데 있어서 사회복지를 제공하는 자는 사회복지를 필요로 하는 사람의 인권을 보장하여야 한다."고 기술함으로써 사회복지서비스는 인권존중 사상이 기본 이념이라는 것을 밝히고 있다.

비용의 부담에 있어서는 사회보장기본법 제28조에 '공공부조 및 관계 법령에서 정하는 일정 소득 수준 이하의 국민에 대한 사회서비스에 드는 비용의 전부 또는 일부는 국가와 지방자치단체가 부담'하고 '부담 능력이 있는 국민에 대한 사회서비스에 드는 비용은 그 수익자가 부담함을 원칙으로 하되, 관계 법령에서 정하는 바에 따라 국가와 지방자치단체가 그 비용의 일부를 부담'할 수 있다고 기술하고 있다.

사회복지사업과 관련된 법률은 사회복지사업법 제1장 제2조에 다음과 같이 제시하고 있다.

① 「국민기초생활보장법」
② 「아동복지법」
③ 「노인복지법」
④ 「장애인복지법」
⑤ 「한부모가족지원법」
⑥ 「영유아보육법」
⑦ 「성매매방지 및 피해자보호 등에 관한 법률」
⑧ 「정신보건법」
⑨ 「성폭력방지 및 피해자보호 등에 관한 법률」
⑩ 「입양특례법」

⑪「일제하 일본군위안부 피해자에 대한 생활안정지원 및 기념사업 등에 관한 법률」
⑫「사회복지공동모금회법」
⑬「장애인·노인·임산부 등의 편의증진 보장에 관한 법률」
⑭「가정폭력방지 및 피해자보호 등에 관한 법률」
⑮「농어촌주민의 보건복지 증진을 위한 특별법」
⑯「식품기부 활성화에 관한 법률」
⑰「의료급여법」
⑱「기초연금법」
⑲「긴급복지지원법」
⑳「다문화가족지원법」
㉑「장애인연금법」
㉒「장애인활동 지원에 관한 법률」
㉓「노숙인 등의 복지 및 자립지원에 관한 법률」
㉔「보호관찰 등에 관한 법률」
㉕「장애아동 복지지원법」
㉖「발달장애인 권리보장 및 지원에 관한 법률」

사회복지서비스를 실천할 때 사회복지사업의 내용 및 절차 등에 관하여 위에서 언급한 법률에 특별한 규정이 있는 경우를 제외하고는 관련된 법이 제시하는 법에 부합하여 실행해야 한다.[57] 결국, 사회복지서비스는 사회복지사업법에 근거하여 실시하여야 하므로 이 법이 기본법으로 작용한다는 것을 의미한다.

57) 사회복지사업법 제1장 제3조.

CHAPTER 12

사회복지의 실천분야 I

학습목표

- 아동과 청소년복지의 개념을 이해하고, 정책을 설명할 수 있다.
- 노인과 장애인복지의 개념을 이해하고, 정책을 설명할 수 있다.
- 여성복지의 개념을 이해하고, 정책을 설명할 수 있다.
- 가족복지의 개념을 이해하고, 정책을 설명할 수 있다.
- 다문화가족복지의 개념을 이해하고, 정책을 설명할 수 있다.

사회복지실천은 개인, 집단, 지역사회가 사회기능을 향상할 수 있는 자신들의 능력을 회복하거나 증진하고, 목표달성을 위한 사회조건을 창조하도록 돕는 전문적 활동이다. 사회와 사람과의 관계 속에서 발생하는 긴장과 갈등은 사회적 위험 혹은 사회문제로 나타난다. 이는 우리 사회의 존속과 발전에 커다란 영향을 미친다.

이를 해결하기 위해서는 국가와 사회의 적극적인 개입이 필요하다. 자신의 의지와는 다르게 발생하는 사회문제는 누구나 사회복지의 대상이 될 수 있음을 일깨워준다. 따라서 사회복지실천에서는 다양한 형태의 객체를 대상으로 다양한 주체가 참여하고 있다. 다음 장에서 의료사회복지, 정신보건사회복지, 학교사회복지, 산업복지, 교정복지, 군사회복지 등을 살펴보고, 여기서는 아동복지, 청소년복지, 노인복지, 여성복지, 가족복지, 장애인복지, 다문화가족복지 등에 관해 알아본다.

01 아동복지

1) 아동복지의 개념

아동복지의 개념을 협의와 광의로 구분하여 살펴보자. 좁은 의미(협의)의 아동복지는 '부모가 아동 양육 책임을 이행할 수 없거나 지역사회가 아동과 가족이 요구하는 자원과 보호를 제공하지 못할 때 기능을 강화, 보완, 대리하는 것'으로 치료적인 측면을 강조한다. 넓은 의미(광의)의 아동복지는 '일반 아동을 포함한 모든 아동의 행복을 위해서 그들의 신체적, 사회적, 심리적, 영적 발달을 보호하고 촉진하기 위한 방법'으로 예방적인 측면을 강조한다.

프리들랜더와 앱트(Friendlander & Apte, 1974)는 "아동복지는 단지 빈곤, 방치, 유기, 질병, 결함 등을 지닌 아동 혹은 환경에 적응하지 못하는 비행아동에만 관심을 두는 것이 아니라, 모든 아동이 신체적, 지적, 정서적 발달에서 안전하고 행복할 수 있도록 위험으로부터 보호하기 위하여 공·사의 모든 기관에서 시행하는 사회적, 경제적, 보건적인 모든 활동을 포함한다."라고 하였다.

아동복지법 제3조에서는 '아동복지란 아동이 행복한 삶을 누릴 수 있는 기본적인 여건을 조성하고 조화롭게 성장·발달할 수 있도록 하기 위한 경제적·사회적·정서적 지원'이라고 하였다. 또한, 브리태니커 백과사전에서는 '아동복지란 빈곤으로 인한 고통이나 정상적인 부모의 보호 또는 관심의 결핍으로 고통받는 아동들의 육체적·사회적·심리적 복지에 관련된 봉사활동 및 제도'라고 하였다(인터넷다움, 2004). 위키백과에는 '아동복지란 미성년자 아동 및 청소년을 보호하고 가족의 안정성을 증대하기 위해 정부가 시행하는 서비스'라고 하였다(인터넷다움, 2004).

이상의 정의를 토대로 아동복지의 개념을 정의하면 다음과 같다. 아동복지란 보호를 해야 하는 특수한 환경과 장애아동을 포함한 모든 아동과 그들의 가족이 건전하게 성장하고 발달할 수 있도록 여러 분야에서 국가와 민간 및 사회단체가 이르어 내는 일련의 계획적이고 조직적인 활동이다.

2) 서비스 기능에 따른 아동복지서비스의 종류

서비스가 가정의 역할을 중심으로 가정에 대하여 어떠한 기능을 하는가에 따라 지지적 서비스, 보완적 서비스, 대리적 서비스로 구분할 수 있다. 이를 3S 모델이라고 한다. 이들 서비스는 상호 배타적인 것이 아니라 서로 보완되거나 중복될 수 있다(권육상 외, 2010).

(1) 지지적 서비스

가정의 역할을 지원하는 서비스로, 원가정의 구조를 침해하지 않으면서 그 가정의 기능이 원활하게 수행될 수 있도록 하는 서비스이다. 특히 특별한 상황이나 문제를 가진 가족과 아동은 가족이 감당하고 책임지기에는 한계가 있으므로, 다양한 지지와 서비스를 제공해야 한다. 그러나 그 아동과 가족이 처한 상황에 대한 원조일 뿐 그 책임은 근본적으로 부모와 가족에게 있다. 아동가족상담 서비스, 부모교육, 자조집단, 지역사회조직사업 등이 이에 속한다.

(2) 보충적 서비스

가정의 역할을 보완하는 서비스로, 부모의 사망·유기·이혼·재혼·질병 등 부모로서의 역할을 제대로 수행할 수 없는 상황이 발생할 때, 부모의 역할을 보충해 주거나 일부를 대행해 주는 서비스이다. 보육서비스, 빈곤가정을 지원하는 소득보완사업, 아동수당 등이 이에 속한다.

(3) 대리적 서비스

가정을 대신하는 서비스로, 부모의 사망·질병·유기 등의 사유로 가정이 일시 혹은 영구적으로 와해되거나 부모의 역할이 상실되었을 때, 아동의 개별적 욕구에 따라 부모역할의 부분 혹은 전체를 대리하는 서비스이다. 아동은 자신의 가정을 떠나서 다른 가정이나 시설에서 생활하면서 서비스를 제공받게 된다. 입양서비스, 아동양육시설·쉼터·아동치료보호시설 등에서 이루어지는 시설보호서비스, 가정위탁서비스 등이 이에 속한다.

〈표 12-1〉 기능에 따른 아동복지서비스 분류

구분	정의	기능
지지적 서비스	아동의 욕구를 충족시키기 위한 부모의 능력을 지원, 강화하기 위한 서비스	• 부모역할을 잘 수행할 수 있도록 부모를 지지하고 가족기능을 강화함. • 아동의 원가정 구조를 침해하지 않고 가정 외부에서 가족 내부의 역할기능이 제대로 수행될 수 있도록 서비스를 제공함.
보충적 서비스	아동이 받는 보호를 보충해 주거나 부모의 보호가 부적절하고 제한되어 있을 때, 이를 보상하기 위해 부모역할의 일부를 대행하거나 돕는 서비스	• 부모역할이 일시 혹은 영구적으로 충분히 충족되지 못할 때 부모역할의 일부를 보충함으로써 부모가 다른 역할을 더 충실하게 수행할 수 있음. • 가정의 형태는 그대로 있으나 가정 외부에서 지원함.
대리적 서비스	아동 개개인의 문제에 따라 제3자가 부모역할의 일부 혹은 전부를 대신하는 서비스	• 아동의 원가정이 해체되어 아동에게 보호와 양육기능을 수행할 수 없게 되었을 때 아동을 다른 가정이나 시설에서 보호함. • 아동이 원가정을 완전히 떠나 제3자에 의해 일시 혹은 영구적으로 보호를 받음.

3) 아동복지정책

(1) 소득과 의료보장

아동에 대한 소득보장은 아동이 있는 가정의 소득을 유지해 주기 위해 국가가 직접적인 소득 이전 프로그램을 통해 소득을 보완해 주는 것으로, 아동수당, 사회보험, 공공부조의 형태로 시행된다. 소득보장의 대표적인 프로그램인 아동수당은 미래의 소중한 인적자원인 아동에 대한 경제적 부양책임을 국가가 지는 것이다. 그러나 우리나라에는 아직 아동수당제도가 없으며, 다만 연말정산 때에 아동이 있을 때 부양가족으로 등록하여 세금면제를 받는 제도가 있다. 사회보험에 의한 아동의 소득지원은 아동을 직접 대상으로 하기보다는 가정의 소득을 지원함으로써 간접적으로 이루어진다고 할 수 있다. 그리고 공공부조에 의한 아동의 소득지원은 국민기초생활보장제도에 의해 이루어진다. 또한, 아동 대부분은 국민건강보험에 의한 의료서비스를 받고 있다. 국민건강보험에 의해 의료보장을 받을 수 있는 빈곤층은 의료급여제도에 의해 의료서비스를 받을 수 있다(유공순 외, 2007).

(2) 아동상담사업

우리나라 아동상담사업은 1959년에 설립된 서울아동상담소를 계기로 시작되었다. 그러나 일반아동을 포함한 모든 아동과 청소년을 위한 종합적이고 포괄적인 상담사업을 본격적으로 시행하고자 노력하기 시작한 것은 1990년대에 들어와 문화관광부에 의해 청소년상담실이 설립되면서부터라고 해도 과언이 아니다. 공립 아동상담소는 1961년 12월 30일 제정·공포된 아동복리법에 근거를 두고 1963년 1월부터 당시 5백여 개의 아동복지시설에 수용되어 있었던 약 7만 명의 고아를 위한 입양사업의 전개를 목적으로 각 시·도에 설치되었다. 몇 년 후 서울, 부산, 충북, 충남, 경북 등지에서 독립된 아동상담소 혹은 부녀아동상담소가 문제아동의 상담을 하기 시작하였다. 1961년의 아동복리법이 1981년 4월 13일 법률 제3438호에 의해 아동복지법으로 전면 개정되면서 아동복지의 목적은 요보호아동의 보호차원을 넘어서 모든 아동들의 건전육성으로 규정되었다. 시립 아동상담소 중에서도 1977년 새로이 발족된 자광아동가정상담소를 포함한 소수의 아동상담소만이 일반가정의 문제아동을 위한 상담사업을 하고 있다. 이외에도 사립 아동상담소의 대부분을 차지하고 있는 홀트아동복지회, 동방아동복지회, 대안사회복지회 등에서 시행하고 있는 아동상담사업은 주로 입양에 관한 상담사업 위주로 운영되고 있으며 그 밖의 다양한 아동문제의 해결을 돕는 상담사업은 미흡한 실정이다(한성심·송주미, 2009).

(3) 보육사업

영유아보육사업이란 영유아보육법 제1조의 목적을 달성하기 위하여 6세 미만의 취학 전 아동을 국가나 사회에서 대신 보호하고 교육하는 서비스를 말한다. 우리나라 보육사업은 1921년 태화사회관의 탁아 프로그램을 시작으로 1926년 2개 탁아소에서 운영되었고, 1981년 657개소의 어린이집에서 운영되어 오다가 1991년 영유아보육법이 제정되면서 체계적으로 정비되었다고 할 수 있다. 부모와 영유아, 사회 모두가 만족하는 보육사업이 되기 위해서는 우선 해결되어야 할 많은 과제를 안고 있다. 우수한 보육서비스를 제공하기 위해서는 보육에 대한 편향된 시각을 수정하고, 보육서비스에 접근 기회를 보편화해야 하며 보육서비스의 질적 향상을 위해 노력해야 한다. 재원확보를 위한 정책을 마련하고 보육종사자의 훈련과 근무조건을 개선해야 하며, 적절한 보육지침을 제공함은 물론 보육정책과 보육서비스 간의 일관성을 유지해야 한다. 또한, 부모와 가족 및 지역사회가 각각의 역할을 분담하여 보육서비스에 참여하고 책임을 공유해야 한다(김지현 외, 2008).

(4) 가정보호사업

가정보호사업을 입양사업, 가정위탁보호사업, 공동생활가정보호사업 등으로 구분하여 살펴보면 다음과 같다(임춘식 외, 2007).

❶ 입양사업

입양은 보호자가 없거나 보호자로부터 이탈된 아동에게 건전한 가정을 영구적으로 제공하여 신체적·정신적·사회적으로 건전하게 성장할 수 있도록 하기 위한 사업이다. 우리나라는 1952년 후생시설운영요령을 수립하고, 1961년 보호시설에 있는 고아의 후견인 직무에 관한 법률과 고아입양특례법을 제정한 후 2000년에는 보호시설에 있는 미성년자의 후견 직무에 관한 법률, 입양 촉진 및 절차에 관한 특례법으로, 2011년에는 입양특례법으로 개정하였다. 입양사업의 기본 방향은 국내입양을 우선으로 하며, 국외입양을 차선책으로 추진하고 입양가정에 대한 사후관리강화, 국내입양가정에 대한 지원책 강구를 통한 국내입양 활성화 추진, 입양에 관한 국민인식 제고를 위한 대국민 홍보를 강화하는 데 있다.

❷ 가정위탁보호사업

가정위탁보호사업은 부모의 학대·방임·질병·기타 사정으로 친가정에서 아동을 양육할 수 없을 때, 일정기간 위탁가정을 제공하여 아동을 보호·양육함으로써 적합한 가정 안에서 건전하게 성장할 수 있도록 도와주며, 친가정이 가족기능을 회복할 수 있도록 지원하는 아동복지서비스이다. 1990년부터 가정위탁보호시범사업을 시행하였으며, 2004년 7월 중앙가정위탁지원센터를 설치하였다. 위탁가정의 선정기준은 친인척일 때, 위탁받고자 하는 자 및 그 가족에게 범죄, 가정폭력, 아동학대, 알코올 및 약물중독 등이 없어야 하며, 가정위탁에 필요한 교육을 이수하여야 한다.

❸ 공동생활가정보호

공동생활가정보호는 기존의 시설보호에서 탈피하고 가정보호형태의 강조 및 지역사회 중심의 아동보호를 위한 새로운 보호형태이다. 보호를 필요로 하는 아동에게 가정과 같은 주거여건과 보호를 제공하는 시설로서, 1997년부터 시범사업을 추진하고 있다. 그룹홈의 유형은 단기보호, 장기보호, 치료보호가 있다. 단기보호는 경제적 위기 또는 부부의 갈등이나 별거, 수감 및 아동학대 등에 의하여 보호자 또는 친인척이 함께 거주할 수 없는 아동을 보호하는 시설이다. 장기보호는 기존의 소년소녀가장 또는 시설에서 보호 중인 아동 및 장기보호가 필요한 아동을 보호하는 시설이다. 치료보호는 시설보호에 적응하지 못하거나 약간의 정서적 문제 등으로 인하여 시설보호가 적합하지 않는 아동을 보호하는 것을 말한다. 그룹홈에는 아동 5명을 표준으로 하되 아동이 7인 이내이어야 하며, 단기보호와 치료보호는 입주기간이 1년이 원칙이나 1년 단위로 연장 가능하고, 장기보호는 시설보호와 마찬가지로 18세 미만까지 보호가 가능하다.

(5) 시설보호사업

아동복지시설은 종합시설로 설치가 가능하며, 자격이 있는 일반인은 관할시장·군수·구청장에게 신고하면 아동복지시설을 설치할 수 있다. 아동복지법 제52조에 의한 아동복지시설의 종류는 다음과 같다.

① **아동양육시설**: 보호대상아동을 입소시켜 보호, 양육 및 취업훈련, 자립지원 서비스 등을 제공하는 것을 목적으로 하는 시설

② **아동일시보호시설**: 보호대상아동을 일시보호하고 아동에 대한 향후의 양육대책수립 및 보호조치를 행하는 것을 목적으로 하는 시설

③ **아동보호치료시설**: 아동에게 보호 및 치료 서비스를 제공하는 다음의 시설

가. 불량행위를 하거나 불량행위를 할 우려가 있는 아동으로서 보호자가 없거나 친권자나 후견인이 입소를 신청한 아동 또는 가정법원, 지방법원소년부지원에서 보호위탁된 19세 미만인 사람을 입소시켜 치료와 선도를 통하여 건전한 사회인으로 육성하는 것을 목적으로 하는 시설

나. 정서적·행동적 장애로 인하여 어려움을 겪고 있는 아동 또는 학대로 인하여 부모로부터 일시 격리되어 치료받을 필요가 있는 아동을 보호·치료하는 시설

④ **공동생활가정**: 보호대상아동에게 가정과 같은 주거여건과 보호, 양육, 자립지원 서비스를 제공하는 것을 목적으로 하는 시설

⑤ **자립지원시설**: 아동복지시설에서 퇴소한 사람에게 취업준비기간 또는 취업 후 일정 기간 동안 보호함으로써 자립을 지원하는 것을 목적으로 하는 시설

⑥ **아동상담소**: 아동과 그 가족의 문제에 관한 상담, 치료, 예방 및 연구 등을 목적으로 하는 시설

⑦ **아동전용시설**: 어린이공원, 어린이놀이터, 아동회관, 체육·연극·영화·과학실험전시시설, 아동휴게숙박시설, 야영장 등 아동에게 건전한 놀이·오락,

그 밖의 각종 편의를 제공하여 심신의 건강유지와 복지 증진에 필요한 서비스를 제공하는 것을 목적으로 하는 시설

⑧ **지역아동센터**: 지역사회 아동의 보호·교육, 건전한 놀이와 오락의 제공, 보호자와 지역사회의 연계 등 아동의 건전육성을 위하여 종합적인 아동복지서비스를 제공하는 시설

4) 아동복지의 과제

유공순 등(2007)이 제시한 아동복지의 과제를 정리하면 다음과 같다.

- 아동복지는 변화와 치료서비스만큼이나 예방이 중요하다. 아동이 가정으로부터 이탈되지 않도록 예방에 초점을 두는 것이다. 이를 위해 관련 프로그램의 개발, 법률의 정비, 정책 및 행정체계의 조직화, 사회적 인식의 변화를 위한 홍보, 건전한 생활환경 개선과 여가시설의 확충 등 예방을 위한 각종 노력이 이루어져야 한다.
- 요보호아동을 위한 서비스의 강화이다. 현재 아동복지시설은 대부분 도심의 외곽에 있어 접근 용이성이 떨어지고 폐쇄적인 경향이 다소 있다. 아동복지시설의 개방화가 필요하며 동시에 시설의 주거환경 개선과 정비, 시설종사자의 처우 개선과 전문성을 강화시켜 보다 전문적이고 다양한 서비스를 주는 시설로 변모해야 한다.
- 아동복지 관련 프로그램 개발의 다양성이 요구된다. 결손가정의 아동, 학대받는 아동, 방임된 아동, 성적 학대를 받는 아동 등을 위한 다양한 부모, 성인교육 프로그램의 개발이 동시에 필요하다.
- 아동복지시설이 소규모화, 다양화되어야 한다. 아동의 문제유형에 따라 다양화, 차별화된 아동복지시설이 필요하다.
- 요보호아동의 자립을 위한 제도가 절실히 필요하다. 요보호아동에게 일정 연

령이 되면 자립을 위한 자립정착금을 지원하고 있으나 이것만으로는 자립을 위한 지원이 턱없이 부족한 실정이다. 이를 위해 자립정착제도와 프로그램을 마련하여 병행 실시해야 한다.

- 아동복지시설의 내실화가 있어야 한다. 특히 전국적으로 급증한 지역아동센터의 경우 실질적인 아동복지시설로서 제기능을 하도록 인력과 공간, 재정지원이 뒷받침되어야 한다.
- 학교사회복지사업이 제도화되어야 한다. 요보호아동을 포함한 빈곤과 이에 따른 다양한 어려움을 겪고 있는 아동들에게 신체적·정서적 건강을 위한 서비스를 제공하고, 필요한 자원과 연결시켜 이들이 학교에서 정상적인 생활을 할 수 있도록 도와주고 일반 아동의 요보호아동이 되는 것을 예방하기 위한 각종 서비스를 제공하는 학교사회복지사업이 도입되어야 한다.

02 청소년복지

1) 청소년복지의 개념

일반적으로 청소년(adolescent)이란 아동과 성인의 중간단계에 있는 자로서 심신의 건강 또는 성숙의 의미를 가지는 라틴어 'adolescere(성숙하다, 자라다)'에서 유래된 용어이다. 청소년기는 신체적·심리적·지적·성적으로 현저한 변화와 발달을 가져오는 시기로서, 특히 성적 징후와 신체적 급성장이 이루어진다. 오늘날 청소년복지는 사회의 주요한 과제로 대두되고 있으며, 청소년문제의 해결이 없이는 발전적이며 안정된 사회가 존재하기 어렵다는 인식에 공감하고 있다.

과거 청소년복지는 일부 불우계층의 청소년들을 경제적·정신적으로 원조해준다는 단순한 개념으로 해석해 왔지만, 현재의 청소년복지는 보다 잘살기 위한 사회적 노력과 함께 포괄적·보편적인 사회복지의 개념과 맥을 같이한다. 따라서 청소년복지란 청소년의 인권보장과 가족구성원 및 사회의 일원으로서 바람직한 삶을 영위할 수 있도록 하는 사회복지정책과 서비스의 지원체계를 의미한다. 즉, 청소년복지는 이들이 성장하고 발달할 수 있도록 공·사적 복지서비스를 실천에 옮기는 조직적인 활동이라 할 수 있다(박차상 외, 2005, 2010).

2) 청소년복지의 목표

청소년복지는 모든 청소년이 심신의 불완전한 상태를 극복하는 정상화를 지향하며, 다양한 서비스의 제공은 원만한 인격체로 성장할 수 있는 바람직한 환경조성을 위한 제도적 개선을 지향한다.

청소년복지의 목표는 다음과 같이 세 가지로 대별할 수 있다(임춘식 외, 2007).

- 청소년을 둘러싼 부정적 환경을 긍정적으로 변화시켜 주는 사회환경의 개선이다. 이는 사회적 환경과 물리적 환경에 대한 사회제도적 개선을 통해 실현될 수 있다. 사회적 환경의 개선은 청소년의 가치관 형성에 부정적 영향을 미치는 환경을 극복하여 바람직한 가치관 형성을 위한 새로운 긍정적 준거 틀을 제공하는 것을 목적으로 하며, 물리적 환경의 개선은 노후 불량시설의 개선을 포함하여 청소년의 정신과 신체에 부정적 영향을 미치는 부정적 환경을 생명주의 문화가 옹호되는 환경으로 변화시키고, 쾌락적인 문화를 양산하는 향락매체와 시설들의 정비를 통한 저질문화의 추방을 목표로 한다.
- 왜곡된 사회화를 정상적인 것으로 바꾸어 줌으로써 청소년문제를 미연에 예방하는 것을 목적으로 하는 구체적인 서비스의 제공이다. 이는 왜곡된 사회화를 바로잡아 정상적 사회화를 도모하는 것이다. 특히 청소년의 특성별로 그들이 처해 있는 상황을 고려하여 전반적인 사회화 과정을 잘 파악하고, 그 문제점을 시정할 수 있도록 구체적인 서비스를 제공하는 것을 의미한다.

- 이미 존재하고 있는 문제청소년이나 요보호청소년에 대한 치료나 교정을 통해서 청소년문제를 해결함으로써 사회적 통합을 이루는 과정이다. 이는 왜곡된 사회화의 부정적 결과로 나타나는 청소년문제, 즉 비행청소년문제와 불우청소년문제와 관련하여 사후적이고 치료적인 방법이나마 실질적으로 지원하는 것이다. 소년소녀가장, 시설보호청소년, 영세청소년 등 요보호대상이 되는 불우청소년들이 사회의 보호 속에서 떳떳하게 살 수 있도록 공공부조제도를 내실화하고 각종 후원제도를 마련하여 인간적 생활의 영위가 가능하도록 하는 것이 중요하다.

3) 청소년복지정책

청소년복지는 접근 방법에 따라 기술론적, 정책론적 접근으로 전개해 나갈 수 있다. 기술론적 접근 방법으로는 크게 개별사회사업, 집단사회사업, 지역사회조직, 사례관리 등이 대표적이다. 정책론적 접근 방법으로는 사회복지정책, 사회복지행정, 사회복지법제 등이 대표적이다. 청소년복지를 추구하기 위해서는 이들 접근법을 개별적으로 사용하기보다는 종합적으로 접근하는 것이 더 바람직하다. 청소년복지의 실천 분야와 주요 문제, 복지대책을 살펴보면 〈표 12-2〉와 같다.

〈표 12-2〉 청소년복지의 주요 분야와 문제 및 복지대책

분야	주요 문제	복지대책
일반 청소년을 위한 복지	자아정체성 확립, 능력개발, 자기수양 등	자아개념 증진, 가치관 확립 프로그램, 수련활동, 진로지도, 자원봉사 프로그램
비행 청소년을 위한 복지	범죄, 약물남용, 가출, 학교폭력 등	상담과 치료 프로그램, 교정교화 프로그램, 주변환경 정화, 매스컴 등의 홍보와 교육활동, 학교와 복지기관 및 지역사회의 연계 강화 등
근로 청소년을 위한 복지	임금 및 근로시간 등의 근로환경, 사회정서적 문제, 진로와 교육기회	근로환경 개선, 주거여건 확충, 여가·문화 프로그램, 교육기회 제공, 자기성장 프로그램 등

분야	주요 문제	복지대책
장애청소년을 위한 복지	지체, 시각, 청각, 언어장애, 지적장애, 장애로 인한 사회적 차별문제 등	공공부조, 장애연금, 조세감면과 이용요금 할인, 의료보장, 시설보호, 재가복지서비스, 재활서비스 등
청소년 가장을 위한 복지	심리적 고립, 괴리감, 대인관계 장애, 가족문제, 가사문제, 경제적 어려움 등	생활보호, 결연, 상담, 가사지원서비스 등
미혼 청소년 부모를 위한 복지	신체적·정신적 발달장애, 낙태나 약물남용, 학대나 방임, 기타 사회적·경제적 어려움 등	상담, 보건의료 대책, 교육과 취업기회 제공, 입양과 시설보호, 생활보호, 교육과 홍보 등

출처: 박경일 외(2010).

4) 청소년복지의 과제

유공순 등(2007)이 제시한 청소년복지의 과제를 정리하면 다음과 같다.

- 청소년복지를 위한 전달체계의 확립 및 전문인력이 확충되어야 한다. 청소년 관련 부처 및 보건복지부와 문화체육관광부, 여성가족부, 교육부 등으로 다원화되어 있어 그 전문성과 전달체계상 문제를 가지고 있으므로 부처의 일원화에 따른 전담기구가 필요하며, 이를 체계적이고 전문적으로 수행하기 위한 청소년전담 전문인력의 확충이 필요하다.
- 청소년의 인권이 더욱 보장되어야 할 것이다. 즉, 모든 청소년에게 교육적 욕구를 충족시켜 주는 지식에 대한 권리와 그들의 권리에 대해 알 권리, 그리고 사회적 보호를 받을 권리, 사생활 보호의 권리, 동등하게 취급받을 권리에 이르기까지 다양한 영역에서 국가와 사회의 전반적인 인식 전환과 제도적 장치가 마련되어야 할 것이다.
- 청소년을 위한 건전한 정보 제공의 서비스가 필요하다. 첨단기술의 발달로 청소년들이 새롭고 다양한 정보를 수없이 무방비로 접하고 있는 현실에서 청소년에게 미래사회를 대비한 컴퓨터교육을 강화하고, 이들이 쉽게 접근하여 건

전하고 유익한 정보를 접할 수 있는 최신 시스템을 갖춘 청소년정보센터를 설립해야 한다.

- 청소년복지를 위한 현실에 맞는 각종 제도 보완과 정책입안이 요구된다. 청소년복지의 대책에 주요한 영역이 될 수 있는 교육, 고용, 보건, 비행, 스포츠, 여가, 예술, 오락 등에서 이들의 욕구와 문제를 파악하고, 여타 선진국가의 청소년복지대책도 깊이 연구하고 비교·분석하여 우리의 현실에 알맞은 청소년복지의 모델이 나와야 한다.
- 청소년복지서비스를 더욱 강화해 나가야 할 것이다. 우선 청소년들을 위한 공간과 여건을 마련하는 것이 요구된다. 즉, 학교나 지역사회가 중심이 되어 청소년센터나 클럽, 수련시설 등을 설치하고 적절한 프로그램을 제공해 주어야 한다.

03 노인복지

1) 노인의 개념

국제노년학회(1951)에서는 노인을 ① 환경 변화에 적절히 적응할 수 있는 조직기능이 감퇴하고 있는 사람, ② 생체의 자체 통합능력이 감퇴하고 있는 사람, ③ 인체의 기관, 조직, 기능에 쇠퇴현상이 일어나는 시기에 있는 사람, ④ 생활상의 적응능력이 결손되어 가고 있는 사람, ⑤ 조직의 예비능력이 감퇴하여 적응이 제대로 되지 않는 사람이라 정의하였다(조흥식 외, 2013 재인용). 브린(Breen, 1960)은 노인을 ① 생리적·생물학적 면에서 쇠퇴기에 있는 사람, ② 심리적인 면에서 정신기능과 성격이 변화하고 있는 사람, ③ 사회적인 면에서 지위와 역할이 상실되어 가는 사람이라 정의하였다.

한편, 연령을 기준으로 한 노인의 범위는 달력상의 시간에 의하여 일정한 연령 이상일 때 노인으로 규정한다. 현재 산업사회 대부분에서 65세 이상을 노인으로 규정하고 있는데, 이 정의는 독일의 노령연금법상 연금 수급기준을 65세로 규정한 것에서 유래된다. 역연령에 의한 노인의 정의는 사회입법적인 면이나 행정적인 면에서 유용하게 사용되고 있다.

이처럼 노인의 기준은 심신의 기능 변화와 역연령으로 나누어 정의되고 있지만, 학자들의 노인에 대한 정의는 개개인의 다양한 기능적인 측면을 중시하고 있다. 역연령에 의한 기준은 행정적인 측면에서 매우 유용하나 특정 연령 이상의 사람을 일괄적으로 노인으로 규정하여 노화의 개인차나 능력 차이를 무시할 수 있다는 한계가 있고, 시대적인 변화에 따라 그 기준 또한 바뀔 수 있다.

2) 노인복지의 필요성

(1) 노인인구의 증가와 사회변화

노인인구의 비율이 높은 고령사회에서는 노인문제가 더욱 심화되는데 우리나라는 고령화의 속도가 매우 빠르게 진행되어 노인인구가 급속하게 증가하고 있다. 또한, 산업화, 도시화 등으로 가족구조가 바뀌고 있는 가운데 가족구성원 중에 65세 이상 노인이 한 명이라도 포함되어 있는 노인가구가 증가하고 있다. 특히 노인가구 가운데에서도 자녀동거 노인가구는 줄어든 반면, 노인부부가구와 노인독신가구가 증가하고 있어 가족의 부양기능이 약화되고 있다.

〈표 12-3〉 노인인구 및 고령인구 증가추이 (단위: 천 명, %)

구 분 \ 연도별	1960	1970	1980	1990	2000	2010	2019	2020
전 인구	25,012	32,241	38,124	42,869	47,008	49,976	49,337	49,326
65세 이상 노인인구(%)	726 (2.9)	991 (3.1)	1,456 (3.8)	2,195 (5.1)	3,395 (7.2)	5,425 (10.8)	7,364 (14.9)	7,701 (15.6)

출처: 통계청(2014).

(2) 노인복지의 필요성

노인복지는 노인에게 일어나는 문제를 해결하고 노인의 복지를 이룩하려는 공적·사적 차원에서의 조직적 제반 활동이라 할 수 있다. 노인의 신체적, 경제적 능력의 감퇴는 사회적인 의존성을 증가시키고, 급속한 고령화 및 가족구조의 변화는 사회적인 해결을 필요로 하게 된다.

노인복지의 타당성은 경제적 타당성, 심리사회적 타당성, 윤리적 타당성의 측면에서 생각해 볼 수 있다(Kutza, 1981). 경제적 타당성은 노인은 불가피한 신체적 및 사회적 이유로 경제적 능력이 약화되거나 없어지게 됨으로써 노인에 대한 복지적 대책이 사회적으로 요구된다는 것이다. 심리사회적 타당성은 사회에 의하여 가해진 불이익에 대한 보상 및 상호부조의 세대 간 이전이라는 의미에서 이루어진다. 사회적 불이익에 대한 보상은 사회가 노인에게 직업역할과 가족적 역할을 거부함으로써 가한 불이익이나 불공평을 시정하는 의미에서 이루어진다. 윤리적 타당성은 노인이 가족과 사회에 공헌한 바에 대한 반대급부적 보상으로 사회가 노인에게 적절한 복지적 프로그램과 서비스를 제공해야 한다는 것이다.

3) 정책과 서비스

노인의 노후생활을 지원하기 위해서는 정부의 관여가 필요하다. 노인복지정책은 노인의 인간다운 삶을 보장하기 위해 국가가 관여하는 수단을 말한다. 여기에는 크게 소득보장, 주거보장, 의료보장 및 사회복지서비스가 된다.

(1) 소득보장

노인의 노후생활을 위한 소득보장의 유형으로는 사회보험, 공공부조, 고용보장 등이 있다. 사회보험 분야에서는 공적연금으로 국민연금, 공무원연금, 사학연금, 군인연금 등이 있다. 공적연금 가운데 국민연금 수급자의 비율이 가장 높게 나타나고 있고, 그 비율 또한 빠르게 증가하고 있어 향후 국민연금에 대한 소득의존도가 더욱 높아질 것으로 예상되고 있다. 기초노령연금법은 기존의 경로연금을 대신하여 지급범위를 크게 확대하였으며 65세인 자로서 소득이 대통령령으로 정한 금액 이하인 자에게 2008년부터 연금을 지급하도록 하고 있다. 한편, 생활이 어려운 노인의 최저생활을 보장하기 위한 공공부조제도로서 국민기초생활보장제도가 있다.

노후소득 보장의 방법으로서 세계적인 주목을 받고 있는 것이 고용보장이다. 고용보장은 노인을 계속해서 노동시장에 머무르게 하여 노인 스스로가 소득을 창출하게 하는 방법이다. 이는 복지선진국인 유럽에서도 노인문제 해결의 핵심으로 주목을 받고 있으며, 우리나라에서도 적극적으로 대처할 필요가 있는 영역이다. 노인의 고용은 고령자고용촉진법과 노인복지법에 의해 추진되고 있지만, 노인취업자의 대부분은 농림어업 등 1차 산업에 종사하고 있으며, 임금근로자의 비율은 아직까지 높지 않다. 그러나 고령화의 급속한 진전과 함께 정년연장, 계속고용, 임금피크제 등 노인의 지속적인 고용을 위한 사회적 노력의 필요성이 증대하고 있다.

(2) 주거보장

노년기에 나타나는 신체적, 정신적, 사회적 변화는 잘 계획된 환경이나 조직적인 보호를 통해 그들의 삶의 질을 높일 수 있다. 노인주거의 형태는 일반주택에서부터 의존적인 노인을 위한 노인보호주택, 그리고 노인의료복지시설인 노인요양시설, 노인전문요양시설, 각종 서비스가 조직화된 노인촌락에 이르기까지 매우 광범위하다(박차상 외, 2005, 2010). 노후에는 활동영역이 주택 내에서 주로 이루어진다는 점에서 노인에게 안전한 주거공간을 제공하는 것은 특히 중요하다. 따라서 노후의 안전하고 자립적인 생활을 위해서는 주택 내 시설설치와 구조 변경 등을 통해 노인의 안전하고 쾌적한 생활을 확보할 필요가 있다.

(3) 의료보장

노인을 위한 의료보장제도로는 국민건강보험, 의료급여제도가 있다. 의료보장의 주요한 기능을 수행하고 있는 건강보험제도는 사회보험으로, 진찰, 검사, 약제, 수술, 입원, 재활 등의 급여항목에 대해 보험급여를 지급한다. 의료급여는 건강보험 혜택을 받을 수 없는 저소득층을 위한 공공부조제도이다. 노인의 증가는 의료보장을 필요로 하는 대상자의 증가를 의미하는데, 이로 말미암아 우리나라의 노인의료비는 빠르게 증가하고 있다. 노인의료비의 증가는 향후 젊은 세대의 비용부담을 가중시키는 요인이 될 수 있기 때문에 사전예방적인 건강관리체계를 구축해 나가야 한다.

(4) 사회복지서비스

노인에 대한 사회복지서비스는 노인의 다양한 문제나 욕구 및 위기와 긴장, 무력함에 대처하는 노력인데(Beaver, 1983), 이를 장소를 기준으로 분류하면 재가노인복지와 입소시설을 통한 서비스로 나눌 수 있다. 재가노인복지는 재가노인을 위한 의료·복지서비스를 말하며 타인의 원조를 필요로 하는 노인이 계속적으로 거주해 온 생활공간에서 생활을 유지할 수 있도록 제공하는 각종의 복지 형태를 말한다. 재가노인복지사업으로는 방문요양서비스, 주야간보호사업, 단기보호사업, 방문목욕사업 등이 있다. 시설복지서비스는 요보호노인, 만성질환을 가진 노인이나 거동 불능노인, 치매노인 등의 장기적인 요양을 원하는 노인에게 필요하다. 이 밖에도 노인에 대한 사회복지서비스는 노인복지회관, 경로당, 노인복지전문기관 등에서 다양한 형태로 제공되고 있다.

노인복지법 제31조에 의한 노인복지시설의 종류는 노인주거복지시설, 노인의료복지시설, 노인여가복지시설, 재가노인복지시설, 노인보호전문기관, 같은 법 제23조의2 제1항 제2호의 노인일자리지원기관 등이다.

〈표 12-4〉 노인복지시설 현황(2010년 12월 현재) (단위: 개소, 명)

구분	계	노인주거 복지시설	노인의료 복지시설	노인여가 복지시설	재가노인 복지시설	노인보호 복지시설
시설 수	69,237	397	3,852	62,469	2,496	23
입소정원	163,136	17,270	131,074	-	14,792	-

출처: 보건복지부(2011).

4) 노인복지의 과제

우리 사회는 급속하게 고령화가 진행되고 있어 사회 전체에서 차지하는 노인의 비율이 빠른 속도로 증가하고 있다. 노인복지법에서는 "노인은 존경받으며 건전하고 안정된 생활을 보장받는다."고 했으며 "사회적 활동에 참여할 기회를 보장받는다."고 하였다(제2조). 그리고 "국가는 노인의 보건 및 복지 증진에 책임이 있다."고 하였다(같은 법 제4조). 우리는 이러한 노인복지법의 이념이 실제적으로 정책에 반영되어 실천되고 있는지, 정책의 실천에 필요한 재정적인 지원이 뒷받침되고 있는지를 살펴볼 필요가 있다. 또한, 노인의 다양한 욕구 충족을 위한 사회복지서비스체계를 계속해서 모색해 가야 한다.

04 여성복지

1) 여성복지의 개념

우리나라에서 여성복지라는 용어를 언제부터 사용했을까? 정부에서는 1990년대 중반 이후부터 '여성복지'라는 용어를 사용하기 시작하였는데 그전에는 '부녀복지'로 사용되었다. 부녀복지라는 용어 속에 내포된 여성에 대한 인식은 여성을 독립적인 존재로서가 아니라, 누구의 며느리 혹은 누구의 부인으로 본다는 점이고, 여성은 결혼하여 부녀가 되는 것이 정상적이라는 가치를 반영한다(김인숙, 1997). 그러나 1980년대 여성계에서 제기된 성 불평등의 타파를 통한 성 평등 실현이라는 여성주의적 입장과 함께 1990년대 후반에 이르러 여성의 지위 향상과 역할 변화에 따라 부녀복지의 대상을 일반 여성 모두로 확장하는 개념으로 전환되어야 한다는 인식이 정착되었다(박영란·황정임, 1997).

여성복지에 대한 개념 정의는 1990년대 후반 들어 활발해지고 있는데 여성복지의 현실적이고 구체적인 개념 정의에 대한 시도로서 한국여성개발원의 개념 정의가 있다. 한국여성개발원(1990)은 '여성복지란 여성이 국가나 사회로부터 인간의 존엄성과 인간다운 생활을 동등하게 보장받음으로써 여성의 건강·재산·행복의 조건들이 만족스러워지는 상태를 의미하며, 동시에 가부장적 가치관과 이에 기초를 둔 법, 기타 사회제도를 개선하는 것 등으로 여성의 인간다운 삶을 실현하기 위한 모든 실천적 노력을 포함하는 개념'으로 정의하였다.

이후에도 여성복지에 대한 개념 정의는 계속적으로 나타나고 있다. 김미혜(1997)는 '여성복지란 여성이 국가나 사회로부터 남성과 동등하게 인간다운 삶을 누릴 수 있는 권리를 보장받으며, 이를 위해 가부장적 가치관과 자본주의에 의한 생산역할에 기초한 법과 기타 사회제도를 개선하여 양성평등의 사회를 실현하려는 모든 실천적 노력을 포함하는 개념'으로 정의했다. 김인숙 등(2000)은 여성복지를 '여성이 국가나 사회로부터 남성과 동등하게 권리를 보장받을 수 있도록 가부장적 가치관과 이에 근거한 각종 법, 사회제도를 개선하는 것뿐만 아니라 여성 개인의 능력을 고양시킴으로써 여성의 인간다운 삶을 보장하기 위한 정책·실천적 차원의 모든 조직적 활동'으로 정의했다.

이러한 다양한 여성복지의 개념 정의에는 다음과 같은 내용이 공통으로 나타나고 있다. 즉, 여성복지의 궁극적인 목표는 양성 평등의 실현이고, 불평등의 원인으로는 가부장제와 자본주의의 구조적 모순이 지적되고 있다. 또한, 가부장제와 자본주의에 근거한 법과 사회제도의 개선이 필요하고, 이러한 노력은 정책적 차원과 실천적 차원의 개입이 모두 필요하다.

2) 여성복지의 필요성

여성복지가 필요한 이유는 여성이 남성과 비교할 때, 사회에서 상당한 불이익과 불공평을 경험하고 있다는 사실 때문이다. 여성복지의 필요는 이러한 여성 성차별[58]과 자본주의 경제제도에서 기인한다. 성차별은 가족, 문화, 경제활동 및 고용, 법적·정치적인 측면 등 다양하게 나타나고 있다. 가족에서의 성차별은 남아선호 사상에서 잘 나타나고 있으며 가정폭력 발생 시 여성이 희생자가 되는 경우가 대부분이다. 또한, 우리 사회는 문화적으로 고정된 이러한 성역할을 사회화함으로써 성역할을 강화시키고 있으며, 노동시장에서는 여성의 노동시장 참여비율이 높아지고 있음에도 불구하고 여성의 임금은 남성에 비해 낮다.

특히 노동시장에서의 여성 성차별은 여성의 빈곤화를 가져오는 주요한 요인으로 작용하고 있다. 이에 따라 남녀고용평등과 일·가정 양립지원에 관한 법, 성폭력범죄의 처벌 등에 관한 특례법, 가정폭력방지 및 피해자보호 등에 관한 법, 민법 호주제 폐지 등에서 볼 수 있듯이 여성의 법적 지위 향상이 이루어지고는 있으나 현실적으로는 성차별이 여전히 남아 있다고 할 수 있다.

한편, 여성의 사회참여 증가와 여성의 노동력을 필요로 하는 사회적 요구는 여성을 위한 각종 사회적 서비스를 요구하고 있다. 아동양육과 관련된 다양한 사회복지서비스의 필요성이 증가하고 있으며, 가족의 해체와 가구 형태의 변화로 노인가족과 독거노인이 증가함에 따라 여성노인의 빈곤문제도 여성복지의 필요성을 더욱 증대시키고 있다.

58) 남녀의 생물학적 성을 기초로 하여 특정 성에 대해 사회적으로 부과된 편견이나 차별은 가부장제 남성을 중심으로 한 사회관계에 의해 여성이 억압당하는 체계를 말한다.

3) 정책과 서비스

(1) 여성복지의 접근 방법

여성의 복지 향상을 위한 접근 방법으로는 정책적 접근, 서비스적 접근, 운동적 접근으로 구분할 수 있다(김인숙 외, 2000).

여성복지에 대한 정책적 접근은 여성을 위한 정책이나 법, 제도 등을 개선하고 만들어 가는 일련의 거시적 차원의 조직적 활동을 말한다.

여성복지정책은 여성운동의 발달과 함께 여성단체의 압력, 여성유권자들을 의식한 정치인들의 공약과 국제사회의 압력 등 다양한 내외적 요소의 영향으로 1980년대부터 크게 발전해 오고 있다. 우리나라의 여성정책은 1995년 제정된 여성발전기본법을 기본으로 하고 있다. 여성발전기본법은 "개인의 존엄을 기초로 하여 남녀평등의 촉진, 모성의 보호, 성차별적 의식의 해소 및 여성의 능력개발을 통하여 건강한 가정을 이루고 국가와 사회의 발전에 남녀가 공동으로 참여하며 책임을 분담할 수 있도록 함을 그 기본 이념"으로 한다(같은 법 제2조).

여성복지정책의 대상은 여성의 삶의 형태에 따라 나누어지며 관련 법률도 다양하다. 관련된 법률로는 남녀고용평등과 일·가정 양립지원에 관한 법, 근로기준법, 고용보험법, 영유아보육법, 국민기초생활보장법, 의료급여법, 국민연금법, 국민건강보험법, 산업재해보상보험법, 장애인복지법, 성매매방지 및 피해자보호 등에 관한 법, 성폭력범죄의 처벌 등에 관한 특례법, 가정폭력방지 및 피해자보호 등에 관한 법, 노인복지법, 아동복지법, 한부모가족지원법 등이 있다.

여성복지를 위한 서비스적 접근은 여성에 대한 임상적 개입, 여성지원 프로그램, 시설보호서비스의 세 가지 유형으로 구성된다. 여성에 대한 임상적 개입은 사회복지의 다양한 임상방법을 말하는데 최근에는 여성의 고유한 특성과 조건을 고려한 여성중심적 상담이 많이 활용되고 있다. 여성지원 프로그램은 여성의 경제적, 사회적 욕구를 충족시키기 위하여 지원되는 각종 프로그램을 말하며 여성이 자립하기 어렵거나 열악한 환경조건 때문에 독립적 삶이 불가능한 경우는 시설보호서비스가 제공된다.

여성복지를 위한 운동적인 접근은 여성복지의 발전을 위해서는 운동적 방식의 도입이 필요하다는 인식에서 제기되고 있다(김인숙, 1997). 여성복지 분야는 다른 어떤 사회복지 분야보다 그 대상의 폭이 넓고 문제의 근원이 성차별적 이념, 가치, 정책, 제도 등으로 말미암아 생기는 경우가 대부분이기 때문에 이러한 구조적 틀을 변화시키기 위해 여성운동과 사회복지의 연계가 필요하다.

(2) 여성복지의 분야별 내용

❶ 빈곤여성에 대한 여성복지정책

여성의 빈곤문제는 미국의 사회학자 피어스(Pearce)가 '빈곤의 여성화'란 용어를 처음 사용한 후에 주목을 받게 되었는데 빈곤의 여성화란 빈곤 속에 살고 있는 여성의 절대적 증가로 볼 수 있다. 빈곤의 여성화 요인으로는 특히 성차별적 노동시장과 가부장적 복지체계를 들 수 있다. 노동시장의 성차별적 구조의 결과 다수의 여성들은 저임금 및 하위직에 편중되어 있어 경제적인 자립에 어려움을 겪는다. 또한, 사회보험 급여가 남성 중심, 임금노동 중심으로 이루어져 있어 여성이 남성에 비해 상대적으로 불리하다. 이는 결국, 공공부조에 의존하는 여성의 증가로 이어지게 된다.

여성의 빈곤문제를 해결하기 위해서는 빈곤여성의 직업훈련, 취업알선, 육아지원이 필요하고 이와 함께 공공부조 및 다양한 제도적 보완 장치를 마련해야 한다. 또한, 남성 중심의 사회보험제도에 있어서도 여성의 관점을 고려한 제도를 만드는 노력이 필요하다.

❷ 빈곤과 요보호여성에 대한 복지서비스

빈곤과 요보호여성을 지원하기 위한 여성복지서비스는 재가보호 및 시설보호 서비스로 구분할 수 있다. 경제적 어려움을 겪고 있는 저소득 모자가정에 대해서는 한부모가족지원법에 근거하여 생계비, 아동교육지원비, 아동양육비 등의 복지급여 지원이 있고, 사업에 필요한 자금이나 아동교육비, 의료비, 주택자금 등의 복지자금 대여서비스가 있다. 한부모가족지원법에서는 '국가와 지방자치단체가 한부모가족의 복지를 증진할 책임을 진다'고 규정하고 있으며, 한부모가족의 권익보호를 위한 노력규정을 두고 있다. 한부모가족을 위한 가족지원서비스는 아동의 양육 및 교육서비스, 장애인, 노인, 만성질환자 등의 부양 서비스, 취사, 청소, 세탁 등 가사 서비스, 교육·상담 등 가족 관계 증진 서비스, 인지청구 및 자녀양육비 청구 등을 위한 법률상담, 소송대리 등 법률구조서비스, 그 밖에 대통령령으로 정하는 한부모가족에 대한 가족지원서비스를 제공할 것을 권고하고 있다.

한부모가족복지시설은 모자가족복지시설, 부자가족복지시설, 미혼모자가족복지시설, 일시지원복지시설, 한부모가족복지상담소가 있다. 모자가족 및 미혼여성에 대한 상담 및 서비스를 제공하는 시설로는 여성복지관, 한부모가족복지상담소가 있다. 가정폭력의 피해자를 보호·지원하기 위해서는 가정폭력상담소, 가정폭력 예방교육 실시, 아동의 취학 지원서비스가 있다. 성폭력 피해자보호 및 성폭력범죄 예방을 위한 서비스로는 성폭력상담소가 있고, 성매매 피해여성을 위한 서비스로는 성매매피해상담소가 있다. 한국남성과 결혼한 외국여성을 지원하기 위한 시설로는 결혼이민자가족지원센터가 있다.

빈곤 및 요보호여성을 위한 시설서비스로는 모자보호시설, 모자자립시설, 미혼모자시설, 미혼모자공동생활가정, 모자공동생활가정, 미혼모공동생활가정, 일시보호시설 등이 있다. 성폭력피해자 및 성매매 피해여성을 위해서라도 각각 성폭력피해자 보호시설 및 성매매피해자 등을 위한 지원시설서비스를 제공하고 있다.

4) 여성복지의 과제

우리 사회는 여성문제를 해결하기 위한 법적 조치로서 남녀고용평등법, 여성발전기본법, 성폭력특별법, 가정폭력방지법, 건강가정기본법, 성매매특별법 등의 제정을 통해 남녀평등을 위한 법적 평등장치를 마련하여 미비점을 보완해 가며 발전시켜 오고 있다. 그러나 이러한 제도적인 법적 평등이 실질적인 평등으로는 실현되지 못하고 있다. 따라서 사회통념 및 성차별적 편견 개선과 여성을 차별하는 법과 제도의 지속적인 개선을 통하여 법의 실효성 있는 시행이 이루어지도록 노력해야 한다. 이를 구체적으로 살펴보면 다음과 같다.

- 여성의 경제적 자립을 위한 노력이 필요하다. 여성의 노동참여는 증가하였지만 무임금 가사노동, 노동의 성별분업과 여성노동의 주변화, 복지제도의 가부장적 성격 등의 문제가 사회구조적으로 아직 강하게 남아 있기 때문에 이러한 문제를 해결해 나감으로써 여성들이 노동을 통해서 자립해 갈 수 있도록 해야 한다.
- 요보호여성들을 위한 개입은 법적이고 형식적인 틀이 갖추어지고 있지만, 내실을 기하는 문제가 과제로 남아 있다. 특히 요보호여성 문제를 사회적이고 구조적인 측면에서 찾기보다는 여성 개인의 잘못으로 보는 시각이 아직은 우세하다. 따라서 요보호여성들의 문제에 대해 사회구조적 측면에서 접근하는 노력이 필요할 것이다.
- 여성복지는 여성적 관점에서 여성의 권리보장이 이루어지도록 해야 하며, 다수이면서도 사회적 소수자로서의 여성뿐만 아니라 여성집단 내의 다양한 소수집단이 겪는 문제에 대해서도 다각적인 접근을 모색해야 한다.

05 가족복지

1) 가족복지의 개념

가족복지는 가족에 대한 사회복지적 접근으로 가족문제를 해결하기 위한 사회복지실천이라 할 수 있다. 그러나 가족복지를 한마디로 정의하기는 쉽지 않다. 실제로 가족체계에는 사회복지의 전통적인 주요 대상이었던 아동, 여성, 노인, 빈곤, 장애 등 인간의 생활사에서 발견할 수 있는 다양한 대상과 문제, 욕구가 복합적으로 존재하고 있으며, 대부분의 사람이 가족체계 내에 포함되어 있기 때문에 가족을 대상으로 하는 복지는 인간의 안녕을 위한 전체적인 복지의 의미를 가진다 해도 과언이 아니기 때문이다.

가족복지의 개념을 협의와 광의의 개념으로 나누어 살펴보자. 협의의 가족복지란 가족의 욕구와 문제를 가족 스스로 충족시킬 수 있도록 잠재력을 개발하고 역할과 기능을 활성화하며, 생활의 질적 향상을 도모하고자 여러 가지 형태로 사회가 개입하기 위해 마련한 가족 관련 복지정책과 서비스를 말한다(김영화 외, 2010). 협의의 가족복지는 가족의 정서적 기능과 관계 향상, 가족체계 내에서 발생하는 다양한 문제와 욕구에 대처함으로써 가족이 유지해야 할 기본 기능, 즉 출산과 양육, 교육, 부양과 보호 기능 등을 적절히 수행할 수 있도록 지원하는 것이라 할 수 있다(권진숙 외, 2011).

광의의 가족복지란 다양한 유형의 가족에서 공통으로 볼 수 있는 빈곤, 양육, 정신건강, 사회편견 등의 문제에 대해 가족의 기능과 역할을 보완함으로써 가족 내 개개인의 삶의 질을 증진해 주는 국가적 차원에서 수행되는 일련의 사회적 제도(양옥경, 2004), 즉 가족 중심의 복지체계를 구성하는 사회적 지원체계를 말한다.

이처럼 가족복지는 가족의 전 생애에 걸쳐 행복하고 바람직한 삶을 추구하는 사회구성원 전체의 집단적 노력으로 가족해체, 가족구성원의 사회적 역기능 수행 등의 문제에 의도적으로 개입하는 것이다. 따라서 가족복지에는 가족구성원 개인이나 가족에 대한 서비스뿐만 아니라 가족제도의 강화, 수정, 변화에 대한 노력도 포함된다. 결국, 가족복지는 가족생활을 영위하기 위해 기본적으로 필요한 주거지 확보, 고용안정, 교육보장, 생계보장 등과 연결되어 있을 뿐만 아니라, 가족생활의 주체가 되는 가족구성원 간의 정서적 유대와 만족감 등을 포함하고 있어 상당히 광범위한 특징을 지니고 있다(조흥식 외, 2010).

2) 정책과 서비스

가족복지정책이란 가족을 위한 복지정책으로서, 가족이라는 하나의 단위에서 표출되는 욕구를 지원, 보충, 대체하는 기능을 담당함으로써 가족에게 긍정적 영향을 미치는 국가 개입 활동이다. 가족복지정책의 목표와 대상은 뚜렷하지 않거나 다른 정책 영역과 중첩되기도 하기 때문에 구체적인 범주를 명확히 구분하기는 쉽지 않다. 하지만 가족 내의 개인 혹은 전체로서의 가족을 대상으로 하는 법이나 각종 급여, 프로그램에 한정되는 경향이 있다(권진숙 외, 2011).

한편, 가족을 중심으로 하는 사회복지실천에서 중요한 것은 가족을 지속해서 발달하는 하나의 사회체계로 인식하는 것이다. 가족은 생애주기에 따라 계속 발달하며, 가족체계는 통합성을 유지하고 경계를 형성하면서 외부체계와 구분된다. 또 서로 상호작용하면서 에너지를 교환하게 된다.

〈표 12-5〉 가족의 욕구에 따른 가족복지정책의 범주

가족의 욕구	가족복지정책의 범주
경제적 욕구	사회보험, 공공부조, 가족수당, 조세감면 등 소득보장, 주택 관련 지원
건강의 욕구	건강보장 프로그램
양육과 보호의 욕구	아동수당, 육아휴직, 양육비 지원, 보육서비스, 모자보건, 가족간병 휴가, 노인·아동·장애인부양 지원서비스
심리적·정서적 욕구	가족상담 및 치료적 서비스, 가정폭력지원서비스, 부부상담, 기타 대인서비스
건강가족 조성의 욕구	가족에 대한 사회적 규범과 관련된 법, 제도(가족법, 건강가정기본법, 한부모가족지원법 등)

가족복지서비스는 주로 역기능적 가족을 대상으로 하는 사회복지서비스 혹은 사회적 서비스라 할 수 있다. 즉, 가족생활을 보호하거나 회복하고 가족의 내외적 문제를 해결하도록 도우며, 가족구성원들의 성장과 발달을 돕고 정보 제공, 안내, 옹호 등을 통해 가족의 사회적 자원에 대한 접근을 가능하게 한다. 가족복지서비

스의 내용은 가족단위의 서비스와 가족구성원에 대한 서비스로 구분할 수 있다. 먼저, 가족단위의 서비스에는 다음의 내용이 포함된다.

① **가정폭력 예방과 치료**: 가정폭력을 예방하고 치료하기 위한 것으로 가정폭력 상담기관, 여성 1366 위기전화 등
② **가정생활교육**: 건강한 가족을 형성하고 가족 및 구성원이 생애주기에 걸친 성장과 발달에 필요한 지식을 습득하도록 도우며, 가족역할에 대한 잠재력을 향상시키는 것으로 결혼준비 교육, 부부관계 향상 프로그램, 부모교육, 치매노인가족이나 한부모가족의 적응을 돕기 위한 교육 등
③ **가족보존서비스**: 가족위기로 자녀가 가족으로부터 격리되어 외부에서 위탁보호를 받을 상황에 놓인 가족에게 집중적으로 개입하여 가족이 해체되는 것을 막고 자녀가 가족 내에서 계속해서 양육받을 수 있도록 하기 위한 서비스로 상담, 가족옹호, 의료·탁아·단기보호 등 의뢰, 교육, 정보 제공, 양육·대화·문제 해결 기술개발 등
④ **가족지지서비스**: 지역의 모든 가족을 대상으로 보편적이고 예방적인 서비스를 제공하여 가족 스트레스를 줄이고 능력과 안정을 배양하고자 하는 지역사회 기반의 서비스로 부모집단 프로그램, 가족결속 강화 프로그램, 부모수발부담 지지집단, 가족욕구와 관련된 자원과 서비스가 지속적으로 제공될 수 있는 기반 마련을 위한 정신건강서비스와 보육서비스 연결 등
⑤ **가족옹호서비스**: 빈곤, 기회 불평등, 인종차별 등으로 사회에서 불이익을 당하는 가족들이 기관의 지도나 연대를 통하여 권리를 주장하고 지역사회로부터 서비스를 확보하도록 하는 권리주장 및 권익운동 등

또한, 가족구성원의 서비스에는 다음과 같은 내용이 포함된다.

① **아동을 위한 가족복지서비스**: 아동상담 서비스 및 아동학대 예방서비스, 소년·소녀가정 아동보호 그룹홈, 가정위탁보호, 입양서비스, 보육서비스, 모·부자 복지시설 등

② **노인을 위한 가족복지서비스**: 재가복지서비스, 독거노인가구 서비스, 노인주거복지시설, 노인의료 복지시설 등

3) 가족에 대한 개입

가족에 대한 개입과정은 초기, 중간, 종결과정으로 구분할 수 있다. 초기과정은 접수, 자료수집, 사정, 계획을 하는 단계이며, 중간과정은 개입과 점검, 그리고 종결과정에서는 종결과 평가를 실행한다. 초기과정에서는 자료를 해석하고 의미를 부여하며 문제를 규정하고 개입방향을 결정하기 때문에 가족사정이 매우 중요하다. 가족사정 도구로는 다음과 같은 것들이 활용된다.

① **가계도**(genogram): 3세대 이상의 가족성원에 대한 정보와 관계 등을 도표로 기록하는 방법이다. 가계도는 가족 역동성을 이해하거나 여러 세대에 걸쳐 발전시킬 가족의 역할, 유형, 관계 등을 가족과 함께 그리면서 상호관계하는 방법을 살펴본다. 특히 가족 내에서 반복되는 정서적·행동적 패턴을 확인하고 이해할 수 있다.

② **생태도**(ecomap): 가족과 환경체계 간의 관계를 이해하는 데 유용한 도구이다. 가족과 체계 간의 자원교환, 에너지 흐름, 스트레스와 관련된 자료, 중재해야 할 갈등 등을 시각적으로 표현해 준다. 생태도는 '환경 속의 인간'에 초점을 두기 때문에 클라이언트를 생태학적 관점에서 이해하는 데 도움이 된다.[59)]

59) 가계도와 생태도의 공통점으로 양자 모두 가족 역동을 통찰하게 해 주며, 같은 기호를 사용하기도 한다. 반면, 차이점으로 가계도는 한 가족의 여러 세대에 걸친 가족 패턴, 특히 문제가 되거나 역기능적인 가족 패턴에 초점을 둔다면, 생태도는 한 가족이 집단, 자원, 조직, 단체, 다른 가족과 다른 개인과 맺는 상호작용에 초점을 둔다.

③ **가족생활력 도표**(family life chronology): 가족이나 가족구성원에게 발생한 중요한 사건이나 시기를 중심으로 연대기적으로 작성한다. 여러 시기에 가족이 경험한 것을 조사하여 그 자료를 조직화하고 도표를 보면서 현재 문제나 기능 수행의 어려움이 특정 시기의 경험과 어떤 관계가 있는지 이해할 수 있다.

④ **가족범주 도식**(family categories schema): 문제 해결, 정서적 반응, 정서적 관여, 의사소통, 역할 행동, 자주성, 행동 통제방식, 일반적인 역할 등 8개 범주에 대해 60개 항목의 자기보고 형식의 설문으로 이루어져 있다.

4) 가족복지의 과제

(1) 정책적 측면에서의 과제

- 다양한 가족에 대한 제도적 수용이 필요하다. 지금까지 한국의 가족복지정책은 특정 가족 중심적이며 친족 책임주의적인 성격에 기반을 두어 시행됐다. 그러나 가족의 형태가 한부모가족, 재혼가족, 노인단독가족, 비혈연 공동체 가족, 동거커플, 다문화가족 등 다양하게 재편되고 있다. 따라서 이를 수용하여 평등한 부부관계, 민주적인 부모-자녀 관계를 형성할 수 있도록 하는 사회적 공감대 확산을 위한 제도적 노력이 다각적 차원에서 이루어져야 한다.
- 저소득 가족의 경제적 지원정책을 확대해야 한다. 생계비 지원을 강화하고 다양한 가족수당제도가 도입되어야 한다. 특히 저출산 문제와 관련하여 국가의 자녀양육비 부담의무가 더욱 강화되어야 할 것이다.
- 부양의 사회화를 강화하기 위한 정책을 적극 개발해야 한다. 현대사회의 핵가족은 가정에서 아동양육을 전담하기에 불완전하므로 모든 아동에게 공동육아를 가능하게 하는 보육서비스가 절실하다(김성경 외, 2009).
- 가족을 위한 복지프로그램과 서비스를 확충해야 한다. 가족문제 상담과 치료의 전문화는 그 자체로 매우 중요한 기능이며, 사회적으로도 지원받아야 할 분야이다. 부부관계와 가족 간 의사소통을 위한 프로그램, 가족생활주기에 따른

부부교육 프로그램, 이혼상담 프로그램, 부모의 이혼에 따른 자녀상담 프로그램, 노인상담 프로그램 등의 활성화를 위해 지원 인프라가 마련되어야 한다.

- 가족복지 담당 인력의 전문화가 필요하다. 전문 인력은 가족문제에 대한 전문적인 상담능력을 갖추고 복지정책·제도·서비스를 총괄할 수 있도록 전문적인 교육을 강화해야 한다. 이를 통해 전담 인력은 가족의 문제를 개별 가족의 고립된 문제로 인식하지 않고, 지역사회와 전체 사회와의 관계 속에서 이해하는 능력을 갖추게 된다.

(2) 실천적 측면에서의 과제

- 가족복지기관에서 사례관리가 강화되어야 한다. 사회복지관, 건강가정지원센터, 여성가장지원센터 등 가족복지서비스기관에서는 만성적·복합적 문제를 가진 가족들을 위해 통합적 접근 방법인 사례관리를 확대해야 한다.
- 가족단위 상담 프로그램을 강화해야 한다. 가족의 고유기능인 정서적 유대와 지지를 강화하고 가정폭력의 예방과 대응 강화, 그리고 가족의 정신건강 함양을 위한 가족단위의 상담 프로그램 제공이 활성화되어야 한다.
- 가족생활주기에 따른 가족활동과 가족문화 프로그램을 개발하고 확대시켜야 한다. 부부관계와 가족 간의 의사소통을 위한 프로그램, 가족생활주기에 따른 부부교육 프로그램, 가족의 응집력 향상을 위한 가족 중심의 여가문화 활동 등이 폭넓게 개발되어야 한다(권진숙 외, 2011).

06 장애인복지

1) 장애인복지의 개념

(1) 장애와 장애인의 개념

장애나 장애인이라는 용어가 보편적으로 사용된 것은 그리 오래되지 않았다. 장애를 가진 사람을 총칭하는 용어로는 불구자, 폐질자, 장애자 등이 일반적으로 사용되었는데, 우리나라에서는 1989년 제정된 장애인복지법에서부터 장애인이라는 용어가 사용되고 있다. 장애라는 용어는 다양한 의미로 사용되고 있는데, 각 사회에서 장애를 어떻게 정의하느냐에 따라 장애의 의미는 다르게 사용된다. 장애의 정의는 의학적 정의(신체 정신의 구조, 기능 등 해부학적 측면의 손상이나 결함), 사회적 정의(사회적으로 인정되는 장애), 직업적 정의(노동능력의 손실 정도, 유무에 따른 장애), 법적 정의(법으로 정해진 장애) 등 다양하게 접근할 수 있다.

장애의 개념은 장애를 개인의 의학적, 기능적 문제로 보는 개별적 모델에서 장애인이 살고 있는 사회환경의 문제를 중요하게 인식하는 사회적 모델로 발전해 오고 있다(권선진, 2007). 장애의 개념은 국가마다 차이가 있으나 세계보건기구(WHO)에서 제시한 개념이 보편적으로 받아들여지고 있다. 세계보건기구는 1980년 ICID[60]를 발표하고 장애를 손상기능장애, 능력장애, 사회적 불리의 세 가지로 분류하고 있다. 질병이나 장애의 결과로 말미암아 손상이 되고, 이러한 손상은 능력장애와 사회적 불리로 이어지고, 결국 장애가 사회적 불리로 연결된다고 설명한다. 예를 들어 다리의 마비손상 때문에 보행과 이동이 곤란해지고, 실직을 하거나 장을 보러 시장에 가는 등의 사회적인 활동을 할 수 없는 사회적 불리 상황이 된다.

그러나 장애는 이처럼 단순한 관계성으로 설명할 수 없다는 의견에 따라 지속적인 보완을 거쳐 2001년 WHO는 ICF[61]를 발표하였다. ICID에서 분류된 손상은 신

---

60) International Classification of Impairments, Disabilities and Handicaps

체기능과 구조로, 능력장애는 활동으로, 사회적 불리는 참여로, 질병 혹은 장애는 건강상태로 각각 표현이 바뀌었다. ICF에서는 장애가 장애인 자신의 요인에 의해서만 발생하지 않고 환경과 사람과의 상호작용에 의한 결과로 발생한다고 설명하고 있다.

장애인에 대한 정의는 다양한 차원에서 이루어지고 있다. UN 장애인권리선언(1975)에서는 '장애인은 선천적이든 후천적이든 관계없이 정신적 또는 신체적 능력의 부족으로 인하여 개인의 일상생활 또는 사회생활에서 필요한 일을 확보하는 데 스스로 또는 부분적으로 할 수 없는 사람'이라고 정의하고 있다(조흥식 외, 2013 재인용). 국제노동기구(ILO)에서는 '장애인은 신체적 또는 정신적 결함의 결과로 적절하고 적당한 직업을 확보하고 유지해 나갈 전망이 없는 실질적으로 손상을 받은 사람'이라고 규정하고 있다(조흥식 외, 2013 재인용). 우리나라 장애인복지법 제2조에서는 '장애인이란 신체적·정신적 장애로 오랫동안 일상생활이나 사회생활에서 상당한 제약을 받는 자로서, 대통령령으로 정하는 장애의 종류 및 기준에 해당하는 자'로 정의하고 있다.

(2) 장애의 유형

우리나라 장애인복지법 제2조에서는 장애유형을 신체적 장애와 정신적 장애로 분류한다.[62] 신체적 장애는 다시 외부 신체기능장애와 내부 기관장애로 나뉜다. 장애의 범주는 1999년 이전에는 법정장애로 다섯 가지(지체, 시각, 청각, 언어, 정신지

61) International Classification of Functioning, Disability, and Health

62) 장애인복지법 제2조(장애인의 정의 등)

① "장애인"이란 신체적·정신적 장애로 오랫동안 일상생활이나 사회생활에서 상당한 제약을 받는 자를 말한다.

② 이 법을 적용받는 장애인은 제1항에 따른 장애인 중 다음 각 호의 어느 하나에 해당하는 장애가 있는 자로서 대통령령으로 정하는 장애의 종류 및 기준에 해당하는 자를 말한다.

1. "신체적 장애"란 주요 외부 신체 기능의 장애, 내부기관의 장애 등을 말한다.
2. "정신적 장애"란 발달장애 또는 정신 질환으로 발생하는 장애를 말한다.

③ "장애인학대"란 장애인에 대하여 신체적·정신적·정서적·언어적 폭력이나 가혹행위, 경제적 착취, 유기 또는 방임을 하는 것을 말한다.

체)였으나, 1999년 장애인복지법 개정에서 다섯 가지(뇌병변, 신장, 심장, 정신장애, 발달장애[자폐])가 추가되었고, 2003년에는 다시 다섯 가지(안면, 간, 호흡기, 장루·요루, 간질)가 추가되었다. 그리하여 현재 우리나라 장애인복지법 시행령에서 분류한 장애의 종류는 〈표 12-6〉과 같이 15가지다.

〈표 12-6〉 우리나라의 장애범주

대분류	중분류	소분류	세분류
신체적 장애	외부 신체 기능 장애	지체장애	절단장애, 관절장애, 지체기능장애, 신체변형 등의 장애
		뇌병변장애	중추신경의 손상으로 인한 복합적인 장애
		시각장애	시력장애, 시야결손장애
		청각장애	청력장애, 평형기능장애
		언어장애	음성기능, 언어기능의 영속적인 장애
		안면장애	사회생활에 상당한 제약을 받는 안면의 변형, 기형
	내부 기관 장애	신장장애	신장의 기능부전, 신장기능의 영속적인 장애
		심장장애	심장의 기능부전으로 인한 호흡곤란 등의 장애
		간장애	일상생활에 상당한 제약을 받는 만성중증의 간기능 장애
		호흡기장애	폐나 기관지 등 호흡기관의 만성적 기능부전으로 인한 장애
		장루·요루장애	일상생활에 상당한 제약을 받는 배변·배뇨기능 장애
		간질장애	일상생활에 상당한 제약을 받는 간질에 의한 뇌신경세포 장애
정신적 장애	지적장애		정신 발육이 항구적으로 지체되어 지적 능력 발달 불충분
	정신장애		정신분열병, 양극성정동장애, 반복성우울장애, 분열형정동장애
	자폐성장애		소아기 자폐증, 비전형적 자폐증

출처: 장애인복지법시행령(별표 1).

(3) 장애인복지의 개념

장애인복지는 많은 사회문제 가운데 특히 장애인에게 일어나는 문제를 해결하고 장애인의 복지를 이룩하려는 사회적 노력이라 할 수 있다. 장애인복지의 가장 중요한 목적은 인격을 인정하고 존중하는 데 있으며, 이는 생존권적 기본권 사상에 기초한다. 국제사회에서는 1970년대부터 장애인 문제를 인권의 관점에서 다루었으며, 1971년 '정신지체 장애인의 권리에 관한 선언'과 1975년 '장애인의 권리에 관한 선언'을 시작으로 점차 구체화한다.

장애인복지의 주요 이념은 인권보장, 정상화, 사회통합 등 다양한데, 이 가운데에서 정상화(normalization) 이념이 보편적으로 제시되고 있다. 정상화의 창시자는 덴마크의 벤크 미케르젠(Bank-Mikkelsen)으로 알려지고 있다. 미케르젠은 정상화를 '장애가 있다 하더라도 그 사람을 평등한 사람으로 받아들이고, 그 사람의 생활이 일반적인 생활과 같아지도록 노력하는 것'이라 정의하고 있다. 정상화 이념은 사회통합을 목표로 하고 있으며 탈시설화는 정상화 이념을 기본 원리로 한다. 장애인복지는 생존권적 기본권 사상에 기초하여 장애인의 자아를 실현하며 인간으로서 모든 시민과 같은 권리를 보장받을 수 있는 조건을 확보하는 것이다.

2) 장애인복지의 필요성

(1) 장애현황

2011년 장애인 실태조사에 따르면, 우리나라 장애인 수는 268만 명으로 추정되며, 인구 10,000명 중 561명이 장애인으로 장애출현율은 5.61%이다. 장애범주가 확대되고 장애발생 위험요인이 증가하면서 장애인 출현율이 2005년 4.59%에서 1.02%p 증가하였다. 추정장애인 가운데 실질적으로 장애인등록을 한 장애인등록률 93.8%(등록장애인 수는 약 252만 명)로 2005년 77.7%보다 16.1%p 증가한 것으로 나타나고 있다.

〈표 12-7〉 전국 장애인 추정 수(2011년도) (단위: 천 명, %)

구분	2011년			2005년		
	계	재가장애인	시설장애인	계	재가장애인	시설장애인
장애인 수	2,683	2,611	72	2,148	2,101	47.6
구성비	100.0	97.3	2.7	100.0	97.8	2.2
출현율	5.61	5.47	-	4.59	4.50	-

출처: 보건복지부(2012). 2011년 전국장애인 실태조사.

(2) 장애인복지의 필요성

장애인복지가 필요한 가장 근본적인 이유는 인간의 존엄성이다. 인간은 장애의 유무와 상관없이 태어날 때부터 인간으로서 그 존엄성을 인정받고 살 권리를 지니고 있는 것이다. 특히 장애인복지가 필요한 또 다른 이유는 장애에 의하여 발생하는 욕구 때문이다. UN의 장애인 권리선언에서는 장애인을 '특별한 요구'를 할 권리를 가진 사람으로 규정한다. 장애인의 '특별한 요구'는 특권적인 대우가 아니라 장애인이 비장애인과 평등한 생활을 할 수 있는 욕구를 충족시켜 주는 것이다. 또한, 장애인복지는 장애인의 보호체계를 형성함으로써 장애가 사회환경에 미치는 부정적인 문제를 최소화할 수 있으며, 장애를 가진 사람의 재활을 통해 개인의 자아실현과 함께 사회구성원으로서의 일익을 담당하게 할 수 있다.

3) 정책과 서비스

장애인복지는 장애의 생애주기적 특성과 장애유형의 다양성 등으로 말미암아 장애와 직·간접적으로 관련된 법률 또한 매우 다양하다. 장애인 분야와 관계된 대표적 법률은 장애인차별금지 및 권리구제 등에 관한 법, 장애인복지법, 장애인 등에 대한 특수교육법, 장애인고용촉진 및 재활법, 장애인·노인·임산부 등의 편의증진보장법 등이 있다. 장애인복지의 전달체계에서 생활안정지원 및 장애인복지 일반은 보건복지부, 장애인고용은 고용노동부가 담당하고 있다. 장애인복지는 영역별로 다양한데 이 가운데 소득보장, 고용, 교육, 장애인시설과 서비스 분야로 구분해 살펴볼 수 있다.

(1) 소득보장

장애인 소득보장 체계로 대표적인 것은 사회보험, 공공부조, 사회수당 등이 있다. 우리나라의 국민연금, 산재보험, 국민기초생활보장제도, 장애인연금과 수당이 이에 해당한다. 국민연금에 의한 장애연금은 국민연금 가입자가 가입 기간에 산업재해가 아닌 다른 이유로 장애를 입을 때 노동능력의 손실 또는 감소에 따른 소득보장을 한다. 산재보험은 사업장에서 업무상 재해를 당한 산재근로자와 그 가족의 생활 안정을 위해 보상해 주는 제도이다. 국민기초생활보장제도는 장애인을 포함한 모든 국민의 최저생활을 보장해 주는 제도이다. 장애인연금과 수당은 국민기초생활보장법에 의한 수급자와 차상위계층의 18세 이상 등록장애인에게 지급되며, 18세 미만에게는 장애아동수당이 지급된다.

(2) 고용

장애인고용은 장애인에게 사회활동에 참여할 기회를 제공하고 경제적 자립을 제공하는 유용한 수단이 된다. 그러나 장애인들은 사회적 편견, 제한된 직업영역, 환경적 장벽, 역할모델의 결여 등으로 직업을 획득하고 유지하는 데 많은 어려움에 직면하고 있다(이달엽, 2003). 따라서 장애인의 고용을 촉진하기 위해서는 장애인의 특성을 고려한 취업알선, 직업훈련, 창업지원 등 체계적인 취업지원 제도가 필요하다. 장애인의 고용정책은 일반고용과 보호고용으로 크게 구분되는데, 일반고용은 일반 사업장에서 비장애인과 같이 고용되는 형태를 말한다. 보호고용은 취업하기가 곤란한 중증장애인의 근로 욕구를 해소하기 위해 특별히 계획된 조건하에서 행해지는 훈련과 고용으로 보수가 있는 근로의 기회를 제공하는 형태를 말한다.

우리나라는 1990년 '장애인고용촉진 등에 관한 법률'이 제정되어 근로자를 고용하는 사업주에 대해 장애인 고용할당제를 시행하고 있으며, 2000년에는 법명을 '장애인고용촉진 및 직업재활법'으로 변경하였다. 그리고 계속적인 법 개정을 통해 중증장애인에 대한 고용 기회의 확대, 국가와 지방자치단체의 장애인고용을 권장이 아닌 의무로 하는 등 장애인고용에 대한 법적 보장을 강화하고 있다.

(3) 교육

교육은 사회를 구성하는 개인에게 부여된 당연한 권리이다. 장애인의 교육권은 우리나라 헌법 제31조 "모든 국민은 능력에 따라 균등하게 교육을 받을 권리를 가진다."는 이념에 근거하고 있으며, 2007년 제정된 '장애인 등에 대한 특수교육법'에서는 헌법의 교육권을 더욱 구체화하였다. 장애인 특수교육법은 국가 및 지방자치단체가 장애인 및 특별한 교육적 요구가 있는 사람에게 통합된 교육환경을 제공하고 생애주기에 따라 장애유형·장애정도의 특성을 고려한 교육을 하여 이들의 자아실현과 사회통합을 하는 데 기여한다는 목적을 가진다.

우리나라에서는 특수교육 대상자를 위하여 특수교육기관을 설립·운영하고 있다. 특수교육기관은 특수교육 대상자에게 특수교육을 제공하기 위하여 유치원, 초등학교, 중학교 또는 고등학교 과정을 교육하는 특수학교 및 특수학급을 말한다. 최근 장애학생이 일반학급에서 함께 교육을 받도록 하는 통합교육이 확대되고 있으나 일반학교 교사나 학생의 인식 부족, 장애인 편의시설의 미비, 특수교육 인력의 부족 등이 문제로 지적되고 있다.

(4) 장애인시설과 서비스

장애인복지시설은 장애인복지서비스 제공에서 핵심적인 역할을 하는 곳이다. 우리나라 장애인복지법에서는 장애인복지시설을 장애인 거주시설, 장애인 지역사회재활시설, 장애인 직업재활시설, 장애인 의료재활시설, 기타 대통령령이 정하는 시설 등으로 분류하고 있다.

① **장애인 거주시설**: 거주공간을 활용하여 일반가정에서 생활하기 어려운 장애인에게 일정 기간 동안 거주·요양·지원 등의 서비스를 제공하는 동시에 지역사회생활을 지원하는 시설

② **장애인 지역사회재활시설**: 장애인을 전문적으로 상담·치료·훈련하거나 장애인의 일상생활, 여가활동 및 사회참여활동 등을 지원하는 시설

③ **장애인 직업재활시설**: 일반 작업환경에서는 일하기 어려운 장애인이 특별히 준비된 작업환경에서 직업훈련을 받거나 직업생활을 할 수 있도록 하는 시설

④ **장애인 의료재활시설**: 장애인을 입원 또는 통원하게 하여 상담, 진단·판정, 치료 등 의료재활서비스를 제공하는 시설

4) 장애인복지의 과제

우리나라 장애인 수와 장애인발생률은 지속해서 증가할 것으로 예상되어 장애인에 대한 사회적 관심은 더욱 증가될 것으로 전망된다. 또한, 장애인 분야에서 당사자들의 이동권, 교육권, 노동권 등 다양한 분야에 대한 요구가 증가하고 있다.

따라서 장애인복지의 과제는 다음과 같다.

- 장애인에 대한 소득보장제도 확충이 필요하다. 이를 위해서는 무엇보다 고용촉진 및 직업재활의 활성화가 필요하다. 나아가 사회보험을 통한 소득보장을 실현해 나가고, 근로활동이 불가능한 장애인에 대해서는 국민기초생활보장제도의 수당제도를 확충하여야 한다. 특히 장애인 고용촉진을 강화하기 위해서는 공공 부문의 장애인 우선고용 확대가 필요하고 장애인에게도 동등한 일할 기회를 제공하기 위해 고용정책의 비중을 높여나가야 할 것이다.
- 장애인교육의 혁신이다. 장애인교육은 모든 특수교육 요구학생에게 적합한 학교교육 기회를 제공하여 모든 학생이 교육을 받을 수 있도록 보장해야 하고 통합교육의 확대를 통해 일반학교의 학생들이 특수교육 대상학생을 접할 수 있는 기회를 늘려가야 할 것이다.
- 장애인이 모든 시민과 함께 더불어 살아갈 수 있는 사회통합을 실현해 나가는 것이다.

07 다문화가족복지

1) 이주민과 북한이탈주민의 정의

(1) 이주민의 정의

국제화·세계화의 진전에 따라 국경을 자유롭게 이동하는 인구이동이 활발하다. 이 같은 현상은 우리 사회도 예외가 아니어서 이주노동자와 국제결혼으로 다민족·다문화 사회의 문턱에 와 있다. 한국은 1990년대부터 외국인의 노동이주가 크게 증가하였으며, 결혼이주에 따라 사회의 기본 단위인 가족 내부에도 민족적 혼성성이 빠르게 진전되고 있다. 우리나라에서는 주로 이주노동자와 국제결혼이 주자가 다문화가족을 이룬다. 따라서 이주민의 정의를 이주노동자와 국제결혼이 주자로 구분하여 살펴본다.

❶ 이주노동자

우리는 이주노동자를 오랫동안 '외국인 노동자'라고 불러왔으나, 학계 또는 ILO에서는 일찍부터 이주노동자(migrant worker)라고 불러 왔다. 이주노동자는 자신의 생활 근거지를 벗어나 다른 지역[63]으로 이주하여 취업한 노동자를 통칭한다. 이주노동자에는 국내 이주노동자와 국경을 넘어 타국으로 이주하여 취업하는 노동자의 두 가지 의미가 내포되어 있다. 그러므로 한국의 외국인 노동자들과 같이 타국에서 온 이주노동자는 '외국인 노동자' 혹은 '국제이주노동자'라는 호칭이 정확하다.

그러나 보통 이를 줄여 '이주노동자' 혹은 '외국인 노동자'라고 호칭하고 있다. 국내 시민운동가들과 학자들은 외국인 노동자라는 용어가 국적에 의한 구분과 차별을 내포하고 있다는 점에서 이주노동자라는 용어를 사용한다. 최근 언론에서

63) 여기서 다른 지역은 언어나 사회적 관습이 다른 지역을 뜻한다.

도 외국인 노동자라는 표현을 이주노동자로 대체하는 경향이 있다. 따라서 여기서는 외국인 노동자 혹은 국제이주노동자를 그냥 이주노동자로 부르고, '대한민국의 국적을 가지지 않은 상태에서 노동의 대가인 임금, 급료 등 이에 준하는 수입을 목적으로 국내에서 노동을 제공하는 자'로 정의한다.

❷ 국제결혼이주자

국제결혼이란 서로 다른 문화와 지리적 환경, 즉 다른 나라 출신 간의 결혼(혼인)을 가리킨다. 따라서 국제결혼이주자란 '국제결혼을 위하여 이주한 자'를 말한다. 한국에서의 국제결혼 형태는 시대에 따라 여러 유형으로 나타난다. 첫째는 한국전쟁을 계기로 1950~1970년대 한국에 주둔한 미군 남성과 한국 여성의 결혼 형태가 있다. 둘째는 한국의 경제력이 신장된 1980년대 국외 진출이 활발하던 시기에 남성 외국인 전문직 종사자와 한국인 여성의 국제결혼 형태가 있다. 셋째는 1980년대 말에 북방정책을 통해 중국·소련과의 교류가 시작되었고, 1990년대 초에는 국내에서 '농촌총각 장가보내기 운동'의 일환으로 국제결혼을 추진하면서 한국인 남성과 외국인 여성의 국제결혼이 증가하였다. 1995년 이후 한국인 남성과 외국인 여성의 결혼 유형은 그 반대보다 더 많아지게 되었다. 넷째는 1980년대 말부터 국내로 들어온 남성 이주노동자들이 한국인 여성과 결혼한 형태이다.

(2) 북한이탈주민의 정의

북한이탈주민에 대한 용어는 월남자, 월남 귀순자, 귀순용사, 난민, 망명자, 귀순자, 탈북자, 탈북 난민, 귀순 북한동포, 북한출신 남한 이주자, 귀순 동포, 자유이주민, 새터민 등 20여 가지에 이른다. 이 중에서 법률용어인 '북한이탈주민'은 국내외에 거주하는 모든 북한탈출 주민을 포함할 수 있을 뿐만 아니라 기존에 사용하던 귀순자, 귀순 북한동포, 북한 난민 등과 비교할 때 한결 탈이데올로기적 성격과 민족적 동포애를 담고 있는 용어로 볼 수 있다. 1997년 1월에 제정된 북한이탈주민의 보호 및 정착지원에 관한 법률 제2조에서는 북한이탈주민을 '북한에 주소

· 직계가족 · 배우자 · 직장 등을 두고 있는 자로서 북한을 벗어난 후 외국의 국적을 취득하지 아니한 자'라고 명시하고 있다(박주현, 2007).

한편, 북한이탈주민이라는 용어에 거부감을 갖는 사람이 많아 통일부에서 국민 여론을 반영하여 2005년 7월부터 2008년까지 비공식적으로 '새터민'이라는 용어를 북한이탈주민과 병행하여 사용하기도 하였다. 새터민이란 '새로운 터전에서 삶의 희망을 갖고 사는 사람'이라는 뜻을 가진 순수한 우리말이다. 그러나 새터민이란 용어가 새로운 터전에 뿌리를 내려야 하는 고통을 환기시켜 거부감을 느낄 수 있으므로 새터민으로 부르는 것은 매우 어색하다는 주장이 있기도 하였다. 특히 탈북자동지회에서 공산주의 독재를 반대하여 목숨을 걸고 북한을 탈출한 사람을 새터민이라고 부르는 것에 대해 강한 거부감을 표출하였다. 그리하여 정부에서는 2008년 말에 공식적으로 새터민이라는 용어를 쓰지 않기로 했다(박주현 · 최덕경, 2011).

2) 다문화 사회로의 진입과 이주민에 대한 관점

(1) 다문화 사회로의 진입

이제 우리는 길에서 혹은 TV를 통하여 외국인을 쉽게 접할 수 있다. 국내에 거주하는 체류 외국인은 2013년 12월 기준으로 전체 인구의 약 3.1% 수준이다. 한국 사회는 어느새 다민족 · 다문화 사회의 턱밑까지 왔다. 이러한 추세라면 체류 외국인은 2020년에는 전체 인구의 약 5.0%, 2050년에는 전체 인구의 약 10% 수준까지 증가할 것으로 예측한다. 지금까지 단일민족사회라고 생각하고 살아오던 우리에게는 정말 놀라운 사회적 현상이다. 다민족 · 다문화 사회로의 진입은 단지 인구학적인 다양성의 변화만을 의미하지는 않는다. 그에 따른 다차원적인 변화가 이루어지며, 이로 말미암아 사회적 갈등이 예측된다. 사회복지적 측면에서는 다문화 가족이 한국사회구성원 중에서 사회적 약자인 소수자 처지에 있으므로 그들의 인권, 빈곤, 사회적 배제 등의 어려움이 사회적 쟁점으로 드러날 수 있다(박주현 · 최덕경, 2011).

(2) 이주민에 대한 관점

이주민에 대하여 사회통합적인 관점과 한국사회 적응의 시각으로 다문화 사회의 통합을 모색할 수 있다. 우선 다문화주의 통합모형은 이주민에게 성급한 동화를 강요하지 않고 이주자로서의 정체성을 정립시켜 주는 것이다. 이주자들은 모국사회와 한국사회를 이어 주는 교량 임무를 수행하는데, 문화적으로 두 사회의 가치관과 관습 등에 적응해야 하는 부담을 지고 있다.

동화가 아닌 이주자의 사회통합 방법으로는 수용과 문화접변이 있다. 수용은 이민사회에서 생활을 위해 기본적으로 중요한 정보와 기술을 습득하는 과정이다. 예컨대 한국어를 배우고 한국의 문화와 관습을 이해하고 사회제도와 법률에 대한 지식을 쌓는 것이다. 그리고 두 사회의 문화가 만나서 서로 변용되는 과정인 문화접변(acculturation)은 주류사회에서 통용되는 문화적 가치나 규범, 태도, 사고가 외부 문화와의 만남을 통해 변화를 겪으며 새롭게 창출되고 내면화되며 전승되는 것이다. 사람들은 이질적 문화를 가진 사람들과 만나면 흔히 정체성의 충돌을 경험하고 정체성의 재정립은 많은 이에게 부담감을 주기도 하지만 긍정적 요소도 있다(설동훈, 2006).

또한, 한국사회에 대한 이주민의 적응 시각으로 이주민을 무턱대고 동화시키는 방식이나 소외시키는 태도와 정책을 들 수 있다. 이주민과 한국인을 단순히 평행선상에 놓게 되면 문화 간에 벽이 생기거나 단순히 피상적인 관계나 묵인의 관계가 성립될 수 있다. 그러므로 한국사회는 이러한 점을 지양하고 다양한 문화가 발전할 수 있도록 노력해야 한다. 이주민과의 '차이'만을 강조하는 자세를 버리고, 그들이 가진 문화의 다양성을 주목하고 열린 사고방식을 가져야 한다. 결론적으로 이주민의 사회통합은 이주민과 한국사회의 쌍방 노력이 필요하다(설동훈 2006).

3) 이주민과 북한이탈주민의 복지 욕구

(1) 이주민의 복지 욕구

❶ 이주노동자

이주노동자는 출입국 경로에 관한 문제, 주거환경 및 경제생활에 관한 문제, 직장 내 문화적 갈등에 관한 문제, 사회차별에 관한 문제, 기타 사회문제 등으로 어려움을 겪고 있다. 그러므로 국내 출입국 과정에서 알선업자, 출입국관리소에 내는 벌금, 체류 관련 항공권 환불과 보호소에서의 문제를 해결하고 싶은 욕구가 있다. 또한, 열악한 기숙사(합숙소)문제, 여권 소유문제, 본국에의 송금(환전, 국내인의 사기)문제 등을 개선하고자 하는 욕구, 그리고 3D 업종으로 인한 열악한 환경의 제조업체, 초과노동, 임금 체불, 폭행과 성폭행에서 벗어나고 싶은 욕구가 있다. 아울러 종교와 피부색에 의한 차별, 언어장애와 문화갈등, 초과체류자의 일방적 손해 감수 등 사회차별에 관한 문제를 해결하고 싶은 욕구가 있다.

❷ 국제결혼이주자

국제결혼이주자는 문화적 인식 차이, 언어장벽, 주변의 차별과 편견, 2세 교육문제, 배우자에 대한 신뢰 등에서 어려움을 겪고 있다. 그러므로 젠더 구조와 가족구성, 음식문화, 가족 내 역할의 기대 등과 같은 문화적 인식의 차이를 극복하고자 하는 욕구가 있다. 조선족의 억양과 사투리, 외국인의 존댓말 사용 등과 같은 언어장벽으로 문화수행에 어려움이 있으므로 한국어 교육을 받고자 하는 욕구가 있다. 또한, 경제적 이유로 인한 결혼이라는 멸시, 피부색으로 인한 차별과 편견의 눈길 등 주변의 차별과 편견에서 벗어나고 싶은 욕구가 있다. 더불어 정체성 혼란, 혼혈아에 대한 편견, 다문화 사회 적응을 위한 교육 부재 등으로 2세 교육문제를 해결하고자 하는 욕구, 그리고 사기결혼, 정확한 정보 부족의 이유로 배우자에 대한 신뢰를 회복하려는 욕구가 있다.

(2) 북한이탈주민의 복지 욕구

1994년 이후 북한이탈주민은 급격히 증가하여 2004년까지 계속 증가 추세를 보이다가 2005년 이후 감소하였다. 이는 탈북자들이 체류하고 있는 중국 등 현지 국가의 단속이 강화되었고, 그들의 국내 입국에 관여하고 있는 개인과 단체의 활동이 약화되었기 때문으로 분석된다. 그러나 가족을 동반하여 입국하거나 혹은 이미 입국한 가족의 도움을 받아 중국 또는 북한에 체류하던 가족이 입국하는 사례의 증가 추세는 지속된다.

이러한 현상은 중국 등 체류지에서의 단속 강화로 인한 신변 위협, 남한사회에 대한 정보 유입 증가, 먼저 입국한 북한이탈주민의 잔여가족 입국을 위한 경제적 지원, 관련 전문 브로커와 알선단체의 활동 확대 등에 기인한다(임순희 외, 2006). 최근 북한이탈주민의 욕구는 과거의 식량 부족이나 경제난에 의한 것이 아니라 자녀의 교육, 미래에 대한 준비, 꿈의 실현이라는 삶의 질 차원에서 진행되고 있다. 이러한 북한이탈주민의 욕구 변화에 따라 단순히 생계적인 지원이 아닌 자아실현이라는 삶의 질 차원에서 그들을 지원할 필요성이 있다. 남한 사회에 적응하기 위한 어려움은 여러 가지가 있겠으나 취업문제, 사회·심리적 적응문제, 청소년 문제를 들 수 있다(박주현, 2007).

❶ 취업문제

북한이탈주민의 남한사회 적응 시 가장 큰 성패요인은 경제적 요인(고용)이다. 이는 우리 사회가 자본주의 사회라는 특성상 절대적인 요인으로 작용한다(노영환, 2005). 북한인권정보센터(2005)의 '새터민 정착 실태 연구'에서, 취업률이 70.3%(466명), 실업률이 29.7%로 나타나 낮은 취업률을 보여 주었다. 취업자 466명 중 남성 213명, 여성 253명으로 여성의 취업자 수가 많으나, 조사 대상자 중 여성의 비율이 59.9%로 높다는 점을 고려하면 여성의 취업률이 상대적으로 낮았다. 고용 형태를 성별로 분석한 결과, 정규직에서 여성의 비율은 16.2%로 남성 34.3%보다 낮았고, 일용근로자의 여성 비율은 57.7%로 남성 35.7%보다 높았다. 특히 여성이 남성보다 일용근로자의 비율이 높다는 것은 북한이탈주민도 남한과 같이 여성의 취업과 직장생활 환경이 남성과 비교할 때 낮음을 알 수 있다.

북한이탈주민이 경쟁사회인 남한사회에서 살아남으려면 끊임없는 자기 노력이 필요하다. 사회적으로도 북한이탈주민을 위한 다양한 취업지원 프로그램 개발이 요구된다. 이를 통하여 남한사회 정착과 직업 선택 등의 불안을 해소할 수 있는 방안을 모색해야 한다.

❷ 사회 · 심리적 적응문제

남한사람들이 북한이탈주민을 대하는 태도, 즉 생활 속에서 경험하는 사회적 차별은 그들을 어렵게 만든다. 이는 경제적 요인만큼 심리적 적응에 매우 중요한 요인이다. 북한이탈주민도 우리와 같은 동포로서, 특별한 성격이 있는 것이 아니며 일반화시켜 말할 수도 없다. 다만 이들은 오랫동안 생활해 온 북한체제의 특성과 북한이탈과정에서 겪은 환경적 요인 때문에 몇 가지 특정적 가치와 태도를 가지게 된다. 이러한 특징은 체제와 이념이 다른 생활환경에 적응하는 과정에서 긍정적 요소가 되기도 하고 어려움이 되기도 한다(통일부, 2006).

북한이탈주민은 북한의 교육과 공통된 특성을 지니고 있다. 그러나 탈북이라는 충격적인 사태를 통해 한국사회에서 생활해야 할 운명을 스스로 선택하였기 때문에 북한에서의 생활방식을 버리고 남한생활에 적응하려는 의지가 강한 사람들이다. 이러한 이유로 북한이탈주민은 북한주민의 공통된 특성 이외에 탈북으로 경험한 특성을 더 강하게 갖는다. 북한이탈주민의 사회 · 심리적 적응문제를 이해하기 위하여 몇 가지 공통된 특징(박정아, 2007)을 소개하면 다음과 같다.

- 북한이탈주민은 자신의 삶에 대한 능동적이고 적극적인 변화의 의지를 행동으로 표현하며, 자신들이 통일을 위한 선구자적 역할을 할 수 있다는 소신을 가지고 있다.
- 북한이탈주민은 강한 자아의식으로 자기중심적 인식과 태도를 가지며, 의사

결정과정을 중시하지 않는 경향이 있다. 이러한 강한 자아의식은 자신의 의지가 반영되지 않고 좌절을 겪게 될 경우 저항의식으로 나타날 수 있으며, 그 결과 부적응으로 연결될 수 있다. 또한, 의사결정과정에 대한 이해 부족은 사고의 유연성과 다원적 가치의 중요성을 강조하는 한국사회 적응의 장애로 작용하기도 한다.

- 북한이탈주민은 탈북 사실에 대한 높은 자긍심과 정부의 보호와 지원에 대한 기대감을 갖고 있다. 이러한 과도한 기대 성향으로 당연히 정부가 자신들을 보호하고 지원하여야 하며 자신들이 적절한 보상을 요구할 수 있다고 생각한다. 따라서 정부의 주택 제공, 학비 면제, 정착금 및 생계비 지원 등을 당연하게 받아들인다. 이는 북한이탈주민에게 현실적으로 괴리감을 느끼게 한다.
- 북한이탈주민은 북한체제의 영향으로 혁명과 반혁명, 민주와 독재, 사회주의와 자본주의 등 경직된 이분법적 사고와 태도를 갖는다. 이러한 이분법적 사고와 급진적인 성향은 사고의 유연성과 점진적 변화, 다원적 가치의 중요성을 강조하는 한국사회 적응에 장애가 되고 있다.
- 북한이탈주민은 불안, 실망, 우울과 희망, 기대감 등이 함께 나타나는 정서적 불안정 상태를 보이는데, 원인은 이중적 심리, 죄의식, 소외감, 기존의 사회적 지위 상실, 사회체계의 차이로 인한 열등감, 한국사회의 지원의지 변화 등에 기인한다. 심리적 불안정성은 기회주의적 태도로 나타나기도 하고, 자아정체성의 혼란을 가져와 일탈행위를 유발하기도 하며, 타인에 대한 불신감, 정서불안, 성적 집착, 지나친 자존심, 열등의식으로 표현되기도 한다.
- 북한이탈주민은 극도의 안전 욕구를 갖게 되는데, 이는 신변 위험에 대한 불안, 생존 수단의 미비, 장래 불안, 잔여가족에 대한 보상심리, 자신의 능력 부족에 대한 이해 등이 원인이 된다. 생존을 위한 극도의 안전 욕구 성향은 기회적이고 이기적인 태도로 나타날 수 있으며, 자신에게 주어지는 자유와 권리에 대해서는 적극적인 태도를 보이지만, 자신의 의무와 책임에 대해서는 매우 소

극적이다(윤여상, 2002).

❸ 북한이탈주민 청소년문제

북한이탈주민 청소년이란 북한 출신의 탈북 청소년을 일컫는다. 그들은 많은 어려움을 겪고 있다. 학교 중도포기율은 국내 학생의 10배에 달하고 있으며, 이들은 대부분 검정고시에 매달리게 된다(정하성 외, 2007). 이러한 낮은 취학률의 결과는 남북한의 문화가 달라서 의사소통에 어려움이 있기 때문에 친구 없이 학교생활을 하게 되고 이로 말미암아 학교 적응에 어려움이 있는 것으로 분석되고 있다. 또한, 초등학생과 중학생인 북한이탈주민 학생들의 고민에 대한 조사(정하성 외, 2007)에서 가장 큰 고민은 '학교 성적'(73.9%)으로 나타났는데, 이것이 낮은 취업률에 영향을 줄 수 있을 것이다. 따라서 교육기관에 취학하지 않은 북한이탈주민 청소년을 위한 교육 프로그램, 직업훈련, 특성화된 대안학교, 상담 프로그램 등에 참여할 수 있는 기회를 제공해야 할 것이다.

4) 이주민과 북한이탈주민의 복지정책과 서비스

(1) 복지정책과 서비스의 목표

❶ 이주민 복지정책과 서비스의 목표

이주노동자와 국제결혼이주자는 한국사회에 적응하는 데 필요한 여러 가지 문제에 직면하고 있으므로 다양성과 이질성에 대한 국민적 수용과 사회통합 노력이 필요하다. 이제 한국사회도 이주민들과 함께 사는 것이 선택이 아닌 현실이 되었다. 따라서 다민족·다문화 사회를 위한 통합정책과 서비스 목표는 한국사회의 인식 전환이다. 이를 위하여 한국사회는 이주민도 한국사회의 일원으로 받아들이는 정책이 필요하며, 이주민도 우리 사회에 꼭 필요한 구성원이라는 생각으로 장기체류 숙련공 등 이주노동자들의 합법적 이주를 허용하는 정책이 필요하다(박천응, 2006). 특히 사회적 안전망으로부터 멀리 있는 국제결혼이주자에 대한 관심과

언어·문화적 부적응, 가족 간 이해 증진, 인권침해, 자녀교육 등과 관련하여 사회복지실천 프로그램이 활성화되어야 한다.

❷ 북한이탈주민 복지정책과 서비스의 목표

정부는 국외에 체류하고 있는 북한이탈주민이 한국행을 희망할 때 인도주의 동포애 차원에서 전원 수용한다는 원칙하에, 국내 법령과 UN 난민협약 등 국제법에 부합되게끔 그들을 보호하고 국내로 수용하고 있다. 또한, 정부는 체류 국가에서의 체류여건이 개선되고 당사자의 의사에 반한 강제 북송이 이루어지지 않도록 최대한의 외교적 노력을 기울이고 있다. 국내에 입국한 북한이탈주민에 대해서는 자립기반 조성과 자활능력 배양을 통해 건전한 민주시민으로 정착할 수 있도록 민간과 협력하여 다양한 정책적 지원을 하고 있다(통일부, 2006).

북한이탈주민은 입국 시기에 따라 정착지원금, 보조금, 취업 알선 등의 제도 차이에 의한 상대적 불평등이 존재하므로, 이러한 형평성 위배의 문제를 어떻게 해결할 것인가가 사회적 양극화 현상을 다루는 상황과 시점에서 함께 연구되어야 할 과제다. 또한, 북한이탈주민과 남한주민 간의 불평등 의식은 북한이탈주민에 대한 편견과 차별에 기초하고 있다. 편견과 차별이 아니더라도 남북한의 가치관과 의식구조의 차이, 취업능력의 결여 등에 따른 북한이탈주민의 남한사회 적응의 어려움과 사회 심리적 어려움은 북한이탈주민에 대한 부정적 인식과 편견, 배타적 태도에 의해 가중되므로, 북한이탈주민과 교류하는 남한사람들의 태도와 시각의 변화가 필요하다.

(2) 이주민과 북한이탈주민의 복지정책과 서비스 쟁점

❶ 이주민 복지정책과 서비스 쟁점

국제결혼이주자의 한국사회로의 통합에는 크게 정착과 인권문제가 있다. 정착을 위한 의사소통 방법인 한국어 교육과 한국문화 이해와 생활능력 향상 기회의 제공이 필요하다. 더불어 국제결혼이주자의 생활안정을 위해 영주권, 국적 취득

등의 법률구조 관련 절차와 생활, 복지정보 등을 얻을 수 있는 기회를 제공하며, 정보화 교육 등을 통해 한국에서 생활능력을 향상시킴은 물론, 정보 네트워크를 구축하여 한국사회 적응과 친목을 도모하도록 지원해야 한다.

빈곤과 경제문제 해결을 위한 사회복지와 의료 서비스가 확충되어야 한다. 그리고 인권 옹호와 권익 신장을 위하여 체류권 보호, 결혼중개업에 대한 규제 등 법적 지위 안정을 도모하는 것이 필수적이다. 그 외에 국제결혼 자녀에 대한 차별인식 개선 작업과 그들의 전인적 성장을 지원할 수 있는 제도가 마련되어야 한다(한국염, 2006).

더불어 이주노동자들의 고용허가제 개선을 위하여 제도운영의 현지화, 현지 모니터링 강화, 사업장 이동 제한의 폐지, 사후지원 시스템 및 고용허가제 대행업무의 공공성 확보가 이루어져야 하고, 이주노동자들의 취업교육 강화와 사업주 교육 강화를 통하여 고용허가제 관련 교육의 현실화가 이루어져야 한다(박천응, 2006).

❷ 북한이탈주민 복지정책과 서비스 쟁점

북한이탈주민의 정책 내용을 크게 수용정책과 경제적 지원정책, 사회 심리적 적응지원정책으로 구분하여 그 특징과 문제점을 제시한다(강권찬, 2011). 먼저, 경제적 지원정책의 문제점을 살펴보면, 사회주의에 익숙한 북한이탈주민은 정부의 복지 제공을 당연하게 받아들이면서 자립과 자활을 위한 기본적인 노력에 소홀할 수밖에 없다. 더구나 체제가 다르기 때문에 북한에서 취득한 기술이 남한사회에서 인정을 받지 못할 뿐더러 저소득과 실업, 남한주민의 편견과 냉대 속에서 소외감은 더욱 증폭되고 자활의지를 잃어버리는 악순환에 빠지게 된다. 직업훈련을 시행하고는 있지만, 사실상 훈련수당을 위한 수단으로 이용되면서 취업과의 연계가 미흡하다. 훈련 내용 역시 컴퓨터, 요리 등 단순 생활기능 습득에 치중하여 직업훈련이 자격증 취득이나 장기취업을 유도하지 못한다.

다음으로, 사회 심리적 적응, 집중적인 동화정책의 문제점을 살펴보면, 사회 적응은 집중적인 교육을 통한 남한사회로의 동화에 중심을 두고 있으나, 최근 북한이탈주민의 유입 특성은 여성과 가족단위 구성원의 대거 입국이다. 이처럼 정책수요자가 전 세대에 걸친 가족형태라는 것은 더 복잡하고 장기적인 사회적응 프로그램을 요구하고 있다. 그리고 하나원을 수료한 이후에는 체계적인 사회적응 교육 없이 지역사회 내에 그대로 노출되므로 북한이탈주민들이 실제로 정착하는 지역 수준에서 그들의 정착을 지원하는 체계가 필요하다.

정부에서는 신변보호 담당관, 거주지 보호 담당관 등 분야별 보호 담당관을 두고 있으나, 정착지원 업무 외에는 다른 업무가 있기 때문에 유기적인 협력체계가 이루어지지 못하는 것이 현실이다. 또한, 취업지원을 위하여 각 지역 고용안정센터에는 취업보호 담당관이 지정되어 있으나, 업무 과다와 재정 부족 등으로 보호담당관제가 원활히 가동되지 못하는 실정이다. 더욱 중요한 것은 사회적응정책이 강력한 동화정책에 기반을 두고 있다 보니, 2개월간의 기초교육과 이후 보호담당관에 의한 적응상담과 관리 정도의 수준에 머물고 있다.

세계는 통합의 시대를 걷고 있지만, 한반도에는 여전히 냉전의 갈등이 존재하고 있는 것이 현실이다. 북한이탈주민과의 갈등은 냉전의 잔재이며, 우리가 극복하고 통합해야 할 대상이다. 따라서 북한이탈주민의 성공적인 남한사회 적응을 위한 노력은 과거사적으로 민족 역사의 동질성 회복이며, 미래사적으로 통일 이후의 남북한 통합과정에서 야기될 문제를 미리 방지할 수 있다는 점에서 그 의미를 찾을 수 있다.

통일과정의 하나로 인식되는 북한이탈주민의 성공적인 정착이 왜 중요한가는 다음에서 찾아볼 수 있을 것이다(김성천 외, 2009).

- 북한이탈주민의 부적응은 남한사회의 불안요인이 될 수 있으며, 사회문제를 일으킬 수 있다. 이는 남한주민이 북한이탈주민을 사회의 악이 되는 존재로 인식하게 됨에 따라 북한주민과 통일문제에 대해 부정적인 이미지를 심어 줄

수 있기 때문이다.

- 북한이탈주민의 부적응은 남한에 대한 부정적 이미지를 제공할 수 있다. 북한주민은 북한이탈주민이 남한사회에서 적절하게 대접받지 못한다고 직·간접적으로 인식하게 됨에 따라 남한에 대한 거부감을 느껴 남한 주도의 통일에 대해 거부감을 갖게 될 수 있다.
- 북한이탈주민의 남한사회 적응과정에서 얻어지는 실패와 성공의 경험은 통일 이후 전체 북한주민과의 통합과정에서 유용한 자료로 작용할 것이어서 매우 중요한 사회적 사안이므로 끊임없는 논의와 관심이 필요하다.
- 최근 탈북 원인이 변화되고 있다. 예컨대 1996년과 1998년 사이의 주요 이탈 원인은 식량 부족과 경제난이었으나, 식량과 경제적 원조를 획득하면서 자발적으로 귀환하는 경우가 많아졌다. 그러나 2000년 이후부터는 경제난과 함께 외부정보 획득의 자유, 희망에 대한 소망, 미래에 대한 꿈의 실현 등으로 점차 변화하고 있다. 특히 자녀에게 더 나은 교육 기회를 제공하고자 하는 동기가 주요한 이탈 요인으로 파악된다(박주현, 2007).

CHAPTER 13

사회복지의 실천분야 II

학습목표

- 의료와 정신보건사회복지의 개념을 이해하고, 방향을 제시할 수 있다.
- 학교사회복지의 개념을 이해하고, 방향을 제시할 수 있다.
- 산업복지의 개념을 이해하고, 방향을 제시할 수 있다.
- 교정복지의 개념을 이해하고, 방향을 제시할 수 있다.
- 군사회복지의 개념을 이해하고, 방향을 제시할 수 있다.

사회와 사람과의 관계 속에서 발생하는 긴장과 갈등은 사회적 위험 혹은 사회문제로 나타난다. 이는 우리 사회의 존속과 발전에 커다란 영향을 미친다. 이를 해결하기 위해서는 국가와 사회의 적극적인 개입이 필요하다. 자신의 의지와는 다르게 발생하는 사회문제는 누구나 사회복지의 대상이 될 수 있음을 일깨워 준다.

이에 따라 사회복지실천에 다양한 형태의 객체를 대상으로 다양한 주체가 참여하고 있다. 앞 장에서 사회복지실천 대상으로 아동복지, 청소년복지, 노인복지, 여성복지, 가족복지, 장애인복지, 다문화가족복지 등을 살펴보았다. 이 장에서는 실천영역으로, 의료사회복지, 정신보건사회복지, 학교사회복지, 산업복지, 교정복지, 군사회복지 등에 관해 간략히 소개한다.

01 의료사회복지

1) 의료사회복지의 개념

(1) 의료사회복지의 기술적 개념

의료사회복지란 의료기관에서 치료팀의 일원으로서 사회복지의 전문적인 방법을 활용하여 환자의 심리적, 사회적, 경제적 문제가 질병의 치료나 회복에 부정적으로 작용하지 않도록 문제를 해결하거나 조정하여 환자와 그 가족을 돕는 전문적인 활동을 말한다.

프리드랜더(Friedlander, 1968)는 의료사회복지는 사회복지의 전문화된 한 분야로, 환자가 가능한 한 보건서비스를 가장 효과적으로 활용할 수 있도록 하기 위해 병원, 진료소 혹은 기타의 의료기관에서 시행되는 개별사회복지 혹은 집단사회복지의 실천을 포함하며, 환자의 질병과 치료에 영향을 주는 사회적·정서적 문제를 다루는 원조에 초점을 둔다고 하였다(김규수, 2004 재인용).

(2) 의료사회복지의 정책적 개념

의료사회복지란 질병의 예방, 건강 증진과 향상을 목적으로 보건 및 의료 영역에서의 사회복지조사, 사회복지정책, 사회복지행정 등의 방법을 통하여 보건의료의 욕구 측정과 의료서비스 전달체계의 평가와 개선을 쉽게 하고, 의료보호의 확대와 질적 향상에 이바지하는 사회복지의 한 과정을 말한다.

2) 의료사회복지사의 역할과 직무

(1) 의료사회복지의 기능과 역할

❶ 환자와 가족에게 직접적 서비스를 제공

의료사회복지사는 환자의 치료와 재활을 위한 정보를 수집하고, 그들의 심리사회적 문제를 사정하여 환자와 가족의 심리적·사회적·경제적 문제를 해결하도록 원조하는 심리사회적 치료자의 역할을 한다.

❷ 환자와 가족에게 자원을 연계

의료사회복지사는 환자의 치료와 재활을 위하여 병원 내의 인적·물적 자원을 동원하고 조직하며, 퇴원 후 지역사회의 다양한 공적·사적 자원을 동원하고 조직하는 자원동원가의 역할을 수행한다.

❸ 다양한 전문직과 협력하여 병원 내의 프로그램 계획에 참여

의료사회복지사는 의료팀의 종합적인 서비스를 조정하고 협력함으로써, 환자와 그 가족에게 필요한 다양한 서비스가 제공될 수 있도록 서비스 조정자의 역할을 수행한다. 또한, 의료팀 안에서 다양한 의견과 갈등을 중재하고 조정하는 역할을 수행한다.

❹ 의료제도 안에서의 프로그램 계획과 형성과정에 참여

의료사회복지사는 의료제도 내의 프로그램 기획과 정책 형성과정에 영향력을 행사하는 기획과 정책 입안자로서의 역할을 수행한다. 필요하면 환자와 가족의 권익을 위하여 행동하는 옹호자로서의 역할을 수행함으로써 정책 형성과정에 영향력을 행사하기도 한다.

❺ 지역사회 내에서 보건의료와 예방 사업을 계획, 조직 및 실행

질병의 심리사회적인 요소와 지역사회의 특성에 대한 전문지식과 경험을 바탕으로, 의료사회복지사는 각 지역사회에 필요한 보건사업을 계획하고 실행한다.

❻ 전문인력에 대한 교육 프로그램에 참여

의료사회복지사는 병원 내의 다양한 의료 관련 전문직을 대상으로 질병의 심리사회적인 요소에 대한 개입의 필요성과 의료사회복지사의 역할에 관하여 교육함으로써, 의료팀의 이해와 협력을 증진시킨다. 또한, 병원에 따라서 실습생과 수련전문가들을 대상으로 한 교육과 슈퍼비전에 관여하며, 사회복지 실습생과 수련생들을 지도·감독한다.

❼ 지역주민의 건강 증진과 치료, 예방에 이바지

의료사회복지사는 질병의 예방, 치료, 재활, 건강 증진 등 의료 분야의 다양한 영역에서 심리사회적인 전문지식을 바탕으로 조사연구에 참여하여 연구자로서의 역할을 수행한다. 또한, 연구자로서 질병에 대한 생리심리사회 모델을 적극 적용하는 역할을 수행한다.

(2) 의료사회복지사의 직무체계

의료사회복지사의 직무는 크게 ① 임상, ② 행정, ③ 교육과 연구조사 등의 세 직무 차원으로 구성되어 있다. 임상은 다시 ⓐ 심리사회·정신적 문제 해결, ⓑ 경제적 문제 해결, ⓒ 지역사회 자원 연결, ⓓ 사회복귀와 재활 문제 해결, ⓔ 다른 전문직과의 협력과정 등 하위 직무 차원으로 나누어져 있다.

3) 의료사회복지사의 자격제도

의료사회복지사의 국가공인 자격제도는 아직 시행되지 않은 상태다. 2009년부터 대한의료사회복지사협회 주관으로 의료사회복지사를 양성하는 수련제도가 시행되어, 전국의 수련 지정병원에서 수련과정이 운영되고 있다. 대한의료사회복지사협회(2008)에서 제시하는 수련자격은 사회복지학을 전공한 학사 이상인 자로 사회복지사 1급 자격증 소지자다. 수련내용은 40시간 이상의 이론교육과 960시간 이상의 임상수련으로 이루어져 있다.

의료사회복지사 수련슈퍼바이저의 자격은 의료사회복지사 자격증을 소지하고, 학사는 임상 경력 5년 이상, 석사는 임상 경력 3년 이상이다. 수련기관은 사회복지 부서가 독립으로 편재되어 있어야 하며, 임상의료사회복지 활동이 임상과와 협진체계에 의해 수행되고 있는 의료기관이어야 하고, 대한의료사회복지사협회에서 인정하는 수련슈퍼바이저가 상근하고 있는 기관이어야 한다.

4) 의료사회복지사의 과제

모든 영역에서 다원화, 전문화, 세분화되어 가고 있는 현 추세에서 의료서비스 현장도 매우 빠른 속도로 변하고 있다. 따라서 의료사회복지실천현장의 변화에 대응하고, 사회복지 전문직의 다원화, 세분화 등의 흐름으로 요구되는 의료사회복지사의 과제는 다음과 같다.

- 의료사회복지사가 갖추어야 할 기본 지식과 기술이 현장의 욕구에 대응하여 강화되어야 한다. 즉, 심리사회적 사정과 평가 기술, 특정 질환이나 대상에 대한 지식, 효과성이 증명된 개입 모델에 대한 지식과 기술, 팀 접근에 필요한 갈등조정과 의사소통기술, 권익옹호 기술, 경제적 지원을 위한 모금활동, 다양한 지역사회 자원 확보와 동원 기술 등을 더욱 강화할 필요가 있다.
- 사회복지현장에서도 강조되고 있듯이 증거기반 실천을 하기 위하여 의료사회복지실천현장에서 의료사회복지실천 서비스에 대한 효과성을 입증하고, 발전시키기 위한 연구 능력이 강화되어야 한다.
- 슈퍼비전제도가 강화되어야 한다. 현재 진행되고 있는 수련제도뿐만 아니라 직원에 대한 엄격한 슈퍼비전이 제도화되어야 한다. 병원에 따라서 혼자 근무하는 의료사회복지사를 위해서는 동료 슈퍼비전이나 다양한 연구모임의 활성화를 통해서 의료사회복지사의 실천 역량을 평가하고 강화시켜 나갈 수 있는 방안이 이루어져야 한다.
- 병원 이외의 다양한 지역사회기관에서 의료사회복지실천 모델의 적용과 실천이 활성화되어야 한다. 이를 위하여 의료사회복지사는 다양한 지역사회 유관기관과의 연계와 네트워킹을 활성화하여 병원 밖의 다양한 전문직과의 팀 협력을 이루어야 할 것이다.

02 정신보건사회복지

1) 정신보건사회복지의 개념

정신보건사회복지는 정신보건에 관한 사회복지적 개입을 말하며, 다양한 활동이 포함된다(양옥경, 2006). 여기서 다양한 활동은 정신장애를 예방하며 정신장애에 노출되지 않고 정신건강을 증진하는 일차적 활동, 정신장애인이 그들의 증상을 완화하고 조절하여 그 상태를 유지하는 치료와 보호의 이차적 활동, 발병 이전의 정상적인 생활에 가깝도록 돕는 재활과 사회복귀의 삼차적 활동을 말한다

2) 정신보건사회복지의 대상

정신보건사회복지의 대상은 이미 정신장애에 노출된 정신장애인뿐만 아니라, 정신장애를 예방하고 정신건강을 증진해야 하는 일반인 전체다. 따라서 정신보건사회복지의 개입 내용은 정신건강 증진, 정신장애인 증상 완화와 정신건강 회복, 정신장애인 재활과 사회복귀, 정신장애인 상담과 치료, 자원연결, 자원개발, 사례관리 등이다.

3) 정신보건사회복지 전문인력

우리나라 최초의 정신의료사회복지는 1945년 대한신경정신의학회가 조직되면서 사회복지사가 정신과 의사, 심리학자와 함께 청소년 문제에 관여하게 된 데서 비롯되었다(김규수, 2005). 사회복지사는 정신과 의사가 미처 개입하지 못한 부분인 개인력 조사와 가족상담, 가정방문 등을 실천하였다. 이후 사회복지사의 개입은 종합병원 정신과와 정신병원을 중심으로, '정신의학적 사회사업'이라는 건강보험 항목의 치료행위로 인정을 받게 되었다.

1995년 정신보건법의 제정은 이전까지 병원을 중심으로 이루어져 왔던 정신보

건서비스에서 탈피하여 지역사회 정신보건사회복지를 시작한 것이라고 볼 수 있다. 이를 통해 '정신보건사회복지'라는 용어가 공식화되었다. 이처럼 정신보건법의 제정으로 '정신보건사회복지사'가 정신보건사회복지를 실천하는 법정 전문직으로 탄생하였다.

정신보건사회복지 분야는 사회복지사 이외에 함께 팀 협력을 하는 법정 전문인력으로 '정신보건전문요원'을 규정하고 자격증을 발부하고 있다. 정신보건 영역에서 종사하는 전문인력은 정신과 전문의, 정신보건사회복지사, 정신보건임상심리사 등이다. 이 중에서 정신과 전문의를 제외한 정신보건임상심리사, 정신보건간호사, 정신보건사회복지사는 정신보건법이 정의하는 정신보건전문요원이며(같은 법 제7조), 1급과 2급의 두 가지 등급으로 나뉘어 있다.

정신보건사회복지사의 업무는 공통 업무와 고유 업무로 구분한다. 이 중 고유 업무는 〈표 13-1〉에서와 같이 ① 정신질환에 대한 개인력조사와 사회조사, ② 정신질환자와 그 가족에 대한 사회사업 지도 및 방문지도다. 그러나 이러한 정신보건법상의 규정은 실제로 정신보건사회복지사가 현장에서 수행하고 있는 역할을 충분히 반영해 내지 못하고 있는 점이 문제로 지적되고 있다. 정신보건사회복지는 다른 어떤 분야보다도 팀 협력이 법적으로 규정되어 있는 만큼, 함께 일하는 다른 전문직의 역할을 명확히 알고 상호 협력하는 것이 중요하다(한인영 외, 2011).

〈표 13-1〉 정신보건전문요원의 업무 범위와 한계

종 별	업무의 범위와 한계
공 통	• 사회복귀시설의 운영 • 정신질환자의 사회복귀 촉진을 위한 생활훈련 및 작업훈련 • 정신질환자와 그 가족에 대한 교육·지도 및 상담 • 정신보건법 제25조 제1항의 규정에 의한 진단 및 상담 • 정신질환 예방활동 및 정신보건에 관한 조사·연구 • 기타 정신질환자의 사회적응 및 직업재활을 위하여 보건복지부장관이 정하는 활동

종 별	업무의 범위와 한계
정신보건 임상심리사	• 정신질환자에 대한 심리평가 • 정신질환자와 그 가족에 대한 심리상담
정신보건 간호사	• 정신질환의 병력에 대한 자료수집, 병세에 대한 판단·보류 및 그에 따른 환자관리 활동 • 정신질환자에 대한 간호
정신보건 사회복지사	• 정신질환에 대한 개인력조사 및 사회조사 • 정신질환자와 그 가족에 대한 사회사업 지도 및 방문지도

주: 정신보건법 제25조 제1항 - 정신질환으로 자신 또는 타인을 해할 위험이 있다고 의심되는 자를 발견한 정신건강의학과전문의 또는 정신보건전문요원은 시장·군수·구청장에게 당해인의 진단 및 보호를 신청할 수 있다.

출처: 정신보건법 시행령(별표 1, 제2조 제1항 관련).

4) 정신보건사회복지실천 방법

(1) 심리사회적 사정

정신보건사회복지실천을 하기 위해서는 클라이언트의 정신장애와 정신건강 수준에 대한 정확한 진단과 사정에 관한 이해가 필요하다. 이를 위하여 정신장애 진단 및 통계 편람(DSM-V)에 근거한 정신질환의 증상과 진단기준을 이해하고, 클라이언트의 정신장애 수준을 사정할 수 있어야 한다. 또한, 현재 클라이언트가 보여 주는 정신 상태의 수준을 사정하기 위하여 정신상태검사(Mental Stratus Examination: MSE)를 이해하고, 상담 때 클라이언트의 언어적·비언어적 단서를 정확히 관찰하여 정신 상태 수준을 평가하여야 한다.

(2) 사회기술훈련

사회학습 이론에 의하면, 사회기술[64]은 학습된다. 따라서 사회기술은 의사소통기술, 사회적 인식기술, 사회적 행동을 훈련 상황에서 반복해서 연습시키고 강화하는 사회기술훈련과 같은 프로그램을 통해 학습되고 습득될 수 있다. 정신장애

64) 사회기술(social skills)이란 자신의 감정과 욕구를 상대방에게 전달하여 대인관계에서 어떤 목표를 성취할 수 있도록 도움을 주는 모든 행동을 말한다(Liberman, 1986).

인은 특히 자기주장이나 자기표현을 할 수 있는 사회기술이 부족하다. 이는 정신장애가 음성 증상과 같은 사회적 기능의 황폐화를 가져오거나, 정신장애인이 사회기술을 배울 기회를 갖지 못하거나, 사회환경적 스트레스를 갖기 때문일 수 있다.

정신장애인은 효과적인 사회기술을 습득함으로써 대인관계를 향상시키고, 사회적응을 촉진시킬 수 있다. 그러나 사회기술훈련의 대상은 정신장애인뿐 아니라, 사회적으로 자기주장을 잘 못하는 아동, 청소년, 성인 등 사회적 역기능 문제가 있는 개인, 집단, 가족일 수 있다. 사회기술훈련이 이루어질 수 있는 세팅 또한 병원뿐만 아니라 지역사회기관일 수 있다. 따라서 정신건강의 예방, 증진, 치료, 재활을 목적으로 하는 어느 기관에서나 다양한 인구집단을 대상으로 실천이 가능하다(한인영 외, 2011).

(3) 가족개입

정신장애인의 가족에 대한 시각이 변하고 있다. 가족은 정신장애를 유발하는 원인 제공자로서의 병리적 시각이었으나, 최근 가족이 가진 강점과 역량이 정신장애인에게 자원이 된다는 강점관점의 시각으로 바뀌고 있다. 정신건강의 예방, 치료, 재활과정에서 가족은 가장 큰 자원 중 하나다. 가족에 대한 개입[65]에서는 가족이 정신건강의 원인, 치료, 재활에 대한 올바른 지식과 기술 등을 익히도록 하고, 다른 가족과 상호 지지원, 정보원이 될 수 있도록 한다.

(4) 사례관리

정신보건사회복지실천에서 사례관리[66]가 등장하게 된 배경을 보면, 1960년대 초 미국에서 정신장애인을 대단위 수용시설에서 지역사회로 돌려보내는 탈시설화 정책이 이루어지면서 지역사회에서 생활하게 된 클라이언트에게 분산된 서비

65) 가족개입의 종류에는 이론적 배경과 목적에 따라 가족치료, 다중가족치료, 심리교육 가족치료, 행동가족치료, 가족상담, 가족교육, 가족 자조집단 등이 있다.

66) 사례관리는 클라이언트의 욕구에 맞는 개별화된 서비스를 제공하며, 지역사회의 광범위한 서비스로 네트워크를 구성하여 조정하고, 각 서비스가 중복되지 않고 각 특성에 따라 통합적이고 연속적으로 제공되도록 하는 특성을 지닌다.

스를 통합적으로 전달하기 위한 관체계가 등장하게 되었다. 현재 지역사회정신보건사업이 활성화되면서 사례관리는 지역사회에서 정신장애인의 복합적인 욕구에 맞는 효과적인 서비스를 전달하는 데 중요한 실천 방법으로 자리 잡고 있다.

(5) 재활치료

지역사회에서 생활하는 정신장애인에게 기본적으로 제공되어야 하는 서비스는 다음과 같다(Test, 1981, Test & Gerhart, 1990, 양옥경, 2006 재인용): ① 위기개입, ② 일상생활훈련, ③ 주거 관련 서비스, ④ 직업재활, ⑤ 재정보조서비스, ⑥ 의료서비스, ⑦ 정신보건서비스, ⑧ 상담서비스, ⑨ 가족상담서비스, ⑩ 지역사회 교육과 홍보서비스 등.

(6) 예방사업

예방사업은 주로 정신보건센터 사업을 통해 이루어지고 있다. 정신건강 전화운영, 대상자 발견, 등록과 의뢰체계 구축, 정신질환자와 그 가족 교육, 자살과 정신질환 예방, 정신건강 증진, 정신질환 편견 해소 홍보, 아동·청소년 정신보건, 노인 정신보건, 노숙인 정신보건, 가족지원 등의 사업은 정신보건센터가 수행해야 하는 필수 및 예방사업이다.

5) 정신보건사회복지의 전망과 과제

현대사회에서는 생애의 어떤 시점에서든지 여러 가지 삶의 위기와 스트레스로 말미암아 개개인의 정신건강이 심각하게 위협받고 있다. 시대가 흐르면서 이전에 없었던 새로운 종류의 정신장애가 새롭게 진단명 목록에 추가되고 있을 정도로 현대사회는 다양한 종류의 정신건강 문제가 일반인들에게 나타나고 있다. 심리사회적 개입을 전문적으로 실천하는 사회복지사에게 정신건강의 이슈는 사회복지실천현장 어디서나 발견할 수 있는 중요한 문제다.

앞으로의 정신보건사회복지 분야는 과거의 병원 혹은 정신장애인 중심의 서비스에서 벗어나 전 국민의 정신건강을 위협하는 위험요소와 관련된 어떤 영역에도 개입할 수 있어야 한다. 지역사회정신보건 이념의 실천을 위해서는 인간의 모든 발달단계에서 제기되는 정신건강의 취약성에 대응할 수 있는 준비가 되어 있어야 한다.

오스틴과 홉킨스(Austin & Hopkins, 2004)는 의료 및 정신보건사회복지 영역에서 앞으로 더욱 확대되어야 할 학습 영역을 다음과 같이 제시하였다.

- 실천과 관계된 윤리적 이슈는 계속 변화한다는 특성 이해하기
- 사회복지사와 클라이언트 간의 관계기술, 동료 간과 다(多)학제 간 협력에서의 관계기술을 확장시키기
- 개인에 초점을 둔 사정기술뿐만 아니라 프로그램, 조직, 지역사회에 초점을 둔 사정기술을 확장시키기
- 의료와 정신보건 프로그램에서, 특히 여러 가지 치료 모델의 활용에 대한 서비스 평가에서 경영의 활용을 이해하기

03 학교사회복지

1) 학교사회복지의 개념

학교사회복지란 학교가 학생 개개인의 지적·사회적·정서적 욕구와 문제 해결에 관심을 두도록 도와주며, 모든 학생이 학교에서 공평한 교육기회와 성취감을 얻을 수 있도록 학교현장에서 활동하는 전문적인 사회복지 분야이다.

학교에서 일어나는 학생의 문제는 개인문제로만 볼 수 없다. 학생문제는 그를 둘러싼 환경과의 상호작용의 문제로 보고, 이러한 심리사회적 문제를 학생-학교-가정-지역사회의 연계를 통해 예방하고 해결한다. 아울러 모든 학생이 자신의 잠

재력과 능력을 최대로 발휘할 수 있도록 최상의 교육환경과 공평한 교육기회를 제공하여 궁극적으로는 교육의 본질적인 목적을 달성한다. 또한, 학생복지를 실현할 수 있도록 도와주는 교육기능의 한 부분이며 사회사업의 전문분야이다.

학교사회복지(학교사회사업)에 관한 정의는 시대적 변화 혹은 학자의 이론적 관점에 따라 다양하게 정의되었다. 즉, 학교사회사업이 시작된 1900년대 초기에는 가정과 학교의 협조를 연계해 주는 방문교사의 역할에 초점을 두어 학교사회사업을 정의하였다. 그러다가 1900년대 중반부터는 학교 부적응 학생의 심리치료와 사회기능의 향상에 초점을 둔 정의가 보편화하기 시작하였다. 이후 1970년대부터는 생태체계학의 영향으로 말미암아 학생-학교-가정-지역사회의 연계를 중시하는 학교사회사업이 강조되기 시작하였으며, 최근에는 학교를 중심으로 하는 사회복지서비스 제공에 초점을 둔 학교사회사업으로 변화하는 추세이다.

2) 학교사회복지의 기능

학교사회복지의 기능은 사회적·정서적 문제를 가진 특수한 아동을 이해하여 전 교육과정을 계속하는 동안에 각자가 지니고 있는 최대한의 능력을 발휘시키는 것이다. 그리하여 알맞은 조정을 가할 수 있도록 기회를 발견하고, 각 개인이 그들의 학교생활에 가장 많은 이익을 가져올 수 있도록 필요한 모든 서비스를 베풀어 주는 데 있다(고수현 외, 2002).

(1) 예방기능

예방기능이란 정서적·사회적 부적응 징후를 나타내는 학생문제를 조기에 발견하고 예방하는 기능을 말한다.

(2) 자원조직·동원기능

자원조직·동원기능이란 개별과 집단사회사업을 통하여 직접 치료활동으로 지역사회의 이용 가능한 자원을 조직하고 동원하는 기능을 말한다.

(3) 조정기능

조정기능이란 교사와 학생 간의 관계 개선 노력과 학교 내의 문제 해결을 위한 특별 조정팀을 조성하여 효과적인 역할을 돕는 등 원조를 조성하는 기능을 말한다.

(4) 상호 협력기능

상호 협력기능이란 학교, 학부모, 지역사회 인사와의 상호 협력체계를 이루는 기능을 말한다.

(5) 잠재적 개발기능

잠재적 개발기능이란 학생이 학교에서 만족스러운 자기실현의 기회를 갖도록 그의 잠재력을 최대한 변화·개발시키는 기능을 말한다.

(6) 중재기능

중재기능이란 청소년 문제에 대한 새로운 중재방법을 제공하고, 교육을 통해 활용하는 기능을 말한다.

(7) 교육적 분위기 조성기능

교육적 분위기 조성기능이란 정신건강의 입장에서 학생들에게 장애를 주는 환경적 요소를 개선시키고, 교육적 분위기를 조성하는 기능을 말한다.

3) 학교사회복지의 대상

학교사회복지는 학교라는 교육기관에서 전문적 능력과 자격을 갖춘 사회복지사가 제공하는 사회적 서비스이다. 학교사회복지의 목적은 모든 학생에게 교육권을 보장하고 전인교육의 목적을 효과적으로 달성하도록 도와주며, 학생들의 학습능력, 문제 해결과 의사결정능력, 변화에 대한 적응능력 등을 도와주는 데 있다. 즉, 학생들의 삶의 질 향상과 학생복지를 향상할 수 있도록 하는 데 있다.

학교사회복지의 대상은 요보호학생이나 학교 부적응 학생이었으나, 최근에는 모든 학생으로 확대하여 그들이 평등한 교육을 받을 수 있도록 하였다. 그러나 아직도 요보호학생을 대상으로 하는 경우가 많다. 학교에서의 요보호학생은 다음과 같다.

- 학습부진을 보이는 학생은 지적 능력은 있으나, 학습의욕 저하나 학습부진 등으로 학업목표를 달성하지 못하는 학생이다.
- 대인관계의 행동상에 문제를 보이는 학생은 폭력 행동, 비사교적인 행동, 교사나 성인의 권위에 대항하는 행동을 하는 학생이다.
- 심리·정신적 문제를 가진 학생은 우울, 소외, 공포, 불안, 자살기도 등을 보이는 학생이다.
- 부모가 자녀양육에 문제를 보이는 학생은 자녀학대나 방임을 받는 학생이다.
- 학교규칙을 위반하는 학생은 장기결석, 등교거부, 잦은 지각, 무단조퇴, 수업불참, 복장불량 등의 행동을 하거나 근신, 정학 등을 받은 학생이다.
- 비행이나 범죄행동을 하는 학생은 폭력, 절도, 가출, 본드흡입, 불량서클 가입, 임신 등의 비행행동을 보이는 학생이다.
- 장애인 학생은 정서, 발달, 신체장애 등을 가진 학생이다.
- 위기상황을 보이는 학생은 갑작스러운 심리적·행동적 변화를 보이는 학생이다.
- 가정환경 문제를 가진 학생은 결손가정, 이혼, 재혼, 빈곤, 입양, 소년소녀가장 학생이다.

4) 학교사회복지의 과제

오늘날 우리나라의 교육현장은 어떠한가? 매우 심각하다. 정권이 바뀔 때마다 변하는 교육정책과 학생지도 방법 등 많은 문제를 안고 있다. 학습부진, 일탈행동, 학업중단 등은 여러 학교에서 나타나는 일반적인 현상이다. 그뿐만 아니라 열악한 교육환경, 과밀학급, 입시 위주의 교육, 객관식 문제로 말미암은 획일적인 교육 등 제도적인 문제도 있다.

이러한 현실에서 학교사회복지의 과제를 열거하면 다음과 같다.

첫째, 학생들이 전문적 학교사회복지 측면에서 양질의 서비스를 받아야 한다.

둘째, 문제가 있는 학생 중심으로 서비스를 할 것이 아니라, 전 학생을 대상으로 문제 해결을 시도하여야 한다.

셋째, 학교사회복지를 위해서는 학교, 학부모, 지역사회가 함께 참여하고, 학교사회복지사를 양성·훈련시켜야 한다.

넷째, 학교 부적응 학생의 문제는 통합적인 관점에서 이루어져야 한다.

다섯째, 학생들의 문제를 예방하고 해결할 수 있도록 학교사회복지의 제도화가 이루어져야 한다.

04 산업복지

1) 산업복지의 개념

산업복지가 무엇일까? 노동에 대한 의미와 유형을 기초로 산업복지에 대한 정의를 살펴보면 다음과 같다. 아카바스와 커즈먼(Akabas & Kurzman, 1982)은 산업복지를 노동자, 사용자 및 노동현장이 추구하는 목표와 이를 가능하게 하는 개입, 프로그램, 정책 등에 그 초점을 두고 진행되는 사회사업의 한 실천 분야로, 노동자와 경영자에 의해 산업 및 노동조직 혹은 그 구성원의 복지 욕구를 충족시키기 위한 전문적인 사회복지 프로그램이나 서비스를 활용한다고 하였다(Kurzman, 1982).

구긴스와 갓프리(Googins & Godfrey, 1987)는 산업복지를 건강한 개인적 성숙과 환경을 마련하기 위해 산업조직에서 발생하는 인간적·사회적 욕구를 파악하고, 그 해결을 위해 개입하는 사회사업의 실천 영역으로, 노동자, 소비자를 포함한 다양한 이해당사자의 개인, 조직, 지역사회 차원의 욕구와 문제를 해결하기 위한 사회사업의 지식과 기술의 적용 분야라고 하였다.

조흥식 등(2001)은 이념과 실제에 의해 산업복지를 구분하고 있다. 이념적으로는 작업조직에 편입되거나 되었던 사람들이 평안히 지내는 상태 혹은 그들의 건강, 안정, 조화, 번영 등이 보장되는 행복의 이상적 상태를 말하며, 실제적으로는 작업조직과 이에 편입된 사람들의 개인적·사회적 욕구에 대응하는 다양한 복지급여와 서비스의 체계로 구분하여 설명하고 있다.

한편, 산업복지에 대한 더 포괄적이고 정확한 이해를 위해서는 이와 유사한 내용을 담고 있으며, 쉽게 혼용되고 있는 용어에 대해 살펴보는 것도 도움이 될 수 있다. 산업복지와 혼용되는 용어로는 기업복지, 노동(자)복지, 근로(자)복지 등을 들 수 있다.

기업복지는 서비스의 제공, 운영주체로서의 공공과 비영리 민간과 구분되는 기업 혹은 시장에 의한 사회복지를 표현하는 것이다. 노동(자)복지나 근로(자)복지는 프로그램이나 서비스 대상을 기준으로 표현한 용어다. 산업복지나 노동복지는 프로그램이나 서비스가 이뤄지는 현장에 의해 표현된 용어로, 여타 사회복지 분야와 차별화하기 위해 사용된 용어라 여겨진다. 최근에 와서는 이러한 산업복지의 다양한 개념과 용어 표현의 제약을 극복하기 위해 '일의 세계와 사회복지', '노동 현장에서의 사회복지'라는 용어로 산업복지 분야를 표현하기도 한다.

지금까지 다양한 노동의 의미를 파악하고, 이를 바탕으로 다양한 산업복지의 정의와 분류 및 관련 용어와 표현에 대해 살펴보았다. 이러한 다양한 정의를 바탕으로, 산업복지를 노동 현장에 참여하는 노동자와 그 가족구성원이 근로를 통해 개인의 욕구를 충족하고, 사회적 발전에 이바지하여, 궁극적으로는 그들의 삶을 행복하게 영위할 수 있도록 지원하는 제도와 전문적인 서비스의 총합이라고 정의할 수 있겠다(한인영 외, 2011).

2) 산업복지의 의의

그렇다면 산업복지의 필요성과 그 의의는 무엇일까? 산업복지의 의의를 노동자, 사용자, 정부 등 각자의 처지에서 살펴본다.

첫째, 노동자에 있어서 산업복지는 노동현장에서 노동자와 그 가족구성원의 존엄성과 효능감을 보장하며, 노동자의 안정적인 소득을 보장하고, 건강한 근로환경을 제공하며, 노동의 상품화를 방지하여 궁극적으로는 노동자와 그 가족구성원이 노동을 통해 자아실현과 삶의 질을 향상시킨다는 점에서 그 의의를 찾을 수 있다.

둘째, 사용자에 있어서 산업복지는 안정적인 노동력을 확보·유지하고, 노동자의 근로동기를 강화하며, 안정적인 노사관계를 유지·발전시키고, 기업의 사회적 이미지를 제고하며, 세제감면 혜택과 매출의 증대 등 실질적인 경영목표를 달성하는 데 이바지한다는 측면에서 그 의의를 지닌다. 즉, 산업복지는 기업 간의 경쟁력을 높이고, 사업장의 안정을 유지시켜 궁극적으로 기업의 이윤 극대화에 이바지한다는 측면에서 그 의의를 찾을 수 있다.

셋째, 정부에 있어서 산업복지는 자본주의 경제체제를 유지하며, 국민의 복지에 대한 책임을 기업과 유관기관과 분담할 수 있고, 노동자의 조직화와 급진적인 성향을 완화할 수 있다는 체제 유지적인 측면, 그리고 실질적으로 노동자의 권익을 적극 보장하는 복지국가로의 성장에 초석을 마련한다는 등 정치적 안정을 확보할 수 있다는 측면에서 그 의의를 찾을 수 있다.

3) 산업복지의 체계

(1) 산업복지정책

국가에 의한 산업복지를 위한 제도로는 사회보험과 공공부조제도가 대표적이다. 사회보험은 근로자나 그 가족을 상해, 질병, 노령, 실업, 사망 등의 위협으로부터 보호하기 위하여 시행하는 제도를 의미하며, 건강보험, 노령연금, 산업재해보상보험, 실업보험, 노인장기요양보험 등이 있다.

건강보험은 국민의 기본적인 의료문제를 해결하고, 전 국민을 대상으로 경제적 능력에 따라 보험료를 부담하여 개별 부담에 관계없이 평등한 의료지원을 하기 위한 건강 관련 보험이라고 할 수 있다. 노령연금은 국민의 노령 혹은 사망 등과 같은 사회적 위험에 대비하여 가입자의 기여금과 국가의 부담금을 주된 재원으로 장기적으로 소득을 보장함으로써 국민생활 안정과 복지 증진에 이바지함을 목적으로 하는 보험이다.

산업재해보상보험은 근무지에서의 산업적 재해나 근무 중의 사고로 말미암은 근로자의 사망이나 부상에 산재근로자나 그 가족을 보호하기 위해 보상해 주는 보험이다. 실업보험은 근로자가 실직한 때 근로자의 가족과 근로자가 생활하는 데 필요한 생활안정과 재취업을 촉진하는 사회보험제도다. 노인장기요양보험은 고령이나 노인성 질병 등으로 일상생활을 혼자 하기 어려운 노인에게 신체활동·가사활동 지원 등의 서비스를 제공하여 노후생활을 안정시키고, 그 가족의 부담을 덜어 준다.

사회보험이 전 국민을 대상으로 보편적인 서비스를 제공한다면, 공공부조는 빈곤층에게 생계급여, 주거급여, 긴급급여, 의료급여, 교육급여, 해산급여, 장재급여, 자활급여 등을 제공하여 최저수준의 생활을 보장하며, 다시금 노동시장에 참여할 수 있도록 지원한다.

이러한 사회보험과 공공부조 등의 사회보장제도와 함께, 공공 부문의 일자리 창출, 민간 부문의 고용과 일자리 창출에의 보조금 지급, 세제혜택, 노동자에 대한 임금보조 등의 노동수요 측면의 프로그램, 최저임금제나 사회적 약자에 대한 고용촉진 프로그램 등의 규제 프로그램과 같은 노동시장정책도 더 넓은 의미의 국가에 의한 산업복지로 분류될 수 있다.

(2) 기업복지

사용자에 의해 제공되는 복지서비스는 기업복지라 일컬으며, 이는 기업이 근로자의 복지 향상을 위해 개별적으로 혹은 단체로, 자발적으로 혹은 법적 조치 등에 의해 부담하는 임금 이외의 모든 서비스 시설 및 조치를 통칭한다. 국제노동기구(ILO)는 기업복지의 내용을 일하지 않는 시간에 대한 보수(유급휴가), 비정기적 현금급여, 현물급여, 사회보장 지원, 직업훈련, 복지서비스 및 기타 제도 등으로 분류하여 정리하고 있으며, 기업복지는 사용자의 측면에서 노동력의 확보 및 유지, 동기부여, 생산성 향상과 아울러 기업의 사회적 이미지 개선의 수단으로 활용된다.

1800년대부터 영국의 로버트 오웬(Robert Owen)[67]에 의해 시도된 뉴래너크 특지공장촌 실험은 온정주의적 기업복지의 시발점으로 볼 수 있다(이정환 외, 2001). 1890년에서 1900년 초에는 화이트칼라 중심의 기업복지가 발달하고 이어서 블루칼라 직종까지 확산되었으나, 초기의 기업복지는 주종적 노사관계를 유지하기 위한 시혜적 성격이 강했다. 20세기에 노동운동이 확대되고 단체교섭제도가 정착되는 과정에서 기업복지 프로그램의 도입과 확충이 단체교섭 시 중요한 쟁점으로 자리 잡게 되었으며, 그 규모, 종류, 적용 범위에 있어서 괄목할 만한 성장이 이루어졌고, 기업복지는 노동자의 권리로서 의미를 지니게 되었다. 나아가 기업은 사회적 책임의 일환으로써 기업 내 노동자 이상의 더 넓은 지역사회와 시민의 복지향상을 위한 노력으로 그 범위를 확대하고 있다.

(3) 자주복지

자주복지의 대표적인 특성은 노동자 혹은 노동조합이 직접 서비스를 전달한다는 점이다. 자주복지체제에서는 산업복지정책과 기업복지체계가 성숙되지 못한 시기부터 노동자의 복지 욕구를 충족시키기 위한 노력이 진행되어 왔다.

자주복지에 대한 논의 전에 우선 노동조합에 대해 살펴보면, 노동조합은 근로자의 권리와 이익을 지키기 위한 노동자의 자주적 조직으로 근대 자본주의 경제의 발전을 배경으로 생성·발달되어 왔으며, 최초로 등장한 곳은 가장 먼저 고전적 자본

67) 영국 뉴래너크 솜공장의 공장주로서 1816년 농업과 공업을 결합시킨 이상 공업촌을 제안하였던 공상적 사회주의자이다. 사회보장제도 및 복지시설이 잘 갖추어진 래너크셔의 뉴래너크 공장은 정치가와 사회주의 개혁자들이라면 한번쯤 꼭 들러보는 방문지가 되었다. 또한, 그는 미국 인디애나 주 뉴하모니의 공동체를 비롯한 수많은 실험적인 이상적 공동체를 후원, 장려했다.

주의가 무르익은 영국이었다. 그러나 영국에서도 노동조합의 자유로운 활동이 공인받기 시작한 것은 1824년 무렵부터로 그 역사는 불과 190년 안팎이다.

따라서 노동 조건의 유지, 개선을 목적으로 하는 자주적 노동자집단이 발달할 수 있는 여건은 형성되지 못한 상태였다. 그래서 이에 대한 전략으로 사용자가 노동조합의 활동을 무조건 억압하기보다, 이를 용인하고 고용 조건 교섭에 관한 규정을 만드는 것이 더 합리적이고 유리하다는 것을 인식하며, 대중조직으로 자리잡기 시작하였다.

노동조합은 일반적으로 경제적 기능, 공제와 복리 증진 기능, 정치적 기능 등을 수행한다. 즉, 자본주의의 본질적 특성상 노동상품을 적절한 가격에 제공할 수 없는 노동자와 그 가족의 기본적인 생활 유지를 지원하기 위해 조합원에게 복지급여를 제공하는 것으로, 노동자의 연대에 의한 노동조합의 활성화를 통해 프로그램의 영역을 확대시켜 나아가고 있다. 노동조합의 형태에 따라 자주복지 프로그램을 〈표 13-2〉와 같이 정리할 수 있다.

〈표 13-2〉 한국의 자주복지 프로그램 내용

조직 수준	프로그램 내용
중앙노조 (한국노총)	교육기회/시설 확대, 취업 관련 사업, 보험사업, 결혼 관련 사업, 장학제도, 소비자 협동조합 운영, 노후대책(정년/취업), 공원묘지
산별노조 (산별연맹)	장학사업, 협동사업(구판장/보험), 우리사주제, 복지회관 건립, 병원 건립, 주택사업, 산재/안전사고 예방, 복지기금 조성, 탁아소 운영, 복지정책 지침서
단위노조	협동조합(소비/공제/신협), 주택사업, 복지시설 건립, 지역봉사, 탁아사업, 장학사업, 산재/안전사고 예방, 문화사업, 생활지원

출처: 송근호(1995); 한인영 외(2011).

4) 산업복지의 과제

산업화가 심화됨에 따라 인간의 삶에서 노동이 차지하는 비중은 날로 커져 가고 있으며, 산업현장에서 노동자가 경험하는 사회문제는 더욱 다양해지고 있다.

안정적 고용과 적정 급여 수준을 비롯한 노동자의 경제적 논의, 노동자의 건강한 노동조합 보장을 위한 심리사회적 논의를 비롯한 전통적이고 기본적·보편적인 산업현장에서의 현안뿐 아니라, 급속한 산업현장의 구조적 변화, 노동인력 구성의 다양화에 따른 새로운 하위 노동현장 및 인구사회학적 집단별 구체적이고 차별화된 사안에 대한 논의가 진행되고 있다.

아울러 정부 차원의 산업민주주의 실현에 대한 의지 강화, 기업 차원의 사회공헌, 윤리경영, 가치경영에의 책임 증대, 노동자의 복지의식과 노동조합의 성장을 통해 산업현장의 모든 문제를 해결하기 위한 프로그램의 필요성이 날로 증가되고 있는 추세다.

이러한 산업현장을 둘러싼 환경변화와 프로그램 및 서비스 욕구의 증대는 산업복지 영역에 있어서는 새로운 도전이자 체계화와 발전을 도모할 수 있는 기회가 될 것이다. 이에 여기에서는 한국의 산업복지 발전을 위한 과제를 다음과 같이 제시한다(한인영 외, 2011).

첫째, 산업현장에서 노동자가 지니는 다양한 욕구에 대한 더 면밀하고도 포괄적인 이해와 파악이 필요하다. 즉, 노동자가 보편적으로 당면하여 집단적인 노력을 요하는 문제뿐 아니라, 개별 노동자가 지니는 특수한 문제에 대한 이해가 필요할 것이다. 예컨대 외국인 이주노동자의 논의에 있어서는 그들이 가지는 특수한 문화적 차이에 의한 사안이 중요하게 부각될 수 있으리라 생각된다.

둘째, 기존의 사회복지는 개인이 경험하는 사회문제와 그 해결 노력에서 국가와 개인의 영역으로 이분하여 논의하였으나, 최근에는 이 양자를 비롯한 비영리, 영리, 그 밖의 시민사회 등이 모두 참여하고 협력하는 복지공급에서의 혼합 중요성이 강조되고 있다. 이러한 관점에서 산업현장의 모든 문제 해결에서도 정부, 기업, 노동자를 비롯한 지역사회가 의지를 가지고 프로그램의 운영에 그들이 보유한 역량을 활용할 것이 요청된다. 즉, 산업복지의 구현을 위한 상호 책임 회피나 전가가 아닌 적극적인 참여와 상호 공조를 기초로 한 합치를 이뤄 나가야 할 것이다. 무엇보다도 이러한 다양한 이해당사자 집단의 '대합의'는 산업복지 영역의 질적·양적 성장을 가능케 하는 제도적, 재정적 지원으로 구체화될 수 있을 것이다.

셋째, 파악된 문제와 욕구에 따른 지속적인 프로그램 향상과 개선의 노력이 요청된다. 문제의 확인과 자원의 확보, 파악의 과정에서와 마찬가지로 개입의 방법을 조정·마련하는 데 있어서도 다양한 분야의 이해당사자와 전문가의 공조가 요청되며, 이러한 프로그램에 대한 관심이 일시적인 욕구 충족과 문제 해결의 수단이 아닌 제도화의 노력이 되도록 해야 할 것이다.

산업현장의 모든 문제는 한 사회의 정치경제적 상황 등의 거시적인 차원, 기업환경 등의 조직적인 차원, 가족과 개인의 심리적 차원 등 다양한 차원에 기인하며, 이에 따른 해결방안의 모색에도 다양한 관점을 충분히 반영한 개입 방법의 모색이 필요하다. 아울러 오래지 않은 사업복지 프로그램의 운영 역사를 지니고 있는 현 상황에서 외국의 모형을 그대로 적용하는 것이 아니라, 한국의 정치, 사회, 문화, 인구학적 특수성을 고려한 토착화 노력과 한국적 프로그램 모형의 개발에 대한 투자가 지속해서 진행되어야 할 것이다.

넷째, 학계에서도 산업복지 프로그램에 대한 지속적 평가와 연구를 토대로 산업복지 영역에서 요청되는 역량을 개발할 수 있는 교육과정 개발을 통한 전문인력 양성, 실증적인 자료의 분석을 통한 진일보한 프로그램 모형 제공 등의 노력이 이루어져야 할 것이다.

05 교정복지

1) 교정복지의 개념

교정복지는 범죄자 비행청소년의 재활과 정상인으로서의 사회복귀를 돕고, 범죄사건으로 말미암은 불리한 영향을 해결하기 위한 전문 사회복지의 한 분야를 말한다. 바꾸어 말하면, 범죄자와 범죄피해자, 그들의 가족, 나아가 범죄가 발생되는 지역사회에서의 문제 해결과 예방적 관점에서 범죄와 비행에 따른 영향으로부터 정상적 상태로 회복시키고자 행해지는 일체의 활동을 말한다(배임호 외, 2007).

급속한 경제성장과 더불어 빈부격차, 가족해체, 지역사회 갈등과 같은 사회해체 현상이 두드러짐에 따라 범죄, 청소년비행, 알코올과 약물중독, 자살, 성 문제 등과 같은 개인 일탈행위가 사회문제로 확산되고 있다. 이러한 문제를 해결하기 위해서는 사회의 사회화 기능, 통제기능, 재활기능 등을 강화·수정하여야 한다. 그러나 단순히 '범죄자는 처벌해야 한다'는 기존의 접근 방법으로써는 진정한 교정효과를 기대하기 힘들다. 따라서 범죄자의 재범 방지와 재활을 위해서는 그들의 원활한 사회생활, 즉 사회적응이 필수적이며, 나아가 범죄에 취약한 지역사회에서의 예방활동이 필수적이다. 그래서 교정복지의 중요성이 더욱 높아지고 있다.

2) 교정복지의 기능

(1) 적응기능

적응기능은 범죄자와 청소년의 적응을 돕는 기능으로, 그들의 재활은 수용시설이나 지역사회에서 안정된 생활을 영위할 수 있도록 돕는다.

(2) 원조기능

원조기능은 범죄자와 청소년의 가족을 돕는 기능을 말한다. 범죄자와 청소년의 가족은 지역사회로부터 범죄자 가족이라는 낙인이 찍혀 소외되는 경우가 많다. 따라서 범죄인을 올바르게 이해하고 포용할 수 있는 환경조성과 원조가 필요하다.

(3) 협력기능

협력기능은 범죄자의 특정한 질병이나 장애 치료에 대하여 협력을 제공하는 기능이다. 즉, 알코올이나 약물중독, 정신질환 등으로 고통받고 있는 이들에게 재활할 수 있도록 교정복지전문가가 개입하여 치료를 돕는 기능이다.

(4) 보호기능

보호기능은 보호관찰기능을 말한다. 보호관찰은 교정복지 분야의 핵심부분이다. 범죄자와 비행청소년이 바람직한 적응을 할 수 있도록 보호관찰기관과 협력하여야 한다.

3) 교정복지정책과 시설

(1) 보호관찰제도

보호관찰제도는 재소자를 구금하는 대신 일정한 의무를 조건으로 자유로운 사회생활을 허용하면서, 보호관찰관이 직접 혹은 민간 자원봉사자인 범죄예방위원의 협조를 받아 지도·감독·원호를 하거나, 사회봉사·수강명령을 집행함으로써 범죄행동을 교정하여 건전한 사회복귀를 촉진하고 재범을 방지하는 선진형사제도이다.

보호관찰제도의 목적은 보호관찰, 사회봉사, 수강 및 법무보호 등 체계적인 사회 내 처우가 필요하다고 인정되는 자에 대하여 지도·원호함으로써 건전한 사회복귀를 촉진하고, 효율적인 범죄예방 활동을 전개하여 개인과 공공의 복지를 증진하며 사회보호를 하는 것이다.

(2) 갱생보호제도

교도소나 소년원 등 교정시설에서 출소한 자의 정신적·물질적 원조활동을 포함하여 가석방 혹은 가퇴원, 가출소되거나 집행유예 등을 선고받은 자에 대한 강제적 보호관찰활동이다. 이는 출소범의 자립의식을 고취하고 경제적 자립기반을 조성하도록 지원하여 그들의 건전한 사회복귀를 촉진함으로써 재범을 방지하고 사회를 보호하는 데 목적이 있다.

(3) 대안교육센터

대안교육센터는 법원, 검찰청, 보호관찰소, 학교 등에서 의뢰한 위기청소년을 대상으로, 인성교육과 부모 등에 대한 보호자 교육을 시행한다. 또한, 법원 소년부 혹은 검찰청이 의뢰한 비행청소년에 대하여 비행원인 진단을 위한 상담조사 혹은 결정권 조사를 시행한다. 그리고 지역사회 청소년의 각종 심리검사 혹은 결정전 조사를 시행한다.

(4) 소년분류심사원

소년분류심사원은 법무부 소속기관으로서, 분류심사관이 소년법 규정에 의해 위탁된 비행청소년을 분류하고 심사한다. 주요 역할은 소년비행의 개별적인 요인을 해명하고, 소년비행을 조기 발견하여 치료하며, 그들의 동향에 관한 실증적 자료를 제공하는 것이다. 주요 프로그램으로 위탁소년의 환경조사, 심리검사, 정신의학적 진단, 보호자 면담 등을 통해 수용과 처우에 관한 사항을 결정하고 해당 기관에 통보하는 분류심사프로그램과 심성순화 교육, 행동관찰, 생활지도 등의 프로그램이 있다.

(5) 소년원

소년원은 법무부 소속의 특별교정시설로서, 가정법원이나 지방법원의 소년부로부터 송치된 소년을 수용하여 교정교육을 시행한다. 소년원은 대상자의 성별, 연령별, 비행 유형과 강도 등 그 특성에 따라 운영되고 있다. 주요 프로그램으로 입원자 교육, 예절교육, 교과교육, 직업훈련, 외국어와 컴퓨터 교육, 학예·체육·봉사·생산근로 등의 특별활동, 생활지도, 사회복귀교육, 사후지도 등을 시행한다.

4) 교정복지의 과제

교정복지는 범죄자와 비행청소년의 사회적 적응능력을 배양시켜 재비행과 재범을 방지하고, 그들의 원만한 사회복귀를 도와줌으로써 범죄 없는 사회, 행복하고 건강한 사회를 구현하는 것이다.

이를 위한 교정복지의 과제는 다음과 같다.

첫째, 전문인력의 양성과 자질향상이다. 교정복지는 전문적인 교육을 받은 교정사회복지사, 정신과 의사, 심리학자 등과 협력하여 교정업무에 임할 수 있어야 한다. 따라서 기존 인력에 대한 지속적인 재교육과 전문 프로그램을 수행할 수 있는 인력을 개발·양성하여야 한다.

둘째, 교정복지 분야에 대한 연구와 프로그램 개발이다. 범죄행위가 다양해지고 있어서 이에 따른 연구개발과 프로그램 개발이 필요하다.

셋째, 사회적 연계망의 활용이다. 특히 비행청소년은 가정이나 학교의 유해환경에 많은 영향을 받는다. 따라서 부모와 학교 간의 연계와 사회복지기관, 종교단체, 사회단체 등과의 다양한 연계를 통해 재소자의 사회복귀를 도와야 한다.

넷째, 교정복지 분야의 자원봉사활동의 활성화다. 교정복지 분야의 자원봉사자가 전문 자원봉사자로서 봉사할 수 있도록 교육과 훈련을 시켜야 한다.

다섯째, 교정시설의 민영화다. 기존의 교정시설, 교정요원, 프로그램 등을 가지고는 교정복지 분야의 변화를 기대하기 어렵다. 따라서 교정시설의 민영화를 통한 지역사회 중심의 교정복지로 발전시켜야 한다.

06 군사회복지

1) 군사회복지의 개념

군사회복지의 개념을 한마디로 정의하기는 쉽지 않다. 군을 바라보는 시각이나 이데올로기가 국가와 시대에 따라 다양하게 변화되어 왔기 때문이다. 군사회복지의 대상 측면에서도 직업군인과 가족, 병사 및 제대군인과 군조직 전체를 포함해야 하는지에 대해서도 다양한 의견이 있기 때문에 군사회복지의 개념을 정의하는 데 어려움이 따른다(류홍위, 2007). 하지만 2008년 3월 군인복지기본법이 시행됨에 따라 군사회복지는 큰 전환점을 맞게 되었다.

군인복지기본법은 "군인의 생활안정과 삶의 질 향상을 도모하고 군의 사기를 높이며 나아가 군인으로 하여금 임무수행에 전념할 수 있도록 하기 위하여 군인에 대한 복지정책의 수립 및 복지사업의 수행에 필요한 사항을 규정함을 목적으로 한다(같은 법 제1조)." 여기서 말하는 군인이란 "현역으로서 「군인사법」 제2조 제1호에 따른 장교·준사관·부사관 및 병을 말한다(같은 법 제2조 제1호)."

따라서 군사회복지는 장교·준사관·부사관 및 병을 모두 포괄하는 군인과 그 가족이 지닌 기본 욕구를 충족하기 위한 사회복지적 노력의 일환으로 정의할 수 있다. 즉, 군사회복지는 군에서 전문적인 능력과 자격을 갖춘 사회복지사가 제공하는 사회복지서비스를 말한다. 바꾸어 말하면, 군사회복지란 사회복지의 한 실천분야로서 일차적으로는 군의 고유한 목적이 최대한 달성될 수 있도록 원조하는 것이며, 나아가 군의 구성원인 군인과 그 가족의 복지를 증진하는 전문활동이라고 할 수 있다(노정자·박주현, 2014).

2) 군사회복지의 목적

군사회복지사는 사회복지의 기능이 주가 되는 일차 실천현장이 아니라, 다른 조직의 본래 기능에 협조하는 이차 실천현장에서 이루어지는 전문 사회복지 활동이다. 따라서 군사회복지는 군조직의 본래 목적인 국가안보나 국방력 강화라는 불변의 소명을 완수하도록 돕는 데 그 일차적인 목적이 있다(Daley, 1999; 박미은, 2005). 또한, 군사회복지사가 수행하는 역할과 기능도 궁극적으로는 이러한 일차적인 목적을 지향하는 것이기 때문에 그 목적 수행을 다하지 못할 때 군사회복지의 존립은 당위성을 잃게 된다.

이러한 일차적 목적을 가지고 군사회복지사가 전문성과 능력을 발휘하여 성취하고자 하는 실천의 목적은 크게 다음과 같은 3가지다: ① 군의 구성원이 그들이 처한 환경에 원만히 적응할 뿐 아니라, 삶의 질이 향상될 수 있도록 돕는다. ② 개인이나 가족 및 대인관계 문제, 군생활의 적응문제 등이 있는 군의 구성원에게 다양한 서비스를 제공한다. ③ 군의 구성원이 가능한 한 최적의 환경에서 생활할 수 있도록 필요한 서비스를 옹호하고 개발한다.

3) 군사회복지의 기능

군사회복지는 직접적으로는 군의 전투력을 향상하고, 간접적으로는 국가정책 구현에 이바지함으로써 국가의 보위와 발전에 이바지할 수 있도록 영향을 미치며, 다음과 같은 전투력 향상 및 유지와 국가의 정책을 구현하는 데 이바지한다(육군본부, 1998).

- 군사회복지는 우수한 인력 획득에 이바지한다. 군사회복지정책과 체계적인 실천이 이루어질 때 군대는 병사들이 가고 싶은 곳이 된다. 특히 직업으로서 선택하게 되는 장교와 부사관에게는 사회경쟁적인 인력 시장으로서 우수한 인력 획득을 위한 주요 요인이 된다.
- 군사회복지는 전투력 유지에 이바지한다. 보수와 예우 등 적절한 처우는 전문 전투인력의 손실을 최소화하고, 우수한 인력이 군조직 목표에 이바지할 수 있게 한다.
- 군의 복지정책은 군인에게 안정적인 가정생활을 보장할 수 있게 해 준다. 임무수행을 위해 상시 위험하고 환경이 열악한 상태에서 생활할 수밖에 없는 군인을 위한 군의 복지정책은 군인의 안정적인 가정생활에 이바지한다.
- 군인에 대한 복지제도는 강력한 국가 주권의 위상을 제고한다. 군인에 대한 복지정책은 정부에 대한 국민의 신뢰를 나타내는 척도와 대외적으로는 강력한 주권을 표현하는 상징적 기능을 지닌다.

4) 군인의 복지욕구

국방부에서는 군인의 복지욕구를 매슬로(A. H. Maslow)의 욕구 5단계론에 접목해 경제적 복지욕구와 정신적 복지욕구로 구분하고 있다. 군인의 복지욕구에 따른 군사회복지적 요소는 〈표 13-3〉과 같다(국방부, 2002; 류홍위, 2007 재인용).

〈표 13-3〉 군인의 복지욕구에 따른 군사회복지적 요소

욕구 분류		군사회복지적 요소
정신적 복지욕구	자아실현의 욕구	진급, 경력관리, 교육훈련(상위과정)
	자존감의 욕구	근무평정, 직무능력, 직위, 리더십, 부대원의 인정, 정책결정에 참여
	소속과 사랑의 욕구	소속감, 인권 존중과 배려, 동료애, 병영문화, 문화교양, 오락, 취미
경제적 복지욕구	안전의 욕구	신체적·정신적 안전, 근무조건, 건강보험, 훈련과 작전에서의 안전, 군인연금, 재산형성, 군인공제
	생리적 욕구	의식주, 건강, 운동, 편의시설, 보건, 진로, 통근

5) 군사회복지사의 역할

군사회복지사가 수행해야 할 역할은 다음과 같다(Daley, 1999; 박미은, 2005; 권중돈 외, 2013).

- 군인의 전투수행 능력을 증진하고, 전투 이후의 회복을 돕는다.
- 군대라는 구조적 경계 내에서 군 구성원의 복지를 극대화하고, 심리사회적 손상을 극소화하는 군 정책과 절차를 개발하고 자문한다.
- 가정폭력, 물질남용, 정신질환 혹은 심각한 신체질환자에 대한 부적응 등과 같은 심리사회적 문제 탓에 발생할 수 있는 손상을 줄이는 프로그램을 계획하고 실행한다.
- 군대 내에서 사회서비스 기능을 향상하는 관점과 개입을 확보한다.
- 군사회복지서비스를 전달하는 과정에서 최고의 전문성을 확보한다.
- 오랜 역사를 통해 누적된 가장 효과적인 기술을 보여 준다.

그렇다면 우리나라에 군사회복지사가 존재하는가? 존재하지 않는다. 우리나라에는 아직 군사회복지사라는 제도는 도입되지 않았다. 하지만 전국에 병영생활 전문상담관[68] 148명(2012년 12월 기준)이 배치되어 있다. 병영생활 전문상담관의 역할은 다음과 같다(국방부 홈페이지).

- 배치 받은 부대에서 상담실을 운영하여 보호·관심 장병에 대해 현장 위주의 상담과 관리를 수행한다.
- 장병의 기본권 보장과 관련해 지휘관을 보좌하고, 장병 기본권 관련 갈등 관리와 지휘 조언을 하며, 간부·상담 장병의 상담능력 향상 교육을 시행한다.
- 장병의 소원과 고충을 파악해 처리함으로써 병영 사고와 부적을 예방하고, 각종 집단상담 프로그램을 시행한다.

〈표 13-4〉 병영생활 전문상담관의 응시자격

구분	민간 경력자	군 경력자
연령	• 지원 상한 연령: 만 54세(2012. 12. 31. 기준) (단, 만 55세 이상은 「고용상 연령차별금지 및 고령자고용촉진에 관한 법률」에 의해 우수자에 한하여 채용)	
학력 경력	• 상담 및 사회복지 관련학과 학사학위 이상 소지자 • 3년 이상 민간 상담경력자(상담 관련 석사학위 이상 소지자: 2년)	• 10년 이상 군 경력자 • 상담 및 사회복지 관련학과 학사학위 이상 소지자 • 2010. 1. 1.~2012. 12. 31. 전역자 혹은 전역예정자
자격증	• 청소년상담사 1, 2, 3급 • 정신보건임상상담사 1, 2급 • 임상상담사 1, 2급 • 정신보건사회복지사 1, 2급 • 전문상담교사 1, 2급 • 상담심리사 1, 2급	• 수련감독전문상담사 • 전문상담사 1, 2급 • 임상심리전문가 • 사회복지사 1, 2, 3급 • 기타 상담 관련 자격증 등

주: 2012년 12월 31일 기준.

68) 병영생활 전문상담관의 응시자격은 〈표 13-4〉와 같다.

P/A/R/T 04

전문직과 사회복지의 미래

Introduction to Social Welfare

CHAPTER 14

전문직으로서의 사회복지

학습목표

- 사회복지직의 전문직 논란에 대해 의견을 제시할 수 있다.
- 전문직의 개념을 이해한다.
- 사회복지 전문직의 정체성에 대해 설명할 수 있다.
- 사회복지실천현장을 이해한다.
- 사회복지사의 역할을 설명할 수 있다.

역사적으로 볼 때 전문직으로서의 사회복지직은 산업화로 말미암아 크게 주목받았다. 산업혁명에 따른 자본주의 확대는 가족, 교회, 지역사회 등 기존의 전통적인 사회제도가 담당해 왔던 다양한 사회문제의 해결 기능을 대폭 약화시켰다. 이는 개인 생활과 빈곤 문제 등의 사회적 이슈로 나타났다.

그리하여 국가적인 대처가 필요하게 되었고, 이에 따라 사회복지직의 전문직화가 시작되었다. 19세기경의 영국과 미국의 인보관운동(Settlement House Movement)과 자선조직협회(Charity Organization Society)는 사회복지직의 전문직화의 토대가 되었다(Popple & Leighninger, 2008; 윤철수 외, 2008; 한인영 외, 2011).

01 전문직의 개념과 정체성

1) 사회복지직의 전문직 논란

사회복지직은 전문직인가? 사회복지직을 전문직으로 볼 수 있는가에 대한 논쟁은 시대와 국가 혹은 사회에 따라 다를 수 있다. 학문적·실천적으로 사회복지 영역이 많이 발달된 미국은 어떻게 생각하고 있을까? 지금 이 시점에서 미국은 사회복지직을 전문직 혹은 '떠오르는 전문직(emerging profession)'으로 부른다.

하지만 20세기 초의 미국사회에서 사회복지직은 전문직이 아니라는 주장이 있었다. 1915년 전미 자선과 교정 컴퍼런스(National Conference of Charities and Corrections: NCCC)에서 플렉스너(Flexner)가 한 '사회사업은 전문직인가(Is Social Work a Profession)?'라는 제목의 연설은 그 당시 사회복지직의 전문성 논쟁의 중심에 있었다. 의학교육 개혁에 있어서 중요한 역할을 했던 플렉스너는 이 연설에서 전문직이 갖추어야 할 객관적인 기준을 열거했다.

그 기준에 비추어 볼 때, 사회복지직은 비록 과학적 지식이 바탕이 되고 개인적인 이윤 추구보다는 공공의 혜택을 위해 일하는 직업이지만, 독립적이라기보다는 의사나 변호사 등 다른 분야와 클라이언트를 연계해 주는 매개체의 역할을 한다는 점, 세부적인 활동 영역이 없이 너무 광범위한 영역을 다룬다는 점, 그리고 그로 말미암아 전문교육을 시키는 데 어려움이 따른다는 점 등을 내세워 사회복지직은 전문직이 아니라고 주장했다.

사회복지직의 부족한 체계적 지식과 약화된 전문직 규범을 놓고 봤을 때, 전문직으로 보기보다는 '준전문직(semi-profession)'이라고 평가하기도 한다(Toren, 1972). 또한, 사회복지직이 전문직으로 인정받기에는 사회복지사가 되기까지의 훈련기간이 너무 짧고, 사회복지사 특유의 의사전달 방식이 다른 전문직(변호사나 의사)과 비교할 때 부족하다는 지적 등(Etzioni, 1969)으로 요약되는 사회복지직에 관한 전문성 논란도 있다. 요컨대 사회복지직이 다양한 분야에서 다양한 일을 하고, 그로 말미암아 사회복지직에 고유한 이론체계가 없다는 점에서 사회복지직의 전문직에 대한 논란이 일고 있다.

2) 전문직의 개념

앞서 사회복지직의 전문직 논란에서 살펴본 바와 같이 어떤 직업을 전문직으로 보는가, 보지 않는가라는 문제는 전문직 여부를 나누는 기준의 문제다. 사전에서 전문직은 "전문조직을 활용하고 대중에 대한 신념, 자기 규제, 소명의식, 전문적 자율성을 지녀야 하고 특수한 능력과 기술, 실천력, 서비스 개발에 대한 관심, 개인적인 책임을 지녀야 한다."라고 정의된다(전진호, 2000 재인용).

전문직의 개념을 좀 더 구체적으로 알아보기 위해 다음과 같이 속성론, 과정론, 권력론 등으로 나누어 살펴보자(김태성 외, 1998; 김상균 외, 2001).

(1) 속성론

속성론(trait model)에 의하면, 전문직은 일반적인 직업과 구분되는 일정한 속성을 가지고 있다. 그린우드(Greenwood, 1957)에 의하면, 전문직은 전문직의 속성, 즉 ① 체계적인 이론, ② 전문적인 권위, ③ 사회적인 승인(재가), ④ 윤리강령, 그리고 ⑤ 전문직 문화 등을 갖고 있다고 하였다. 사회복지는 이러한 전문직의 속성을 갖고 있는가? 그린우드는 그렇다고 하였다. 따라서 그는 사회복지를 전문직으로 규정하였다. 전문직의 속성을 구체적으로 살펴보면 다음과 같다(박주현 외, 2014).

- **체계적인 이론**: 우월성을 갖춘 기술의 사용 여부가 전문직과 비전문직을 구별하는 하나의 기준이 된다. 효과적인 기술의 근원이 되는 체계적인 이론이 존재하는 것은 전문직이 되기 위한 중요한 요소이다.
- **전문적인 권위**: 클라이언트와의 관계에서 사회복지사에게 부여된 전문적 권위

와 신뢰가 있어야 한다.

- **사회적인 승인**(재가): 공동체나 일반사회의 인가 혹은 승인 여부에 따라 전문직에 부여되는 권한과 특권이 다르다. 보통 전문가를 배출하는 자격이 있는 학교를 결정하여 권한을 주거나 자격시험을 관장하는 등 독립적인 권한이 부여된다.
- **윤리강령**: 사회적 인가 혹은 승인으로부터 얻어지는 전문직의 특권이 잘못 사용되는 것을 방지하고 규제하기 위해 체계화된 윤리강령이 있어야 한다. 윤리강령은 전문직의 행위에 대한 옳고 그름의 판단 기준이 되므로, 전적으로 전문직 내부에 의존할 수밖에 없다. 따라서 전문직의 윤리강령은 구속력을 가지게 된다.
- **전문직 문화**(공유된 전문적 가치와 규범): 전문직은 자체의 고유한 가치나 규범을 만들어서 공유하고 이를 보존한다. 전문직은 다른 목적을 위한 수단이 되어서는 안 되며, 사명감과 직업의식을 가지고 전문직 활동을 수행해야 한다.

(2) 과정론

과정론(process model)에 의하면, 전문직은 전문화의 정도에 따라 전문화의 과정적 연속선상에 놓인다. 어떤 직업의 전문직 여부는 위에서 언급한 속성론의 이분법적 분리기준에 의하는 것이 아니고, 모든 전문직이 거치게 되는 일련의 전문화 과정 속에서 얼마나 전문화가 진행되었는가가 기준이 되는 것이다.

윌렌스키(Wilensky, 1964)가 제시한 전문직의 전문화 과정은 다음의 8단계로 요약된다. 첫째 단계에서는 유급 전일제 활동이 필요하며, 둘째 단계에서는 직업 수행을 위한 (대학)교육이 필요하며, 셋째 단계에서는 직업의 전문적 조직체가 형성되어야 한다. 넷째 단계에서는 그 직업만의 고유하고 핵심적인 업무가 드러나야 하며, 다섯째 단계에서는 예전에 훈련받은 그 직업 종사자와 새로이 훈련받아 업무에 임하는 사람들과의 갈등이 나타나고, 여섯째 단계에서는 유사직종과의 갈등이 생기며, 일곱째 단계에서는 면허나 자격증과 같은 그 직업에 대한 법적 보호장치가 만들어진다. 여덟째 단계에서는 그 직업의 윤리강령이 만들어지게 된다.

(3) 권력론

권력론에 의하면, 전문직에 대한 객관적인 정의는 존재하지 않고, 대신 정해진 영역에서 특정한 일을 하는 독점적인 지위를 갖게 되면 전문직이라고 본다(Cullen, 1978). 어떤 영역에서 한 직업이 전문직이 된다는 것은 해당 영역의 독점권을 갖기 위해 벌이는 치열한 권력투쟁에서 다른 직업을 이긴다는 것이다. 따라서 어떤 직업이 특정 영역을 차지하게 되는 것은 그 직업의 우수성보다는 전문직이 필요해지는 사회적 상황에서 다른 직업과의 권력투쟁에서 이겨 독점권을 배당받았기 때문이라는 것이다(김상균 외, 2001; 허태영, 2004).

3) 사회복지 전문직의 정체성

사회복지 전문직은 사회복지서비스를 제공하기 위해 노력하는 사회복지 관련 전문인을 뜻한다. 좁은 의미의 사회복지 전문직은 사회복지에 대한 전문적인 지식과 기술을 갖추고 사회복지사 자격증을 소지한 사람이라고 할 수 있다. 넓은 의미의 사회복지 전문직은 이들 이외에도 사회복지 관련 기관과 단체, 사회복지시설 등에서 사회복지를 위해서 일하는 모든 사람을 포함한다(배은숙 외, 2013).

사회복지 전문직의 정체성에 대한 연구를 수행한 박종우(1994)는 홀(Hall, 1968)이 제시한 다섯 가지 전문직의 태도적 속성을 바탕으로 하는 사회복지 전문직의 정체성 척도를 개발하였다. 홀이 제시한 바에 의하면, 첫째, 전문직은 전문조직을 활용하여 업무 수행에 필요한 아이디어와 판단력을 얻는다. 둘째, 공공서비스에 대한 신념을 갖고 자신이 제공하는 서비스가 소속 조직 이외에 일반인에게도 이득이 된다고 생각한다. 셋째, 자기 규제의 신념을 갖고, 전문직업의 일에 대한 판단은 동료 전문가가 제일 잘한다는 믿음을 가진다. 넷째, 소명의식을 가지고 자신의 직업에 임하며, 대가에 상관없이 자신의 직업에 헌신한다. 다섯째, 자율성을 가지고 외부의 압력에 상관없이 전문적 판단을 내릴 수 있다고 믿는다.

박종우의 사회복지 전문직의 정체성 척도는 자기보고식 형태의 총 25문항으로 구성되어 있으며, '전혀 그렇지 않다(1점)'에서 '매우 그렇다(5점)'까지의 5점 리커트 척도로서, 다음의 다섯 가지 하위 영역으로 나누어져 있다: ① 행동준거로서 전문 조직의 사용, ② 공공서비스에 대한 신념, ③ 자기규제에 대한 신념, ④ 자기분야에 대한 소신, ⑤ 자율성에 대한 신념. 그리고 이러한 하위 영역은 다시 각각 다섯 가지의 문항으로 이루어지며, 각 하위 영역의 척도 점수가 높은 것은 전문직의 정체성이 높은 것을 의미한다.

그렇다면 사회복지 전문직의 정체성 확보를 위해서 어떻게 해야 하는가? 전문직의 정체성 확보를 위해서는 무엇보다도 핵심적인 기술이 더 명백하게 개념화되어야 할 것이다. 또한, 체계적이고 전문적인 교육과 일정기간 이상의 수련과정, 엄격한 자격증 관리제도 등이 선행되어야 할 것이다. 그리하여 다른 전문직과는 차별화된 전문적인 사회복지서비스 제공이 이루어져야 한다. 전문직으로서의 사회복지사는 지식과 기술, 가치를 창의적으로 통합하고 적용하는 능력을 갖추어야 한다(박주현 외, 2014).

02 사회복지실천현장과 사회복지사의 역할

사회복지실천이 이루어지는 사회복지실천현장은 좁은 의미에서는 클라이언트에게 사회복지서비스를 직·간접적으로 제공하는 물리적인 장소의 개념으로서 사회복지사가 활동하는 사회복지기관을 의미한다. 그러나 넓은 의미에서 사회복지실천현장은 물리적인 장소라는 개념을 넘어 사회복지실천이 이루어지는 전문 분야 혹은 서비스의 초점이 되는 문제와 대상 집단으로서의 클라이언트를 모두 포함한다(김혜란 외, 2006).

한편, 사회복지실천현장은 다음과 같이 실천 대상자(클라이언트)에 접근하는 수준과 사회복지실천 방법에 따라 정의할 수도 있다. 실천 대상자 수준에 따른 정의는 현장의 개념을 미시적 수준, 중간적 수준, 거시적 수준의 대상을 중심으로 구정하는 개념을 말한다. 실천 방법별 정의는 실천 대상 수준과도 연관이 되는데, 사회복지임상실천, 사회복지정책실천, 사회복지서비스실천으로 광의적 개념에서 규정하는 것이다. 즉, 미시적 수준은 사회복지임상실천에서, 중간적 수준은 사회복지서비스실천에서, 거시적 수준은 사회복지정책실천에서 이루어진다. 그러나 일반적으로 사회복지실천현장은 사회복지시설(기관)을 의미하므로, 거시적 실천이 이루어지는 사회복지정책 부문은 개념의 범주에서 제외하기도 한다. 따라서 구체적인 사회복지실천현장의 개념화 범주에는 미시적 수준과 중간적 수준에서 사회복지 대상자를 처우하는 사회복지사 등의 전문적이고 조직적인 실천현장의 대부분이 포함된다(박주현 외, 2014).

이러한 사회복지실천현장은 사회복지실천과정에 중요한 영향을 미치기 때문에 전문사회복지사로서 활동하기 위해서는 사회복지실천현장의 특성을 이해하고 각 현장에 적절한 사회복지사의 역할과 기능을 수행하는 것이 필요하다(권중돈 외, 2013).

1) 사회복지실천현장

사회복지실천현장은 사회환경의 변화와 새로운 요구 출현에 의해 다양하게 확대되고 있다. 일반적으로 사회복지실천현장은 기관의 기능이나 목적, 기관 설립 주체와 재원 조달방식, 주거서비스 제공 여부, 서비스 제공방식 등에 따라 분류할 수 있다(김혜영 외, 2010).

(1) 기관의 기능이나 목적

일차 실천현장은 기관의 주요 기능과 목적이 사회복지서비스를 제공하는 현장으로 종합사회복지관, 노인복지관, 사회복귀시설 등이 해당된다. 이차 실천현장은 기관의 일차적인 기능은 따로 있고, 필요에 의해 사회복지서비스를 제공하는 학교나 의료기관 등이 해당된다.

(2) 기관 설립주체와 재원 조달방식

공공기관은 정부의 지원에 따라 운영되며, 사회복지사의 업무는 정부 규정이나 지침에 의한다. 그리고 민간기관은 기부금이나 후원금, 재단전입금, 기타 서비스 이용료 등을 주요 재원으로 하여 사회복지 관련 사업을 전개한다.

(3) 주거서비스 제공 여부

생활시설은 주거를 포함하여 모든 사회복지서비스를 제공하는 기관으로 아동생활시설, 청소년쉼터, 노인요양시설 등이 해당된다. 이용시설은 자신의 집에 거주하는 클라이언트를 대상으로 사회복지서비스를 제공하는 기관이며 종합사회복지관, 지역사회자활기관, 영유아어린이집 등이 해당된다.

(4) 서비스 제공방식

행정기관으로는 사회복지서비스 전달체계를 효율적으로 운영하기 위해 행정업무를 수행하고 기관 간 연계와 협의 업무를 담당하는 중앙정부 소속의 보건복지부와 여성가족부 등이고, 민간행정조직으로는 사회복지협의회가 있다.

서비스 기관은 주요 대상이나 문제 영역에 따라 분류되며, 클라이언트에게 직접 서비스를 제공하는 것을 목적으로 한다. 여기에는 지역사회복지관, 노인복지시설, 장애인복지시설, 아동복지시설, 청소년복지시설, 한부모가족복지시설, 정신보건시설, 부랑인과 노숙인복지시설, 지역사회자활기관, 학교현장, 교정기관 등이 해당된다.

2) 사회복지사의 역할

사회복지사는 클라이언트의 문제나 욕구를 파악하여 적절한 개입을 할 수 있는 능력이 있어야 한다. 또한, 지역 내의 사회자원 및 관계망에 대한 지식을 가지고 클라이언트와 기관 및 단체와 효율적 의사소통을 할 수 있어야 한다. 사회복지사는 기관(단체)의 성격과 담당하는 업무에 따라 한 가지 역할을 주로 수행하기도 하지만, 서로 다른 역할을 동시에 수행해야 하는 경우가 많기 때문에 상황에 맞는 적절한 역할을 수행해야 한다(양정남 · 최선령, 2007). 헵워스 등(Hepworth et al., 1997)은 사회복지사의 구체적 역할에 대해 다음과 같이 서비스 직접제공자, 체계연결자, 체계개발자, 체계유지와 강화자, 그리고 연구자 및 조사활용자 등으로 제시하였다(박주현 외, 2014).

(1) 서비스 직접제공자

사회복지사가 클라이언트와 직접 대면하여 서비스를 제공하는 것을 의미하는 것으로 가능케 하는 자, 조력자, 교육자 등의 역할을 한다.

- **가능케 하는 자**: 가능케 하는 자(enabler)로서의 사회복지사 역할은 클라이언트 자신의 감정을 더욱더 잘 이해하고, 행동을 수정하며, 문제 상황에 대처하도록 도움으로써, 그들의 사회적 기능을 향상시킨다.
- **조력자**: 조력자로서의 사회복지사 역할은 클라이언트의 위기상황에서 다양한 스트레스에 대처하도록 돕는다. 조력자의 기술은 희망을 전하고, 저항이나 양가감정을 줄여 주며, 감정을 인식하고 관리하며, 개인의 강점이나 사회적 자원을 발굴하고 지지해 주는 것 등이다.
- **교육자**: 교육자로서의 사회복지사의 역할은 클라이언트와 다른 체계에 정보를 제공하며, 기술을 가르치는 일을 포함한다. 효과적인 교육자가 되기 위해 사회복지사는 정보를 명확히 전달하고 이해시키기 위한 효율적 의사소통이 필요하다.

(2) 체계연결자

클라이언트가 사회복지기관에서 제공할 수 없는 자원을 필요로 하거나 유용한 자원을 이용하는 능력이나 지식이 부족하기 때문에, 종종 사회복지사는 사람과 다른 자원을 연결하는 역할을 수행해야 한다.

- **중계자**: 클라이언트를 적절한 인간자원과 연결시키는 사회복지사의 역할이다. 사람을 자원과 연결시키기 위해서는 지역사회의 자원에 대해 잘 파악하고 있어야 적절하게 의뢰할 수 있다. 연결 담당자와 좋은 업무관계를 유지하면서 자원체계의 정책을 잘 파악하고 있는 것이 성공적 의뢰의 필수요소이다.
- **클라이언트 옹호자**: 사회복지 전문직이 생겨난 이래 줄곧 수행해 온 역할이 옹호이다. 특히 클라이언트 집단에 대한 옹호는 자원연결의 측면에서 볼 때, 클라이언트를 대신하여 자원과 서비스를 획득하는 활동과정을 의미한다. 옹호자의 역할은 클라이언트를 위해 일을 진행하고 대변하는 것으로, 특히 클라이언트가 필요한 것을 얻을 힘이 거의 없을 때 적절하다.
- **중재자 / 판단자**: 중재자는 미시체계, 중범위체계, 거시체계 간의 논쟁이나 갈등을 해결하는 역할을 담당한다. 견해가 다른 개인이나 집단 간의 의사소통을 향상하고 타협하도록 돕는 역할이다. 중재자는 중립을 유지하며 서비스 전달과정에 존재하는 장애물을 제거하는 역할을 수행해야 한다.
- **사례관리자 / 조정자**: 클라이언트를 다른 체계에 의뢰할 때 능력, 기술, 지식, 자원 등이 부족하다면, 사회복지사가 사례관리자의 역할을 수행해야 한다. 클라이언트의 욕구를 평가하고 다른 자원에서 제공된 필수재화와 서비스 전달을 연결·조정하고, 클라이언트가 적절한 방식으로 서비스를 제공받을 수 있도록 개입한다.

(3) 체계개발자

사회복지사는 미충족된 클라이언트의 욕구, 서비스 간의 괴리, 예방적 서비스에 대한 욕구로 말미암은 기관의 서비스를 확대하거나 개선할 기회를 갖게 된다. 이와 관련된 역할은 계획가, 프로그램 개발자, 정책개발자 등이다.

- **계획가**: 계획가로서 사회복지사의 역할은 미충족되거나 새롭게 대두되는 욕구를 충족시키기 위한 프로그램을 계획하는 것이다. 아동보호 프로그램, 건강관리 프로그램, 여가 프로그램 등이 그 예가 될 수 있다.
- **프로그램 개발자**: 프로그램 개발자로서 사회복지사의 역할은 클라이언트의 욕구에 대응해서 서비스를 개발해야 하며, 교육 프로그램, 지지집단, 기술개발집단 등이 포함된다.
- **정책개발자**: 정책과 절차개발과정에서 사회복지사가 참여하는 것은 클라이언트에게 서비스를 제공하는 기관의 범위로 한정된다. 사회복지사는 사회복지실천현장에 있기 때문에 클라이언트의 욕구를 평가하고, 어떤 정책과 절차가 클라이언트의 관심에 부합되는지를 파악할 수 있다.

(4) 체계유지와 강화자

기관의 구성원으로서 사회복지사는 서비스 전달체계의 효율성을 저해하는 기관 내의 구조, 정책, 기능적 관계 등을 평가할 책임을 갖고 있다. 이와 관련된 역할은 팀 구성원, 촉진자 / 추진자, 조직분석가, 자문가 / 조언을 받는 사람 등이다.

- **팀 구성원**: 사회복지사는 많은 기관에서 클라이언트의 문제와 서비스 전달에 협력하는 임상팀의 일원으로 활동하게 된다. 팀 구성은 내과 의사, 심리학자, 정신과 의사, 사회복지사, 간호사, 재활상담가, 교사, 작업치료사, 레크리에이션치료사 등으로 이루어진다.

- **촉진자 / 추진자:** 촉진자는 집단의 지도자 역할을 담당한다. 사회복지사는 가족치료지단이나 과업집단, 교육집단, 자조집단, 감수성훈련집단, 그 밖의 다른 목적을 가진 집단에 개입한다. 촉진자 역할은 거시적 실천에도 적용할 수 있다. 이때 사회복지사는 사람을 모으고, 의사전달통로를 만들고, 활동이나 자원을 전달하며, 전문지식이나 기술에 접할 수 있도록 하여 변화노력을 촉진하는 책임이 있다.
- **조직분석가:** 서비스 전달에 부정적 영향을 미치는 기관의 구조와 정책절차 등을 분석하고 지적하는 역할이다. 이 역할을 수행하기 위해서는 조직 이론과 행정이론에 대한 지식을 갖추고 있어야 한다.
- **자문가 / 조언을 받는 사람:** 사회복지사는 자문을 제공하고 받는 역할을 모두 수행할 수 있다. 즉, 사회복지사가 전문지식을 가지고 자문제공자로서 해야 할 역할도 하지만, 때로는 약물남용, 아동학대, 성 문제 등과 같은 전문지식이 필요한 문제에 대해서는 그 분야의 전문가로부터 조언을 받아야 한다.

(5) 연구자 및 조사활용자

사회복지사는 평가 가능한 개입 방법을 선택하여 그들의 개입효과를 평가해야 한다. 그리고 클라이언트의 변화과정을 체계적으로 점검해야 한다.

CHAPTER 15

우리나라 사회복지의 전망과 과제

학습목표

- 세계화·국제화를 이해한다.
- 사회복지재정 분권의 개념을 이해하고, 이를 설명할 수 있다.
- 사회복지운동의 개념을 이해하고, 이를 설명할 수 있다.
- 사회복지 토착화의 개념을 이해하고, 이를 설명할 수 있다.
- 사회복지의 전망과 과제에 대한 의견을 제시할 수 있다.

1980년대 초 정부가 복지국가의 건설을 국정 지표로 삼게 된 이후 사회복지제도를 확충해 나가면서 복지국가로서의 면모를 갖추게 되어 사회복지의 새로운 전환점을 맞이하게 되었다. 즉, 정부가 국민의 생활보장에 대한 국가적 책임을 인식하게 되면서 사회복지정책의 중요성이 더욱 강조되었다. 그러나 우리나라는 국가의 경제력이 취약하고, 선진국과 비교할 때 사회복지정책이 미흡한 실정이며, 일부 정치인이 복지를 정치적 수단으로 이용하기 위해 사회복지 수혜대상자를 고려하고 있다. 그래서 정부의 다른 정책과 비교할 때, 복지가 우선적 순위 면에서 뒤로 밀려나기 마련이었다. 그동안 우리나라의 사회복지정책은 외국의 선례를 따름으로써 우리 사회에 적합한 사회복지정책의 개발이 부진한 것도 사실이었다. 이러한 상황에서 사회복지정책의 이론 구축과 정책 프로그램의 개발은 앞으로의 사회복지발전을 위한 중요한 과제가 아닐 수 없다. 또한, 정보사회를 맞이하면서 새롭게 논쟁이 되고 있는 정보의 빈익빈 부익부 현상이 복지정책의 방향을 새롭게 모색하게 한다.

01 사회복지 환경변화

1) 세계화·국제화

우리나라는 세계화를 부르짖으며 경제적인 부문과 함께 다양한 영역에서 문호를 개방하고, 세계 속에서 한국의 위상을 높이기 위해 노력하고 있다. 이러한 세계화 속에서 영향을 받고 영향을 줄 수 있는 부분이 바로 사회복지 영역이라고 할 수 있다. 과거 많은 영역과 부분에서 외국 사회복지의 영향을 받고 많은 발전을 이루어온 대한민국은 이제는 세계화 속에서 지구촌의 사회복지 문제에 관심을 가져야 할 때가 도래한 것이다.

우리나라의 사회복지문제는 그 원인이 더 이상 우리나라에 한정된 것이 아니라 국제적 맥락에서 이해되어야 할 때이다. 세계화 추세가 국제적 맥락에서 우리나라에 본격적으로 전개되면서, 이에 따른 부정적인 결과도 나타나고 있다. 몇 가지 예를 들면, 빈곤의 악화와 불평등의 강조, 임금하락과 그로 말미암은 생활수준의 저하, 이윤을 극대화할 수 있는 지역으로의 직업이동과 그에 따른 대량 실직, HIV/AIDS[69]와 같은 전염성 질병의 확산, 구조적 재조정의 의미로서 사회복지예산 삭감이 요구되는 긴축예산 명령, 아동 노동, 아동 매춘, 국제범죄와 약물남용의 증

69) 에이즈(후천성 면역결핍증)는 혈액과 체액에 의해 전파되는 감염성 질환으로 HIV(인간 면역결핍 바이러스)는 이 병을 일으키는 원인 바이러스이다. HIV에 감염되면 우리 몸에 있는 면역세포들이 이 바이러스에 의해 파괴되어 면역력이 떨어지게 되고 각종 감염성 질환과 종양이 발생하여 사망에 이르게 된다. 에이즈는 HIV로 말미암아 인체의 면역력이 상당히 저하되어 이러한 감염증과 종양이 나타나기 시작하는 상태를 말한다.

가 등을 들 수 있다. 이러한 현상은 지난 수십 년간 우리나라도 어느 정도 경험했으며, 앞으로는 더욱 심각한 문제로 대두할 것이므로 결국 우리나라의 사회복지도 국제화될 수밖에 없는 실정이다(정민숙 외, 2009).

물론 세계화의 긍정적인 면, 즉 자유로운 시장개방과 민주주의의 강화, 생활수준의 향상, 생명연장, 높은 문자 해독률, 더욱 건강한 삶에 이바지하는 면도 있다. 그러나 세계화 과정에 대해서 적절한 평가를 하자면, 세계화는 경제성장에 기여는 하지만, 승자와 패자를 만들어 낸다고 말할 수 있다. 사회복지는 패자로 뒤편에 남겨진 많은 사람에 대해 무관심할 수는 없다. 그러므로 앞으로 사회복지교육은 국제사회복지를 전문적으로 교육하는 프로그램이 대학이나 사회복지 전문교육기관의 주도하에 이루어져야 할 것이다. 여기에서 전문적으로 훈련된 국제사회복지 전문가들이 UN 관련 기관, 국제 NGO 기관, 국내의 국제사회복지 관련 기관 등 국제무대에서 활동할 기회가 주어질 것이다(박종삼 외, 2002).

2) 노인장기요양보험 시행

국가 대부분에서는 경제발전과 보건의료의 발달로 말미암은 평균 수명의 연장, 자녀에 대한 가치관의 변화, 보육과 교육문제 등으로 출산율이 급격히 저하되어 인구구조의 급속한 고령화 문제에 직면하고 있으며, 이러한 사회변화에 따른 새로운 복지수요를 충족하기 위한 것이 노인장기요양보험제도이다. 즉, 노화 등에 따라 거동이 불편한 사람에 대하여 신체활동이나 일상 가사활동을 지속해서 지원해 주는 문제가 사회적 이슈로 드러났기 때문이다. 특히 고령화의 진전과 함께 핵가족화, 여성의 경제활동 참여가 증가하면서 종래 가족의 부담으로 인식되던 장기요양 문제가 이제 더는 개인이나 가계의 부담으로 머물지 않고 이에 대한 사회적·국가적 책무가 강조되고 있다.

이처럼 사회환경의 변화와 이에 대처하기 위하여 이미 선진각국에서는 사회보험방식 혹은 조세방식으로 그 재원을 마련하여 장기요양보장제도를 도입하여 운영하고 있다. 장기요양보장제도는 대상자의 심신 상태와 부양여건에 따라 시설수발기관과 재가 등 다양한 형태의 서비스 공급자를 포괄하며, 대상노인에 대한 현물서비스 제공과 함께 예외적으로 가족 수발비, 휴식서비스(respite care)와 같은 부양가족 지원서비스도 포함하는 등 급여형태가 다양하다(정민숙 외, 2009).

우리나라도 고령이나 노인성 질병 등의 사유로 일상생활을 혼자서 수행하기 어려운 노인 등에게 신체활동 또는 가사활동 지원 등의 장기요양급여를 제공하여 노후의 건강 증진과 생활안정을 도모하고, 그 가족의 부담을 덜어 줌으로써 국민의 삶의 질을 향상하도록 함을 목적으로 2008년 7월부터 노인장기요양보험제도를 시행하고 있다. 우리나라 노인장기요양보험제도는 건강보험제도와는 별개의 제도로 도입·운영하고 있다. 제도운영의 효율성을 도모하기 위하여 보험자와 관리운영기관을 국민건강보험공단으로 일원화하고 있다. 또한, 국고지원이 가미된 사회보험방식을 채택하고 있고, 수급 대상자에는 65세 미만의 장애인이 제외되어 노인을 중심으로 운영되고 있다.

이러한 노인장기요양보험은 우리나라 노인복지의 서비스 패러다임을 획기적으로 바꾸는 기회가 되고 있다. 즉, 수동적인 노인복지서비스에서 서비스 대상자들의 선택권이 존중되는 적극적인 서비스가 이루어지고 있으며, 서비스 공급기관 간의 경쟁으로 서비스의 질적인 향상이 기대되고 있는 실정이다. 그러나 이러한 긍정적인 측면과 더불어 더욱 세분화되고 전문화된 서비스 때문에 클라이언트의 선택권이 제약을 받을 수가 있다. 이러한 문제를 미리 경험하고 있는 일본은 서비스 기관에 대한 평가제를 도입하여 서비스 평가 내용에 대한 정보를 노인들과 부양자들에게 다양하게 제공하는 정책을 펴고 있다. 우리나라도 일본의 이러한 정책을 벤치마킹(bench marking)[70]하여 서비스 질을 향상시켜야 할 것이다.

---

70) 벤치마킹(benchmarking)이란 측정의 기준이 되는 대상을 설정하고, 그 대상과 비교 분석을 통해 장점을 따라 배우는 행위를 말한다. 벤치마킹은 원래 토목 분야에서 강물 등의 높낮이를 측정하기 위해 기준점인 벤치마크(benchmark)를 표시하는 행위를 말한다. 여기서 벤치마크란 측정의 기준점을 말한다. 기업 경영 분야에서 벤치마킹 기법은 미국의 제록스(Xerox) 사가 일본의 경쟁기업들의 경영 노하우를 알아내기 위해 직접 일본에 건너가 조사 활동을 벌이고, 그 결과를

3) 사회복지재정 분권

참여정부 때 대통령 자문 정부혁신지방분권위원회는 2003년 7월 '참여정부 지방분권 추진 로드맵'과 '재정 · 세제개혁 로드맵'에 따라 분권을 추진하면서 재정의 권한과 자율성을 확대하는 방향으로 추진하였다. 지방으로 이양된 복지사업은 예산축소로 사업에 차질이 생기기 시작했고, 복지예산 축소는 새로운 재정 분권에 따른 흐름 속에서 거의 절반의 사업이 지방 이양되면서 나타날 수밖에 없는 문제임을 결과로서 알 수 있다. 재정 분권은 지방재정 확충과 불균형 완화, 지방세정 제도 개선, 지방재정의 자율성 강화, 지방재정운영의 투명성 · 건전성 확보를 과제로 추진되고 있고, 특히 자율성 강화의 주요 제도 개선이 국고보조금제도의 개선을 제시하고 있다.

'재정 · 세제개혁 로드맵'은 재정분권 추진, 세제 · 세정 합리화, 지출 효율성, 재정투명성, 재정 건전성의 5대 목표를 세우고 15개 과제를 제시하였다. 현재의 국고보조금제도의 가장 큰 문제점은 단위 사업별로 예산이 배분되어 기본적으로 지방재정의 자율성을 저해하고 중앙정부가 지방을 통제하는 수단으로 활용될 수 있는 것이다. 따라서 재정분권과 지방정부의 자율성을 확대시키기 위해 국고보조사업을 줄이고 일부 사업을 지방이양사업으로 추진한 것이다. 또한, 국고보조금제도는 그 자체로 비효율과 낭비 요인이 상존한다(이태수, 2005).

재정 분권의 구체적 실천은 범주적 보조금에서 정액보조금 혹은 일반세입공유의 전환이라는 형태로 나타날 것이다. 과거 사회복지 분야의 보조금은 대부분이 매칭(matching)에 의한 범주적 보조금 형태이며, 일부 민간사회복지기관에 대한 보조금은 정액보조금의 성격을 가지고는 있으나, 회계 지침에 의해 용도가 엄격하게 제한을 받고 있다. 지역복지 사무는 지방자치법에 의하면 지방정부의 고유 사무로 규정되어 있으나(지방자치법 제9조 제2항) 사회복지서비스 대부분은 개별법과

경영 전략에 활용하여 다시 기업 경쟁력을 회복한 것에서 비롯되었다.

중앙정부의 사업 지침, 보조금의 성격 때문에 실제로는 위임사무처럼 운영되었다.

〈표 15-1〉 보조금의 유형

구분	목적(용도)의 규정	지방정부의 역할
범주적 보조금 (categorical grants)	협소하게 규정	중앙정부 정책의 정확(엄격)한 집행
정액보조금 (block grants)	광범하게 규정	주어진 기능적 범주 내에서 정책의 수립과 집행
일반세입공유 (general revenue sharing)	규정하지 않음	독립적 정책 결정

그러나 정부의 계획에 의하면 이러한 보조금의 형태에 급격한 변화가 일어났다. 정부의 국고보조금 정비방안의 주요 내용으로 중앙정부의 역할은 지방정부 기능의 보완 측면에 있음을 원칙으로 하는 보충성의 원칙이며, 명백히 국가사무가 아니면 지자체가 우선 추진하기로 하고 많은 부분을 지방이양사업으로 했다. 비효율성과 낭비요인을 제거하기 위해 보조금을 포괄보조 방식으로 지원하는 포괄적 지원의 원칙, 주민소송제 등 자율통제시스템을 비롯하여 지방정부의 성과관리 강화 방식의 성과지향적 자기책임의 원칙을 국고보조금의 정비 기본 방향으로 하고 있다. 2005년 4분기가 되면서 예산 부족으로 지방이양된 중앙정부의 부처별 정비방안을 보면 전체 533개의 사업에서 지방으로 이양된 163개의 사업 중 복지부사업이 가장 높은 41.1%로 지방이양비율을 보이고 있다(정부혁신지방분권위원회, 2004).

특히 지역 간 불균등한 경제성장으로 지방세 수입에 의한 지방자치단체의 재정 불균형은 매우 심각한 상황으로 재정자립도가 낮은 지역과 안정된 지역의 사회복지의 질(質)은 천차만별일 수밖에 없다. 지역별 재정부족액은 그대로 사회복지서비스의 양극화 혹은 서비스 질(質)의 저하가 충분히 짐작되는 부분이다. 보완이 없이 복지의 지방분권이 추진되어 오히려 복지(서비스)의 축소가 불가피하게 되었다. 재정자립도가 낮은 지자체는 사업을 기피하거나 축소시킬 우려가 있기도 하며, 최소한의 사업에 대한 투자와 인건비 증액은 기대하기도 어렵게 됐다. 즉, 사회복지 전문인력의 인건비 보장은 사회복지서비스의 향상과 매우 밀접한 관계를 맺고 있으므로 단순한 급여의 상승만을 의미하는 것이 아니라 국가의 사회보장에 대한 서비스의 질 향상으로 봐야 할 것이다. 그러나 재정의 분권화에 대해 보완 없이 이대로 추진한다면 국민의 최저생활과 의료, 복지서비스 등을 보장받아야 할 대상자에 대해 지방정부에 대한 책임만을 부여한다는 우려를 낳을 수밖에 없다. 또한, 복지다원주의에 의한 지방정부의 자구적인 자원개발과 모금 없이는 사업의 효율성과 효과성에 상관없이 확대 강화되기란 매우 어렵게 되었다(박일연, 2006).

4) 사회복지운동

사회복지의 문제 해결방식은 문제가 되는 개인의 해결 능력 강화뿐만 아니라 문제의 근원이 될 수 있는 환경문제에 대한 지속적인 관심을 갖는 학문이다. 특별히 이러한 지역사회 환경변화에 관련된 것이 사회복지운동인데, 사회복지운동이란 사회운동의 한 부분으로 집합행동의 성격을 갖고 있으며, 사회복지라는 목표를 달성하기 위해 관련 당사자, 넓게는 모든 국민이나 사회복지전문가, 사회복지대상자, 노동자 등의 주체적인 참여와 행동을 통하여 사회복지 목표달성을 위해 의도적으로 추진해 나가는 사회운동을 뜻한다(남세진 · 조흥식, 1995).

이러한 사회복지운동은 우리나라에서는 활성화되어 있지 못한 실정인데, 사회복지사업 자체가 관 주도의 일방적 사업을 진행하는 경우가 많아서, 민간의 자율적인 사회복지운동 성격을 갖기는 어려움이 있었다. 그러나 최근 지방분권과 재정분권에 따라 민관협력과 지역사회 중심의 복지운동이 지역문제를 해결하는 새로운 패러다임으로 나타나고 있다. 사회복지운동이 안정적이고 체계적으로 지역사회에 뿌리를 내리고 지역문제를 해결하는 중심적인 운동이 되기 위해서는 다음과 같은 과업을 해결하여야 할 것이다(남세진 · 조흥식, 1995).

- 사회복지운동은 시민의 권리의식을 활성화시켜야 한다.
- 사회복지운동은 대상자 중심의 운동조직을 가져야 한다.
- 사회복지전문가들의 사회복지현장에의 일상적인 참여를 활성화해야 한다.
- 사회복지운동은 정치운동으로의 발전을 고려해야 한다.
- 사회복지운동은 부문 운동들과의 연대를 통한 사회변혁운동에 동참하여야 한다.

사회복지운동은 민간사회복지단체나 기관을 대상으로 전개될 수 있고, 전 국민이나 지역주민의 복지의식 개발, 또는 반복지적 행동에 대한 저항이나 교정을 중심으로 전개할 수도 있다. 더 나아가 정부의 복지정책·재정확보·전달체계 등 거국적 차원에서도 전개할 수 있다. 사회복지운동의 패러다임은 로스만(Rothman)의 지역사회조직활동의 세 가지 모델을 활용할 수 있다. 지역사회개발(Model A), 사회계획(Model B), 사회운동(Model C)이 그것들인데, 이 세 가지 모델은 21세기에 사회복지운동을 전개함에 있어서 어떤 목적을 갖고, 어떤 대상을 향하여 사회운동을 하느냐에 따라서 모델이 선정되리라고 본다. 예를 들어 민간단체나 기관(예: 종교기관, 교육기관, 지역사회단체 등)을 상대로 복지운동(예: 동기개발, 이념교육, 자원봉사 개발 등)을 계획할 때는 Model A, 지방정부의 사회복지전달체계의 개혁을 목적으로 하는 사회복지운동은 Model B, 그리고 사회정책을 중심으로 정부를 상대로 사회복지운동을 전개할 때는 Model C나 B를 활용할 수 있다(박종삼 외, 2002).

우리나라 정부의 복지정책은 신자유주의 이념을 수용하는 경향이 있다. 신자유주의의 이념을 신봉하는 신우정파정권들(예: 영국의 대처정부, 미국의 레이건 정부 등)은 복지국가의 해체를 공약으로 제시하였다. 신우정파정권은 과도한 사회복지 지출은 경제성장을 둔화시키고, 정부의 재정위기를 불러왔다는 신념을 기반으로 복지비용의 삭감, 지축구성의 변화, 공공서비스를 포함한 공공 부문의 민영화와 기업에 대한 규제 완화, 지방정부로의 역할 축소, 노조를 포함한 사회세력의 약화 등의 정책기조를 유지하고 있다. 21세기에는 우리나라의 복지정책이 신자유주의 경향을 따를 가능성이 매우 높다. 여기에 국민적 저항이 있어야 하고, 전문사회복지사는 정부를 상대로 국민운동의 차원에서 Model C나 Model B를 활용하여 사회복지운동을 펼쳐 나가야 할 것이다(박종삼 외, 2002).

5) 사회복지 토착화

한국의 사회복지는 이론적인 측면에서는 미국을 중심으로 발전한 전문적 지식을 가져왔고, 실천적인 측면에서는 가까운 일본의 행정과 정책을 받아들여 왔다. 이러한 선진 외국들의 발전된 이론과 실천기술이 이제는 한국적 상황에서 발전의 계기를 마련하는 기회가 되었지만, 우리나라만의 특색에 맞는 사회복지를 발전시켜 나가는 데에는 어려움이 있었으며, 많은 이론과 실천기술이 시행착오를 거쳐 상당 부분 발전하였고, 향후 지속적인 한국형 사회복지가 발전할 것이라 생각한다. 향후 체계적인 한국의 토착화된 사회복지 발전을 위하여 과거 한국의 사회복지 변화과정을 살펴보면 다음과 같다(최성균 외, 2005).

한국적 사회복지환경이 획기적으로 발전하였던 시기는 1987년부터 1990년까지 억압된 권위주의 정권에서 벗어나 정치적 민주화가 진행되었던 시기이고, 1990년 이후로는 정치적 민주화가 성숙된 시기로 볼 수 있다. 문민정부에서는 사회복지 정체기로 1995년 사회보장기본법을 제정하여 사회보험과 공공부조와 사회복지서비스, 그리고 관련 복지제도를 분류하여 한국적 사회복지제도의 기본적인 틀을 갖출 수 있는 계기를 마련하였다. 국민의 정부에서는 '생산적 복지' 정책을 통하여 국가복지의 확대를 추구하였고, 기본권 보장과 인간개발 및 생산적 복지를 근간으로 하는 민주적 복지자본주의로서 선진복지국가들이 채택하고 있는 제3의 길을 수용하고 있다. 따라서 기본권 보장 쪽으로 갈수록 국가의 책임이 강조되는 케인즈 주의적 복지국가모형과 생산적 복지 쪽으로 가는 21세기 지구화시대의 '제3의 길' 모형을 동시에 채택하였다고 할 수 있다.

참여정부에서 내세우고 있는 '참여복지'는 빈부격차의 해소와 분배개선 및 일자리 창출 그리고 노동빈민층 지원을 위한 저소득층 소득보전제도를 통하여 개혁적인 복지정책을 펼쳤다. 우리나라는 세계에서 가장 빠른 고령화율과 출산율의 저하로 인한 노인부양부담과 의료비부담 증가가 문제로 대두되고 있고, 노동력 상실로 인한 외국노동자의 유입으로 인권문제가 발생하고 있다. 또한, 여성의 의식변화, 사회참여, 경제력에 따른 위상과 이혼율 증가 등은 가족갈등과 해체, 자녀방임과 학대, 청소년가출과 비행의 문제를 증가시키고 있다. 더불어 노동시장의 확대와 정보기술의 발전은 실직과 비정규직 등으로 인한 노동빈민의 증가와 중산층의 와해, 사회양극화에 따른 빈부격차의 심화문제를 가중시키고 있는 현실에서 한국형 사회복지제도를 정착해 나가야 할 것이다(정민숙 외, 2009).

02 사회복지의 과제

1) 양극화 문제 해소를 위한 사회안전망 강화

최근에 우리 사회의 양극화 문제는 핵심적인 이슈가 되고 있다. 다수의 사회구성원이 지속적인 경제성장의 혜택을 누릴 수 있었던 외환위기 이전 시기에는 빈곤문제는 소수 노인이나 장애인 등 취약계층의 문제로 집중되었고 대다수 사회구성원의 삶과는 그다지 관련이 없는 것으로 받아들여졌다. 그러나 외환위기 이후 절박한 처지에 놓인 빈곤층의 급증을 초래하였고 이는 빈곤문제를 한국사회의 우선적인 현안의 하나로 등장시켰다.

한국사회의 계층양극현상은 바로 중산층의 몰락으로 표현된다. 특히 근로소득이 없는 전통적인 비취업 빈곤계층 외에도 근로를 하는데도 빈곤한 근로빈곤층의 증가가 새롭게 관찰되고 있다. 성장과 발전의 결실이 특정 장소, 특정 세대, 특정

계층에만 국한됨에 따라 사회적 격차가 심화되고 있는 것이다. 1990년대를 거치며 우리 사회에서는 빈곤문제의 악화를 초래할 수 있는 다양한 사회적 변화가 지속되었다. 비정규직 양산 등으로 표현되는 노동시장의 구조변화, 급속한 고령화의 진행, 이혼과 같은 가족해체 증가 등 과거 한국사회의 특징과는 사뭇 다른 구조적 변화들이 우리 사회의 곳곳에서 감지되었다. 이러한 변화는 소득분배구조의 악화, 빈곤에 취약한 특성을 지닌 가구의 증가를 시사한다. 나아가서 소외집단의 상대적 박탈감이 지나치게 확대되어 사회의 지속가능성까지 위협하는 수준에 이르고 있다. 따라서 사회변화에 따른 새로운 공동체를 지역사회 내에 형성하고 유지, 발전시켜 나가는 노력은 중요한 시대적 과제라고 할 수 있다.

따라서 지역사회 내에서 소외계층의 사회적 배제를 극복하고 사회통합을 이루기 위해서는 각 부문별로 종합적인 접근이 요구된다. 특히 사회복지서비스 강화와 네트워크 구축과 함께 주민 스스로 문제를 해결할 수 있는 주민역량 강화, 지역공동체 활성화 등이 필요하다. 정부가 우선 부처 간의 이해관계나 파워게임의 구태를 벗고, 진정으로 주민의 입장에서 서비스 전달체계를 통합하려는 의지를 보여 주어야 한다(정무성, 2006).

2) 전문사회복지사들의 탁월성 추구

사회복지는 전문성에 있어서 아직은 고도의 전문직이기보다는 누구나 쉽게 도전하고 다른 전문직과 공유할 수 있는 전문직으로 생산하는 경향이 많은 듯하다. 그러나 향후 사회복지는 고도의 분화되고 전문화된 전문기술로 발전될 것이라 생각한다. 이러한 사회복지 전문직의 탁월성 향상을 위하여 박종삼 등(2002)은 구체적으로 다음과 같이 주장하고 있다.

앞으로 사회복지사들은 사회복지(사회사업)의 전문적 이론과 실천기술을 겸비하여 사회(복지)문제를 해결해 나감에 있어서 타전문직종과 구별되는 탁월성을 발휘해야 한다. 우리나라의 사회복지 교육계는 1970년대에 들어오면서 미국사회사업 교육을 무비판적으로 받아들인 데 대한 자성의 소리가 높아지기 시작했고, 사회복지(사회사업)교육의 토착화 과제가 강하게 대두되기에 이르렀다. 이리하여 한국의 실정에 맞는 사회복지 교육이 이루어져야 한다는 견해가 대세를 이루어 미시적 접근에서 거시적 접근으로, 사회사업실천에서 사회복지정책으로, 사회사업에서 사회복지로 교육의 패러다임 전환을 가져왔다. 이 결과 대부분의 학교가 '사회복지학과'로 명칭을 바꾸었고, 사회사업가 대신에 사회복지사라는 법적 용어가 통일적으로 사용되기에 이르렀다. 사회복지학 연구를 고찰해 보면, "사회복지학은 '응용' 혹은 '실천'과학이지만, 사회복지현상을 이론적으로 연구하는 기능도 있다."라는 것을 알 수 있다. 우리나라의 사회복지 토착화의 준거에서 미시적 접근에서 거시적 접근을 강조하게 되면서 사회복지실천에 대한 중요성이 덜 강조되었고, 사회복지현상을 이론적으로 연구하려는 경향이 강하게 나타났다. 이 결과 지난 20여 년 동안 우리나라 임상사회사업의 발전 속도는 매우 느리게 나타났다. 그리고 사회복지사들의 정체성은 더욱 혼란에 빠지게 되었다고 볼 수 있다.

앞으로 사회복지의 교육은 임상사회사업가의 전문적 탁월성을 추구해야 할 것이다. 이제 한국은 1970년대의 개발도상국도 아니고 중진국도 아니며, 선진국 대열에 들어서고 있다. 비록 빈곤의 문제가 계속 남아 있다고 해도 오늘날 우리나라에서 대두되고 있는 사회문제의 성격을 보면, 서구 여러 나라의 사회문제와 별반 다를 것이 없다. 고령사회의 진입, 복지욕구의 다양화, 복지의 질 향상 욕구 증대, 고도의 전문적 개입을 요구하는 사회문제의 대두 등 임상사회사업의 중요성이 다시 강조되는 시기가 되었다. 특히 지구화, 정보기술화 등 일련의 지구촌의 변화는 한국의 사회(복지)문제를 독립적으로 고찰할 수 없게 되었다.

그러므로 지난 20세기 후반기에 우리나라 사회복지계가 도입한 소위 토착화의 패러다임에 대한 재평가와 함께 급속히 변하는 미래의 사회현상을 날카롭게 직시하며 여기에 대처할 수 있는 사회복지의 패러다임을 구축하여야 할 것이다. 미시적 접근을 도외시한 채, 거시적 접근으로만 사회복지를 이해하려는 경향은 사회복지계의 정체성 정립이나 사회복지의 사회적 실용성을 감안할 때, 많은 문제점을 내포하고 있기 때문에 이러한 패러다임에 중시적 접근을 접목시킬 필요가 있다고 본다. 또한, 사회복지사는 기관, 클라이언트, 전문사회복지사라는 구체적인 실천의 장(setting)을 가진 전문직이다. 그러므로 한국의 사회복지계, 한국의 사회서비스 프로그램을 조직하는 기관체계 사이에서 전문적으로 서비스를 제공할 수 있는 탁월한 능력을 지닌 사회복지사(사회사업가) 체계를 더욱 강화시키고 전문화시켜야 한다(박종삼 외, 2002).

3) 사회복지의 패러다임 전환

현대사회에서는 사회취약계층의 사회복지 욕구뿐만 아니라 일반 지역주민의 사회복지 욕구도 다양하게 표현되고 있다. 지방자치제 이후 사회복지는 지역주민의 핵심적 과제이자 중요한 이슈가 되었다. 지역주민이 지역복지의 주체로서 사회복지서비스를 위한 각종 정책이나 제도 마련과 개선에 적극적으로 참여하거나 지방의회가 지역사회의 생활수준 향상을 위해 노력할 수 있도록 지지, 격려하고 때로는 압박을 주는 모습까지 보여 주고 있다.

이러한 지방화, 지방자치의 궁극적인 목적은 지역사회의 삶의 질 향상과 사회복지 수준이 발달된 복지사회로 나아가는 것인데, 이러한 것을 실천할 수 있는 방법이 바로 임파워먼트(empowerment)이다. 임파워먼트는 지역주민 참여 유도를 하는 데 큰 기제가 될 수 있다. 임파워먼트는 지역주민이 복지 수혜자이면서 복지 제공자라는 강력한 의지를 가지고 지역복지를 활성화 하는 데 기본적 수단이 된다.

임파워먼트란 사회적 약자가 스스로 자신의 문제를 해결할 수 있는 힘을 갖게 하는 것을 말한다. 임파워먼트를 우리말로 번역하면 권한이양이라고도 하지만, 자활력이라고 하는 것이 더 적합할 것이다. 임파워먼트는 인간을 참여, 기술과 능력을 가진 사람으로서 인정받게 하는 사회정의를 성취하기 위한 과정이라고 할 수 있다. 사회정의의 성취란 자유로운 인간을 만드는 데 기본 목적이 있다. 중요한 점은 여기서 말하는 자유는 과거 시민권의 보장과 빈곤으로부터의 회피를 말하는 것이 아니라 교육, 건강, 취업 등의 영역에서 모든 주민이 동등한 기회와 지위 취득을 제공받을 수 있도록 노력하는 것을 의미한다.

또한, 사회정의를 실현하기 위해서는 힘(Power)을 행사한다. 여기서 힘을 행사한다는 것은 지배적인 방법으로 다른 사람들과 함께 자유롭게 어울려서 힘을 사용하는 것을 말한다. 이런 점에서 볼 때 지역주민의 임파워먼트를 증진시키는 것은 그들의 주체성을 높이는 것은 물론이고 지역복지의 수준을 향상시키는 첩경이 되는 것이다.

4) 통일에 대비한 한국 사회복지계의 준비

통일한국에 대비한 사회복지계의 대응에 대하여 최성균 등(2005)은 다음과 같이 제시하고 있다. 남북한 복지정책의 명확한 차이점은 남북한정권의 경제능력과 복지수요에 대한 정책적 차이점이라고 볼 수 있다. 북한 공산주의자들은 독재체제의 성격상 경제성장이나 경제능력에 관계없이 국가는 사회복지의 전적 책임을 지는 것이라 형식상으로는 헌법에 규정하고 있다. 그러나 실제로는 사회복지를 희생시키면서 전쟁에 의한 적화통일 전략노선을 견지하며 군사력 증강에 주력하고 있다. 북한은 남북한 복지경쟁에서 낙오하여 일반 국민을 기아선상에 방치하고, 국민복지를 완전히 외면하고 공산적화 통일로 남한을 정복함으로써 사회복지 문제를 일거에 해결하고자 하는 정치적 경향을 보이고 있다.

이러한 현실에서 통일한국의 사회복지의식을 점검해야 한다고 본다. 통일 후 북한사회복지의 물질적 측면만이 아니라 정신적인 측면도 고려하여야 하는데, 공산독재 정치체제하에서 인간 기계화된 북한동포의 인성회복문제가 통일한국 사회복지정책의 중요한 부분이 된다고 본다. 50여 년간 남북한의 정치문화가 상반되는 체제하에서 이질화된 남북한의 정치문화를 동질화하는 것이 통일한국의 기반조성에 중요한 과제가 된다.

북한체제를 빨리 붕괴시키기 위하여 북한을 국제사회에서 고립시키고, 일체의 경제원조가 북한에 들어가지 못하도록 우리의 외교를 강화하여야 된다는 의견도 많지만, 북한 공산주의자들은 체제붕괴를 막기 위한 궁여지책으로 전쟁을 도발할 수도 있으므로 우리는 전쟁도발을 억제하여야 한다. 또한, 그들 자신이 평화적으로 최소한의 복지문제를 해결할 수 있도록 국제 분위기를 조성하는 것은 우리가 원하는 통일 후의 사회복지정책에 기반이 된다고 확신한다. 이는 1997년 10월 17일 한국 사회복지협의회 주관으로 개최된 제9회 전국사회복지대회에서 발표된 다음 결의사항에 잘 나타나 있다(최성균 외, 2005).

- 우리 전국의 사회복지인들은 통일의 목표가 한민족 전체의 번영을 보장하고, 자유·평등·복지의 기본가치를 구현하는 민족공동체 의식과 성숙한 시민의식의 바탕 위에서 사회복지의 의식이 정립되어야 함을 깊이 인식하고, 사회복지 의식의 전 국민적 확산과 성숙을 위하여 최선의 노력을 다할 것을 결의한다.
- 우리 전국의 사회복지인들은 통일한국의 공공복지가 남북한의 사회통합과 모든 민족구성원들의 인간다운 삶의 질을 보장하도록 개혁되어야 할 것을 인식하며, 사회복지제도의 내실을 기하고 개혁을 위하여 노력할 것을 결의한다.
- 우리 전국의 사회복지인들은 통일한국의 민간복지가 창의적이고 자율적인 구조로 발전할 수 있도록 지혜와 슬기를 모아 제도를 발전시키며, 나아가 공공과 민간의 파트너십을 강화하여 통일한국의 복지제도 창달에 노력할 것을 결의한다.
- 우리 전국의 사회복지인들은 통일비용에 대한 적절한 배려가 필요함을 깊이 인식하며, 지금부터 통일에 대비한 제도적 구축과 인적·물적 자원을 준비할 것을 결의한다.

참고문헌

감정기 · 최원규 · 진재문(2002). 사회복지의 역사. 서울: 나남.

강권찬(2011). 북한이탈주민 지원정책 분석. 한국치안행정논집, 8, 25-50.

강기정 · 김혜숙 · 박경애 · 이혜자 · 최덕경(2009). 인간행동과 사회환경. 서울: 공동체.

강상욱 · 최원규 · 진재문(2002). 사회복지의 나라. 경기: 나남.

강상욱(2001). 우리나라 NGO의 성장에 관한 연구. 서울대학교 행정학 박사학위논문.

강홍구 · 김미옥 · 김순규(2013). 사회복지개론. Zastrow, C. 서울: 센게이지러닝코리아.

고수현 · 김익균 · 김치영 · 도미향 · 문혜숙 · 변보기 · 이용환 · 장세철 · 최찬호 · 홍연숙(2002). 사회복지개론. 서울: 대학출판사.

구재관 · 김성철 · 김재원 · 박경숙 · 박종팔 · 이양훈(2012). 사회복지정책론. 경기: 양서원.

구종회 · 김진수 · 최종혁 · 김윤배(1999). 산업복지학의 이해. 서울: 홍익재.

국방부(2002). 국방종합복지정책서. 대한민국 국방부.

권선진(2007). 장애인복지론. 서울: 청목출판사.

권오균 · 김지현 · 김충식 · 나용선 · 남화수 · 박종선 · 신상수 · 양시영 · 이경자 · 조상윤 · 최광수 · 황희숙(2011). 사회복지실천론. 경기: 공동체.

권육상 · 신상수 · 김희성 · 나용선 · 조상윤 · 홍석자 · 황희숙 · 최광수 · 권오균 · 김충식 · 김지현 · 남화수 · 박종선 · 박경아 · 양시영 · 최명주(2010). 사회복지개론. 고양: 공동체.

권중돈 · 김동배(2005). 인간행동과 사회환경. 서울: 학지사.

__________(2009). 인간행동과 사회환경. 서울: 학지사.

권중돈 · 조학래 · 윤경아 · 이윤화 · 이영미 · 손의성 · 오인근 · 김동기(2013). 사회복지개론(2판). 서울: 학지사.

권진숙 · 신혜령 · 김정진 · 김성경 · 박지영(2011). 가족복지론. 고양: 공동체.

김경호(2010). 사회복지실천론. 서울: 학지사.

김광억 · 김상균 · 김인준 · 김정오 · 박명진 · 유우익 · 이승훈 · 이정복 · 하영선 · 홍두승(2006). 광복 60년: 우리는 어디에 와 있는가. 서울대학교출판부.

김규수(2004). 정신보건사회복지실천론. 서울: 형설출판사.

_____(2005). 정신보건사회복지실천론. 서울: 형설출판사.

김근조(1994). 사회복지법론. 서울: 광은기획.

김기환 · 서진환 · 최선희(1997). 의료사회사업가의 직무 표준화를 위한 연구. 한국 사회복지학, 33, 1-28.

김명희 · 유정욱 · 정길영 · 최상민(2009). 사회복지개론. 서울: 동문사.

김미혜(1997). 여성의 생애주기와 사회복지. 양성평등이 보장되는 복지사회. 미래인력연구센터.

김범수 · 신원우(2006). 지역사회복지론. 경기: 공동체.

김병윤 · 김길평 · 김영국 · 임종일(2003). 제3판 현대 경영학 원론. 서울: 명경사.

김상균(1987). 현대사회와 사회정책. 서울: 서울대학교출판부.

김상균 · 최일섭 · 최성재 · 조홍식 · 김혜란 · 이봉주 · 구인회 · 강상경 · 안상훈(2001). 사회복지개론. 경기: 나남.

________________________________(2002). 사회복지개론. 경기: 나남.

________________________________(2005). 사회복지개론. 경기: 나남.

________________________________(2008). 사회복지개론. 경기: 나남.

________________________________(2009). 사회복지개론. 경기: 나남.

________________________________(2011). 사회복지개론(개정3판). 경기: 나남.

김상균 · 최일섭 · 최성재 · 조홍식 · 김혜란(2004). 사회복지개론. 경기: 나남.

김성경 · 김혜경 · 최현미(2009). 아동복지론. 경기: 양서원.

김성이 · 김상균(1999). 사회과학과 사회복지. 서울: 나남.

김성천 · 강욱모 · 김혜성 · 박경숙 · 박능후 · 박수경 · 송미영 · 안치민 · 엄명용 · 윤혜미 · 이성기 · 최경구 · 최현숙 · 한동우(2009). 사회복지개론. 서울: 학지사.

김영모(1999). 사회복지학. 한국복지정책연구소.

김영모 편(2001). 지역사회복지론. 서울: 고헌출판부.

김영모 · 남세진 · 신섭중(1982). 현대사회문제론. 한국복지정책연구소.

김영화 · 이진숙 · 이옥희(2010). 가족복지론. 경기: 양서원.

김인숙 · 김혜선 · 성정현 · 신은주 · 윤영숙 · 이혜경 · 최선화(2000). 여성복지론. 경기: 나남.

김인숙(1997). 여성복지정책의 현황과 발전방향. 여성복지발전을 위한 포럼. 한국여성단체연합.

김종서(2006). 서양인의 한국종교 연구. 서울대학교출판부.

김종일(2004). 지역사회복지론. 경기: 현학사.

김지현 · 전대성 · 송노원 · 권오균 · 김정숙(2008). 인간행동과 사회환경. 서울: 창지사.

김태성(2000). 정치적 민주주의와 사회주의. 사회복지연구, 15, 19-40.

김태성 · 성경륭(1993). 복지국가론. 서울: 나남.

____________(2000). 복지국가론(제2판). 서울: 나남.

김태성 · 최일섭 · 조홍식 · 윤현숙 · 김혜란(1998). 사회복지 전문직과 교육제도. 서울: 소화.

김형식 · 이영철 · 신준섭(2007). 사회복지행정론. 경기: 양서원.

김혜란 · 홍선미 · 공계순(2006). 사회복지실천기술론(개정2판). 경기: 나남.

김혜영 · 석말숙 · 최정숙 · 김성경(2010). 사회복지실천기술론. 고양: 공동체.

____________________(2012). 사회복지실천론. 경기: 공동체.

나직균 · 임정문 · 임동빈 · 현영렬(2011). 사회복지개론. 서울: 동문사.

남기민(2004). 사회복지정책론. 서울: 학지사.

______(2006). 현대사회복지학. 경기: 양서원.

______(2012). 사회복지정책론. 서울: 학지사.

남세진(1992). 인간과 복지. 서울: 한울아카데미.

남세진 · 조흥식(1995). 한국 사회복지론. 서울: 나남.

노병일(2008). 현대 산업복지론. 고양: 공동체.

노영환(2005). 대학생 통일논문집: 대학의 북한이탈주민 정착지원 프로그램에 관한 연구. 통일부 통일교육원.

노정자 · 박주현(2014). 병영생활 중 이성과의 이별경험 연구. 한국군사회복지학. 7(1), 127-156.

대구대학교 사회복지연구소 편(1985). 사회복지사전. 경진사.

도광조(2008). 사회복지개론. 경기: 양서원.

______(2011). 사회복지개론. 경기: 양서원.

류홍위(2007). 한국의 군 사회복지정책 개선방안에 관한 연구. 공주대학교 대학원 박사학위 논문.

문수열 · 김병 · 박주현(2013). 사회복지정책론(증보판). 서울: 창지사.

문진영(1999). 국민기초생활보장법 제정의 쟁점과 운영방안에 관한 연구. 한국 사회복지학, 38, 100-125.

박경일(2006). 지역사회복지관에서 TQM 실행에 관한 사례연구-서비스 질 관리와 고객만족을 중심으로-. 사회복지사의 갈등수준과 갈등원인에 대한 요인분석. 한국사회복지정책학회 2006년도 추계학술대회 자료집.

박경일 · 김경호 · 서화정 · 윤숙자 · 이명현 · 이상주 · 이재모 · 전광현 · 조수경(2010). 사회복지학강의. 경기: 양서원.

박내영(1982). 근로자 생활안정을 위한 복지시책방향. 근로복지세미나 결과보고서. 노동부.

박미은(2005). 군 사회복지사 제도의 입법화 방향과 쟁점. 군 사회복지사 도입을 위한 공청회 자료집, 5-21.

박세일(1998). 공공근로복지의 전개방향. 한국의 근로복지미래상. 근로복지공사.

박영란 · 황정임(1997). 여성복지 서비스 전달체계의 가능강화방안에 관한 연구. 한국여성개발원.

박용순(1999). 사회복지개론. 서울: 학지사.

______(2002). 사회복지개론. 서울: 원미사.

박일연(2006). 한일장신대, 사회복지학부개설 25주년 기념 세미나. 한일장신대학교.

박정아(2007). 새터민(북한이탈주민)의 한국 적응에 관한 연구. 목원대학교 대학원 석사학위논문.

박정호(2003). 사회복지정책론(2판). 서울: 학지사.

박종삼 · 유수현 · 노혜련 · 배임호 · 박태영 · 허준수 · 김교성 · 김규수 · 김인 · 노혁 · 손광훈 · 송성자 · 이영실 · 전석균 · 정무성 · 정은 · 조휘일(2002). 사회복지개론. 서울: 학지사.

박종우(1994). 사회사업가의 전문직업적 정체성에 관한 연구. 서울대학교 대학원 박사학위논문.

박주현(2007). 북한이탈아동의 남한사회 적응에 영향을 미치는 요인. 백석대학교 대학원 박사학위논문.

박주현 · 박연옥 · 김준환 · 배은숙 · 박서춘 · 박서영(2014). 사회복지실천론. 서울: 창지사.

박주현 · 최덕경(2011). 다문화사회의 이해와 실천. 서울: 창지사.

박차상(2007). 사회복지행정론. 경기: 양서원.

박차상 · 강세현 · 김옥희 · 남진열 · 이현주 · 전영록(2005). 사회복지개론. 경기: 학현사.

________________________________(2010). 사회복지개론(2판). 경기: 학현사.

박차상 · 이경철 · 오세영(2008). 사회복지행정론. 서울: 창지사.

박차상 · 정상양 · 전용득 · 김옥희(2007). 한국 사회복지법 강의(2판). 서울: 학지사.

____________________(2009). 한국 사회복지법 강의(3판). 서울: 학지사.

박천응(2006). 한국 다문화가족에 대한 지원 과제와 향후 방향성: 외국인노동자 현실과 다문화 정책 과제. 평택대학교 다문화가족센터.
박태영(2003). 지역사회복지론. 경기: 현학사.
배은숙 · 문혜숙 · 김준환 · 이금옥 · 박주현(2013). 사회복지실천기술론. 서울: 창지사.
배임호 · 박경일 · 이태언 · 신석환 · 전영록(2007). 교정복지론(2판). 경기: 양서원.
백완기(2003). 행정학. 서울: 박영사.
백종현(2003). 윤리개념의 형성. 서울: 철학과현실사.
보건복지부(2011). 2011 노인복지시설현황.
북한인권정보센터(2005). 국제결혼이주여성 실태조사 및 보건 · 복지 지원 정책방안. 보건복지부.
사회복지사업법 제1장 제3조.
산재보험법 제6조 및 동 시행령 제2조.
설동훈(2006). 다문화가족에 대한 사회적 인식. 국회도서관보, 43(5), 2-3.
설진화(2008). 사회복지실천기술론. 경기: 양서원.
손병덕(2005). 기독교 사회복지. 대한예수교장로회총회.
손준규(1992). 현대복지정책론. 경기: 대학출판사.
송근호(1995). 한국의 기업복지 연구. 한국노동연구원.
송복(1999). 동양적 가치란 무엇인가. 서울: 생각의나무.
신복기 · 박경일 · 이명현(2007). 사회복지행정론(2판). 경기: 양서원.
신섭중(1993). 한국 사회복지정책론. 경기: 대학출판사.
양옥경(2004). 한국사회안전망의 현황과 대책: 가족문제와 사회안전망. 한국 사회복지학회 심포지엄자료집.
양옥경(2006). 정신보건과 사회복지. 경기: 나남.
양옥경 · 김정진 · 서미경 · 김미옥 · 김소희(2005). 사회복지실천론. 경기: 나남.
______________(2011). 사회복지실천론(개정4판). 경기: 나남.
양정남 · 최선령(2007). 사회복지실천론(2판). 경기: 양서원.
양정하(1992). 사회복지정책론. 서울: 양서원.
엄기욱 · 김순규 · 배진희 · 오세영(2013). 사회복지개론. 서울: 학지사.
오석홍(2003). 조직 이론. 서울: 박영사.
원석조 · 강남기 역(1993). 이데올로기와 사회복지. 서울: 홍익재.
원석조(2008). 사회복지정책론. 경기: 양서원.
유공순 · 김영석 · 박찬길 · 안종태 · 류응모 · 유용식 · 이화정 · 신정미(2007). 사회복지개론. 경기: 양서원.
유길상(1991). 근로복지 증진을 위한 정책방향과 과제. 한국노동연구원.
유병용 · 신광영 · 김현철(2002). 유교와 복지. 서울: 백산서당.
육군본부(1998). 육군 복지의 현재와 미래. 계룡: 육군인쇄창.
윤여상(2002). 통일시대 북한주민의 남한생활 이론과 실제. 도서출판 세명.
윤철수 · 노혁 · 도종수 · 김정진 · 김미숙(2012). 사회복지개론. 서울: 학지사.
윤철수 · 노혁 · 도종수 · 김정진 · 김미숙 · 석말숙 · 김혜경 · 박창남 · 장은숙(2008). 사회복지개론. 서울: 학지사.

이근홍(2006). 인간행동과 사회환경. 고양: 공동체.

이달엽(2003). 지체장애근로자의 직업성공요인에 관한 연구. 한국 사회복지학, 55, 131-153.

이성옥 · 최광수 역(2003). 자녀양육전쟁. 데이비드 클락. 서울: 브니엘.

이애재(2006). 사회복지실천기술론. 경기: 양서원.

이윤로(2010). 최신사회복지실천론. 서울: 학지사.

이인재 · 류진석 · 권문일 · 김진구(2001). 사회보장론. 경기: 나남.

이정환 · 노병일 · 변보기(2001). 산업복지론. 서울: 대학출판사.

이종복 · 전남련 · 김덕일(2006). 사회복지실천론. 경기: 학현사

이종숙 · 이 옥 · 신은수 공역(2008). 아동발달. Berk, L. E. (2003). *Child development*. 서울: 시그마프레스.

이진숙 · 주은선 · 신지연 · 윤나리 · 노승택(2009). 사회복지정책론. 경기: 양서원.

이태수(2005). 지반분권시대 사회복지 재정의 현주소. 복지세상을 열어가는 시민모임. 천안시 사회복지 예산학교 자료집.

이혜숙 편(2003). 종교 사회복지. 동국대학교출판부.

인터넷다음(2004). 다음 백과사전.

임봉호 · 김승훈 · 박종팔(2010). 사회복지정책론. 경기: 양서원.

임상록 · 박주현(2010). 사회복지행정론. 서울: 파란마음.

임순희 · 이금순 · 김수암 · 최의철(2006). 북한인권백서. 통일연구원.

임춘식 · 강원돈 · 강호성 · 고수현 · 김기덕 외 14인(2007). 사회복지학개론. 고양: 공동체.

장수미 · 최정숙 · 박형원 · 김주현 · 홍현미라 · 이혜경 · 이영선 · 한인영(2010). 사회복지실천기술론. 서울: 학지사.

장수한 · 김현주 · 임 혁(2008). 인간행동과 사회환경. 서울: 공동체.

장인협(1981). 사회복지개론. 서울대학교출판부.

장인협(2000). 사회복지실천론. 서울대학교출판부.

장인협 · 최성재(2003). 노인복지학. 서울대학교출판부.

전국경제인연합회(2010). 2009 기업 · 기업재단 사회공헌백서.

전남진(1987). 복리후생개설. 서울: 한국경제신문사.

전재일 · 이경은 · 이성국 · 이성희 · 박영준 · 이석형 · 이선자 · 남영옥 · 황보옥(2011). 학교사회복지론. 경기: 양서원.

전재일 · 이성희(2003). 사회복지실천기술론(수정판). 서울: 형설출판사.

전진호(2000). 사회복지전공학생들의 전문직정체성에 관한 연구. 가톨릭대학교 대학원 석사학위논문.

정구현(2000). 정보지식시대의 기업과 사회. 1999 기업 · 기업재단 사회공헌 백서.

정무성 · 김성철 · 나임순 · 노승현 · 유용식 · 이계윤(2010). 사회복지개론. 서울: 신정.

정무성 · 나임순 · 유용식(2013). 현대사회복지론. 서울: 나남.

정무성 · 정진모(2001). 사회복지프로그램 개발과 평가. 서울: 양서원.

정무성(2004). 기업사회공헌 활동에 대한 청소년들의 인식 및 욕구에 관한 연구. 청소년학연구, 제11권, 제1호.

정무성(2005). 사회복지프로그램 개발론. 서울: 학현사.

정무성(2006). 양극화 문제 해소를 위한 사회 안전망 구축 방안. 사회과학논총, 8. 409-431.

정민숙 · 양정남 · 이영하 · 박일연 · 김혜선(2009). 사회복지개론. 고양: 공동체.

정부혁신지방분권위원회(2004). 국고보조금 정비방안.

정하성 · 유진이 · 이장현(2007). 다문화 청소년 이해론. 경기: 양서원.

조긍호(1999). 문화유형에 따른 동기의 차이. 한국심리학회지(사회 및 성격), 13(2), 233-273.

조흥식 · 권기창 · 이태수 · 박경수 · 이용표 · 엄규숙 · 박기훈(2013). 사회복지학개론(개정판). 서울: 창지사.

조흥식 · 김인숙 · 김혜란 · 김혜련 · 신은주(2008). 가족복지학. 서울: 학지사.

________________________________(2010). 가족복지학(4판). 서울: 학지사.

________________________________(2012). 가족복지학. 서울: 학지사.

조흥식 · 김진수 · 홍경준(2001). 산업복지론. 서울: 나남.

최광수(2006). 조선후기 기독교 사회복지역사에 대한 소고. 총신대논총 제26권.

최덕경 · 강도명 · 김준환 · 김태동 · 박주현 · 이은경 · 전영록(2014). 사회복지행정론. 서울: 창지사.

최성균 · 고명석 · 승금희(2005). 사회복지개론. 서울: 대왕사.

최성재 · 남기민(2000). 사회복지행정론(개정판). 서울: 나남.

최영자(2013). 지역장기요양재가서비스의 질 평가. 단국대학교 대학원 박사학위논문.

최옥채(1999). 사회복지실천론. 서울: 인간과복지.

______(2001). 지역사회실천론. 서울: 아시아미디어리서치.

______(2005). 사회복지사를 위한 조직화 기술. 경기: 학현사.

최일섭 · 류진석(1996). 지역사회복지론(개정판). 서울대학교출판부.

통계청(2014). 2013 장래인구추계.

통일부(2006). 통일백서.

한국노동연구원(1998). 21세기의 화이트칼라 유망직종 50선.

한국 사회복지사협회(2001). 한국 사회복지사 기초실태 조사보고서.

한국 사회복지학회(2008). 한국 사회복지 발전전략의 재검토. 한국 사회복지학회 2008년 춘계학술대회 자료집.

한국여성개발원(1990). 여성복지법제에 관한 연구.

한국염(2006). 한국 다문화가족에 대한 지원 과제와 향후 방향성: 결혼이주여성의 현황과 과제. 평택대학교 다문화가족 센터.

한성심 · 송주미(2008). 아동복지론. 서울: 창지사.

____________(2009). 아동복지론. 서울: 창지사.

한인영 · 권금주 · 김경미 · 김수정 · 김지혜 · 석재은 · 어윤경 · 이홍식 · 정익중 · 조상미 · 최명민 · 현진희(2011). 사회복지개론. 서울: 학지사.

한인영 · 최현미 · 장수미(2006). 정신보건사회복지실천론. 서울: 학지사.

허남순 · 한인영 · 김기환 · 김용석 역(2004). 사회복지실천 이론과 기술. Hepworth, D. H., Rooney, R. H., & Larsen, J. A. *Direct social work practice theory and skills(5th ed.)*. 서울: 나눔의집.

허태영(2004). 전문직사회화요인이 사회복지사의 전문직태도에 미치는 영향. 장로회신학대학교 목회전문대학원 석사학위논문.

홍경준(1999). *한국 사회복지체계 연구*. 경기: 나남.

황성철 · 정무성 · 강철희 · 최재성(2005). *사회복지행정론*. 경기: 학현사.

__________________(2009). *사회복지행정론(2판)*. 경기: 학현사.

Akabas, S., & Kurzman, P. A. (1982). *Work, workers, and work organization: A view from social work*. Englewood Cliffs, NJ: Prentice Hall.

Anderson, J. (1979). *Public Policy Making*. NY: Holt Co.

Austin, M. J., & Hopkins, K. M. (2004). *Supervision as collaboration in the human services: Building a learning culture*. Sage Publications, Inc.

Barker, R. L. (1979). *The Social Work Dictionary*. Washington DC: NASW.

Barker, R. L. (1991). *Social Work in Private Practice*. Washington D. C.: NASW Press.

Beaver, M. L. (1983). *Human Service Practice with the Elderly*. Englewood Cliffs, NJ: Prentice Hall.

Beckwith, D., & Lopez, C. (1997). *Community Organizing: People Power from the Grassroots*(http://comm -org.edu/paper97/beckwith.htm).

Blumber, H. (1971). *Social problems as collective behavior*. Social Problems.

Breen, L. (1960). *The Aging Individual, in Handbook of Social Gerontology*. Chicago: University of Chicago Press.

Conrad, W. R., & Glenn, W. E.(1976). *The Effective Voluntary Board of Directors, revised ed., Athens*, OH: Swallow Press.

Constatelos, D. (1968). *Byzantine Philanthropy and Social Welfare*. New Brunswick, NJ: Rutgers University Press.

Cullen, J. B. (1978). *The structure of professionalism. Princeton*. New Jersey: Petrocelli.

Daley, J. G. (1999). *Social work practice in the military*. New York: The Haworth Press.

Day, Phyllis, J. (2006). *A New History of Social Welfare*, 5th ed. Boston: Allyn & Bacon.

DiNitto, D. (1995). *Social welfare: Politics and public policy(4th ed.)*. Needham Heights, MA: Simon & Schuster.

Dolgof, R., Loewenberg, F. M., & Harrington, D. (2005). *Ethical decisions for Social work ce*(7th ed), Pacific Grove. CA: Brooks/Cole.

Dolgoff, R., & Fedlstein(2003). *Understanding social welfare*, 5th ed. Boston: Allyn & Bacon.

Drucker, P. F. (2000). *이노베이터의 조건: 어떻게 스스로를 혁신할 것인가*. 이재규 역(2001). 서울: 청림출판.

Dunham, A. (1970). *The New Community Organization*. New York: Thomas Y. Crowell.

Esping Andersen, C., & Gosta (1990). The Three Worlds of Welfare Capitalism, Cambridge: Polity Press.

Etzioni, A. (1969). *The semi-professions and their organization: Teachers, nurses, social works*. New York: free Press.

Farly, O. W., Smith, L. L., & Boyle, S. W. (2009). *Introduction to social work*(11th ed.). Boston: Pearson.

Flexner, A. (1915). Is social work a profession? *Processing of the National Conference on Charities and Corrections*, 576-590.

Friedlander, W. A., & Apte, R. Z. (1974). *Introduction to Social Welfare*. Englewood Cliffs, NJ: Prentice Hall.

__________________(1980). *Introduction to Social Welfare*(5th ed.). Englewood Cliffs, NJ: Prentice-Hall.

Furniss, N., & Tilton, T. (1977). *The case for the welfare state: From social security to social equality*. Bloomington and

London: Indiana University Press.

____________________(1990). *The Case for the Welfare Capitalism*, Cambride, UK: polity Press.

George, V., & Wilding, P. (1976). *Ideology and Social Welfare*, London: Routledge and Kegan Paul.

____________________(1994). *Welfare and Idelogy*, Hemel Hempstead: Harvester Wheatsheaf.

Germain, C. B. & Gitterman, A. (1996). *The life model of social work practice*: Advanced in the theory and practice(2nd ed). New York: Columbia Univ press.

Gilbert, N., & Specht, H. (1986). *Dimensions of social welfare policy(2nd ed.)*. Englewood Cliffs, NJ: Prentice-Hall.

Gilbert, N., & Terrel, P. (2002). *Dimesions of Social Welfare Policy*, 5th ed. Boston: Allyn &bacon.

Glennerster(1985). *The Developments of Quasi markets in Welfare Provisions in the United Kingdom.*

Googins, B., & Godfrey, J. (1987). *Occupational social work*. Englewood Cliffs, New Jersey: Prentice Hall.

Gough, I. (1979). *Political Economy of the Welfare State*. London: Macmillan.

Greenwood, E. (1957). Attributes of a profession. *Social Work, 2*(3), 45-55.

Hall, R. H. (1968). Professionalization and Bureaucratization. *American Sociological Review, 33*(1), 92-104.

Handel, G. (1982). *Social Welfare in Western Society*. New York: Random House.

Helmur, K. A., & Wolfgang, S. (1990). The Third Sector: Comparative Studies of Nonprofit Organizations.

Hepworth, D. H., & Larsen, J. A. (1986). *Direct social work Practice and skills*. Chicago: The Dorsey Press.

____________________(1997). *Direct Social Work Practice: Theory and skills*, Pacific Grove, CA: Brooks/ Cole Publishing.

____________________(2006). *Direct social work practice: Theory and skills*, 7th ed. Pacific Grove, Calif. : Brooks/ Cole.

Hepworth, D. H., Rooney, R. H., & Larsen, J. A. (1997). *Direct social work practice: Theory and skills*(5th ed.). Wadsworth Publishing, a division of thomson learning, Inc.

Hetherington, E. M., & Parke, R. D. (1993). *Child Psychology: A Contemporary Viewpoint*, 4th ed. NY: McGraw-Hill.

Hjelle, L., & Ziegler, D. (1981). *Personality Theories*. London: McGraw-Hill International Book Co.

John, L. C. (1995). *Social Work Practice: A Generalist Approach*. 5th ed., Boston: Allyn and Bacon.

Johnson, H. W. (1983). *The Social Service-An Introduction-*. Itaska, HL: F. E. Peacock.

Jones, K. (1994). *The Making of Social Policy in Britain 1830-1990*. London: Athlone Press.

Jones, K., Brown, J., & Bradshaw, J. (1983). *Issues in Social Policy*. Routledge & Kegan Paul.

Kroptkin, P. (1914). 김영범 역(2005). *만물은 서로 돕는다*. 서울: 르네상스.

Kurzman, P. A. (1982). *Industrial social work. Encyclopedia of social work*(18th ed.). NASW Press.

Kutza, E. A. (1981). *The Benefits of Old Age*. Chicago: University of Chicago Press.

Levy, C. (1973). *The Value Base of Social Work. Journal of Education for Social Wwork, Jan.*, pp. 34-42.

Liberman, R. (1986). Training skill of the psychiatrically disabled. *Schizophrenia Bulletin, 12*, 631-647.

Loewenberg, F. M., & Dolgof, R. (1996). *Ethical Decision for Social Work Practice*(5th ed), Itasca, IL : F, E. Peacock

Macarow, D. (1995). *Social Welfare: Structure and Practice*. Thousand Oaks, CA: Sage.

Martin, G. T., & Zald, M. N. (1981). *Social Welfare in Society*. Columbia University Press.

McMahon, M. O. (1996). *The general method of social work practice: A generalist perspective*(3rd ed). Boston, MA: Allyn & Bacon.

Mishra, R. (1984). *The Welfare State in Crisis: Social Thought and Social change*, Sussex, UK: Wheatsheaf Books Ltd.

Mishra, R. (1990). *The Welfare State in Capitalist Society*, Harvester Wheatsheaf.

National Association of Social Workers(1973). *Standards for Social Service Manpower*. Washington DC: NASW.

Perlman, H. H. (1986). The Problem-solving model. In F. J. Turner(Ed.), *Social work treatment: Interlocking theoretical approaches*(3rd ed). New York: Free Press. pp. 245-266.

Pincus, A., & Minahan, A. (1973). *Social Work Practice: Model and Method*. Itasca: F. E, Peacock.

Poindexter, C. C., Valentine, D., & Conway, P. (2003). *Essential skills for human services*. Thomson.

Popple, P. R., & Leighninger, L. (2008). *Social work, social welfare, and American society*(7th ed.). Boston: Pearson.

Richards, P., & Thomson, A. (1985). *Basic Need and the Urban Poor*. London: Croom Helm.

Romanyshyn, J. M. (1971). *Social Welfare: Charity to justice*. New York: Random House.

Ross, & Murrtay, G. (1995). *Community Organization: Theory and Principles*, New York: Harper and Brothers,. *American Nonprofit Sector*: A Primer, 이형진 역(2000). NPO란 무엇인가?. 아르케.

Rothman, J. (1974). *Three models of Community Organization Practice*, In Cox, F. et al., Strategies of Community Organization, IL: Peacock.

Rubin, H., & Rubin, I. (2001). *Community Organizing and Development(3rd ed.)*. Boston: Allyn and Bacon.

Salamon, L. M. (1999). *American Nonprifit Sector*: A Primer. New York: Foundatuon Center.

Sheafor, B., Horejsi, C., & Horejsi, H. (1997). *Techniques and Guidelines for Social Work Practice*. Boston: Allyn & Bacon.

Shoemaker, L. M. (1998). Early conflicts in Social Work Educaion. *Social Service Review. Vol. 72*. No. 2.

Simmons, R. G., & Blyth, D. A. (1987). *Moving into Adolescence*. NY: Aldine & de Gruyter.

Titmuss, R. M. (1963). *Essays on "The Welfare State"*, 2nd edn, Loden: Georage Allen and Unwin.

___________ (1969). *Commitment to welfare*. New York: Pantheon Books.

___________ (1969). *Essays on the Welfare State*. Beacon Press.

___________ (1976). *Commitment to Welfare*. Lodon: Allen & Unwin.

Toren, N. (1972). *Social work: The case of a semi-profession*. Beverly Hill: Sage Publication.

Townsend, P. (1975). *Sociology and social policy*. London: Allen Lane and Penguin.

Watson, D. (1980). *Caring for Strangers*. Routedge & Kegan Paul.

Weiner, B. (1980). *Human Motivation*. New York: Holt Co.

Wilding, P., & George, V. (1975). Social values and social policy. *Journal of Social Policy, 4*, 373-390.

Wilensky, H. L. (1964). The professionalization of everyone? *American Journal of Sociology, 70*(2), 137-158.

___________ (1975). *The Welfare State and Equality: Structural and Ideological Roots of Public Expenditures*. Berkeley: University of California Press.

Wilensky, H. L., & Lebeaux, C. N. (1965). *Industrial society and social welfare: The impact of industrialism on the supply and organization of social welfare service in the United States*. New York: Free Press.

________________ (1985). *Industrial Society and Social Welfare*, NY: Free Press.

Williams(1978). *Issues in Social Ploicy*. London: Macmillan

Woodside, M., & McClam, T. (1998). *Generalist case management: A method of human services delivery*. Pacifid Grove, CA: Brooks/Cole.

Zastrow, C. (2000). *Introduction to social work and social welfare*(7th ed.). Belmont, CA: Wadsworth.

Zastrow, C. (2010). *Introduction to social work and social welfare: Empowering people*(10th ed.). Belmont, CA: Thomson/Brooks/Cole.

Zastrow, C., & Kirst-Ashman, K. K. (1997). *Understanding Human Behavior and the Social emvironment*(4th ed). Nelson-Hall Inc.

________________ (2007). *Understanding human behavior and the social environment*(7th ed.). Belmont, CA: Thomson/Brooks/Cole.

Zastrow, Charles, Kirst-Ashman, & Karen Kay. *Understanding Human Behavior And the Social Environment*. 김규수 외 역(2002). 인간행동과 사회환경. 서울: 나눔의 집.

고용노동부 홈페이지 http://www.moel.go.kr

국민건강보험 노인장기요양보험 홈페이지
http://www.longtermcare.or.kr/portal/site/nydev/MENUITEM_Main

국민건강보험공단 홈페이지 http://www.nhis.or.kr/portal/site/main

국민연금 홈페이지 http://www.nps.or.kr/jsppage/main.jsp

국방부 홈페이지 http://www.mnd.go.kr

법제처 홈페이지 http://www.moleg.go.kr

보건복지부 홈페이지 http://www.mw.go.kr/front_new/index.jsp

브리태니커 백과사전(2014). 인터넷 다음.

4대사회보험 정보연계센터 홈페이지.
http://www.4insure.or.kr/ins4/ptl/guid/itrd/SoclGurnDefLayout.do

찾아보기

저자소개

노 정 자

사)가족성장상담소 남성의소리 상담소장, 사회복지학 박사, 사회복지학 석사
백석문화대학교 사회복지학부 겸임교수, 대전지방법원 천안지원 협의이혼상담위원
前 천안 YWCA 사무총장, 가정폭력상담소장

[대표저서와 논문]
『사회복지현장실습 길라잡이』(공저, 2014)
『남성의 이혼 그리고 홀로서기』(2011), 『상담의 이론과 실제』(공저, 2010)
"병영생활 중 이성과의 이별경험 연구"(공저, 한국군사회복지학, 2014)

박 연 옥

호서대학교 평생교육원 주임교수, 사회복지학 박사, 사회복지학 석사
사회복지법인 천안노인전문요양원 운영위원

[대표저서와 논문]
『정신건강론』(공저, 2014), 『사회복지실천론』(공저, 2014)
"노년기 부부친밀감에 영향을 미치는 요인 연구"(백석대학교, 2011)

박 주 현

백석문화대학교 사회복지학부 부교수, 사회복지학 박사, 성경학 석사와 사회복지학 석사
한국가족복지학회 윤리위원, 사단법인 선진복지사회연구회 이사
서울남부지방법원 협의이혼상담위원

[대표저서와 논문]
『다문화사회와 기독교』(2013), 『다문화사회의 이해와 실천』(공저, 2011)
"이용 동기와 자기 통제력 및 사회적 위축이 스마트폰 중독에 미치는 영향"(공저, 디지털융복합연구, 2014)
"북한이탈청소년들의 한국생활 적응에 관한 현상학적 연구"(공저, 청소년복지연구, 2011)

최 광 수

총신대학교 교수, 사회복지학 박사, 사회복지학 석사, 총신대학교 목회학석사(M.Div)
총신대학교 다문화연구소 소장, 비영리법인 청소년교육복지 대표, 어울림가족치료상담소 대표,
총신대학교 기독교심리상담 전문가과정 주임교수, 천안시건강가정지원센터 교육연구위원
한국인간복지실천학회 이사

[대표저서와 논문]

이해하기 쉬운 연구조사방법론(2012), 부부를 세워가는 대화의 기술(역서, 2009)
"기독교세계관에 근거한 기독교사회복지 정체성 척도개발에 관한 연구"(백석대학교, 2010)

최 영 자

나사렛대학교 학점은행제 사회복지학과 교수, 보건복지학 박사, 사회복지학 석사.
천안시 장기요양등급판정위원, 충남여성포럼 운영위원
사)가정을 건강하게 하는 시민의 모임 당진지부장

[대표저서와 논문]

"SERVQUAL을 이용한 장기요양서비스의 질 평가"(공저, 2013)
"지역장기요양재가서비스의 질 평가"(2013)
"요양보호사의 직무스트레스가 이직의도에 미치는 영향"(공저, 2012)
"노인취업프로그램의 실효성 제고방안에 관한 연구"(공저, 2012)

사회복지개론

초판 1쇄 인쇄 2014년 8월 22일
초판 1쇄 발행 2014년 8월 28일

지은이 | 노정자 · 박연옥 · 박주현 · 최광수 · 최영자
펴낸이 | 김기섭
편집인 | 최명인
펴낸곳 | 창지사 www.changjisa.com
153-802 서울시 금천구 가산디지털 1로 83 파트너스타워 1차 (9F, B1F)
전화 (02) 719-2211~3
팩스 (02) 701-9386
등 록 | 1977년 4월 28일 · 제1-421호

ISBN 978-89-426-2283-2 (93330)

값 19,000원